应用型院校经济管理类核心基础课程规划教材
"互联网+"融媒体系列教材

# 经济法基础
（第二版）

王婷婷　孙桂娟　主　编
姜雨潇　李春红　副主编

LIXIN ACCOUNTING PUBLISHING HOUSE

图书在版编目(CIP)数据

经济法基础 / 王婷婷,孙桂娟主编. —2版. —上海：立信会计出版社，2024.6
ISBN 978-7-5429-7651-2

Ⅰ.①经… Ⅱ.①王… ②孙… Ⅲ.①经济法—中国—教材 Ⅳ.①D922.29

中国国家版本馆CIP数据核字(2024)第109001号

策划编辑　郭　光
责任编辑　张忠秀
美术编辑　吴博闻

经济法基础(第二版)
JINGJIFA JICHU

| 出版发行 | 立信会计出版社 | | |
|---|---|---|---|
| 地　　址 | 上海市中山西路2230号 | 邮政编码 | 200235 |
| 电　　话 | (021)64411389 | 传　　真 | (021)64411325 |
| 网　　址 | www.lixinaph.com | 电子邮箱 | lixinaph2019@126.com |
| 网上书店 | http://lixin.jd.com | | http://lxkjcbs.tmall.com |
| 经　　销 | 各地新华书店 | | |
| 印　　刷 | 常熟市人民印刷有限公司 | | |
| 开　　本 | 787毫米×1092毫米 | 1/16 | |
| 印　　张 | 21.75 | | |
| 字　　数 | 558千字 | | |
| 版　　次 | 2024年6月第2版 | | |
| 印　　次 | 2024年6月第1次 | | |
| 书　　号 | ISBN 978-7-5429-7651-2/D | | |
| 定　　价 | 52.00元 | | |

如有印订差错，请与本社联系调换

# 第二版前言

本书自2021年出版以来,一直得到师生们的厚爱,不断给我们以鼓励与帮助。同时,我们也收到了不少很好的建议与意见,这对本书的修订、完善贡献良多,对此我们深表感谢。本书仍然沿用第一版的鲜明个性,从整体规划到编排体例,再到内容选择都有一定的创新。由于近年来初级会计专业技术资格考试对考查内容进行了调整,经济法领域的法律法规不断更新和修订,为了使教材内容与时俱进,我们对本书的内容进行了及时的修订和完善。

党的二十大报告提出,应坚持全面依法治国,推进法治中国建设,即完善以宪法为核心的中国特色社会主义法律体系,扎实推进依法行政,严格公正司法,加快建设法治社会。经济法基础作为高等院校经管类专业的基础课程,其教学目标是强化学生的法律意识,使学生熟悉常用的会计法律法规,提高其运用所学经济法律知识解决问题的能力,并为就业打下基础。

本书从经济法基础课程的教学目标出发,参照初级会计专业技术资格考试参考用书的体系,吸收国内同类教材的优点,结合教师的教学实践经验,最终确定结构体系与内容安排。本书从应用型人才培养的角度,系统地介绍了总论,会计法律制度,劳动合同与社会保险法律制度,支付结算法律制度,增值税与消费税法律制度,企业所得税与个人所得税法律制度,其他税收法律制度,税收征收管理法律制度八个章节。本书主要有以下特点:

(1) 课证融通。本书结合初级会计专业技术资格考试编写,参考了2023年的考试大纲。学生在学完本书后,可为参加考试获取初级会计职称打下坚实的基础。

(2) 及时性。本书根据最新的财税信息及法律法规修订。

(3) 针对性。本书每章设置介绍章节重点的知识导航与学习目标,结构设计科学合理;内容编排针对性强,既配备例题以加深学生对知识的理解和记忆,又精选课后习题,以帮助学生进一步巩固重难点。

(4) 配套资源丰富。本书配套《经济法基础学习指导书》。另外,本书配套的教师资源丰富,欢迎授课教师联系张忠秀编辑索取(QQ2538139894)。

本次修订内容如下:

一是补充更新法律法规。针对近年来的法律法规变化,对教材中的相关内容进行了更新和调整,确保内容与最新的法律要求保持一致。

二是新增"寓德于教"模块。第一版教材中更多基于理论知识的介绍,这次修订增加了更多反映时代特点的案例分析,以帮助学生更好地理解和掌握经济法学知识。

三是优化课堂测试题。本次修订调整和优化了练习题的难度和类型,增加了初级会计专业技术资格考试的真题,帮助学生更好地应对考试的挑战。

　　本书由王婷婷、孙桂娟担任主编,姜雨潇、李春红担任副主编,邹铭军、孔令一、王鹏、刘燕、李满林参与编写。在本书的编写过程中,编者参考和借鉴了大量教材及学习指导书的相关成果,得到了立信会计出版社郭光编辑的大力支持,在此表示诚挚谢意。由于编者水平有限,本书难免存在一些不足之处,恳请广大读者批评指正,以便我们进一步修订和完善。

编　者

2024 年 5 月

# 目　录

| 第一章　总论 | 1 |
|---|---|
| 　知识导航 | 1 |
| 　学习目标 | 1 |
| 　第一节　法律基础 | 2 |
| 　第二节　法律主体 | 9 |
| 　第三节　法律责任 | 14 |
| 　课堂测试 | 17 |
| 第二章　会计法律制度 | 19 |
| 　知识导航 | 19 |
| 　学习目标 | 19 |
| 　第一节　会计法律制度概述 | 20 |
| 　第二节　会计核算与监督 | 21 |
| 　第三节　会计机构和会计人员 | 36 |
| 　第四节　违反会计法律制度的法律责任 | 41 |
| 　课堂测试 | 43 |
| 第三章　劳动合同与社会保险法律制度 | 45 |
| 　知识导航 | 45 |
| 　学习目标 | 45 |
| 　第一节　劳动合同法律制度 | 46 |
| 　第二节　社会保险法律制度 | 75 |
| 　课堂测试 | 91 |
| 第四章　支付结算法律制度 | 93 |
| 　知识导航 | 93 |
| 　学习目标 | 93 |
| 　第一节　支付结算概述 | 94 |
| 　第二节　银行结算账户 | 95 |
| 　第三节　银行非现金支付业务 | 104 |
| 　第四节　支付机构非现金支付业务 | 129 |
| 　第五节　支付结算纪律与法律责任 | 132 |
| 　课堂测试 | 135 |

## 第五章　增值税与消费税法律制度　137
　　知识导航　137
　　学习目标　137
　　第一节　税收法律制度概述　138
　　第二节　增值税法律制度　140
　　第三节　消费税法律制度　167
　　课堂测试　185

## 第六章　企业所得税与个人所得税法律制度　187
　　知识导航　187
　　学习目标　187
　　第一节　企业所得税法律制度　188
　　第二节　个人所得税法律制度　214
　　课堂测试　243

## 第七章　其他税收法律制度　245
　　知识导航　245
　　学习目标　246
　　第一节　资源税法律制度　247
　　第二节　城镇土地使用税法律制度　254
　　第三节　房产税法律制度　259
　　第四节　契税法律制度　263
　　第五节　土地增值税法律制度　267
　　第六节　车船税法律制度　276
　　第七节　印花税法律制度　281
　　第八节　其他相关税收法律制度　288
　　课堂测试　305

## 第八章　税收征收管理法律制度　307
　　知识导航　307
　　学习目标　307
　　第一节　税收征收管理法概述　308
　　第二节　税务管理　311
　　第三节　税款征收　320
　　第四节　税务行政复议　331
　　第五节　税收法律责任　334
　　课堂测试　339

# 第一章　总　　论

**知识导航**

```
        ┌ 法律基础 ┬ 法和法律
        │         ├ 法律关系
        │         ├ 法律事实
        │         ├ 法的形式和分类
总论 ───┤         └ 法律部门与法律体系
        ├ 法律主体 ┬ 法律主体的分类
        │         └ 法律主体资格
        └ 法律责任 ┬ 法律责任的概念
                  └ 法律责任的分类
```

**学习目标**

1. 熟悉法和法律、法律关系、法律事实、法的形式和分类
2. 掌握法律主体的分类、法律主体资格
3. 熟悉法律部门与法律体系
4. 熟悉法律责任的概念、法律责任的分类

**寓德于教**

　　党的二十大报告不仅首次单独把法治建设作为专章论述、专门部署,而且强调要"完善公益诉讼制度",对制度发展提出新的更高要求。加快推进公益诉讼专门立法,是完善公益诉讼制度、推动公益诉讼工作向纵深发展的基本要求,也是贯彻落实党的二十大精神的务实之举。

　　近年来,在最高检和最高法的努力和推动下,针对检察公益诉讼陆续出台了系列司法解释和规范性文件,特别是制定实施《人民检察院公益诉讼办案规则》,为制定检察公益诉讼法提供了相对成熟的经验,为专门立法奠定了坚实基础。

　　党的二十大报告强调"完善公益诉讼制度",这既是对公益诉讼检察实践的充分肯定,更是对公益诉讼检察工作的更高期许和要求。公益诉讼检察制度全面推开五年多来,我国公益诉讼检察事业从点到面、从小到大、从弱到强,取得良好效果,并在发展中逐渐形成公益司法保护的"中国方案"。为更好贯彻落实党的二十大精神,把党中央决策部署落到实处,更好保护人民利益,保障公益诉讼检察长远发展,加快推进检察公益诉讼专门立法,为公益诉讼司法实践提供有力法律保障显得必要而紧迫。

　　资料来源:段文龙.深入贯彻落实党的二十大精神 加快推进检察公益诉讼专门立法[N].检察日报,2022-11-11.

## 第一节 法律基础

### 一、法和法律

**(一) 法和法律的概念**

1. 法的概念

法是由国家制定或认可,以权利义务为主要内容,由国家强制力保证实施的社会行为规范及其相应的规范性文件的总称。

2. 法律的概念

狭义的法律专指全国人大及其常委会制定的法律;广义的法律则指法的整体,即"法"。

**(二) 法的本质与特征**

1. 法的本质

法是统治阶级国家意志的体现。此处的"统治阶级",泛指在经济、政治、意识形态上占支配地位的阶级,在剥削阶级社会分别指奴隶主阶级、封建地主阶级、资产阶级,在社会主义社会则指全体人民。

(1) 法只能是统治阶级意志的体现。①法是由统治阶级的物质生活条件决定的,是社会客观需要的反映。②法体现的是统治阶级的整体意志和根本利益,而不是统治阶级中个别成员的意志,也不是统治阶级每个成员个人意志的简单相加。

(2) 法体现的不是统治阶级的一般意志,而是被奉为法律的统治阶级意志,即统治阶级的国家意志。

(3) 我国的法是广大人民的共同意志,体现了广大人民的根本利益。

2. 法的特征

(1) 法是经过国家制定或认可才得以形成的规范,具有国家意志性。统治阶级意志并不能直接形成法,它必须通过一定的组织和程序,即通过统治阶级建立的国家制定或认可,才能形成法。制定和认可是国家创制法的两种方式,也是统治阶级把自己的意志变为国家意志的两条途径。

(2) 法凭借国家强制力的保证而获得普遍遵行的效力,具有国家强制性。法是由国家强制力保障实施的规范。法的强制性是由国家提供和保证的,因而与一般社会规范的强制性不同。其他社会规范虽然也有一定的强制性,如道德主要依靠社会舆论的强制,但其强制性相对较弱。国家强制力以国家的强制机构(如军队、警察、法庭、监狱)为后盾,和国家制裁相联系,表现为对违法者采取国家强制措施。

(3) 法是确定人们在社会关系中的权利和义务的行为规范,具有规范性。法是调节人们行为的一种社会规范,具有能为人们提供行为模式和标准的属性(概括性)。法的主要内容是由规定权利、义务的条文构成的,法律通过规定人们的权利和义务来分配利益,从而影响人们的动机和行为,进而影响社会关系,实现统治阶级的意志和要求,维持社会秩序(利益导向性)。

(4) 法是明确而普遍适用的规范,具有明确公开性和普遍约束性。法具有明确的内容,能使人们预知自己或他人一定行为的法律后果(可预测性)。法具有普遍适用性,凡是在国家权力管辖和法律调整的范围、期限内,对所有社会成员及其活动都普遍适用。

**【例 1-1】** 下列关于法的本质与特征的表达中,不正确的是( )。
A. 法是由国家制定或认可的规范
B. 法是全社会成员共同意志的体现
C. 法由统治阶级的物质生活条件所决定
D. 法凭借国家强制力的保证获得普遍遵行的效力

**【解析】** 答案为 B。法不是全社会成员共同意志的体现,而是统治阶级整体意志的体现。

## 二、法律关系

### (一)法律关系的概念

法律关系是法律规范在调整人们的行为过程中所形成的一种特殊的社会关系,即法律上的权利与义务关系。或者说,法律关系是指被法律规范所调整的权利与义务关系。

### (二)法律关系的要素

法律关系是由法律关系的主体、法律关系的内容和法律关系的客体三个要素构成的。

1. **法律关系的主体**

法律关系的主体又称法律主体,是指参加法律关系,依法享有权利和承担义务的当事人。

2. **法律关系的内容**

法律关系的内容,是指法律关系的主体所享有的法律权利和承担的法律义务。

法律权利,是指法律关系主体依法享有的权益,表现为权利享有者依照法律规定有权自主决定作出或者不作出某种行为、要求他人作出或者不作出某种行为和一旦被侵犯,有权请求国家予以法律保护。依法享有权利的主体称为权利主体或权利人,如所有权人可以自主占有、使用其财产以获得收益,债权人有权请求债务人偿还债务。

法律义务,是指法律关系主体依照法律规定所担负的必须作出某种行为或者不得作出某种行为的负担或约束。依法承担义务的主体称为义务主体或义务人。义务主体必须作出某种行为,是指以积极的作为方式去履行义务,称为积极义务,如缴纳税款、支付货款等。义务主体不得作出某种行为,是指以消极的不作为方式去履行义务,称为消极义务,如不得毁坏公共财物、不得侵害他人生命健康权等。

3. **法律关系的客体**

1) 法律关系的客体的概念

法律关系的客体,是指法律关系主体的权利和义务所指向的对象。客体是确立权利与义务关系性质和具体内容的依据,也是确定权利行使与否和义务是否履行的客观标准。

2) 法律关系的客体的内容和范围

法律关系的客体的内容和范围是由法律规定的。法律关系的客体应当具备的特征是:能为人类所控制并对人类有价值。在不同国家与不同历史时期,法律关系客体的具体内容及范围不同,并且随着经济、科技的发展,不断出现新的法律关系客体,如数据、网络虚拟财产。一般认为,法律关系的客体主要包括物、人身和人格、智力成果等几类。

(1) 物。物,是指能满足人们需要,具有一定的稀缺性,并能为人们现实支配和控制的各种物质资源。物可以是自然物,如土地、矿藏、水流、森林;也可以是人造物,如建筑、机器、各种产品等;还可以是财产物品的一般价值表现形式——货币及有价证券。物既可以是有体物也可以是无体物。有体物既可以是固定形态的,也可以是没有固定形态的,如天然气、电力等。无体物,如权利、数据信息等,依照相关法律的规定,也都可以作为物权客体。

(2) 人身和人格。人身和人格分别代表着人的物质形态和精神利益,是人之为人的两个不可或缺的要素。一方面,人身和人格是生命权、身体权、健康权、姓名权、肖像权、名誉权、荣誉权、隐私权、婚姻自主权等人身权指向的客体。另一方面,人身和人格又是禁止非法拘禁他人、禁止对犯罪嫌疑人刑讯逼供、禁止侮辱或诽谤他人、禁止卖身为奴、禁止卖淫等法律义务所指向的客体。以人身、人格作为法律关系客体的范围,法律有严格的限制。人的整体只能是法律关系的主体,不能作为法律关系的客体。人的部分是可以作为客体的"物",如当人的头发、血液、骨髓、精子和其他器官从身体中分离出去,成为与身体相分的外部之物时,在某些情况下也可视为法律上的"物"。

(3) 智力成果。智力成果,是指人们通过脑力劳动创造的能够带来经济价值的精神财富,主要是知识产权的客体。如作品、发明、实用新型、外观设计、商标等。

(4) 信息、数据、网络虚拟财产。作为法律关系客体的信息,是指有价值的情报或资讯,如矿产情报、产业情报、国家机密、商业秘密、个人隐私等。数据,是指对客观事件进行记录并可以鉴别的符号,不仅指数字,还包括文字、字母、数学符号、图形、图像、视频、音频等。网络虚拟财产有广义和狭义的区别。广义的网络虚拟财产是指虚拟的网络本身以及存在于网络上的具有财产性的电磁记录,是一种能够用现有的度量标准度量其价值的数字化的新型财产。狭义的网络虚拟财产主要是指网络游戏空间内的具有可交易性的账号、角色、道具、装备、钱币等可视化的拟人、拟物类财产。

(5) 行为。行为,作为法律关系的客体不是指人们的一切行为,而是指法律关系的主体为达到一定目的所进行的作为(积极行为)或不作为(消极行为),是人的有意识的活动,如生产经营行为、经济管理行为、完成一定工作的行为和提供一定劳务的行为等。

### 三、法律事实

任何法律关系的发生、变更和消灭,都要有法律事实的存在。

法律事实是法律关系发生、变更和消灭的直接原因。按照是否以当事人的意志为转移,法律事实可划分为法律事件、法律行为和事实行为。

**(一) 法律事件**

法律事件,是指不以当事人的主观意志为转移的,能够引起法律关系发生、变更和消灭的法定情况或者现象。

(1) 自然事件(绝对事件)是由自然现象引起的事实,如地震、洪水、台风、森林大火等自然灾害或者生老病死、意外事故等。

(2) 社会事件(相对事件)是由某些社会现象引起的事实,如社会革命、战争、重大政策的改变等。

**(二) 法律行为**

1. 法律行为的概念

法律行为是法律关系的主体通过意思表示设立、变更、终止法律关系的行为,如签订合同、行政许可等。

## 2. 法律行为的分类

（1）按照行为是否符合法律规范的要求，法律行为可以分为合法行为与违法行为。合法行为，是指行为人所实施的符合法律规范要求，能导致合法的法律后果的行为。违法行为，是指行为人所实施的违反法律规范的要求，应承担不利的法律后果的行为。

（2）按照行为的表现形式不同，法律行为可以分为积极行为与消极行为。积极行为又称作为，是指以积极、主动作用于客体的形式表现的，具有法律意义的行为。消极行为又称不作为，是指以消极的、抑制的形式表现的，具有法律意义的行为。

（3）按照行为人取得权利是否需要支付对价，法律行为可以分为有偿行为和无偿行为。有偿行为，是指行为人取得权利时必须支付对价的法律行为，如买卖、租赁等。无偿行为，是指行为人取得权利时不必支付对价的法律行为，如无偿保管、赠与等。

（4）按照作出意思表示的主体数量，法律行为可以分为单方行为和多方行为。单方行为，是指由法律主体一方的意思表示即可成立的法律行为，如遗嘱、行政命令等。多方行为，是指由两个或两个以上的多方法律主体意思表示一致而成立的法律行为，如签订合同行为等。

（5）按照行为是否需要特定形式或实质要件，法律行为可以分为要式行为和非要式行为。要式行为，是指必须具备某种特定形式或程序才能成立的法律行为。非要式行为，是指无须特定形式或程序即能成立的法律行为。

（6）按照主体实际参与行为的状态，法律行为可以分为自主行为和代理行为。自主行为，是指法律主体在没有其他主体参与的情况下以自己的名义独立从事的法律行为。代理行为，是指法律主体根据法律授权或其他主体的委托而以被代理人的名义所从事的法律行为。

### （三）事实行为

民事领域中，在法律行为之外还存在事实行为，事实行为是与法律关系主体的意思表示无关，由法律直接规定法律后果的行为。民法中常见的事实行为有无因管理行为、正当防卫行为、紧急避险行为以及侵权行为、违约行为、遗失物的拾得行为、埋藏物的发现行为等。

【例 1-2】 下列各项中，属于法律事实的有（　　）。
A. 纵火　　　　　　　　　B. 爆发战争
C. 地震　　　　　　　　　D. 签发发票

【解析】 答案为 ABCD。地震和爆发战争都是当事人无法控制、无法预见的事件，而纵火和签发汇票则是人有意识的行为，可以产生相应的法律后果，属于法律行为（违法行为和合法行为）。

【例 1-3】 会计于某在单位领导的授意下，将一张私自购入的空白发票填写金额后入账。分析会计于某与其单位领导的行为是否构成法律行为。

【解析】 会计于某虚开发票入账的行为和其单位领导授意的行为均构成法律行为，属于违法行为，也属于积极行为（作为）。

## 四、法的形式和分类

### （一）法的形式

法的形式，即法学上所称的法的形式渊源，是指法的具体的表现形态，即法是由何种国家机关，依照什么方式或程序创制出来的，并表现为何种形式、具有何种效力等级的规范性法律文件。

(1) 宪法。宪法由国家最高立法机关(即全国人民代表大会)制定,是国家的根本大法。宪法规定国家的基本制度和根本任务、公民的基本权利和义务,具有最高的法律效力,也具有最为严格的制定和修改程序。

(2) 法律。全国人民代表大会和全国人民代表大会常务委员会行使国家立法权。全国人民代表大会制定和修改刑事、民事、国家机构的和其他的基本法律。全国人民代表大会常务委员会制定和修改除应当由全国人民代表大会制定的法律以外的其他法律;在全国人民代表大会闭会期间,对全国人民代表大会制定的法律进行部分补充和修改,但是不得同该法律的基本原则相抵触。法律通常规定和调整国家、社会和自然人生活中某一方面带根本性的社会关系或基本问题。其法律效力和地位仅次于宪法,是制定其他规范性文件的依据。

(3) 行政法规。行政法规是由国家最高行政机关即国务院在法定职权范围内为实施宪法和法律而制定、发布的规范性文件,通常冠以条例、办法、规定等名称,如国务院令第287号发布的《企业财务会计报告条例》。

(4) 地方性法规、自治条例和单行条例。省、自治区、直辖市的人民代表大会及其常务委员会根据本行政区域的具体情况和实际需要,在不同宪法、法律、行政法规相抵触的前提下,可以制定地方性法规。

(5) 特别行政区的法。《宪法》第三十一条规定,国家在必要时得设立特别行政区。在特别行政区内实行的制度按照具体情况由全国人民代表大会以法律规定。全国人民代表大会制定的特别行政区基本法以及特别行政区依法制定并报全国人民代表大会常务委员会备案的、在该特别行政区内有效的规范性法律文件,属于特别行政区的法。

(6) 规章。国务院各部、委员会、中国人民银行、审计署和具有行政管理职能的直属机构以及法律规定的机构,可以根据法律和国务院的行政法规、决定、命令,在本部门的权限范围内,制定规章。省、自治区、直辖市和设区的市、自治州的人民政府,可以根据法律、行政法规和本省、自治区、直辖市的地方性法规,制定规章。

(7) 国际条约。国际条约属于国际法而不属于国内法的范畴,但我国缔结和加入的国际条约对于我国的国家机关、社会团体、企业、事业单位和公民也有约束力,因此,这些条约就其具有与国内法同样的拘束力而言,也是我国法律的形式之一,如《国际民用航空公约》。

【例1-4】 下列各项中,属于国家的根本大法、具有最高法律效力的是( )。
A.《中华人民共和国全国人民代表大会组织法》　　B.《中华人民共和国立法法》
C.《中华人民共和国宪法》　　D.《中华人民共和国刑法》

【解析】 答案为C。《中华人民共和国宪法》是国家的根本大法,具有最高的法律效力。

【例1-5】 小张认为,在我国,最高人民法院所作的判决,也是法的形式之一。分析小张的观点是否正确。

【解析】 在我国,只有国家机关依照法定权限和程序制定的具有普遍约束力的规范性法律文件,才是法的形式。我国的法律形式主要表现为以宪法为核心的各种制定法,包括宪法、法律、行政法规、地方性法规、特别行政区的法、规章以及我国缔结或加入并生效的国际条约等。我国不实行判例制度,最高人民法院所作的判决只是一种非规范性法律文件,不能作为法的形式。所以,小张的观点是错误的。

**(二) 法的效力等级及其适用原则**

（1）上位法优于下位法原则。宪法具有最高的法律效力，一切法律、行政法规、地方性法规、自治条例和单行条例、规章都不得同宪法相抵触。法律的效力高于行政法规、地方性法规、规章。行政法规的效力高于地方性法规、规章。地方性法规的效力高于本级和下级地方政府规章。省、自治区的人民政府制定的规章的效力高于本行政区域内的设区的市、自治州的人民政府制定的规章。

（2）自治条例、单行条例、经济特区法规的变通规定优先原则。自治条例和单行条例依法对法律、行政法规、地方性法规作变通规定的，在本自治地区适用自治条例和单行条例的规定（自治条例和单行条例的变通规定优先）。经济特区根据授权对法律、行政法规、地方性法规作变通规定的，在本经济特区适用经济特区的规定（经济特区法规的变通规定优先）。

（3）特别法优于一般法、新法优于旧法原则。特别法优于一般法的适用是有条件的，这就是要求必须是同一国家机关制定的法，并包括以下两种情况：一是指在适用对象上，对特别主体和特定事项的法，优于对一般主体和一般事项的法；二是指在适用空间上，对特定时间和特定区域的法，优于平时和一般地区的法。新法优于旧法的原则是当同一国家机关在不同时期颁布的法产生冲突时，遵循新法优于旧法原则。

（4）新的一般规定与旧的特别规定不一致。法律之间对同一事项的新的一般规定与旧的特别规定不一致，不能确定如何适用时，由全国人民代表大会常务委员会裁决。根据授权制定的法规和法律不一致，不能确定如何适用时，由全国人民代表大会常务委员会裁决。行政法规之间对同一事项的新的一般规定与旧的特别规定不一致，不能确定如何适用时，由国务院裁决。

（5）同一位阶的法规不一致。①地方性法规、规章之间不一致，不能确定如何适用时，由有关机关依照规定的权限作出裁决。同一机关制定的新的一般规定与旧的特别规定不一致，由制定机关裁决。地方性法规与部门规章之间对同一事项的规定不一致，不能确定如何适用时，由国务院提出意见，国务院认为应当适用地方性法规的，应当决定在该地方适用地方性法规的规定，认为应当适用部门规章的，应当提请全国人民代表大会常务委员会裁决。②部门规章之间、部门规章与地方政府规章之间对同一事项的规定不一致时，由国务院裁决。

**(三) 法的分类**

根据不同的标准，法可做不同的分类，如表1-1所示。

表1-1　　　　　　　　　　　　　　法的分类

| 分类依据 | 内容 |
| --- | --- |
| 按照法的内容、效力和制定程序划分 | 根本法和普通法 |
| 按照法的内容划分 | 实体法和程序法 |
| 按照法的空间效力、时间效力或对人的效力划分 | 一般法和特别法 |
| 按照法的主体、调整对象和渊源划分 | 国际法和国内法 |
| 按照法律运用的目的划分 | 公法和私法 |
| 按照法的创制方式和发布形式划分 | 成文法和不成文法 |

（1）根本法和普通法。根本法就是宪法，宪法规定国家制度和社会制度的基本原则，具

有最高的法律效力,是普通法立法的依据。普通法泛指宪法以外的所有法律,普通法根据宪法确认的基本原则就某个方面或某些方面的问题作出具体规定,效力低于宪法。

(2) 实体法和程序法。实体法,是指具体规定主体的权利和义务的法律,如民法、刑法、劳动法、行政法等。程序法,是指为了保障实体权利和义务的实现而制定的关于程序方面的法律,如刑事诉讼法、民事诉讼法、行政诉讼法等。

(3) 一般法和特别法。一般法是指在一国领域内对一般自然人、法人、组织和一般事项都普遍适用,而且在它被废除前始终有效的法律。特别法,是指只在一国的特定地域内或只对特定主体或在特定时期内或对特定事项有效的法律。

(4) 国际法和国内法。国际法的主体主要是国家,调整的对象主要是国家间的相互关系,渊源主要是国际条约和各国公认的国际惯例,实施则以国家单独或集体的强制措施为保证。国内法的主体主要是该国的自然人和社会组织,调整对象是一国内部的社会关系,渊源主要是制定国立法机关颁布的规范性文件,实施则以该国的强制力加以保证。

(5) 公法和私法。公法是以保护公共利益为目的的法律,如宪法、刑法。私法是保护私人利益为目的的法律,如民法、商法。

(6) 成文法和不成文法。成文法,是指有权制定法律的国家机关,依照法定程序所制定的具有条文形式的规范性文件。不成文法,是指国家机关认可的、不具有条文形式的习惯。习惯法是不成文法中常见的一种。

【例1-6】 下列对法所作的分类中,属于以法的空间效力、时间效力或者对人的效力为依据进行分类的是(  )。

A. 成文法和不成文法          B. 根本法和普通法
C. 一般法和特别法          D. 实体法和程序法

【解析】 答案为C。根据不同的标准可以对法作不同的分类。一般法和特别法的区别在于法律适用的空间效力、时间效力或者对人的效力不同。

## 五、法律部门与法律体系

### (一) 法律部门与法律体系的概念

法律部门又称部门法,是指根据一定标准和原则所划定的同类法律规范的总称。法律部门划分的标准首先是法律调整的对象,即法律调整的社会关系,如调整行政主体与行政相对人之间行政管理关系的法律规范的总和构成行政法部门。其次是法律调整的方法,如民法和刑法,都调整人身关系和财产关系,但民法是以自行调节为主要方式,而刑法是以强制干预为主要调整方式;民法要求对损害予以财产赔偿,而刑法则对犯罪人处以严厉的人身惩罚。

一个国家现行的法律规范分类组合为若干法律部门,由这些法律部门组成的具有内在联系的、互相协调的统一整体即为法律体系。

### (二) 我国现行的法律部门与法律体系

我国现行法律体系大体可以划分为以下法律部门:

**1. 宪法及宪法相关法**

宪法是国家的根本法,宪法相关法是与宪法相配套、直接保障宪法实施和国家政权运作的法律规范的总和。宪法主要包括四个方面的法律:①有关国家机构的产生、组织、职权和基本工作制度的法律。②有关民族区域自治制度、特别行政区制度、基层群众自治制度的法律。③有关维护国家主权、领土完整和国家安全的法律。④有关保障公民基本政治权利的法律。

2. 民商法

民商法是规范民事、商事活动的法律规范的总和，具体可以分为民法和商法。它所调整的是自然人、法人和其他组织之间以平等地位发生的各种社会关系（称为横向关系）。民法调整的是自然人、法人和其他组织等平等主体之间的人身关系和财产关系。商法可以看作是民法中的一个特殊部分，是在民法基本原则的基础上适应现代商事活动的需要逐渐发展起来的，是调整平等主体之间的商事关系的法律，主要包括公司、破产、证券、期货、保险、票据、海商等方面的法律。

3. 行政法

行政法是规范国家行政管理活动的法律规范的总和，包括有关行政管理主体、行政行为、行政程序、行政监督以及国家公务员制度等方面的法律规范。行政法调整的是行政机关与行政管理相对人（公民、法人和其他组织）之间因行政管理活动而发生的社会关系（称为纵向关系）。

4. 经济法

经济法是调整国家从社会整体利益出发对市场经济活动实行干预、管理、调控所产生的社会经济关系的法律规范的总和。经济法是在国家干预市场经济活动过程中逐渐发展起来的一个法律门类，主要包括两个部分：一是创造平等竞争环境、维护市场秩序方面的法律，主要是反垄断、反不正当竞争、保护消费者权益方面的法律；二是国家宏观经济调控方面的法律，主要是有关财政、税收、金融、对外贸易等方面的法律。

5. 劳动法与社会法

劳动法是调整劳动关系以及与劳动关系有密切联系的其他社会关系的法律关系的总称，如《中华人民共和国劳动法》《中华人民共和国劳动合同法》等。社会法是调整有关社会保障、社会福利等关系的法律规范的总和。

6. 刑法

刑法是规范犯罪、刑事责任和刑罚的法律规范的总和，也就是规定哪些行为是犯罪和应该负何种刑事责任，并给犯罪人刑罚处罚的法律。

7. 诉讼与非诉讼程序法

诉讼与非诉讼程序法是调整因诉讼活动和非诉讼活动而产生的社会关系的法律规范的总和。我国的诉讼制度分为刑事诉讼、民事诉讼和行政诉讼三种。非诉讼程序法是解决非诉讼案件的程序法，具体包括《中华人民共和国人民调解法》《中华人民共和国仲裁法》和《中华人民共和国公证法》等。

# 第二节 法律主体

## 一、法律主体的分类

法律主体，又称法律关系主体，是指参加法律关系，依法享有权利和承担义务的当事人。什么人或者组织可以成为法律主体，是由一国法律规定和确认的。根据我国法律规定，能够参与法律关系的主体包括以下四类。

**(一) 自然人**

1. 自然人的概念

自然人是指具有生命的个体的人,即生物学上的人,是基于出生而取得主体资格的人,既包括中国公民,也包括居住在中国境内或在境内活动的外国公民和无国籍人。公民是各国法律关系的基本主体之一,是指具有一国国籍的自然人。

2. 自然人的出生时间和死亡时间

自然人的出生时间和死亡时间以出生证明、死亡证明记载的时间为准,没有出生证明、死亡证明的,以户籍登记或者其他有效身份登记记载的时间为准。有其他证据足以推翻以上记载时间的,以该证据证明的时间为准。

3. 自然人的住所

自然人以户籍登记或者其他有效身份登记记载的居所为住所。经常居所与住所不一致的,经常居所视为住所。

**(二) 法人**

1. 法人制度概述

法人制度是指法律赋予符合条件的团体以法律人格,使团体的人格与成员的人格独立开来,从而使这些团体成为独立的民事主体。

(1) 法人的概念。法人是具有民事权利能力和民事行为能力,依法独立享有民事权利和承担民事义务的组织。

(2) 法人的成立。法人应当依法成立,应当有自己的名称、组织机构、住所、财产或者经费。

(3) 法人的分类。法人分为营利法人、非营利法人和特别法人。法律所指营利,是指积极的营利,并将其所得利益分配给其成员。营利所指不是法人本身营利,而是指法人为其成员营利。仅法人本身营利,如果不将所获得利益分配给成员,而是作为自身积累,则不属于营利法人。

(4) 法人的法定代表人。依照法律或者法人章程的规定,代表法人从事民事活动的负责人为法人的法定代表人。法定代表人以法人名义从事的民事活动,其法律后果由法人承受。

(5) 法人设立中的责任承担。设立人为设立法人从事的民事活动,其法律后果由法人承受;法人未成立的,其法律后果由设立人承受。设立人为二人以上的享有连带债权,承担连带债务,设立人为设立法人以自己的名义从事民事活动产生的民事责任,第三人有权选择请求法人或者设立人承担。

(6) 法人的合并和分立。法人合并的,其权利和义务由合并后的法人享有和承担。法人分立的,其权利和义务由分立后的法人享有连带债权,承担连带债务。但是,债权人和债务人另有约定的除外。

(7) 法人解散。法人解散,是指由于法人章程或者法律规定的事由出现,致使法人不能继续存在,从而停止积极活动,开始整理财产关系的程序。《民法典》规定,出现下列情形之一的,法人解散:①法人章程规定的存续期间届满,或者法人章程规定的其他解散事由出现。②法人的权力机构决议解散。③因法人合并或者分立,需要解散。④法人依法被吊销营业执照、登记证书,被责令关闭或者被撤销。⑤法律规定的其他情形。

(8) 法人终止。法人终止,是指法人资格的丧失。法人终止虽然产生与自然人死亡相同的法律效果,但其终止更具备社会属性,需要特定事由并通过特定法律程序来推动。有下列原因之一并依法完成清算,注销登记的法人终止:①法人解散。②法人被宣告破产。③法律规定的其他原因。

(9) 法人的清算。法人解散的,除合并或者分立的情形外,清算义务人应当及时组成清算组进行清算。法人的董事、理事等执行机构或者决策机构的成员为清算义务人。法人清算后的剩余财产,按照法人章程的规定或者法人权力机构的决议处理。清算结束并完成法人注销登记时,法人终止;依法不需要办理法人登记的,清算结束时,法人终止。法人被宣告破产的,依法进行破产清算,并完成法人注销登记时,法人终止。

(10) 法人的分支机构。法人可以依法设立分支机构。分支机构以自己的名义从事民事活动,产生的民事责任由法人承担;也可以先以该分支机构管理的财产承担,不足以承担的,由法人承担。

2. 营利法人

(1) 营利法人的概念。营利法人是指以取得利润,并分配给股东等出资人为目的成立的法人。营利法人包括公司制营利法人和非公司制营利法人。公司制营利法人主要是有限责任公司、股份有限公司。非公司制营利法人,主要是没有采用公司制的全民所有制企业、集体所有制企业等。

(2) 营利法人的成立。营利法人经依法登记成立,依法设立的营利法人,由登记机关发给营利法人营业执照,营业执照签发日期为营利法人的成立日期。营利法人从事经营活动,应当遵守商业道德,维护交易安全,接受政府和社会的监督,承担社会责任。

(3) 营利法人的组织机构。设立营利法人,应当依法制定法人章程。营利法人应当设权力机构,权力机构行使修改法人章程、选举或者更换执行机构、监督机构成员以及法人章程规定的其他职权。营利法人应当设执行机构,执行机构行使召集权力机构会议,决定法人的经营计划和投资方案,决定法人内部管理机构的设置以及法人章程规定的其他职权。营利法人设监事会或者监事等监督机构的,监督机构依法行使检查法人财务,监督执行机构成员、高级管理人员执行法人职务的行为,以及法人章程规定的其他职权。

(4) 营利法人的出资人。营利法人的出资人不得滥用出资人权利,损害法人或者其他出资人的利益。滥用出资人权利造成法人或者其他出资人损失的,应当依法承担民事责任。

3. 非营利法人

(1) 非营利法人的概念。非营利法人,是指为公益目的或者其他非营利目的成立,不向出资人、设立人或者会员分配所取得利润的法人。非营利法人包括事业单位、社会团体、基金会、社会服务机构等。

(2) 事业单位。事业单位,是指国家为了社会公益目的,由国家机关举办或者其他组织利用国有资产举办的,从事教育、科技、文化、卫生等活动的社会服务组织。具备法人条件,为适应经济社会发展需要提供公益服务设立的事业单位,经依法登记成立,取得事业单位法人资格;依法不需要办理法人登记的,从成立之日起具有事业单位法人资格。

(3) 社会团体。社会团体,是指中国人民自愿组成,为实现会员共同意愿,按照其章程开展活动的非营利性社会组织。国家机关以外的组织可以作为单位会员加入社会团体。具备法人条件,基于会员共同意愿,为公益目的或者会员共同利益等非营利目的设立的社会团体,经依法登记成立,取得社会团体法人资格;依法不需要办理法人登记的,从成立之日起,具有社会团体法人资格。

(4) 捐助法人。捐助法人,是指具备法人条件,为公益目的以捐助财产设立的基金会、社会服务机构等组织。基金会,是指利用自然人、法人或者其他组织捐赠的财产,以从事公益事业为目的,按照规定成立的非营利性法人。社会服务机构通常是以"助人自助"为宗旨,由受过专门训练的社会工作者,作为职业的服务人员和志愿者组成,为特定的有需要的服务对象,提供专业服务的人群组织。

(5) 宗教活动场所法人。宗教活动场所法人,是指取得捐助法人资格的宗教活动场所,如寺院、宫观、清真寺、教堂等。信教公民的集体宗教活动,一般应当在经登记的宗教活动场所内进行。

4. 特别法人

(1) 机关法人。机关法人,是指依据宪法、法律、法规或政府的行政命令而设立,享有公权力的、以从事履行公共管理职能为主的各级国家机关。其成立目的、成立程序和运行程序、消灭程序等与其他法人组织存在明显差别。有独立经费的机关和承担行政职能的法定机构从成立之日起,具有机关法人资格,可以从事履行职能所需要的民事活动。因为机关法人存续过程中,会偶尔涉及民事法律关系,民法上将其作为有民事主体资格的法人对待,以便于民事诉讼。

机关法人被撤销的,法人终止,其民事权利和义务由继任的机关法人享有和承担,没有继任的机关法人的,由作出撤销决定的机关法人享有和承担。

(2) 农村集体经济组织。农村集体经济组织,是指利用农村集体的土地或其他财产从事农业经营等活动的组织。其以维护集体成员权益,实现共同富裕为宗旨。坚持集体所有,合作经营、民主管理,实行各尽所能,按劳分配,共享收益的原则,农村集体经济组织依法取得法人资格。

(3) 城镇农村的合作经济组织。合作经济组织法人又称为合作社法人,是指劳动者在互助基础上自筹资金、共同经营、共同劳动并分享收益的经济组织,其成员退社自由,对合作社的债务一般承担有限责任,合作社在法律上享有法人资格。《宪法》第八条规定,城镇中的手工业、工业、建筑业、运输业、商业、服务业等行业的各种形式的合作经济,都是社会主义劳动群众集体所有制经济。

(4) 基层群众性自治组织。居民委员会、村民委员会具有基层群众性自治组织法人资格,可以从事为履行职能所需要的民事活动。不设区的市、市辖区的人民政府或者它的派出机关对居民委员会的工作给予指导、支持和帮助。居民委员会协助不设区的市、市辖区的人民政府或者它的派出机关开展工作。村民委员会办理本村的公共事务和公益事业,调解民间纠纷,协助维护社会治安,向人民政府反映村民的意见、要求和提出建议,村民委员会向村民会议、村民代表会议负责并报告工作,未设立村集体经济组织的,村民委员会可以依法代行村集体经济组织的职能。

(三) 非法人组织

(1) 非法人组织的概念。非法人组织是指不具有法人资格,但是能够依法以自己的名义从事民事活动的组织。非法人组织包括个人独资企业、合伙企业、不具有法人资格的专业服务机构等。

非法人组织的财产不足以清偿债务的,其出资人或者设立人承担无限责任。

(2) 非法人组织的代表。非法人组织可以确定一人或者数人代表该组织从事民事活动。

(3) 非法人组织的解散。有下列情形之一的,非法人组织解散:①章程规定的存续期间届满或者章程规定的其他解散事由出现。②出资人或者设立人决定解散。③法律规定的其他情形。

**(四) 国家**

在特殊情况下,国家可以作为一个整体成为法律主体。如在国内,国家是国家财产所有权唯一和统一的主体。在国际上,国家作为主权者是国际公法关系的主体,也可以成为对外贸易关系中的债权人或债务人。

### 二、法律主体资格

法律主体资格包括权利能力和行为能力两方面。

**(一) 权利能力**

权利能力,是指法律主体能够参加某种法律关系,依法享有一定权利和承担一定义务的法律资格。或者说,权利能力就是自然人或组织能够成为法律主体的资格。它是任何自然人或组织参加法律关系的前提条件。

(1) 自然人的权利能力。自然人从出生时起到死亡时止,具有民事权利能力,依法享有民事权利,承担民事义务。自然人的民事权利能力一律平等。

(2) 法人的权利能力。法人权利能力的范围,由法人成立的宗旨和业务范围决定,自法人成立时产生,至法人终止时消灭。

**(二) 行为能力**

行为能力,是指法律主体能够通过自己的行为实际取得权利和履行义务的能力。法人的行为能力和权利能力是一致的,同时产生、同时消灭。而自然人的行为能力不同于其权利能力,具有行为能力必须首先具有权利能力,但具有权利能力并不必然具有行为能力。

1. 自然人的民事行为能力

我国法律将自然人按其民事行为能力划分为三类,如表 1-2 所示。

表 1-2 自然人民事行为能力分类

| 民事行为能力的种类 | 具体规定 |
| --- | --- |
| 完全民事行为能力 | $x \geqslant 18$ 周岁 |
| | $16$ 周岁 $\leqslant x < 18$ 周岁,以自己的劳动收入为主要生活来源 |
| 限制民事行为能力 | $8$ 周岁 $\leqslant x < 18$ 周岁 |
| | $x \geqslant 18$ 周岁,不能完全辨认自己行为 |
| 无民事行为能力 | $x < 8$ 周岁 |
| | $8$ 周岁 $\leqslant x < 18$ 周岁,不能辨认自己行为 |
| | $x \geqslant 18$ 周岁,不能辨认自己行为 |

无民事行为能力人、限制民事行为能力人的监护人是其法定代理人。

2. 自然人的刑事责任能力

刑事责任能力是指行为人构成犯罪和承担刑事责任所必须具备的刑法意义上辨认和控制自己行为的能力。不具备刑事责任能力者,即使实施了危害社会的行为,也不能成为犯罪主体,不能被追究刑事责任;刑事责任能力减弱者,其刑事责任相应地适当减轻。对于一般自然人来说,只要达到一定的年龄,生理和智力发育正常,就具有了相应的辨认和控制自己行为的能力,从而具有刑事责任能力。但有的人因患病的原因会丧失或减弱刑事责任能力。

(1) 已满16周岁的人犯罪,应当负刑事责任。

(2) 已满14周岁不满16周岁的人犯故意杀人、故意伤害致人重伤或者死亡、强奸、抢劫、贩卖毒品、放火、爆炸、投放危险物质罪的,应当负刑事责任。

(3) 已满12周岁不满14周岁的人犯故意杀人、故意伤害罪,致人死亡或者以特别残忍手段致人重伤造成严重残疾,情节恶劣,经最高人民检察院核准追诉的,应当负刑事责任。

(4) 已满12周岁不满18周岁的人犯罪,应当从轻或者减轻处罚,因不满16周岁不予刑事处罚的,责令其父母或者其他监护人员加以管教;在必要的时候依法进行专门矫治教育。

(5) 已满75周岁的人故意犯罪的,可以从轻或者减轻处罚;过失犯罪的,应当从轻或者减轻处罚。

(6) 精神病人在不能辨认或者不能控制自己行为的时候造成危害结果,经法定程序鉴定确认的,不负刑事责任,但是应当责令他的家属或者监护人严加看管和医疗,在必要的时候,由政府强制医疗。间歇性的精神病人在精神正常的时候犯罪,应当负刑事责任。尚未完全丧失辨认或者控制自己行为能力的精神病人犯罪的,应当负刑事责任,但是可以从轻或者减轻处罚。

(7) 醉酒的人犯罪,应当负刑事责任。

(8) 又聋又哑的人或者盲人犯罪,可以从轻、减轻或者免除处罚。

# 第三节 法律责任

## 一、法律责任的概念

法律责任这一概念可以从正反两个方面理解,即积极意义(正面)的法律责任与消极意义(反面)的法律责任。积极意义上的法律责任,是指所有法律主体都有遵守法律的义务,即将法律责任与法律义务含义等同,又称广义的法律责任。现行立法所用的法律责任是一种消极意义上的法律责任,是指法律主体由于违反法定或约定的义务而应承受的不利的法律后果,又称狭义的法律责任。

## 二、法律责任的分类

### (一) 民事责任

1. 民事责任的概念

民事责任,是指民事主体违反了约定或法定的义务所应承担的不利民事法律后果。

2. 承担民事责任的方式

承担民事责任的方式主要有:停止侵害;排除妨碍;消除危险;返还财产;恢复原状;修

理、重作、更换;继续履行;赔偿损失;支付违约金;消除影响、恢复名誉;赔礼道歉。

**(二) 行政责任**

1. 行政责任的概念

行政责任,是指违反法律法规规定的行为人所应承受的由国家行政机关对其依行政程序所给予的制裁。

2. 行政责任的分类

行政责任包括行政处罚和行政处分。行政处罚,是指行政机关依法对违反行政管理秩序的公民、法人或者其他组织,以减损权益或者增加义务的方式予以惩戒的行为。行政处分,是指对违反法律规定的国家机关工作人员或被授权、委托的执法人员所实施的内部制裁措施。

行政处罚的种类有:警告、通报批评,罚款、没收违法所得、没收非法财物,暂扣或者吊销许可证、降低资质等级,限制开展生产经营活动,行政拘留以及法律、行政法规规定的其他行政处罚。

行政处分的种类有:警告,记过,记大过,降级,撤职,开除。

**(三) 刑事责任**

刑事责任,是指犯罪人因实施犯罪行为所应承受的由国家审判机关(法院)依照刑事法律给予的制裁后果,是法律责任中最严厉的责任形式。刑事责任主要通过刑罚而实现,刑罚分为主刑和附加刑两类。

1. 主刑

主刑是对犯罪分子适用的主要刑罚方法。主刑的种类有:

(1) 管制:对犯罪分子不实行关押,但是限制其一定的自由,交由公安机关管束和监督的刑罚方法。期限为3个月以上2年以下。

(2) 拘役:剥夺犯罪分子短期的人身自由的刑罚方法,就近拘禁并强制劳动的刑罚。期限为1个月以上6个月以下。

(3) 有期徒刑:剥夺犯罪分子一定期限的人身自由,实行劳动改造的刑罚方法。除特殊情况外,有期徒刑的期限为6个月以上15年以下。

(4) 无期徒刑:剥夺犯罪分子终身自由,实行劳动改造的刑罚方法。

(5) 死刑:剥夺犯罪分子生命的刑罚方法。死刑只适用于罪行极其严重的犯罪分子。对于应当判处死刑的犯罪分子,如果不是必须立即执行的,可以判处死刑同时宣告缓期2年执行。

2. 附加刑

附加刑是补充、辅助主刑适用的刑罚方法。附加刑可以附加于主刑之后作为主刑的补充,同主刑一起适用;也可以独立适用。附加刑的种类有:

(1) 罚金:强制犯罪分子或者犯罪的单位向国家缴纳一定数额金钱的刑罚方法。

(2) 剥夺政治权利:剥夺犯罪分子参加国家管理和政治活动权利的刑罚方法。剥夺的具体政治权利,是指选举权和被选举权;言论、出版、集会、结社、游行、示威自由的权利;担任国家机关职务的权利;担任国有公司、企业、事业单位和人民团体领导职务的权利。

(3) 没收财产:将犯罪分子个人所有财产的一部分或者全部,强制无偿地收归国有的刑罚方法。

(4)驱逐出境:强迫犯罪的外国人离开中国国(边)境的刑罚方法。

**【例1-7】** 下列法律责任形式中,属于刑事责任形式的有( )。

A. 罚金　　　　　B. 罚款　　　　　C. 没收财产　　　　　D. 没收违法所得

**【解析】** 答案为AC。罚款和没收违法所得为行政责任形式。

3. 数罪并罚

一人犯数罪的,除判处死刑和无期徒刑的以外,应当在总和刑期以下、数刑中最高刑期以上,酌情决定执行的刑期。但是管制最高不能超过3年,拘役最高不能超过1年,有期徒刑总和刑期不满35年的,最高不超过20年,有期徒刑总和刑期在35年以上的,最高不能超过25年。数罪中有判处附加刑的,附加刑仍需执行,其中附加刑种类相同的,合并执行,种类不同的,分别执行。

## 课 堂 测 试①

班级：_____　姓名：_____　学号：_____　分数：_____

**一、单项选择题（每小题 5 分，共 30 分）**

1. 下列法律责任形式中，属于民事责任的是（　　）。
   A. 拘役　　　B. 记过　　　C. 暂扣许可证　　　D. 支付违约金

2. 下列刑罚中，属于附加刑的是（　　）。
   A. 管制　　　B. 死刑　　　C. 拘役　　　D. 驱逐出境

3. 下列关于法的本质与特征的表述中，不正确的是（　　）。
   A. 法是由国家制定或认可的规范
   B. 法是社会成员共同意志的体现
   C. 法由统治阶级的物质生活条件决定
   D. 法凭借国家强制力的保障获得普遍遵行的效力

4. 下列各项中，属于法律行为的是（　　）。
   A. 流星陨落　　　B. 签发支票　　　C. 火山爆发　　　D. 台风登陆

5. 根据我国民事法律制度的规定，达到一定年龄阶段、以自己的劳动收入为主要生活来源的公民，应当为完全民事行为能力人。该年龄阶段为（　　）。
   A. 16 周岁以上不满 18 周岁　　　B. 18 周岁以上
   C. 10 周岁以上不满 18 周岁　　　D. 不满 10 周岁

6. 下列法的形式中，由全国人民代表大会及其常务委员会经一定立法程序制定颁布的规范性文件是（　　）。
   A. 宪法　　　B. 行政法规　　　C. 法律　　　D. 行政规章

**二、多项选择题（每小题 10 分，共 40 分）**

1. 剥夺政治权利的范围有（　　）。
   A. 选举权和被选举权　　　　　　　B. 担任国家机关职务
   C. 担任国有公司、企业的领导职务　　D. 担任事业单位、人民团体的领导职务

2. 张三向李四借款 100 万元，在此法律关系中，主体应为（　　）。
   A. 张三　　　B. 100 万元　　　C. 李四　　　D. 没有主体

3. 下列法律、法规中，属于国务院颁布的有（　　）。
   A.《会计法》　　　　　　　　　　　B.《总会计师条例》

---

① 本书每章末配有课堂测试，学生可在做完测试后沿剪裁线撕下本页上交授课教师。教师可将其得分作为学生平时成绩。

C.《会计档案管理办法》　　　　　　D.《企业财务会计报告条例》
4. 下列各项中,可成为法律关系客体的有(　　)。
   A. 土地　　　B. 荣誉称号　　　C. 人民币　　　D. 天然气

### 三、判断题(每小题6分,共30分)

1. 国家不能成为法律关系的主体。　　　　　　　　　　　　　　　　　　(　　)
2. 行政法规的地位次于宪法和法律,高于地方性法规、规章。　　　　　　(　　)
3. 无民事行为能力人,由其法定代理人代理实施民事法律行为。　　　　　(　　)
4. 法是通过国家制定和发布的,因此国家发布的所有文件都是法。　　　　(　　)
5. 已满14周岁不满16周岁的人,因故意杀人、贩卖毒品等行为应当负行政责任。(　　)

# 第二章　会计法律制度

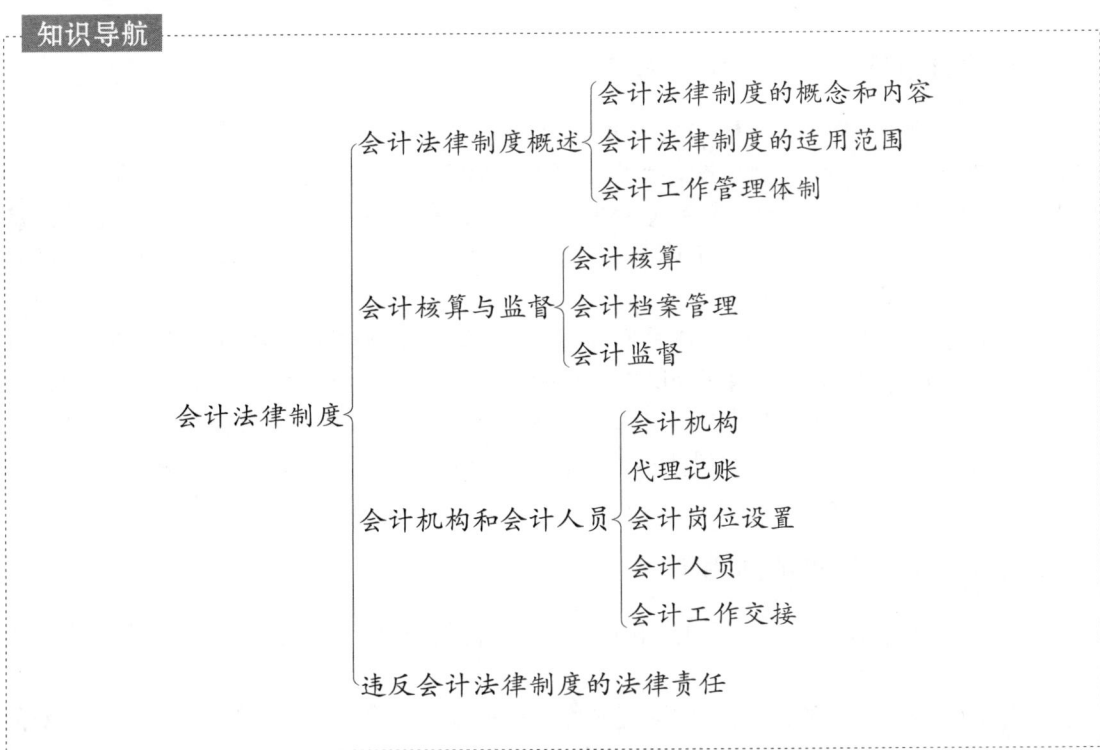

## 学习目标

1. 掌握会计核算、会计档案管理、会计监督的相关内容
2. 掌握会计机构、会计岗位的设置、会计人员的相关内容
3. 熟悉违反会计法律制度的法律责任
4. 了解会计法律制度的概念、适用范围和会计工作管理体制
5. 了解代理记账的相关内容

 寓德于教

### 加强会计诚信建设　助力经济高质量发展

会计诚信是会计人员从事会计工作需要遵循的价值理念和行为规范,是提供真实完整的会计信息、促进经济高质量发展的重要保障。作为中华优秀传统文化的重要内容和社会主义核心价值观的重要组成部分,会计诚信更是会计人员的立身之本、会计行业的立业之基。在全党全国各族人民深入学习贯彻党的二十大精神、迈上全面建设社会主义现代化国家新征程、向第二个百年奋斗目标进军的关键时刻,深入学习领会习近平总书记关于诚信建

设的重要论述精神、认真梳理总结加强会计诚信建设的经验做法、系统谋划加强会计诚信建设的政策措施,具有重要意义。

资料来源:崔华清.加强会计诚信建设 助力经济高质量发展[R].财政部,2023-5-17.

# 第一节 会计法律制度概述

## 一、会计法律制度的概念和内容

会计法律制度,是指国家权力机关和行政机关制定的关于会计工作的法律、法规、规章和规范性文件的总称。会计法律制度是调整会计关系的法律规范。会计关系,是指会计机构和会计人员在办理会计事务过程中,以及国家在管理会计工作过程中发生的经济关系。在一个单位,会计关系的主体为会计机构和会计人员,客体为与会计工作相关的具体事务。

为规范会计行为,保证会计工作的有序进行,国家陆续颁布了一系列会计法律、法规和规章,如1985年1月21日第六届全国人民代表大会常务委员会第九次会议通过,并多次修订的《中华人民共和国会计法》(以下简称《会计法》),1996年6月17日财政部发布、2019年3月14日修正的《会计基础工作规范》,以及企业会计准则及其解释等。这些构成了我国会计法律制度的主要内容。

## 二、会计法律制度的适用范围

国家机关、社会团体、公司、企业、事业单位和其他组织(以下统称单位)办理会计事务必须依照《会计法》规定。

《会计法》规定,国家实行统一的会计制度。国家统一的会计制度,是指国务院财政部门根据《会计法》制定的关于会计核算、会计监督、会计机构和会计人员以及会计工作管理的制度。

## 三、会计工作管理体制

### (一) 会计工作的行政管理

会计工作的主管部门,是指代表国家对会计工作行使管理职能的政府部门。《会计法》规定,国务院财政部门主管全国的会计工作。县级以上地方各级人民政府财政部门管理本行政区域内的会计工作。

### (二) 单位内部的会计工作管理

单位负责人对本单位的会计工作和会计资料的真实性、完整性负责。

单位负责人,是指单位法定代表人或者法律、行政法规规定代表单位行使职权的主要负责人。单位负责人应当保证会计机构、会计人员依法履行职责,不得授意、指使、强令会计机构、会计人员违法办理会计事项。

【例 2-1】 下列关于《会计法》的表述中,正确的有(    )。
A.《会计法》是会计工作的最高准则
B.《会计法》是会计法律制度中层次最高的法律规范

C.《会计法》是制定其他法规的依据

D.《会计法》是国家宪法

【解析】 答案为AB。《会计法》是会计法律制度中层次最高的法律规范,是制定其他会计法规的依据,是指导会计工作的最高准则,但不是宪法。

## 第二节 会计核算与监督

### 一、会计核算

会计核算,是指以货币为主要计量单位,运用专门的会计方法,对生产经营活动或预算执行过程及其结果进行连续、系统、全面的记录、计算、分析,定期编制并提供财务会计报告和其他会计资料,为经营决策和宏观经济管理提供依据的一项会计活动。会计核算是会计工作的基本职能之一,是会计工作的重要环节。

**(一) 会计核算的基本要求**

1. 依法建账

(1) 各单位应当按照《会计法》和国家统一的会计制度规定建立会计账册,进行会计核算。

(2) 各单位发生的各项经济业务事项应当统一进行会计核算,不得违反规定私设会计账簿进行登记、核算。

2. 根据实际发生的经济业务进行会计核算

《会计法》规定,各单位必须根据实际发生的经济业务事项进行会计核算,填制会计凭证,登记会计账簿,编制财务会计报告。会计核算以实际发生的经济业务为依据,体现了会计核算的真实性和客观性要求。其具体要求是,根据实际发生的经济业务,取得可靠的凭证,并据此登记账簿,编制财务会计报告,形成符合质量标准的会计资料(会计信息)。

3. 保证会计资料的真实和完整

1) 会计资料的概念

会计资料,主要是指会计凭证、会计账簿、财务会计报告等会计核算专业资料,它是会计核算的重要成果,是投资者作出投资决策、经营者进行经营管理、国家进行宏观调控的重要依据。

2) 会计资料的真实性和完整性

会计资料的真实性,主要是指会计资料所反映的内容和结果,应当同单位实际发生的经济业务的内容及其结果相一致。会计资料的完整性,主要是指构成会计资料的各项要素都必须齐全,以使会计资料如实、全面地记录和反映经济业务发生情况,便于会计资料使用者全面、准确地了解经济活动情况。会计资料的真实性和完整性,是会计资料最基本的质量要求,是会计工作的生命,各单位必须保证所提供的会计资料真实和完整。

3) 保证会计资料真实和完整的规定

为保证会计资料的真实和完整,《会计法》规定,任何单位不得以虚假的经济业务事项或者资料进行会计核算。任何单位和个人不得伪造、变造会计凭证、会计账簿及其他会计资料,不得提供虚假的财务会计报告。

(1) 伪造会计资料,包括伪造会计凭证和会计账簿,是以虚假的经济业务为前提来编制会计凭证和会计账簿,旨在以假充真。

(2) 变造会计资料,包括变造会计凭证和会计账簿,使用涂改、挖补等手段改变会计凭证和会计账簿的真实内容,以歪曲事实真相。

4. 正确采用会计处理方法

会计处理方法,是指在会计核算中所采用的具体方法。采用不同的会计处理方法,或者在不同会计期间采用不同的会计处理方法,都会影响会计资料的一致性和可比性,进而影响会计资料的使用。因此,各单位的会计核算应当按照规定的会计处理方法进行,保证会计指标的口径一致、相互可比和会计处理方法的前后各期一致,不得随意变更;确有必要变更的,应当按照国家统一的会计制度的规定变更,并将变更的原因、情况及影响在财务会计报告中说明。

5. 正确使用会计记录文字

会计记录文字,是指在进行会计核算时,为记载经济业务发生情况和辅助说明会计数字所体现的经济内涵而使用的文字。

根据《会计法》的规定,会计记录的文字应当使用中文。在民族自治地方,会计记录可以同时使用当地通用的一种民族文字。在中国境内的外商投资企业、外国企业和其他外国组织的会计记录可以同时使用一种外国文字。

6. 使用电子计算机进行会计核算必须符合法律规定

使用电子计算机进行会计核算,即会计电算化,是将以电子计算机为主的当代电子和信息技术应用于会计工作的简称,是采用电子计算机替代手工记账、算账、报账,以及对会计资料进行电子化分析和利用的现代记账手段。

### (二) 会计核算的主要内容

会计核算的内容,是指应当进行会计核算的经济业务事项。根据《会计法》的规定,下列经济业务事项,应当办理会计手续,进行会计核算。

1. 款项和有价证券的收付

款项的收付,主要包括货币资金的收入、转存、付出、结存等。有价证券的收付,主要包括有价证券的购入、无偿取得、债务重组取得;有价证券的有偿转让、抵债、对外投资、捐赠;有价证券的利息和股利、溢价与折价的摊销;有价证券的期末结存、减值等。

2. 财物的收发、增减和使用

财物的收发、增减和使用,包括存货、固定资产、投资、无形资产等的购入、自行建造、无偿取得、债务重组取得、融资租入、接受捐赠、出售、转让、抵债、无偿调出、捐赠、减值等。

3. 债权债务的发生和结算

债权的发生和结算,主要包括债权的收回及孳息、债务重组、债权减值等。

债务的发生和结算,主要包括债权人变更、债务的偿还及孳息、债务重组及免偿等。

4. 资本、基金的增减

资本、基金的增减,主要包括实收资本(股本)、资本公积、盈余公积、基金等的增减变动,如实收资本(股本)的取得和企业增资、减资;资本公积的形成、转增资本;基金的提取、转入、使用和给付等。

5. 收入、支出、费用、成本的计算

收入的计算,主要包括商品销售收入、提供劳务收入、让渡资产使用权收入等主营业务收入;材料销售收入,代购、代销、代加工、代管、代修收入和出租收入等其他业务收入;投资收益,补贴收入,固定资产盘盈、处置固定资产净收益、出售无形资产收益、罚款收益等营业外收入;以前年度损益调整等的确认与结转。

支出、费用、成本的计算,主要包括生产成本的汇集、分配与结转;销售费用、管理费用和财务费用等的汇集与结转;税金及附加、出售无形资产损失、债务重组损失、计提的固定资产减值准备、捐赠支出等的确认与结转。

6. 财务成果的计算和处理

财务成果的计算和处理,主要包括将收入和相配比的成本、费用、支出转入本年利润,计算利润总额;将所得税转入本年利润,计算净利润;年终结转本年利润;所得税的计提、缴纳、返还和余额结转,递延税款的余额调整等。

7. 其他事项

其他事项是指除上述六项经济业务事项以外的,按照国家统一的会计制度规定应办理会计手续,进行会计核算的其他经济业务事项。

**(三) 会计年度**

会计年度,是指以年度为单位进行会计核算的时间区间,是反映单位财务状况、核算经营成果的时间界限。

根据《会计法》的规定,我国是以公历年度为会计年度,即以每年公历的1月1日起至12月31日止为一个会计年度。每一个会计年度还可以按照公历日期具体划分为半年度、季度、月度。

**(四) 记账本位币**

记账本位币,是指日常登记账簿和编制财务会计报告用以计量的货币,也就是单位进行会计核算业务时所使用的货币。

我国《会计法》规定,会计核算以人民币为记账本位币。业务收支以人民币以外的货币为主的单位,可以选定其中一种货币作为记账本位币,但是编报的财务会计报告应当折算为人民币。

**(五) 会计凭证和会计账簿**

1. 会计凭证

会计凭证,是指具有一定格式、用以记录经济业务事项发生和完成情况,明确经济责任,并作为记账凭证的书面证明,是会计核算的重要会计资料。会计凭证按其来源和用途,分为原始凭证和记账凭证两种。

1) 原始凭证

(1) 原始凭证的定义。原始凭证又称单据,是指在经济业务发生时,由业务经办人员直接取得或者填制,用以表明某项经济业务已经发生或完成情况并明确有关经济责任的一种原始凭据,如发票。

(2) 原始凭证的分类。原始凭证是会计核算的原始依据,来源于实际发生的经济业务事项。原始凭证种类很多,既有来自单位外部的,也有单位自制的;既有国家统一印制的具有固定格式的发票,也有由发生经济业务事项双方认可并自行填制的凭据等。

(3) 原始凭证的内容。原始凭证的内容必须具备:①凭证的名称。②填制凭证的日期。③填制凭证单位名称或者填制人姓名。④经办人员的签名或者盖章。⑤接受凭证单位名称。⑥经济业务内容。⑦数量、单价和金额。

(4) 原始凭证的填制要求。①从外单位取得的原始凭证,必须盖有填制单位的公章。从个人取得的原始凭证,必须有填制人员的签名或者盖章。②自制原始凭证必须有经办单位领导人或者其指定的人员签名或者盖章。③对外开出的原始凭证,必须加盖本单位公章。凡填有大写和小写金额的原始凭证,大写与小写金额必须相符。④购买实物的原始凭证,必须有验收证明。⑤支付款项的原始凭证,必须有收款单位和收款人的收款证明。⑥一式多联的原始凭证,应当注明各联的用途,只能以一联作为报销凭证。⑦发生销货退回的,除填制退货发票外,还必须有退货验收证明;退款时,必须取得对方的收款收据或者汇款银行的凭证,不得以退货发票代替收据。⑧经上级有关部门批准的经济业务,应当将批准文件作为原始凭证附件。⑨如果批准文件需要单独归档,应当在凭证上注明批准机关名称、日期和文件字号。

(5) 会计机构、会计人员必须按照国家统一的会计制度的规定对原始凭证进行审核。①对不真实、不合法的原始凭证有权不予接受,并向单位负责人报告。②对记载不准确、不完整的原始凭证予以退回,并要求按照国家统一的会计制度的规定更正、补充。

(6) 原始凭证有错误的,应采用正确的修改方式。①原始凭证记载的各项内容均不得涂改。②原始凭证有错误的,应当由出具单位重开或者更正,更正处应当加盖出具单位印章。原始凭证金额有错误的,应当由出具单位重开,不得在原始凭证上更正。

【例2-2】 根据会计法律制度的规定,原始凭证的金额有错误时,应当采取的正确做法是( )。

A. 由经办人员更正并加盖经办人员印章　　B. 由出具单位更正并加盖出具单位印章
C. 由接受单位更正并加盖接受单位印章　　D. 由出具单位重开

【解析】 答案为D。金额是原始凭证的关键信息,如果错误,只能重开,不能更正。

2) 记账凭证

(1) 记账凭证的定义。记账凭证,是指对经济业务事项按其性质加以归类,确定会计分录,并据以登记会计账簿的凭证。

(2) 记账凭证的作用。记账凭证具有分类归纳原始凭证和满足登记会计账簿需要的作用。

(3) 记账凭证的分类。记账凭证可以分为收款凭证、付款凭证和转账凭证,也可以使用通用记账凭证。

(4) 记账凭证的编制依据。记账凭证应当根据经过审核的原始凭证及有关资料编制。

(5) 记账凭证的内容。记账凭证的内容必须具备:①填制凭证的日期。②凭证编号。③经济业务摘要。④会计科目。⑤金额。⑥所附原始凭证张数。⑦填制凭证人员、稽核人员、记账人员、会计机构负责人(会计主管人员)签名或者盖章。

收款和付款记账凭证还应当由出纳人员签名或者盖章。以自制的原始凭证或者原始凭证汇总表代替记账凭证的,也必须具备记账凭证应有的项目。实行会计电算化的单位,打印出的机制记账凭证要加盖制单人员、审核人员、记账人员及会计机构负责人(会计主管人员)印章或者签字。

(6) 填制记账凭证时,应当对记账凭证进行连续编号。一笔经济业务需要填制两张以上记账凭证的,可以采用分数编号法编号。记账凭证可以根据每一张原始凭证填制,或者根据若干张同类原始凭证汇总填制,也可以根据原始凭证汇总表填制。但不得将不同内容和类别的原始凭证汇总填制在一张记账凭证上。除结账和更正错误的记账凭证可以不附原始凭证外,其他记账凭证必须附有原始凭证。如果一张原始凭证涉及几张记账凭证,可以把原始凭证附在一张主要的记账凭证后面,并在其他记账凭证上注明附有该原始凭证的记账凭证的编号或者附原始凭证复印件。一张原始凭证所列支出需要几个单位共同负担的,应当将其他单位负担的部分,开给对方原始凭证分割单,进行结算。原始凭证分割单必须具备原始凭证的基本内容以及费用分摊情况等。

(7) 如果在填制记账凭证时发生错误,应当重新填制。已经登记入账的记账凭证,在当年内发现填写错误时,可以用红字填写一张与原内容相同的记账凭证,在摘要栏注明"注销某月某日某号凭证"字样,同时再用蓝字重新填制一张正确的记账凭证,注明"订正某月某日某号凭证"字样。如果会计科目没有错误,只是金额错误,也可以将正确数字与错误数字之间的差额,另编一张调整的记账凭证,调增金额用蓝字,调减金额用红字。发现以前年度记账凭证有错误的,应当用蓝字填制一张更正的记账凭证。

3) 会计凭证的保管

会计凭证登记完毕后,应当按照分类和编号顺序保管,不得散乱丢失。记账凭证应当连同所附的原始凭证或者原始凭证汇总表,按照编号顺序,折叠整齐,按期装订成册,并加具封面,注明单位名称、年度、月份和起讫日期、凭证种类、起讫号码,由装订人在装订线封签外签名或者盖章。

对于数量过多的原始凭证,可以单独装订保管,在封面上注明记账凭证日期、编号、种类,同时在记账凭证上注明"附件另订"和原始凭证名称及编号。

各种经济合同、存出保证金收据以及涉外文件等重要原始凭证,应当另编目录,单独登记保管,并在有关的记账凭证和原始凭证上相互注明日期和编号。

原始凭证不得外借,其他单位如因特殊原因需要使用原始凭证时,经本单位会计机构负责人、会计主管人员批准,可以复制。向外单位提供的原始凭证复制件,应当在专设的登记簿上登记,并由提供人员和收取人员共同签名或者盖章。

从外单位取得的原始凭证如有遗失,应当取得原开出单位盖有公章的证明,并注明原来凭证的号码、金额和内容等,由经办单位会计机构负责人、会计主管人员和单位领导人批准后,才能代作原始凭证。如果确实无法取得证明的,如火车、轮船、飞机票等凭证,由当事人写出详细情况,由经办单位会计机构负责人、会计主管人员和单位领导人批准后,代作原始凭证。

2. 会计账簿

1) 会计账簿的概念

会计账簿,是指全面记录和反映一个单位经济业务事项,把大量分散的数据或者资料进行归类整理,逐步加工成有用会计信息的簿籍,它是编制财务会计报告的重要依据。

2) 会计账簿的种类

会计账簿包括总账、明细账、日记账和其他辅助性账簿。

(1) 总账又称总分类账,是根据会计科目开设的账簿,用于分类登记单位的全部经济业务事项,提供资产、负债、所有者权益、费用、成本、收入等总括核算的资料。总账一般有订本账和活页账两种。

(2) 明细账又称明细分类账,是根据总账科目所属的明细科目设置的,用于分类登记某一类经济业务事项,提供有关明细核算资料。明细账通常使用活页账。

(3) 日记账,是一种特殊的序时明细账,它是按照经济业务事项发生的时间先后顺序,逐日逐笔地进行登记的账簿。日记账可分为现金日记账和银行存款日记账。现金日记账和银行存款日记账必须采用订本式账簿。不得用银行对账单或者其他单据代替日记账。

(4) 其他辅助性账簿又称备查账簿,是为备忘备查而设置的。在会计实务中,其主要包括各种租借设备、物资的辅助登记或有关应收、应付款项的备查簿,担保、抵押备查簿等。

3) 启用会计账簿的基本要求

(1) 封面扉页的填制要求。启用会计账簿时,应当在账簿封面上写明单位名称和账簿名称。在账簿扉页上应当附启用表,内容包括:启用日期、账簿页数、记账人员和会计机构负责人、会计主管人员姓名,并加盖名章和单位公章。

(2) 会计账簿交接要求。记账人员或者会计机构负责人、会计主管人员调动工作时,应当注明交接日期、接办人员或者监交人员姓名,并由交接双方人员签名或者盖章。

(3) 编号要求。启用订本式账簿,应当从第一页到最后一页顺序编定页数,不得跳页、缺号。使用活页式账页,应当按账户顺序编号,并须定期装订成册。装订后再按实际使用的账页顺序编定页码。另加目录,记明每个账户的名称和页次。

4) 登记会计账簿的基本要求

(1) 登记会计账簿时,应当将会计凭证日期、编号、业务内容摘要、金额和其他有关资料逐项记入账内,做到数字准确、摘要清楚、登记及时、字迹工整。

(2) 登记完毕后,要在记账凭证上签名或者盖章,并注明已经登账的符号,表示已经记账。

(3) 账簿中书写的文字和数字上面要留有适当空格,不要写满格;一般应占格距的1/2。

(4) 登记账簿要用蓝黑墨水或者碳素墨水书写,不得使用圆珠笔或者铅笔书写。

下列情况,可以用红色墨水记账:①按照红字冲账的记账凭证,冲销错误记录。②在不设借贷等栏的多栏式账页中,登记减少数。③在三栏式账户的余额栏前,如未印明余额方向的,在余额栏内登记负数余额。④根据国家统一会计制度的规定可以用红字登记的其他会计记录。

(5) 各种账簿按页次顺序连续登记,不得跳行、隔页。如果发生跳行、隔页,应当将空行、空页划线注销,或者注明"此行空白""此页空白"字样,并由记账人员签名或者盖章。

(6) 凡需要结出余额的账户,结出余额后,应当在"借或贷"等栏内写明"借"或者"贷"等字样。没有余额的账户,应当在"借或贷"等栏内写"平"字,并在余额栏内用"θ"表示。现金日记账和银行存款日记账必须逐日结出余额。

(7) 每一账页登记完毕结转下页时,应当结出本页合计数及余额,写在本页最后一行和下页第一行有关栏内,并在摘要栏内注明"过次页"和"承前页"字样;也可以将本页合计数及金额只写在下页第一行有关栏内,并在摘要栏内注明"承前页"字样。

对需要结计本月发生额的账户,结计"过次页"的本页合计数应当为自本月初起至本页末止的发生额合计数;对需要结计本年累计发生额的账户,结计"过次页"的本页合计数应当为自年初起至本页末止的累计数;对既不需要结计本月发生额也不需要结计本年累计发生额的账户,可以只将每页末的余额结转次页。

实行会计电算化的单位,用计算机打印的会计账簿必须连续编号,经审核无误后装订成册,并由记账人员和会计机构负责人、会计主管人员签字或者盖章。

5)账簿记录发生错误的更正方法

账簿记录发生错误,不准涂改、挖补、刮擦或者用药水消除字迹,不准重新抄写,必须按照下列方法进行更正:

(1)登记账簿时发生错误,应当将错误的文字或者数字划红线注销,但必须使原有字迹仍可辨认;然后在划线上方填写正确的文字或者数字,并由记账人员在更正处盖章。对于错误的数字,应当全部划红线更正,不得只更正其中的错误数字。对于文字错误,可只划去错误的部分。

(2)由于记账凭证错误而使账簿记录发生错误,应当按更正的记账凭证登记账簿。

6)结账

各单位应当按照规定定期结账。

(1)结账前,必须将本期内所发生的各项经济业务全部登记入账。

(2)结账时,应当结出每个账户的期末余额。

(3)年度终了结账时,所有总账账户都应当结出全年发生额和年末余额。

(4)年度终了,要把各账户的余额结转到下一会计年度,并在摘要栏注明"结转下年"字样;在下一会计年度新建有关会计账簿的第一行余额栏内填写上年结转的余额,并在摘要栏注明"上年结转"字样。

**(六)财务会计报告**

财务会计报告又称财务报告,是指单位对外提供的、反映单位某一特定日期财务状况和某一会计期间经营成果、现金流量等会计信息的文件。编制财务会计报告,是对单位会计核算工作的全面总结,也是及时提供真实、完整会计资料的重要环节。因此,必须严格财务会计报告的编制程序和质量要求。

1. 财务会计报告的构成

财务会计报告由会计报表、会计报表附注和财务情况说明书组成。企业财务会计报告按编制时间分为年度、半年度、季度和月度财务会计报告。

(1)年度、半年度财务会计报告应当包括:会计报表、会计报表附注、财务情况说明书。会计报表应当包括资产负债表、利润表、现金流量表及相关附表。

(2)季度、月度财务会计报告通常仅指会计报表,会计报表至少应当包括资产负债表和利润表。国家统一的会计制度规定季度、月度财务会计报告需要编制会计报表附注的,从其规定。

**【例2-3】** 下列各项中,属于财务报告组成部分的有(    )。

A. 资产负债表     B. 现金流量表     C. 附注     D. 审计报告

【解析】　答案为ABC。企业财务会计报包括：会计报表、会计报表附注、财务情况说明书。会计报表包括资产负债表、利润表、现金流量表及相关附表。凭证、账簿、计划、审计报告都不属于财务报告组成部分。

2. 财务会计报告的对外提供

（1）依法提供财务会计报告。企业应当依照法律、行政法规和国家统一的会计制度关于财务会计报告的编制要求、提供对象和提供期限的规定，及时对外提供财务会计报告。

（2）编制依据应当一致。向不同的会计资料使用者提供的财务会计报告，其编制依据应当一致。有关法律、行政法规规定会计报表、会计报表附注和财务情况说明书须经注册会计师审计的，注册会计师及其所在的会计师事务所出具的审计报告应当随同财务会计报告一并提供。

（3）单位领导人负责。对外报送的财务会计报告，应当依次编写页码，加具封面，装订成册，加盖公章。封面上应当注明：单位名称、单位地址、财务报告所属年度、季度、月度，送出日期，财务会计报告应当由单位领导人和主管会计工作的负责人、会计机构负责人（会计主管人员）签名并盖章；设置总会计师的单位，还须由总会计师签名并盖章。单位领导人应当保证财务会计报告真实、完整。

（4）向职工代表大会公布。国有企业、国有控股的或者占主导地位的企业，应当至少每年一次向本企业的职工代表大会公布财务会计报告。

（5）保密义务。接受企业财务会计报告的组织或者个人，在企业财务会计报告未正式对外披露前，应当对其内容保密。

（七）账务核对和财产清查

1. 账务核对

账务核对又称对账，是保证会计账簿记录质量的重要程序。各单位应当定期对会计账簿记录的有关数字与库存实物、货币资金、有价证券、往来单位或者个人等进行相互核对，保证会计账簿记录与实物及款项的实有数额相符、会计账簿记录与会计凭证的有关内容相符、会计账簿之间相对应的记录相符、会计账簿记录与会计报表的有关内容相符，即账证相符、账账相符、账实相符。对账工作每年至少进行一次。

（1）账证核对：核对会计账簿记录与原始凭证、记账凭证的时间、凭证字号、内容、金额是否一致，记账方向是否相符。

（2）账账核对：核对不同会计账簿之间的账簿记录是否相符，具体包括总账有关账户的余额核对，总账与明细账核对，总账与日记账核对，会计部门的财产物资明细账与财产物资保管和使用部门的有关明细账核对等。

（3）账实核对：核对会计账簿记录与财产等实有数额是否相符，具体包括现金日记账账面余额与现金实际库存数相核对，银行存款日记账账面余额定期与银行对账单相核对，各种财物明细账账面余额与财物实存数额相核对，各种应收、应付款明细账账面余额与有关债务、债权单位或者个人核对等。

（4）账表核对：核对会计账簿记录与会计报表有关内容是否相符，包括会计报表中某些数字是否与总分类账的期末余额相符，会计报表中某些数字是否有有关明细分类账的期末余额相等，会计报表中某些数字是否与有关明细分类账的发生额相符等。

2. 财产清查

财产清查是会计核算工作的一项重要程序,特别是在编制年度财务会计报告之前,必须进行财产清查,并对账实不符等问题根据国家统一的会计制度的规定进行会计处理,以保证财务会计报告反映的会计信息真实、完整。

财产清查制度是通过定期或不定期、全面或部分地对各项财产物资进行实地盘点和对库存现金、银行存款、债权债务进行清查核实的一种制度。通过清查,可以发现财产管理工作中存在的问题,以便查清原因,改善经营管理,保护财产的完整和安全;可以确定各项财产的实存数,以便查明实存数与账面数是否相符,并查明不符的原因和责任,制定相应措施做到账实相符,保证会计资料的真实性。

【例2-4】 甲公司是一家国有大型企业。2023年12月,公司召开董事会。董事长兼总经理胡某提出,由于财务会计报告专业性较强,其本人精力有限,以前在财务会计报告上签字盖章,也只是履行程序而已。从今以后公司对外报送的财务会计报告一律改由公司总会计师范某一人签字盖章后报出。试分析甲公司董事长兼总经理胡某的观点有无不妥之处。

【解析】 胡某的观点不符合《会计法》的规定。《会计法》规定,对外报送的财务会计报告,应由单位领导人、总会计师、会计机构负责人、会计主管人员签名或者盖章。单位领导人对财务会计报告的合法性、真实性负法律责任。董事长胡某作为单位法定代表人,应当依法对本单位的会计工作和会计资料的真实性、完整性负责,也应当依法在本单位对外出具的财务会计报告上签名并盖章。

## 二、会计档案管理

会计档案是记录和反映经济业务事项的重要史料和证据。单位应当加强会计档案管理工作,建立和完善会计档案的收集、整理、保管、利用和鉴定销毁等管理制度,采取可靠的安全防护技术和措施,保证会计档案的真实、完整、可用和安全。

### (一)会计档案的概念

会计档案,是指单位在进行会计核算等过程中接收或形成的,记录和反映单位经济业务事项的,具有保存价值的文字、图表等各种形式的会计资料,包括通过计算机等电子设备形成、传输和存储的电子会计档案。各单位的预算、计划、制度等文件材料属于文书档案,不属于会计档案。

### (二)会计档案的归档

1. 会计档案的归档范围

(1)会计凭证。会计凭证包括原始凭证和记账凭证。

(2)会计账簿。会计账簿包括总账、明细账、日记账、固定资产卡片及其他辅助性账簿。

(3)财务会计报告。财务会计报告包括月度、季度、半年度财务会计报告和年度财务会计报告。

(4)其他会计资料。其他会计资料包括银行存款余额调节表、银行对账单、纳税申报表、会计档案移交清册、会计档案保管清册、会计档案销毁清册、会计档案鉴定意见书及其他具有保存价值的会计资料。

2. 会计档案的归档要求

(1) 单位可以利用计算机、网络通信等信息技术手段管理会计档案。同时满足下列条件的,单位内部形成的属于归档范围的电子会计资料可仅以电子形式保存,形成电子会计档案:①形成的电子会计资料来源真实有效,由计算机等电子设备形成和传输。②使用的会计核算系统能够准确、完整、有效接收和读取电子会计资料,能够输出符合国家标准归档格式的会计凭证、会计账簿、财务会计报表等会计资料,设定了经办、审核、审批等必要的审签程序。③使用的电子档案管理系统能够有效接收、管理、利用电子会计档案,符合电子档案的长期保管要求,并建立了电子会计档案与相关联的其他纸质会计档案的检索关系。④采取有效措施,防止电子会计档案被篡改。⑤建立电子会计档案备份制度,能够有效防范自然灾害、意外事故和人为破坏的影响。⑥形成的电子会计资料不属于具有永久保存价值或者其他重要保存价值的会计档案。

(2) 单位的会计机构或会计人员所属机构(以下统称单位会计管理机构)按照归档范围和归档要求,负责定期将应当归档的会计资料整理立卷,编制会计档案保管清册。

(3) 当年形成的会计档案,在会计年度终了后,可由单位会计管理机构临时保管1年,再移交单位档案管理机构保管。因工作需要确需推迟移交的,应当经单位档案管理机构同意。单位会计管理机构临时保管会计档案最长不超过3年。临时保管期间,会计档案的保管应当符合国家档案管理的有关规定,且出纳人员不得兼管会计档案。

**【例2-5】** 下列各项中,不属于会计档案的有( )。

A. 会计档案移交清册  B. 银行对账单
C. 工商营业执照  D. 年度工作计划

**【解析】** 答案为CD。选项C工商营业执照属于营业执照;选项D年度工作计划属于文书档案,两者均不属于会计档案。

### (三) 会计档案的移交和利用

1. 会计档案的移交

单位会计管理机构在办理会计档案移交时,应当编制会计档案移交清册,并按照国家档案管理的有关规定办理移交手续。

纸质会计档案移交时应当保持原卷的封装。电子会计档案移交时应当将电子会计档案及其元数据一并移交,且文件格式应当符合国家档案管理的有关规定。特殊格式的电子会计档案应当与其读取平台一并移交。

单位档案管理机构接收电子会计档案时,应当对电子会计档案的准确性、完整性、可用性、安全性进行检测,符合要求的才能接收。

2. 会计档案的利用

单位应当严格按照相关制度利用会计档案,在进行会计档案查阅、复制、借出时履行登记手续,严禁篡改和损坏。

单位保存的会计档案一般不得对外借出。确因工作需要且根据国家有关规定必须借出的,应当严格按照规定办理相关手续。会计档案借用单位应当妥善保管和利用借入的会计档案,确保借入会计档案的安全完整,并在规定时间内归还。

### （四）会计档案的保管期限

会计档案保管期限分为永久、定期两类。会计档案的保管期限是从会计年度终了后的第一天算起。永久，是指会计档案须永久保存；定期，是指会计档案保存应达到法定的时间，定期保管期限一般分为 10 年和 30 年。《会计档案管理办法》规定的会计档案保管期限为最低保管期限，会计档案保管期限如表 2-1 所示。

表 2-1　　　　　　　　　　　　　会计档案保管期限

| 定期 | | 永久 | 特殊 |
|---|---|---|---|
| 10 年 | 30 年 | | |
| 月度、季度、半年度财务报告 | 会计凭证：原始凭证、记账凭证 | 年度财务报告 | 固定资产卡片（报废清理后保管 5 年） |
| 银行存款余额调节表、银行对账单 | 会计账簿：总账、明细账、日记账、其他辅助性账簿 | 会计档案保管清册、会计档案销毁清册、会计档案鉴定意见书 | |
| 纳税申报表 | 会计档案移交清册 | | |

### （五）会计档案的鉴定和销毁

1. 会计档案的鉴定

单位应当定期对已到保管期限的会计档案进行鉴定，并形成会计档案鉴定意见书。经鉴定，仍需继续保存的会计档案，应当重新划定保管期限；对保管期满，确无保存价值的会计档案，可以销毁。会计档案鉴定工作应当由单位档案管理机构牵头，组织单位会计、审计、纪检监察等机构或人员共同进行。

2. 会计档案的销毁

经鉴定可以销毁的会计档案，销毁的基本程序和要求是：

（1）单位档案管理机构编制会计档案销毁清册，列明拟销毁会计档案的名称、卷号、册数、起止年度、档案编号、应保管期限、已保管期限和销毁时间等内容。

（2）单位负责人、档案管理机构负责人、会计管理机构负责人、档案管理机构经办人、会计管理机构经办人在会计档案销毁清册上签署意见。

（3）单位档案管理机构负责组织会计档案销毁工作，并与会计管理机构共同派员监销。监销人在会计档案销毁前应当按照会计档案销毁清册所列内容进行清点核对；在会计档案销毁后，应当在会计档案销毁清册上签名或盖章。

电子会计档案的销毁还应当符合国家有关电子档案的规定，并由单位档案管理机构、会计管理机构和信息系统管理机构共同派员监销。

3. 不得销毁的会计档案

（1）保管期满但未结清的债权债务原始凭证和涉及其他未了事项的会计凭证不得销毁，纸质会计档案应当单独抽出立卷，电子会计档案单独转存，保管到未了事项完结时为止。

（2）单独抽出立卷或转存的会计档案，应当在会计档案鉴定意见书、会计档案销毁清册和会计档案保管清册中列明。

### （六）特殊情况下的会计档案处置

1. 单位分立情况下的会计档案处置

（1）单位分立后原单位存续的，其会计档案应当由分立后的存续方统一保管，其他方可以查阅、复制与其业务相关的会计档案。单位分立后原单位解散的,其会计档案应当经各方协商后由其中一方代管或按照国家档案管理的有关规定处置,各方可以查阅、复制与其业务相关的会计档案。

(2)单位分立中未结清的会计事项所涉及的会计凭证,应当单独抽出由业务相关方保存,并按照规定办理交接手续。

(3)单位因业务移交其他单位办理所涉及的会计档案,应当由原单位保管,承接业务单位可以查阅、复制与其业务相关的会计档案。对其中未结清的会计事项所涉及的会计凭证,应当单独抽出由承接业务单位保存,并按照规定办理交接手续。

2. 单位合并情况下的会计档案处置

单位合并后原各单位解散或者一方存续其他方解散的,原各单位的会计档案应当由合并后的单位统一保管。单位合并后原各单位仍存续的,其会计档案仍应当由原各单位保管。

3. 建设单位项目建设会计档案的交接

建设单位在项目建设期间形成的会计档案,需要移交给建设项目接受单位的,应当在办理竣工财务决算后及时移交,并按照规定办理交接手续。

4. 单位之间交接会计档案的手续

(1)单位之间交接会计档案时,交接双方应当办理会计档案交接手续。

(2)移交会计档案的单位,应当编制会计档案移交清册,列明应当移交的会计档案名称、卷号、册数、起止年度、档案编号、应保管期限和已保管期限等内容。

(3)交接会计档案时,交接双方应当按照会计档案移交清册所列内容逐项交接,并由交接双方的单位有关负责人负责监督。

(4)交接完毕后,交接双方经办人和监督人应当在会计档案移交清册上签名或盖章。

### 三、会计监督

会计监督是会计的基本职能之一,是对单位的经济活动进行检查监督,借以控制经济活动,使经济活动能够根据一定的方向、目标、计划,遵循一定的原则正常进行。会计监督可分为单位内部监督、政府监督和社会监督。

#### (一)会计工作的单位内部监督

会计工作的单位内部监督制度,是指为了保护其资产的安全、完整,保证其经营活动符合国家法律、法规和内部有关管理制度,提高经营管理水平和效率,而在单位内部采取的一系列相互制约、相互监督的制度与方法。

1. 单位内部监督的概念

会计工作的单位内部监督,是指各单位的会计机构、会计人员依据法律、法规、国家统一的会计制度及单位内部会计管理制度等的规定,通过会计手段对本单位经济活动的合法性、合理性和有效性进行监督。内部会计监督的主体是各单位的会计机构、会计人员,内部会计监督的对象是单位的经济活动。

2. 单位内部监督的要求

会计工作的单位内部监督的内容十分广泛,涉及人、财、物等诸多方面,各单位应当建立、健全本单位内部会计监督制度。单位内部会计监督制度应当符合下列要求:

(1)记账人员与经济业务事项和会计事项的审批人员、经办人员、财物保管人员的职责权限应当明确,并相互分离、相互制约。

(2) 重大对外投资、资产处置、资金调度和其他重要经济业务事项的决策和执行的相互监督、相互制约程序应当明确。

(3) 财产清查的范围、期限和组织程序应当明确。

(4) 对会计资料定期进行内部审计的办法和程序应当明确。

会计机构、会计人员对违反《会计法》和国家统一的会计制度规定的会计事项,有权拒绝办理或者按照职权予以纠正。发现会计账簿记录与实物、款项及有关资料不相符的,按照国家统一的会计制度的规定有权自行处理的,应当及时处理;无权处理的,应当立即向单位负责人报告,请求查明原因,作出处理。单位负责人应当保证会计机构、会计人员依法履行职责,不得授意、指使、强令会计机构、会计人员违法办理会计事项。

3. 单位内部控制制度

1) 内部控制的概念

内部控制,是指单位为实现控制目标,通过制定制度、实施措施和执行程序,对经济活动的风险进行防范和管控。

2) 单位与小企业内部控制原则

(1) 单位建立与实施内部控制,应当遵循下列原则:①全面性原则,是指内部控制应当贯穿单位经济活动的决策、执行和监督全过程。②重要性原则,是指在全面控制的基础上,应当关注单位重要经济活动和经济活动的重大风险。③制衡性原则,是指内部控制应当在治理结构、机构设置及权责分配、业务流程等方面形成相互制约、相互监督。④适应性原则,是指内部控制应当符合国家有关规定和单位的实际情况,并随着情况的变化及时加以调整。⑤成本效益原则,是指企业内部控制应当权衡实施成本与预期效益,以适当的成本实现有效控制。

(2) 小企业建立与实施内部控制,应当遵循下列原则:①风险导向原则。内部控制应以防范风险为出发点,重点关注对实现内部控制目标造成重大影响的风险领域。②适应性原则。内部控制应当与企业发展阶段、经营规模、管理水平等相适应,并随着情况的变化及时加以调整。③实质重于形式原则。内部控制应当注重实际效果,而不局限于特定的表现形式和实现手段。④成本效益原则。内部控制应当权衡实施成本与预期效益,以合理的成本实现有效控制。

3) 企业的内部控制措施

(1) 不相容职务分离控制,要求企业全面系统地分析、梳理业务流程中所涉及的不相容职务,实施相应的分离措施,形成各司其职、各负其责、相互制约的工作机制。不相容职务是指那些如果由一个人担任,既可能发生错误舞弊行为,又可能掩盖其错误和舞弊行为的职务。不相容职务主要包括:授权批准与业务经办、业务经办与会计记录、会计记录与财产保管、业务经办与稽核检查、授权批准与监督检查等。

(2) 授权审批控制,要求企业根据常规授权和特别授权的规定,明确各岗位办理业务和事项的权限范围、审批程序和相应责任。

(3) 会计系统控制,要求企业严格执行国家统一的会计准则制度,加强会计基础工作,明确会计凭证、会计账簿和财务会计报告的处理程序,保证会计资料真实完整。

(4) 财产保护控制,要求企业建立财产日常管理和定期清查制度,采取财产记录、实物保管、定期盘点、账实核对等措施,确保财产安全。

(5) 预算控制,要求企业实施全面预算管理制度,明确各责任单位在预算管理中的职责权限,规范预算的编制、审定、下达和执行程序,强化预算约束。

(6) 运营分析控制,要求企业建立运营情况分析制度,经理层应当综合运用生产、购销、投资、筹资、财务等方面的信息,通过因素分析、对比分析、趋势分析等方法,定期开展运营情况分析,发现存在的问题,及时查明原因并加以改进。

(7) 绩效考评控制,要求企业建立和实施绩效考评制度,科学设置考核指标体系,对企业内部各责任单位和全体员工的业绩进行定期考核和客观评价,将考核结果作为确定员工薪酬以及职务晋升、评优、降级、调岗、辞退等的依据。

4) 行政事业单位内部控制措施

(1) 不相容岗位相互分离。单位应合理设置内部控制关键岗位,明确划分职责权限,实施相应的分离措施,形成相互制约、相互监督的工作机制。

(2) 内部授权审批控制。单位应明确各岗位办理业务和事项的权限范围、审批程序和相关责任,建立重大事项集体决策和会签制度。相关工作人员应当在授权范围内行使职权、办理业务。

(3) 归口管理。单位应根据实际情况,按照权责对等的原则,采取成立联合工作小组并确定牵头部门或牵头人员等方式,对有关经济活动实行统一管理。

(4) 预算控制。单位应强化对经济活动的预算约束,使预算管理贯穿于单位经济活动的全过程。

(5) 财产保护控制。单位应建立资产日常管理制度和定期清查机制,采取资产记录、实物保管、定期盘点、账实核对等措施,确保资产安全完整。

(6) 会计控制。单位应建立健全财会管理制度,加强会计机构建设,提高会计人员业务水平,强化会计人员岗位责任制,规范会计基础工作,加强会计档案管理,明确会计凭证、会计账簿和财务会计报告处理程序。

(7) 单据控制。单位应根据国家有关规定和单位的经济活动业务流程,在内部管理制度中明确界定各项经济活动所涉及的表单和票据,要求相关工作人员按照规定填制、审核、归档、保管单据。

(8) 信息内部公开。单位应建立健全经济活动相关信息内部公开制度,根据国家有关规定和单位的实际情况,确定信息内部公开的内容、范围、方式和程序。

【例2-6】《会计法》规定,单位内部会计监督的主体是( )。

A. 政府财政部 　　　　　　　　　　B. 政府经济主管部门
C. 注册会计师及所在会计师事务所 　D. 本单位的会计机构和会计人员

【解析】 答案为D。《会计法》规定,单位内部会计监督的主体是本单位的会计机构和会计人员。

(二) 会计工作的政府监督

1. 会计工作的政府监督的概念

会计工作的政府监督,主要是指财政部门代表国家对各单位和单位中相关人员的会计行为实施的监督检查,以及对发现的违法会计行为实施行政处罚。

审计、税务、金融监管、证券监管等部门依照有关法律、行政法规规定的职责和权限,可以对有关单位的会计资料实施监督检查,依法实施监督检查后,应当出具检查结论。

2. 财政部门会计监督的主要内容

(1) 是否依法设置会计账簿。

(2) 会计凭证、会计账簿、财务会计报告和其他会计资料是否真实、完整。

(3) 会计核算是否符合《会计法》和国家统一的会计制度的规定。

(4) 从事会计工作的人员是否具备专业能力、遵守职业道德。

## (三) 会计工作的社会监督

1. 会计工作的社会监督的概念

会计工作的社会监督,主要是指由注册会计师及其所在的会计师事务所等中介机构接受委托,依法对单位的经济活动进行审计,出具审计报告,发表审计意见的一种监督制度。

任何单位和个人对违反《会计法》和国家统一的会计制度规定的行为,有权检举,也属于会计工作社会监督的范畴。

2. 注册会计师审计报告

(1) 审计报告,是指注册会计师根据审计准则的规定,在执行审计工作的基础上,对被审计单位财务报表发表审计意见的书面文件。注册会计师应当就财务报表是否在所有重大方面按照适用的财务报告编制基础编制并实现公允反映形成审计意见。

(2) 审计报告分为标准审计报告和非标准审计报告,报告分类与应出具的审计意见如表2-2所示。

表2-2　　　　　　　　　　　审计报告的种类

| 种类 | 意见类型 | |
| --- | --- | --- |
| 标准审计报告 | 不含有说明段、强调事项段、其他事项段的无保留意见 | 无保留意见 |
| 非标准审计报告 | 带强调事项段、其他事项段的无保留意见 | 非无保留意见 |
| | 保留意见 | |
| | 无法表示意见 | |
| | 否定意见 | |

当存在下列情形之一时,注册会计师应当在审计报告中发表非无保留意见:①根据获取的审计证据,得出财务报表整体存在重大错报的结论。②无法获取充分、适当的审计证据,不能得出财务报表整体不存在重大错报的结论。

当存在下列情形之一时,注册会计师应当发表保留意见:①在获取充分、适当的审计证据后,注册会计师认为错报单独或汇总起来对财务报表影响重大,但不具有广泛性。②注册会计师无法获取充分、适当的审计证据以作为形成审计意见的基础,但认为未发现的错报(如存在)对财务报表可能产生的影响重大,但不具有广泛性。

在获取充分、适当的审计证据以作为形成审计意见的基础,但认为未发现的错报(如存在)对财务报表可能产生的影响重大且具有广泛性,注册会计师应当发表否定意见。

如果无法获取充分、适当的审计证据以作为形成审计意见的基础,但认为未发现的错报(如存在)对财务报表可能产生的影响重大且具有广泛性,注册会计师应当发表无法表示意见。在极其特殊的情况下,可能存在多个不确定事项。尽管注册会计师对每个单独的不确定事项获取了充分、适当的审计证据,但由于不确定事项之间可能存在相互影响,以及可能对财务报表产生累积影响,注册会计师不可能对财务报表形成审计意见。在这种情况下,注册会计师应当发表无法表示意见。

## 第三节 会计机构和会计人员

### 一、会计机构

会计机构,是指各单位办理会计事务的职能部门。根据《会计法》的规定,各单位应当根据会计业务的需要,设置会计机构,或者在有关机构中设置会计人员并指定会计主管人员;不具备设置条件的,应当委托经批准从事会计代理记账业务的中介机构代理记账。

### 二、代理记账

代理记账,是指代理记账机构接受委托办理会计业务。代理记账机构,是指依法取得代理记账资格,从事代理记账业务的机构。《会计基础工作规范》规定,没有设置会计记账机构或者配备会计人员的单位,应当根据《代理记账管理办法》的规定,委托会计师事务所或者持有代理记账许可证书的代理记账机构进行代理记账。

**(一)代理记账机构的审批**

除会计师事务所以外的机构从事代理记账业务,应当经县级以上人民政府财政部门批准,领取由财政部统一规定样式的代理记账许可证书。会计师事务所及其分所可以依法从事代理记账业务。

申请代理记账资格的机构应当同时具备以下条件:

(1) 为依法设立的企业。

(2) 专职从业人员不少于3名。

(3) 主管代理记账业务的负责人具有会计师以上专业技术职务资格或者从事会计工作不少于3年,且为专职从业人员。

(4) 有健全的代理记账业务内部规范。

代理记账机构从业人员应当具有会计类专业基础知识和业务技能,能够独立处理基本会计业务,并由代理记账机构自主评价认定。

**(二)代理记账的业务范围**

(1) 根据委托人提供的原始凭证和其他相关资料,按照国家统一的会计制度的规定进行会计核算,包括审核原始凭证、填制记账凭证、登记会计账簿、编制财务会计报告等。

(2) 对外提供财务会计报告。

(3) 向税务机关提供税务资料。

(4) 委托人委托的其他会计业务。

**(三)委托人、代理记账机构及其从业人员各自的义务**

1. 委托合同内容

委托人委托代理记账机构代理记账,应当在相互协商的基础上,订立书面委托合同。委托合同除应具备法律规定的基本条款外,应当明确下列内容:①双方对会计资料真实性、完整性各自应当承担的责任。②会计资料传递程序和签收手续。③编制和提供财务会计报告的要求。④会计档案的保管要求及相应的责任。⑤终止委托合同应当办理的会计业务交接事宜。

2. 委托人义务

委托人应当履行下列义务：①对本单位发生的经济业务事项，应当填制或者取得符合国家统一的会计制度规定的原始凭证。②应当配备专人负责日常货币收支和保管。③及时向代理记账机构提供真实、完整的原始凭证和其他相关资料。④对于代理记账机构退回的，要求按照国家统一的会计制度规定进行更正、补充的原始凭证，应当及时予以更正、补充。

3. 代理记账机构及其从业人员义务

代理记账机构及其从业人员应当履行下列义务：①遵守有关法律、法规和国家统一的会计制度的规定，按照委托合同办理代理记账业务。②对在执行业务中知悉的商业秘密予以保密。③对委托人要求其作出不当的会计处理，提供不实的会计资料，以及其他不符合法律、法规和国家统一的会计制度行为的，予以拒绝。④对委托人提出的有关会计处理相关问题予以解释。

代理记账机构为委托人编制的财务会计报告，经代理记账机构负责人和委托人负责人签名并盖章后，按照有关法律、法规和国家统一的会计制度的规定对外提供。

### （四）对代理记账机构的管理

代理记账机构及其分支机构应于每年4月30日之前，向其所在地的审批机关报送下列材料：①代理记账机构基本情况表。②专职从业人员变动情况。

县级以上人民政府财政部门对代理记账机构及其从事代理记账业务情况实施监督，随机抽取检查对象，随机选派执法检查人员，并将抽查情况及查处结果依法及时向社会公开。对委托代理记账的企业，因违反财税法律、法规受到处理处罚的，县级以上人民政府财政部门应当将其委托的代理记账机构列入重点检查对象。对其他部门移交的代理记账违法行为线索，县级以上人民政府财政部门应当及时予以查处。

代理记账机构有下列情形之一的，审批机关应当办理注销手续，收回代理记账许可证书，并予以公告：①代理记账机构依法终止的。②代理记账资格被依法撤销或撤回的。③法律、法规规定的应当注销的其他情形。

## 三、会计岗位设置

### （一）会计工作岗位设置要求

（1）会计工作岗位一般可分为：会计机构负责人或者会计主管人员、出纳、财产物资核算、工资核算、成本费用核算、财务成果核算、资金核算、往来结算、总账报表、稽核、档案管理等。

（2）会计工作岗位，可以一人一岗、一人多岗或者一岗多人。

（3）出纳人员不得兼任（兼管）稽核、会计档案保管和收入、支出、费用、债权债务账目的登记工作。

（4）档案管理部门的人员管理会计档案，不属于会计岗位。

【例2-7】 下列各项中，属于出纳人员不得监管的工作有（　　）。

A. 稽核　　　　　　　　　　　　B. 会计档案保管
C. 登记银行存款日记账　　　　　D. 登记收入总账

【解析】 答案为ABD。根据我国《会计法》的规定,出纳人员不得监管稽核、会计档案保管和收入、支出、费用、债权债务账目的登记工作。

### (二) 会计人员回避制度

国家机关、国有企业、事业单位任用会计人员应当实行回避制度。

(1) 单位领导人的直系亲属不得担任本单位的会计机构负责人、会计主管人员。

(2) 会计机构负责人、会计主管人员的直系亲属不得在本单位会计机构中担任出纳工作。

需要回避的亲属为:夫妻关系、直系血亲关系、三代以内旁系血亲以及配偶亲关系。

## 四、会计人员

### (一) 会计人员的概念和范围

1. 会计人员的概念

会计人员,是指根据《会计法》的规定,在国家机关、社会团体、企业、事业单位和其他组织(以下统称单位)中从事会计核算、实行会计监督等会计工作的人员。

2. 会计人员的范围

会计人员包括从事下列具体会计工作的人员:出纳;稽核;资产、负债和所有者权益(净资产)的核算;收入、费用(支出)的核算;财务成果(政府预算执行结果)的核算;财务会计报告(决算报告)编制;会计监督;会计机构内会计档案管理;其他会计工作。担任单位会计机构负责人(会计主管人员)、总会计师的人员,属于会计人员。

### (二) 对会计人员的一般要求

会计人员从事会计工作,应当符合下列要求:

(1) 遵守《会计法》和国家统一的会计制度等法律法规。

(2) 具备良好的职业道德。

(3) 按照国家有关规定参加继续教育。

(4) 具备从事会计工作所需要的专业能力。

会计人员具有会计类专业知识,基本掌握会计基础知识和业务技能,能够独立处理基本会计业务,表明具备从事会计工作所需要的专业能力。

会计机构负责人或会计主管人员,是在一个单位内具体负责会计工作的中层领导人员。

会计机构负责人、会计主管人员应当具备下列基本条件:

(1) 坚持原则,廉洁奉公。

(2) 具备会计师以上专业技术职务资格或者从事会计工作不少于3年。

(3) 熟悉国家财经法律、法规、规章和方针、政策,掌握本行业业务管理的有关知识。

(4) 有较强的组织能力。

(5) 身体状况能够适应本职工作的要求。

### (三) 会计工作的禁入规定

(1) 因有提供虚假财务会计报告,做假账,隐匿或者故意销毁会计凭证、会计账簿、财务会计报告,贪污,挪用公款,职务侵占等与会计职务有关的违法行为被依法追究刑事责任的人员,不得再从事会计工作。

(2) 因伪造、变造会计凭证、会计账簿,编制虚假财务会计报告,隐匿或者故意销毁依法应当保存的会计凭证、会计账簿、财务会计报告,尚不构成犯罪的,5 年内不得从事会计工作。

(3) 会计人员具有违反国家统一的会计制度的一般违法行为,情节严重的,5 年内不得从事会计工作。

**(四) 会计专业职务与会计专业技术资格**

1. 会计专业职务(会计职称)

(1) 会计人员职称层级分为初级、中级、副高级和正高级。初级职称只设助理级,高级职称分设副高级和正高级。

(2) 初级、中级、副高级和正高级职称名称依次为助理会计师、会计师、高级会计师和正高级会计师。

2. 会计专业技术资格

(1) 会计专业技术资格分为初级资格、中级资格和高级资格三个级别,分别对应初级、中级、副高级会计职称(会计专业职务)的任职资格。目前,初级、中级资格实行全国统一考试制度,高级会计师资格实行考试与评审相结合制度。

(2) 通过全国统一考试取得初级或中级会计专业技术资格的会计人员,表明其已具备担任相应级别会计专业技术职务的任职资格。用人单位可根据工作需要和德才兼备的原则,从获得会计专业技术资格的会计人员中择优聘任。

【例 2-8】 根据会计法律制度的规定,下列各项中,属于会计专业技术资格的有( )。

A. 初级会计师　　　B. 中级会计师　　　C. 高级会计师　　　D. 注册会计师

【解析】 答案为 ABC。注册会计师是指通过注册会计师执业资格考试并取得注册会计师证书在会计师事务所执业的人员,属于执业资格,而非专业技术资格。

**(五) 会计人员继续教育**

根据《会计专业技术人员继续教育规定》,国家机关、企业、事业单位以及社会团体等组织(以下统称单位)具有会计专业技术资格的人员,或不具有会计专业技术资格但从事会计工作的人员(以下简称会计专业技术人员)享有参加继续教育的权利和接受继续教育的义务。用人单位应当保障本单位会计专业技术人员参加继续教育的权利。

(1) 参加继续教育的人员范围。具有会计专业技术资格的人员应当自取得会计专业技术资格的次年开始参加继续教育,并在规定时间内取得规定学分。不具有会计专业技术资格但从事会计工作的人员应当自从事会计工作的次年开始参加继续教育,并在规定时间内取得规定学分。

(2) 继续教育内容包括公需科目和专业科目。公需科目包括专业技术人员应当普遍掌握的法律法规、政策理论、职业道德、技术信息等基本知识。专业科目包括会计专业技术人员从事会计工作应当掌握的财务会计、管理会计、财务管理、内部控制与风险管理、会计信息化、会计职业道德、财税金融、会计法律法规等相关专业知识。

(3) 会计专业技术人员参加继续教育实行学分制管理。每年参加继续教育取得的学分不少于 90 学分,其中,专业科目一般不少于总学分的 2/3。会计专业技术人员参加继续教育取得的学分,在全国范围内当年度有效,不得结转以后年度。对会计专业技术人员参加继续教育情况实行登记管理。

(4) 用人单位应当建立本单位会计专业技术人员继续教育与使用、晋升相衔接的激励机制,将参加继续教育情况作为会计专业技术人员考核评价、岗位聘用的重要依据。会计专业技术人员参加继续教育情况,应当作为聘任会计专业技术职务或者申报评定上一级资格的重要条件。

### (六) 总会计师

(1) 总会计师是主管本单位会计工作的行政领导,是单位行政领导成员,协助单位主要行政领导人工作,直接对单位主要行政领导人负责。凡设置总会计师的单位,在单位行政领导成员中,不设与总会计师职权重叠的副职。

(2) 总会计师组织领导本单位的财务管理、成本管理、预算管理、会计核算和会计监督等方面的工作,参与本单位重要经济问题的分析和决策。

(3) 国有的和国有资产占控股地位或者主导地位的大、中型企业必须设置总会计师。总会计师由具有会计师以上专业技术资格的人员担任。事业单位和业务主管部门根据需要,经批准可以设置总会计师。其他单位可以根据业务需要,自行决定是否设置总会计师。

## 五、会计工作交接

### (一) 会计工作交接的概念与责任

会计工作交接,是指会计人员工作调动或因故离职时,与接管人员办理交接手续的一种工作程序。办理好会计工作交接,有利于分清移交人员和接管人员的责任,可以使会计工作前后衔接,保证会计工作顺利进行。

会计人员工作调动或者因故离职,必须将本人所经管的会计工作全部移交给接替人员。没有办清交接手续的,不得调动或者离职。移交人员对所移交的会计凭证、会计账簿、会计报表和其他有关资料的合法性、真实性承担法律责任。接替人员应当认真接管移交工作,并继续办理移交的未了事项。

会计人员临时离职或者因病不能工作且需要接替或者代理的,会计机构负责人(会计主管人员)或者单位领导人必须指定有关人员接替或者代理,并办理交接手续。临时离职或者因病不能工作的会计人员恢复工作的,应当与接替或者代理人员办理交接手续。移交人员因病或者其他特殊原因不能亲自办理移交的,经单位领导人批准,可由移交人员委托他人代办移交,但委托人应当承担对所移交的会计凭证、会计账簿、会计报表和其他有关资料的合法性、真实性的法律责任。

单位撤销时,必须留有必要的会计人员,会同有关人员办理清理工作,编制决算。未移交前,不得离职。接收单位和移交日期由主管部门确定。单位合并、分立的,其会计工作交接手续比照上述有关规定办理。

### (二) 会计工作移交前的准备工作

会计人员办理移交手续前,必须及时做好以下工作:

(1) 已经受理的经济业务尚未填制会计凭证的,应当填制完毕。

(2) 尚未登记的账目,应当登记完毕,并在最后一笔余额后加盖经办人员印章。

(3) 整理应该移交的各项资料,对未了事项写出书面材料。

(4) 编制移交清册,列明应当移交的会计凭证、会计账簿、会计报表、印章、现金、有价证券、支票簿、发票、文件、其他会计资料和物品等内容;实行会计电算化的单位,从事该项工作的移交人员还应当在移交清册中列明会计软件及密码、会计软件数据磁盘(磁带等)及有关资料、实物等内容。

**(三) 会计工作交接与监交**

(1) 会计人员办理交接手续,必须有监交人负责监交。一般会计人员办理交接手续,由会计机构负责人(会计主管人员)监交;会计机构负责人(会计主管人员)办理交接手续,由单位负责人监交,必要时主管单位可以派人会同监交。

(2) 移交人员在办理移交时,要按移交清册逐项移交;接替人员要逐项核对点收。

(3) 交接完毕后,交接双方和监交人要在移交清册上签名或者盖章,并应在移交清册上注明:单位名称,交接日期,交接双方和监交人的职务、姓名,移交清册页数以及需要说明的问题和意见等。移交清册一般应当填制一式三份,交接双方各执一份,存档一份。

(4) 接替人员应当继续使用移交的会计账簿,不得自行另立新账,以保持会计记录的连续性。

## 第四节 违反会计法律制度的法律责任

违反会计法律制度应当承担的法律责任,在《会计法》及相关法律、法规、规章中都作出了相应的规定。本节主要介绍《会计法》对会计违法行为的法律责任的规定。

**(一) 违反国家统一会计制度的法律责任**

违反《会计法》规定,有下列行为之一的,由县级以上人民政府财政部门责令限期改正,可以对单位并处 3 000 元以上 50 000 元以下的罚款;对其直接负责的主管人员和其他直接责任人员,可以处 2 000 元以上 20 000 元以下的罚款;属于国家工作人员的,还应当由其所在单位或者有关单位依法给予行政处分。构成犯罪的,依法追究刑事责任:

(1) 不依法设置会计账簿的。

(2) 私设会计账簿的。

(3) 未按照规定填制、取得原始凭证或者填制、取得的原始凭证不符合规定的。

(4) 以未经审核的会计凭证为依据登记会计账簿或者登记会计账簿不符合规定的。

(5) 随意变更会计处理方法的。

(6) 向不同的会计资料使用者提供的财务会计报告编制依据不一致的。

(7) 未按照规定使用会计记录文字或者记账本位币的。

(8) 未按照规定保管会计资料,致使会计资料毁损、灭失的。

(9) 未按照规定建立并实施单位内部会计监督制度或者拒绝依法实施的监督或者不如实提供有关会计资料及有关情况的。

(10) 任用会计人员不符合《会计法》规定的。

会计人员有上述所列行为之一,情节严重的,5 年内不得从事会计工作。有关法律对上述所列行为的处罚另有规定的,依照有关法律的规定办理。

**(二) 伪造、变造会计凭证、会计账簿以及编制虚假财务会计报告的法律责任**

伪造、变造会计凭证、会计账簿,编制虚假财务会计报告,构成犯罪的,依法追究刑事责任。尚不构成犯罪的,由县级以上人民政府财政部门予以通报,可以对单位并处 5 000 元以上 100 000 元以下的罚款;对其直接负责的主管人员和其他直接责任人员,可以处 3 000 元以上 50 000 元以下的罚款;属于国家工作人员的,还应当由其所在单位或者有关单位依法给予撤职直至开除的行政处分;其中的会计人员,5 年内不得从事会计工作。

**(三)隐匿或者故意销毁会计资料的法律责任**

隐匿或者故意销毁依法应当保存的会计凭证、会计账簿、财务会计报告,构成犯罪的,依法追究刑事责任。尚不构成犯罪的,由县级以上人民政府财政部门予以通报,可以对单位并处 5 000 元以上 100 000 元以下的罚款;对其直接负责的主管人员和其他直接责任人员,可以处 3 000 元以上 50 000 元以下的罚款;属于国家工作人员的,还应当由其所在单位或者有关单位依法给予撤职直至开除的行政处分;其中的会计人员,5 年内不得从事会计工作。

根据《刑法》第一百六十二条第二款的规定,隐匿或者故意销毁依法应当保存的会计凭证、会计账簿、财务会计报告,情节严重的,处 5 年以下有期徒刑或者拘役,并处或者单处 20 000 元以上 200 000 元以下罚金。单位犯前款罪的,对单位判处罚金,并对其直接负责的主管人员和其他直接责任人员,依照前款的规定处罚。

**(四)授意、指使、强令会计机构及会计人员从事会计违法行为的法律责任**

授意、指使、强令会计机构、会计人员及其他人员伪造、变造会计凭证、会计账簿,编制虚假财务会计报告或者隐匿、故意销毁依法应当保存的会计凭证、会计账簿、财务会计报告,构成犯罪的,依法追究刑事责任。尚不构成犯罪的,可以处 5 000 元以上 50 000 元以下的罚款;属于国家工作人员的,还应当由其所在单位或者有关单位依法给予降级、撤职、开除的行政处分。

**(五)单位负责人打击报复会计人员的法律责任**

单位负责人对依法履行职责、抵制违反《会计法》规定行为的会计人员以降级、撤职、调离工作岗位、解聘或者开除等方式实行打击报复,构成犯罪的,依法追究刑事责任。尚不构成犯罪的,由其所在单位或者有关单位依法给予行政处分。对受打击报复的会计人员,应当恢复其名誉和原有职务、级别。

根据《刑法》第二百五十五条规定,公司、企业、事业单位、机关、团体的领导人,对依法履行职责、抵制违反《会计法》行为的会计人员实行打击报复,情节恶劣的,处 3 年以下有期徒刑或者拘役。

**(六)财政部门及有关行政部门工作人员职务违法的法律责任**

财政部门及有关行政部门的工作人员在实施监督管理中滥用职权、玩忽职守、徇私舞弊或者泄露国家秘密、商业秘密,构成犯罪的,依法追究刑事责任。尚不构成犯罪的,依法给予行政处分。

收到对违反《会计法》和国家统一的会计制度规定的行为检举的部门及负责处理检举的部门,将检举人姓名和检举材料转给被检举单位和被检举人个人的,由所在单位或者有关单位依法给予行政处分。

## 课 堂 测 试

班级：_____  姓名：_____  学号：_____  分数：_____

### 一、单项选择题（每小题 5 分，共 30 分）

1. 伪造会计凭证的行为是指（    ）。
   A. 采取涂改手段改变会计凭证的真实内容
   B. 采取挖补手段改变会计凭证的真实内容
   C. 以虚假经济业务为前提，编造虚假会计凭证
   D. 改变计量方法

2. 会计机构负责人须在对外提供的财务会计报告上（    ）。
   A. 签名                       B. 盖章
   C. 签名或盖章                 D. 签名并盖章

3. 根据会计法律制度的规定，注册会计师已经获取充分、适当的审计证据作为形成审计意见的基础，但认为未发现的错报对财务报表可能影响重大且具有广泛性时，应发表的审计类型是（    ）。
   A. 无保留意见                 B. 保留意见
   C. 无法表示意见               D. 否定意见

4. 一般会计人员办理会计工作交接，由（    ）监交。
   A. 会计机构负责人             B. 注册会计师
   C. 单位内部审计人员           D. 其他会计人员

5. 下列各项中，不属于会计工作岗位的是（    ）。
   A. 出纳岗位                   B. 仓库保管员岗位
   C. 财产物资核算岗位           D. 会计机构中的会计档案保管岗位

6. 下列有关会计职业道德与会计法律制度关系的表述中，不正确的是（    ）。
   A. 在作用上相互补充，相互协调
   B. 在内容上相互渗透，互相吸收
   C. 违反会计职业道德，一定违反会计法律制度
   D. 违反会计法律制度，一定违反职业道德

### 二、多项选择题（每小题 10 分，共 40 分）

1. 下列各项中，属于会计核算内容的有（    ）。
   A. 财物的收发、增减和使用     B. 债权债务的发生和结算
   C. 资本、基金的增减           D. 财务成果的计算和处理

2. 下列会计档案中，最低保管期限为 30 年的有（    ）。

A. 银行存款余额调节表 B. 总账
  C. 会计档案保管清册 D. 原始凭证
3. 下列各项中,属于行政事业单位内部控制方法的有(　　)。
  A. 不相容岗位相互分离 B. 会计控制
  C. 内部授权审批控制 D. 预算控制
4. 下列各项中,属于隐匿或者故意销毁依法应当保存的会计凭证、会计账簿、财务会计报告,情节严重的犯罪人可能承担的法律责任有(　　)。
  A. 拘役 B. 5年以下有期徒刑
  C. 20 000元以上200 000元以下罚金 D. 2 000元以上20 000元以下的罚款

### 三、判断题(每小题6分,共30分)

1. 会计法律制度指的就是全国人大及其常委会制定的《中华人民共和国会计法》。(　　)
2. 结算凭证金额以中文大写和阿拉伯数字同时记载,两者必须一致,两者不一致的,银行不予受理。(　　)
3. 会计账簿包括总账、明细账、日记账和备查账簿。(　　)
4. 会计工作交接后,原移交人员因会计资料已办理移交而不再对这些会计资料的真实性、完整性负责。(　　)
5. 从事会计工作2年且具有助理会计师专业技术资格人员,可担任单位会计机构负责人。(　　)

# 第三章　劳动合同与社会保险法律制度

**知识导航**

劳动合同与社会保险法律制度
- 劳动合同法律制度
  - 劳动关系与劳动合同
  - 劳动合同的订立
  - 劳动合同的主要内容
  - 劳动合同的履行和变更
  - 劳动合同的解除和终止
  - 集体合同与劳务派遣
  - 劳动争议的解决
  - 违反劳动合同法律制度的法律责任
- 社会保险法律制度
  - 社会保险概述
  - 基本养老保险
  - 基本医疗保险
  - 工伤保险
  - 失业保险
  - 社会保险经办
  - 社会保险费征缴与社会保险基金管理
  - 违反社会保险法律制度的法律责任

## 学习目标

1. 熟悉劳动合同的订立、解除和终止
2. 熟悉劳动合同的主要内容
3. 熟悉劳动合同的履行和变更
4. 熟悉集体合同与劳务派遣
5. 熟悉劳动争议的解决
6. 熟悉基本养老保险、基本医疗保险、工伤保险、失业保险
7. 了解违反劳动合同法律制度的法律责任
8. 了解违反社会保险法律制度的法律责任

**寓德于教**

### 适应新形势 抢抓新机遇 促进支付清算行业新发展

2022年以来,我国全面深入准确贯彻新发展理念,高效统筹经济社会发展,经济保持平

稳发展。支付清算行业不断适应形势变化,优化服务,创新发展,有力支持了实体经济发展。规范和支持支付平台企业在引领发展、创造就业、国际竞争中大显身手。积极参与会员单位拓展海外市场的法律、政策、标准协调,总结"走出去"优秀实践经验并面向全行业推广,为支付"出海"提供有力支持。

蓝图已绘就,奋进正当时。支付清算是金融体系稳健运行的基础和资金畅通循环的血脉。支付产业主体要认真贯彻党的二十大精神,牢牢把握时代要求,牢固树立"支付为民"理念,始终保持凝心聚力,增强创新发展能力,提高合规发展水平,扎根于经济和社会,服务于经济和社会,不断满足人民群众对美好生活的需要,推动我国经济运行整体好转,实现更高质量发展。

资料来源:陈波.适应新形势 抢抓新机遇 促进支付清算行业新发展[J].中国信用卡,2023-1-10.

## 第一节 劳动合同法律制度

### 一、劳动关系与劳动合同

**(一) 劳动关系与劳动合同的概念**

劳动关系,是指劳动者与用人单位依法签订劳动合同而在劳动者与用人单位之间产生的法律关系。劳动者接受用人单位的管理,从事用人单位安排的工作,成为用人单位的成员,从用人单位领取劳动报酬和受劳动保护。

劳动合同是劳动者和用人单位之间依法确立劳动关系,明确双方权利义务的协议。

为规范劳动关系,国家陆续颁布了一系列相关法律、法规和规章,如1994年7月5日第八届全国人民代表大会常务委员会第八次会议通过、2009年8月27日第十一届全国人民代表大会常务委员会第十次会议修正的《中华人民共和国劳动法》(以下简称《劳动法》),2007年6月29日第十届全国人民代表大会常务委员会第二十八次会议通过、2012年12月28日第十一届全国人民代表大会常务委员会第三十次会议修正的《中华人民共和国劳动合同法》(以下简称《劳动合同法》),2007年12月29日第十届全国人民代表大会常务委员会第三十一次会议通过的《中华人民共和国劳动争议调解仲裁法》(以下简称《调解仲裁法》),2008年9月18日国务院令第535号发布的《中华人民共和国劳动合同法实施条例》(以下简称《劳动合同法实施条例》),2007年12月14日国务院令第514号发布的《职工带薪年休假条例》等。这些法律法规构成了我国劳动法或称劳动合同法律制度的主要内容。本章在行文中不特别区分《劳动法》或《劳动合同法》以及单行法规或规范性文件。

**(二)《劳动合同法》的适用范围**

中华人民共和国境内的企业、个体经济组织、民办非企业单位等组织(以下称用人单位)与劳动者建立劳动关系,订立、履行、变更、解除或者终止劳动合同,适用《劳动合同法》。依法成立的会计师事务所、律师事务所等合伙组织和基金会,也属于《劳动合同法》规定的用人单位。

国家机关、事业单位、社会团体和与其建立劳动关系的劳动者,订立、履行、变更、解除或者终止劳动合同,依照《劳动合同法》执行。

地方各级人民政府及县级以上人民政府有关部门为安置就业困难人员提供的给予岗位补贴和社会保险补贴的公益性岗位,其劳动合同不适用《劳动合同法》有关无固定期限劳动合同的规定以及支付经济补偿的规定。

## 二、劳动合同的订立

### (一) 劳动合同订立的概念和原则

劳动合同的订立,是指劳动者和用人单位经过相互选择与平等协商,就劳动合同的各项条款达成一致意见,并以书面形式明确规定双方权利、义务的内容,从而确立劳动关系的法律行为。

订立劳动合同,应当遵循合法、公平、平等自愿、协商一致、诚实信用的原则。

### (二) 劳动合同订立的主体

劳动者和用人单位是订立劳动合同的两大主体。

1. 劳动合同订立主体的资格要求

1) 劳动者有劳动权利能力和行为能力

根据《劳动法》规定,禁止用人单位招用未满16周岁的未成年人。文艺、体育和特种工艺单位招用未满16周岁的未成年人,必须依照国家有关规定,履行审批手续,并保障其接受义务教育的权利。

劳动者就业,不因民族、种族、性别、宗教信仰不同而受歧视。妇女享有与男子平等的就业权利。在录用职工时,除国家规定的不适合妇女的工种或者岗位外,不得以性别为由拒绝录用妇女或者提高妇女的录用标准。残疾人、少数民族人员、退出现役的军人的就业,法律、法规有特别规定的,从其规定。

2) 用人单位有用人权利能力和行为能力

用人单位,是指具有用人权利能力和用人行为能力,运用劳动力组织生产劳动,且向劳动者支付工资等劳动报酬的单位。

用人单位设立的分支机构,依法取得营业执照或者登记证书的,可以作为用人单位与劳动者订立劳动合同;未依法取得营业执照或者登记证书的,受用人单位委托可以与劳动者订立劳动合同。

2. 劳动合同订立主体的义务

1) 用人单位的义务和责任

用人单位招用劳动者时,应当如实告知劳动者工作内容、工作条件、工作地点、职业危害、安全生产状况、劳动报酬,以及劳动者要求了解的其他情况。

用人单位招用劳动者,不得扣押劳动者的居民身份证和其他证件,不得要求劳动者提供担保或者以其他名义向劳动者收取财物。

用人单位违反《劳动合同法》规定,扣押劳动者居民身份证等证件的,由劳动行政部门责令限期退还劳动者本人,并依照有关法律规定给予处罚。用人单位招用劳动者,不得要求劳动者提供担保或者以其他名义向劳动者收取财物。用人单位以担保或者其他名义向劳动者收取财物的,由劳动行政部门责令限期退还劳动者本人,并以每人500元以上2 000元以下的标准处以罚款;给劳动者造成损害的,应当承担赔偿责任。

2) 劳动者的义务

用人单位有权了解劳动者与劳动合同直接相关的基本情况,劳动者应当如实说明。

【例3-1】 某公司招聘10名销售人员,为提供统一的公司制服,向每人收取了1 000元押金。部分销售人员对该公司这种行为表示不满,提请劳动行政部门予以纠正。分析该公司这种行为的法律后果。

【解析】 根据劳动合同法律制度的规定,用人单位不得要求劳动者提供担保或者以其他名义向劳动者收取财物。该公司以提供公司制服的名义收取押金的做法违反法律规定,劳动行政部门可以责令该公司限期将已收取的押金退还给员工,并可以根据实际收取押金的员工人数按每人500元以上2 000元以下的标准对公司处以罚款。

### (三)劳动关系建立的时间

用人单位自用工之日起即与劳动者建立劳动关系。用人单位与劳动者在用工前订立劳动合同的,劳动关系自用工之日起建立。

用人单位应当建立职工名册备查。职工名册应当包括劳动者姓名、性别、公民身份证号码、户籍地址及现住址、联系方式、用工形式、用工起始时间、劳动合同期限等内容。

### (四)劳动合同订立的形式

**1. 书面形式**

建立劳动关系,应当订立书面劳动合同。已建立劳动关系,未同时订立书面劳动合同的,应当自用工之日起1个月内订立书面劳动合同。

实践中,有的用人单位和劳动者虽已建立劳动关系,但却迟迟未能订立书面劳动合同,不利于劳动关系的法律保护。为此,《劳动合同法》及其实施条例区分不同情况进行规范:

(1)自用工之日起1个月内,经用人单位书面通知后,劳动者不与用人单位订立书面劳动合同的,用人单位应当书面通知劳动者终止劳动关系,无须向劳动者支付经济补偿,但是应当依法向劳动者支付其实际工作时间的劳动报酬。

(2)用人单位自用工之日起超过1个月不满1年未与劳动者订立书面劳动合同的,应当向劳动者每月支付2倍的工资,并与劳动者补订书面劳动合同;劳动者不与用人单位订立书面劳动合同的,用人单位应当书面通知劳动者终止劳动关系,并支付经济补偿。用人单位向劳动者每月支付2倍工资的起算时间为用工之日起满1个月的次日,截止时间为补订书面劳动合同的前一日。

(3)用人单位自用工之日起满1年未与劳动者订立书面劳动合同的,自用工之日起满1个月的次日至满1年的前一日应当向劳动者每月支付2倍的工资,并视为自用工之日起满1年的当日已经与劳动者订立无固定期限劳动合同,应当立即与劳动者补订书面劳动合同。

【例3-2】 李某2023年8月进入甲公司工作,公司按月支付工资。至年底公司尚未与李某签订劳动合同。下列关于甲公司与李某劳动关系的表述中,正确的有(   )。

A. 公司与李某之间可视为不存在劳动关系

B. 公司与李某之间可视为已订立无固定期限劳动合同

C. 公司应与李某补订书面劳动合同,并支付工资补偿

D. 李某可与公司终止劳动关系,公司应支付经济补偿

【解析】 答案为选项CD。根据劳动合同法律制度的规定,用人单位自用工之日起超过1个月不满1年未与劳动者订立书面劳动合同的,应当向劳动者每月支付2倍的工资,并与

劳动者补订书面劳动合同;劳动者不与用人单位订立书面劳动合同的,用人单位应当书面通知劳动者终止劳动关系,并支付经济补偿。本例中,公司已按月(8~12月)向李某支付工资,应再向其支付9~12月的1倍工资补偿。若李某不肯与公司签订劳动合同,公司应书面通知李某终止劳动关系,并按照《劳动合同法》的规定,支付相应的经济补偿。

2. 口头形式

非全日制用工双方当事人可以订立口头协议。

非全日制用工,是指以小时计酬为主,劳动者在同一用人单位一般平均每日工作时间不超过4小时,每周工作时间累计不超过24小时的用工形式。

从事非全日制用工的劳动者可以与一个或者一个以上用人单位订立劳动合同;但是,后订立的劳动合同不得影响先订立的劳动合同的履行。非全日制用工双方当事人不得约定试用期。

非全日制用工双方当事人任何一方都可以随时通知对方终止用工。终止用工,用人单位不向劳动者支付经济补偿。

非全日制用工小时计酬标准不得低于用人单位所在地人民政府规定的最低小时工资标准。用人单位可以按小时、日或周为单位结算工资,但非全日制用工劳动报酬结算支付周期最长不得超过15日。

(五) 劳动合同的效力

1. 劳动合同的生效

劳动合同由用人单位与劳动者协商一致,并经用人单位与劳动者在劳动合同文本上签字或者盖章生效。劳动合同文本由用人单位和劳动者各执一份。

如果用人单位不履行劳动合同,没有给劳动者提供约定的工作岗位,劳动者可以要求用人单位提供约定的工作岗位或者承担违约责任;如果劳动者不履行劳动合同,用人单位可以要求劳动者提供约定的劳动或者承担违约责任。如果因一方不履行劳动合同,造成另一方损失的,违约方还应赔偿对方相应的损失。

2. 无效劳动合同

无效劳动合同,是指由用人单位和劳动者签订成立,而国家不予承认其法律效力的劳动合同。劳动合同虽然已经成立,但因违反了平等自愿、协商一致、诚实信用、公平等原则和法律、行政法规的强制性规定,可使其全部或者部分条款归于无效。下列劳动合同无效或者部分无效:

(1) 以欺诈、胁迫的手段或者乘人之危,使对方在违背真实意思的情况下订立或者变更劳动合同的。

(2) 用人单位免除自己的法定责任、排除劳动者权利的。

(3) 违反法律、行政法规强制性规定的。

对劳动合同的无效或者部分无效有争议的,由劳动争议仲裁机构或者人民法院确认。

3. 无效劳动合同的法律后果

(1) 无效劳动合同,从订立时起就没有法律约束力。

(2) 劳动合同部分无效,不影响其他部分效力的,其他部分仍然有效。

(3) 劳动合同被确认无效,劳动者已付出劳动的,用人单位应当向劳动者支付劳动报酬。劳动报酬的数额,参照本单位相同或者相近岗位劳动者的劳动报酬确定。

(4) 劳动合同被确认无效,给对方造成损害的,有过错的一方应当承担赔偿责任。

【例3-3】 某公司招聘一名高级业务经理,王某凭借伪造的名牌大学毕业证书及其他与岗位要求相关的资料,骗得公司的信任,签订了为期3年的劳动合同。半年后,公司发现王某伪造学历证书及其他资料的事实,提出劳动合同无效,要求王某退还公司所发工资,并支付经济赔偿。王某认为公司违反《劳动合同法》规定,擅自解除劳动合同,应承担违约责任。分析该案件应如何处理。

【解析】 王某伪造名牌大学毕业证书及其他与岗位要求相关的资料骗取公司与其签订劳动合同,属于劳动合同法律制度规定的以欺诈手段,使对方在违背真实意思的情况下订立劳动合同的情形,应为无效劳动合同。无效劳动合同,从订立时起就没有法律约束力,因此不存在擅自解除劳动合同的情况。对王某付出的劳动,公司应当参照本单位相同或相近岗位劳动者的劳动报酬支付工资。如果能证明王某的欺诈行为给公司造成了损害,公司可以要求王某承担赔偿责任。

## 三、劳动合同的主要内容

### (一) 劳动合同必备条款

劳动合同必备条款,是指劳动合同必须具备的内容。劳动合同应当具备以下条款。

1. 用人单位的名称、住所和法定代表人或者主要负责人

用人单位的名称,是指用人单位注册登记时所登记的名称,是代表用人单位的符号。用人单位的住所是用人单位发生法律关系的中心区域。劳动合同文本中要标明用人单位的具体地址。用人单位有两个以上办事机构的,以主要办事机构所在地为住所。具有法人资格的用人单位,要注明单位的法定代表人。不具有法人资格的用人单位,必须在劳动合同中写明该单位的主要负责人。

2. 劳动者的姓名、住址和居民身份证或者其他有效身份证件号码

劳动者的姓名以户籍登记,也即身份证上所载为准。劳动者的住址,以其户籍所在的居住地为住址,其经常居住地与户籍所在地不一致的,以经常居住地为住址。

3. 劳动合同期限

劳动合同分为固定期限劳动合同、无固定期限劳动合同和以完成一定工作任务为期限的劳动合同。

(1) 固定期限劳动合同,是指用人单位与劳动者明确约定合同终止时间的劳动合同。劳动合同期限届满,劳动关系即告终止。如果双方协商一致,还可以续订劳动合同。

(2) 以完成一定工作任务为期限的劳动合同,是指用人单位与劳动者约定以某项工作的完成为合同期限的劳动合同。一般在以下几种情况下,用人单位与劳动者可以签订以完成一定工作任务为期限的劳动合同:①以完成单项工作任务为期限的劳动合同。②以项目承包方式完成承包任务的劳动合同。③因季节原因用工的劳动合同。④其他双方约定的以完成一定工作任务为期限的劳动合同。

(3) 无固定期限劳动合同,是指用人单位与劳动者约定无确定终止时间的劳动合同。无确定终止时间,是指劳动合同没有一个确切的终止时间,劳动合同的期限长短不能确定,

只要没有出现法定解除情形或者双方协商一致解除的,双方当事人就要继续履行劳动合同。但并不是没有终止时间,一旦出现了法定情形或者双方协商一致解除的,无固定期限劳动合同同样也能够解除。

有下列情形之一,劳动者提出或者同意续订、订立劳动合同的,除劳动者提出订立固定期限劳动合同外,应当订立无固定期限劳动合同:

(1) 劳动者在该用人单位连续工作满10年的。连续工作满10年的起始时间,应当自用人单位用工之日起计算,包括《劳动合同法》施行前的工作年限。劳动者非因本人原因从原用人单位被安排到新用人单位工作的,劳动者在原用人单位的工作年限合并计算为新用人单位的工作年限。原用人单位已经向劳动者支付经济补偿的,新用人单位在依法解除、终止劳动合同计算支付经济补偿的工作年限时,不再计算劳动者在原用人单位的工作年限。

用人单位符合下列情形之一的,应当认定属于"劳动者非因本人原因从原用人单位被安排到新用人单位工作":①劳动者仍在原工作场所、工作岗位工作,劳动合同主体由原用人单位变更为新用人单位。②用人单位以组织委派或任命形式对劳动者进行工作调动。③因用人单位合并、分立等原因导致劳动者工作调动。④用人单位及其关联企业与劳动者轮流订立劳动合同。⑤其他合理情形。

(2) 用人单位初次实行劳动合同制度或者国有企业改制重新订立劳动合同时,劳动者在该用人单位连续工作满10年且距法定退休年龄不足10年的。

(3) 连续订立2次固定期限劳动合同,且劳动者没有下述情形,续订劳动合同的:①严重违反用人单位的规章制度的。②严重失职,营私舞弊,给用人单位造成重大损害的。③劳动者同时与其他用人单位建立劳动关系,对完成本单位的工作任务造成严重影响,或者经用人单位提出,拒不改正的。④劳动者以欺诈、胁迫的手段或者乘人之危,使用人单位在违背真实意思的情况下订立或者变更劳动合同,致使劳动合同无效的。⑤被依法追究刑事责任的。⑥劳动者患病或者非因工负伤,在规定的医疗期满后不能从事原工作,也不能从事由用人单位另行安排的工作的。⑦劳动者不能胜任工作,经过培训或者调整工作岗位,仍不能胜任工作的。

连续订立固定期限劳动合同的次数,应当自《劳动合同法》2008年1月1日施行后续订固定期限劳动合同时开始计算。

另外,用人单位自用工之日起满1年不与劳动者订立书面劳动合同的,视为用人单位自用工之日起满1年的当日已经与劳动者订立无固定期限劳动合同。

地方各级人民政府及县级以上地方人民政府有关部门为安置就业困难人员提供的给予岗位补贴和社会保险补贴的公益性岗位,其劳动合同不适用《劳动合同法》有关无固定期限劳动合同的规定。

### 4. 工作内容和工作地点

工作内容包括劳动者从事劳动的工种、岗位和劳动定额、产品质量标准的要求等。这是劳动者判断自己是否胜任该工作、是否愿意从事该工作的关键信息。

工作地点是指劳动者可能从事工作的具体地理位置。工作地点决定着劳动者上下班所需时间,进而影响劳动者的生活,关系到劳动者的切身利益。这也是劳动者判断是否订立劳动合同必不可少的信息,是用人单位必须告知劳动者的内容。

5. 工作时间和休息、休假

1）工作时间

工作时间通常是指劳动者在一昼夜或一周内从事生产或工作的时间，换言之，是劳动者每天应工作的时数或每周应工作的天数。目前我国实行的工时制度主要有标准工时制、不定时工作制和综合计算工时制三种类型。

（1）标准工时制。标准工时制又称标准工作日，是指法律统一规定的劳动者从事工作或劳动的时间。国家实行劳动者每日工作 8 小时、每周工作 40 小时的标准工时制度。有些企业因工作性质和生产特点不能实行标准工时制度，应保证劳动者每天工作不超过 8 小时，每周工作不超过 40 小时，每周至少休息 1 天。

用人单位由于生产经营需要，经与工会和劳动者协商后可以延长工作时间，一般每日不得超过 1 小时；因特殊原因需要延长工作时间的，在保障劳动者身体健康的条件下延长工作时间，每日不得超过 3 小时，每月不得超过 36 小时。但对于发生自然灾害、事故或者因其他原因，威胁劳动者生命健康和财产安全，需要紧急处理的；生产设备、交通运输线路、公共设施发生故障，影响生产和公众利益，必须及时抢修的；以及法律、行政法规规定的其他情形，延长工作时间不受上述规定的限制。

（2）不定时工作制。不定时工作制又称无定时工作制、不定时工作日，是指没有固定工作时间限制的工作制度，主要适用于一些因工作性质或工作条件不受标准工作时间限制的工作岗位。

（3）综合计算工时制。综合计算工时制又称综合计算工作日，是指用人单位根据生产和工作的特点，分别以周、月、季、年等为周期，综合计算劳动者工作时间，但其平均日工作时间和平均周工作时间仍与法定标准工作时间基本相同的一种工时形式。

对于因工作性质或生产特点的限制，实行不定时工作制或综合计算工时制等其他工作和休息办法的职工，企业应根据国家有关规定，在保障职工身体健康并充分听取职工意见的基础上，采取集中工作、集中休息、轮休调休、弹性工作时间等适当的工作和休息方式，确保职工的休息、休假权利和生产、工作任务的完成。

2）休息、休假

休息，是指劳动者在任职期间，在国家规定的法定工作时间以外，无须履行劳动义务而自行支配的时间，包括工作日内的间歇时间、工作日之间的休息时间和公休假日（即周休息日，是职工工作满一个工作周以后的休息时间）。

休假，是指劳动者无须履行劳动义务且一般有工资保障的法定休息时间，如：①法定假日，是指由法律统一规定的用以开展纪念、庆祝活动的休息时间，包括元旦、春节、清明节、劳动节、端午节、中秋节、国庆节等。②年休假，是指职工工作满一定年限，每年可享有的保留工作岗位、带薪连续休息的时间。

《职工带薪年休假条例》规定，机关、团体、企业、事业单位、民办非企业单位、有雇工的个体工商户等单位的职工连续工作 1 年以上的，享受带薪年休假（以下简称年休假）。职工在年休假期间享受与正常工作期间相同的工资收入。职工累计工作已满 1 年不满 10 年的，年休假 5 天；已满 10 年不满 20 年的，年休假 10 天；已满 20 年的，年休假 15 天。国家法定休假日、休息日不计入年休假的假期。单位应根据生产、工作的具体情况，并考虑职工本人意愿，统筹安排职工年休假。年休假在 1 个年度内可以集中安排，也可以分段安排，一般不跨年度安排。单位因生产、工作特点确有必要跨年度安排职工年休假的,可以跨 1 个年度安排。

但当职工有下列情形之一时,不享受当年的年休假:①职工依法享受寒暑假,其休假天数多于年休假天数的。②职工请事假累计 20 天以上且单位按照规定不扣工资的。③累计工作满 1 年不满 10 年的职工,请病假累计 2 个月以上的。④累计工作满 10 年不满 20 年的职工,请病假累计 3 个月以上的。⑤累计工作满 20 年以上的职工,请病假累计 4 个月以上的。

根据 2008 年 9 月 18 日人力资源和社会保障部令第 1 号《企业职工带薪年休假实施办法》,职工新进用人单位且符合享受带薪年休假条件的,当年度年休假天数按照在本单位剩余日历天数折算确定,折算后不足 1 整天的部分不享受年休假。

【例 3-4】 赵某在甲公司工作已满 15 年,2023 年度未享受年休假,2023 年 7 月 1 日调到乙公司工作,提出补休年休假的申请,则赵某可以享受的年休假为( )天。
A. 0          B. 5          C. 10          D. 15

【解析】 答案为 B。根据《职工带薪年休假条例》规定,职工累计工作已满 10 年不满 20 年的,年休假 10 天。赵某工作已满 15 年,可享受年休假 10 天。赵某 7 月 1 日调到乙公司,还可在新单位享受的年休假是(当年度在本单位剩余日历天数÷365 天)×职工本人全年应当享受的年休假天数 = 184÷365×10 = 5(天)。

6. 劳动报酬

1) 劳动报酬与支付

劳动报酬,是指用人单位根据劳动者劳动的数量和质量,以货币形式支付给劳动者的工资。这是劳动者为用人单位提供劳动获得的直接回报,是劳动者提供劳动的直接目的,是劳动者的生活来源。

根据国家有关规定,工资应当以法定货币支付,不得以实物及有价证券替代货币支付。工资必须在用人单位与劳动者约定的日期支付,如遇节假日或休息日,则应提前在最近的工作日支付。工资至少每月支付一次,实行周、日、小时工资制的可按周、日、小时支付工资。对完成一次性临时劳动或某项具体工作的劳动者,用人单位应按有关协议或合同规定在其完成劳动任务后即支付工资。

用人单位应当依法支付劳动者在法定休假日和婚丧假期间以及依法参加社会活动期间的工资。在部分公民放假的节日期间(妇女节、青年节),对参加社会活动或单位组织庆祝活动和照常工作的职工,单位应支付工资报酬,但不支付加班工资。如果该节日恰逢星期六、星期日,单位安排职工加班工作,则应当依法支付休息日的加班工资。

用人单位在劳动者完成劳动定额或规定的工作任务后,根据实际需要安排劳动者在法定标准工作时间以外工作的,应当按照下列标准支付高于劳动者正常工作时间工资的工资报酬:①用人单位依法安排劳动者在日标准工作时间以外延长工作时间的,按照不低于劳动合同规定的劳动者本人小时工资标准的 150% 支付劳动者工资。②用人单位依法安排劳动者在休息日工作,而又不能安排补休的,按照不低于劳动合同规定的劳动者本人日或小时工资标准的 200% 支付劳动者工资。③用人单位依法安排劳动者在法定休假节日工作的,按照不低于劳动合同规定的劳动者本人日或小时工资标准的 300% 支付劳动者工资。

实行计件工资的劳动者,在完成计件定额任务后,由用人单位安排延长工作时间的,根据上述原则,分别按照不低于其本人法定工作时间计件单价的 150%、200%、300% 支付其工资。

用人单位安排加班不支付加班费的，由劳动行政部门责令限期支付加班费；逾期不支付的，责令用人单位按应付金额50%以上100%以下的标准向劳动者加付赔偿金。

经劳动行政部门批准实行综合计算工时工作制的，其综合计算工作时间超过法定标准工作时间的部分，应视为延长工作时间，按上述规定支付劳动者延长工作时间的工资。

实行不定时工时制度的劳动者，不执行上述规定。

【例3-5】 钱某的工作为标准工时制，日工资为160元。由于工作需要，单位安排她在2023年"五一"放假期间加班3天，其中占用法定劳动节假期1天，占用周末休息日2天，没有安排补休。计算钱某2023年5月可以得到多少加班工资。如果公司拒绝支付加班工资，钱某可以获得什么救济？

【解析】 钱某法定假日加班至少应获得3倍工资：160×3×1＝480（元）；休息日加班，至少应获得2倍工资：160×2×2＝640（元）；480＋640＝1 120（元）。如果公司不同意支付，钱某可向劳动行政部门反映，由劳动行政部门责令用人单位限期支付；公司逾期仍不支付的，由劳动行政部门责令公司支付，并按应付金额50%以上100%以下的标准向钱某加付赔偿金。

2）最低工资制度

《劳动法》规定，国家实行最低工资保障制度。最低工资的具体标准由省、自治区、直辖市人民政府规定，报国务院备案。用人单位支付劳动者的工资不得低于当地最低工资标准。

最低工资标准，是指劳动者在法定工作时间或依法签订的劳动合同约定的工作时间内提供了正常劳动的前提下，用人单位依法应支付的最低劳动报酬。最低工资不包括延长工作时间的工资报酬，以货币形式支付的住房补贴和用人单位支付的伙食补贴，中班、夜班、高温、低温、井下、有毒、有害等特殊工作环境和劳动条件下的津贴，国家法律、法规、规章规定的社会保险福利待遇。

劳动合同履行地与用人单位注册地不一致的，有关劳动者的最低工资标准、劳动保护、劳动条件、职业危害防护和本地区上年度职工月平均工资标准等事项，按照劳动合同履行地的有关规定执行；用人单位注册地的有关标准高于劳动合同履行地的有关标准，且用人单位与劳动者约定按照用人单位注册地的有关规定执行的，从其约定。

因劳动者本人原因给用人单位造成经济损失的，用人单位可按照劳动合同的约定要求其赔偿经济损失。经济损失的赔偿，可从劳动者本人的工资中扣除。但每月扣除的部分不得超过劳动者当月工资的20%。若扣除后的剩余工资部分低于当地月最低工资标准，则按最低工资标准支付。

用人单位低于当地最低工资标准支付劳动者工资的，由劳动行政部门责令限期支付其差额部分；逾期不支付的，责令用人单位按应付金额50%以上100%以下的标准向劳动者加付赔偿金。

7. 社会保险

社会保险包括基本养老保险、基本医疗保险、失业保险、工伤保险和生育保险。参加社会保险、缴纳社会保险费是用人单位与劳动者的法定义务，双方都必须履行。

8. 劳动保护、劳动条件和职业危害防护

劳动保护，是指用人单位保护劳动者在工作过程中不受伤害的具体措施。劳动条件，是指用人单位为劳动者提供正常工作所必需的条件,包括劳动场所和劳动工具。职业危害防护是用人单位对工作过程中可能产生的影响劳动者身体健康的危害的防护措施。劳动保护、劳动条件和职业危害防护,是劳动合同中保护劳动者身体健康和安全的重要条款。

9. 法律、法规规定应当纳入劳动合同的其他事项

用人单位提供的劳动合同文本未载明《劳动合同法》规定的劳动合同必备条款或者用人单位未将劳动合同文本交付劳动者的,由劳动行政部门责令改正;给劳动者造成损害的,应当承担赔偿责任。

**(二)劳动合同可备条款**

除劳动合同必备条款外,用人单位与劳动者还可以在劳动合同中约定试用期、培训、保守秘密、补充保险和福利待遇等其他事项,称为可备条款。但约定事项不能违反法律、行政法规的强制性规定,否则该约定无效。

1. 试用期

试用期,是指用人单位和劳动者双方为相互了解、确定对方是否符合自己的招聘条件或求职意愿而约定的考察期间。在劳动合同中约定试用期,一方面,可以维护用人单位的利益,使用人单位有时间考察劳动者是否与录用要求相一致,是否适合其工作岗位,避免用人单位遭受不必要的损失;另一方面,可以维护新招收职工的利益,使被录用的职工能够通过具体的工作来考察感受用人单位的工作内容、劳动条件、劳动报酬等是否符合劳动合同的规定。

(1)试用期期限。根据《劳动合同法》的规定,劳动合同期限3个月以上不满1年的,试用期不得超过1个月;劳动合同期限1年以上不满3年的,试用期不得超过2个月;3年以上固定期限和无固定期限的劳动合同,试用期不得超过6个月。同一用人单位与同一劳动者只能约定一次试用期。以完成一定工作任务为期限的劳动合同或者劳动合同期限不满3个月的,不得约定试用期。试用期包含在劳动合同期限内。劳动合同仅约定试用期的,试用期不成立,该期限为劳动合同期限。

用人单位违反规定与劳动者约定试用期的,由劳动行政部门责令改正;违法约定的试用期已经履行的,由用人单位以劳动者试用期满月工资为标准,按已经履行的超过法定试用期的期间向劳动者支付赔偿金。

(2)试用期工资。劳动者在试用期的工资不得低于本单位相同岗位最低档工资或者劳动合同约定工资的80%,并不得低于用人单位所在地的最低工资标准。劳动合同约定工资,是指该劳动者与用人单位订立的劳动合同中约定的劳动者试用期满后的工资。

**【例3-6】** 甲公司与孙某签订劳动合同,约定合同期限1年,月工资2 000元,试用期3个月,试用期工资为月工资的60%。当地最低工资标准为1 500元/月。分析该劳动合同上述条款是否有效。

**【解析】** 该劳动合同中关于试用期期限与试用期工资的条款无效。根据《劳动合同法》规定,1年期的劳动合同试用期不能超过2个月。劳动者在试用期的工资不得低于本单位相同岗位最低档工资或者劳动合同约定工资的80%(1 600元),并不得低于用人单位所在地的最低工资标准(1 500元)。

2. 服务期

(1)服务期的适用范围。服务期,是指劳动者因享受用人单位给予的特殊待遇而作出

的关于劳动履行期限的承诺。《劳动合同法》规定,用人单位为劳动者提供专项培训费用,对其进行专业技术培训的,可以与该劳动者订立协议,约定服务期。

用人单位与劳动者约定服务期的,不影响按照正常的工资调整机制提高劳动者在服务期期间的劳动报酬。

劳动合同期满,但是用人单位与劳动者约定的服务期尚未到期的,劳动合同应当续延至服务期满;双方另有约定的,从其约定。

(2) 劳动者违反服务期约定的违约责任。劳动者违反服务期约定的,应当按照约定向用人单位支付违约金。违约金的数额不得超过用人单位提供的培训费用。用人单位要求劳动者支付的违约金不得超过服务期尚未履行部分所应分摊的培训费用。培训费用包括用人单位为了对劳动者进行专业技术培训而支付的有凭证的培训费用、培训期间的差旅费用以及因培训产生的用于该劳动者的其他直接费用。

一般而言,只有劳动者在服务期内提出与用人单位解除劳动关系时,用人单位才可以要求其支付违约金。不过,为了防止可能出现规避赔偿责任的情况,如果劳动者因下列违纪等重大过错行为而被用人单位解除劳动关系的,用人单位仍有权要求其支付违约金:①劳动者严重违反用人单位的规章制度的。②劳动者严重失职,营私舞弊,给用人单位造成重大损害的。③劳动者同时与其他用人单位建立劳动关系,对完成本单位的工作任务造成严重影响,或者经用人单位提出,拒不改正的。④劳动者以欺诈、胁迫的手段或者乘人之危,使用人单位在违背真实意思的情况下订立或者变更劳动合同的。⑤劳动者被依法追究刑事责任的。

(3) 劳动者解除劳动合同不属于违反服务期约定的情形。用人单位与劳动者约定了服务期,劳动者依照下述情形的规定解除劳动合同的,不属于违反服务期的约定,用人单位不得要求劳动者支付违约金:①用人单位未按照劳动合同约定提供劳动保护或者劳动条件的。②用人单位未及时足额支付劳动报酬的。③用人单位未依法为劳动者缴纳社会保险费的。④用人单位的规章制度违反法律、法规的规定,损害劳动者权益的。⑤用人单位以欺诈、胁迫的手段或者乘人之危,使劳动者在违背真实意思的情况下订立或者变更劳动合同致使劳动合同无效的。⑥用人单位在劳动合同中免除自己的法定责任、排除劳动者权利的。⑦用人单位违反法律、行政法规强制性规定的。⑧法律、行政法规规定劳动者可以解除劳动合同的其他情形。

【例3-7】 甲公司为员工张某支付培训费10 000元,约定服务期5年。3年后,张某以劳动合同期满为由,不肯与公司续签合同。公司要求其支付违约金。分析张某是否应支付违约金。

【解析】 根据劳动合同法律制度的规定,劳动合同期满,但是用人单位与劳动者约定的服务期尚未到期的,劳动合同应当续延至服务期满。张某违反服务期约定,应支付违约金。公司为其支付的培训费为10 000元,约定的服务期为5年,每年分摊的费用为10 000÷5＝2 000(元)。因已履行劳动合同3年,张某应支付违约金10 000－2 000×3＝4 000(元)。

3. 保守商业秘密和竞业限制

1) 关于保守商业秘密和竞业限制的规定

商业秘密,是指不为公众所知悉、能为权利人带来经济利益,具有实用性并经权利人采取保密措施的技术信息和经营信息,包括非专利技术和经营信息两部分。用人单位与劳动者可以在劳动合同中约定保守用人单位的商业秘密和与知识产权相关的保密事项。

竞业限制又称竞业禁止,是对与权利人有特定关系的义务人的特定竞争行为的禁止。在用人单位和劳动者之间的劳动关系解除和终止后,限制劳动者一定时期的择业权,对因此约定给劳动者造成的损害,用人单位给予劳动者相应的经济补偿。

对负有保密义务的劳动者,用人单位可以在劳动合同或者保密协议中与劳动者约定竞业限制条款,并约定在解除或者终止劳动合同后,在竞业限制期限内按月给予劳动者经济补偿。劳动者违反竞业限制约定的,应当按照约定向用人单位支付违约金。

竞业限制的人员限于用人单位的高级管理人员、高级技术人员和其他负有保密义务的人员,而不是所有的劳动者。竞业限制的范围、地域、期限由用人单位与劳动者约定,竞业限制的约定不得违反法律、法规的规定。

在解除或者终止劳动合同后,竞业限制人员到与本单位生产或者经营同类产品、从事同类业务的有竞争关系的其他用人单位工作,或者自己开业生产或者经营同类产品、从事同类业务的竞业限制期限,不得超过2年。

2) 对竞业限制的司法解释

针对司法实践中出现的关于竞业限制和经济补偿的各种争议,《最高人民法院关于审理劳动争议案件适用法律问题的解释(一)》对如何适用竞业限制条款处理争议作了如下规定。

(1) 当事人在劳动合同或者保密协议中约定了竞业限制,但未约定解除或者终止劳动合同后给予劳动者经济补偿,劳动者履行了竞业限制义务,要求用人单位按照劳动者在劳动合同解除或者终止前12个月平均工资的30%按月支付经济补偿的,人民法院应予支持。前述规定的月平均工资的30%低于劳动合同履行地最低工资标准的,按照劳动合同履行地最低工资标准支付。

(2) 当事人在劳动合同或者保密协议中约定了竞业限制和经济补偿,当事人解除劳动合同时,除另有约定外,用人单位要求劳动者履行竞业限制义务,或者劳动者履行了竞业限制义务后要求用人单位支付经济补偿的,人民法院应予支持。

(3) 当事人在劳动合同或者保密协议中约定了竞业限制和经济补偿,劳动合同解除或者终止后,因用人单位的原因导致3个月未支付经济补偿,劳动者请求解除竞业限制约定的,人民法院应予支持。

(4) 在竞业限制期限内,用人单位请求解除竞业限制协议时,人民法院应予支持。在解除竞业限制协议时,劳动者请求用人单位额外支付劳动者3个月的竞业限制经济补偿的,人民法院应予支持。

(5) 劳动者违反竞业限制约定,向用人单位支付违约金后,用人单位要求劳动者按照约定继续履行竞业限制义务的,人民法院应予支持。

【例3-8】 刘某原是甲公司的技术总监,公司与他签订了竞业限制协议,约定劳动合同解除或终止后3年内,刘某不得在本行业从事相关业务,公司每月支付其补偿金20 000元。但在刘某离职后,公司只在第一年按时给予了补偿金,此后一直没有支付。刘某遂在离职一年半后到甲公司的竞争对手乙公司上班。甲公司得知后要求刘某支付违约金。刘某要求甲公司支付未付的经济补偿,解除竞业限制协议。分析甲公司与刘某应如何解决该纠纷。

**【解析】** 根据劳动合同法律制度的规定,用人单位可以与劳动者签订竞业限制协议,但约定的期限不得超过2年,因此,甲公司与刘某签订3年的竞业限制协议不符合法律规定。另外甲公司不按协议约定按月支付刘某经济补偿金,且已超过3个月,刘某可以提出请求解除竞业限制约定,并要求甲公司支付竞业限制经济补偿,人民法院应予支持。

### 四、劳动合同的履行和变更

#### (一) 劳动合同的履行

劳动合同的履行,是指劳动合同生效后,当事人双方按照劳动合同的约定,完成各自承担的义务和实现各自享受的权利,使当事人双方订立合同的目的得以实现的法律行为。

1. 用人单位与劳动者应当按照劳动合同的约定,全面履行各自的义务

(1) 用人单位应当按照劳动合同约定和国家规定,向劳动者及时足额支付劳动报酬。用人单位拖欠或者未足额支付劳动报酬的,劳动者可以依法向当地人民法院申请支付令,人民法院应当依法发出支付令。

用人单位未按照劳动合同的约定或者国家规定及时足额支付劳动者劳动报酬的,由劳动行政部门责令限期支付;逾期不支付的,责令用人单位按应付金额50%以上100%以下的标准向劳动者加付赔偿金。

(2) 用人单位应当严格执行劳动定额标准,不得强迫或者变相强迫劳动者加班。用人单位安排加班的,应当按照国家有关规定向劳动者支付加班费。

(3) 劳动者拒绝用人单位管理人员违章指挥、强令冒险作业的,不视为违反劳动合同。劳动者对危害生命安全和身体健康的劳动条件,有权对用人单位提出批评、检举和控告。

(4) 用人单位变更名称、法定代表人、主要负责人或者投资人等事项,不影响劳动合同的履行。

(5) 用人单位发生合并或者分立等情况,原劳动合同继续有效,劳动合同由承继其权利和义务的用人单位继续履行。

2. 用人单位应当依法建立和完善劳动规章制度,保障劳动者享有劳动权利、履行劳动义务

劳动规章制度是用人单位制定的组织劳动过程和进行劳动管理的规则和制度的总称。主要包括劳动合同管理、工资管理、社会保险福利待遇、工时休假、职工奖惩,以及其他劳动管理规定。合法有效的劳动规章制度是劳动合同的组成部分,对用人单位和劳动者均具有法律约束力。

用人单位在制定、修改或者决定有关劳动报酬、工作时间、休息休假、劳动安全卫生、保险福利、职工培训、劳动纪律以及劳动定额管理等直接涉及劳动者切身利益的规章制度和重大事项时,应当经职工代表大会或者全体职工讨论,提出方案和意见,与工会或者职工代表平等协商确定。

在规章制度和重大事项决定实施过程中,工会或者职工认为不适当的,有权向用人单位提出,通过协商予以修改完善。

用人单位应当将直接涉及劳动者切身利益的规章制度和重大事项决定公示,或者告知劳动者。如果用人单位的规章制度未经公示或者未对劳动者告知,该规章制度对劳动者不

生效。公示或告知可以采用张贴通告、员工手册送达、会议精神传达等方式。

用人单位直接涉及劳动者切身利益的规章制度违反法律、法规规定的,由劳动行政部门责令改正,给予警告;给劳动者造成损害的,应当承担赔偿责任。

### (二) 劳动合同的变更

劳动合同的变更,是指劳动合同依法订立后,在合同尚未履行或者尚未履行完毕之前,经用人单位和劳动者双方当事人协商同意,对劳动合同内容作部分修改、补充或者删减的法律行为。

用人单位与劳动者协商一致,可以变更劳动合同约定的内容。变更劳动合同,应当采用书面形式。变更后的劳动合同文本由用人单位和劳动者各执一份。

用人单位与劳动者协商一致变更劳动合同,虽未采用书面形式,但已经实际履行了口头变更的劳动合同超过1个月,且变更后的劳动合同内容不违反法律、行政法规且不违背公序良俗,当事人以未采用书面形式为由主张劳动合同变更无效的,人民法院不予支持。

## 五、劳动合同的解除和终止

### (一) 劳动合同的解除

1. 劳动合同解除的概念

劳动合同解除,是指在劳动合同订立后,劳动合同期限届满之前,因双方协商提前结束劳动关系,或因出现法定的情形,一方单方通知对方结束劳动关系的法律行为。劳动合同解除分为协商解除和法定解除两种情况。

2. 协商解除

协商解除又称合意解除、意定解除,是指劳动合同订立后,双方当事人因某种原因,在完全自愿的基础上协商一致,提前终止劳动合同,结束劳动关系。《劳动合同法》规定,用人单位与劳动者协商一致,可以解除劳动合同。

由用人单位提出解除劳动合同而与劳动者协商一致的,必须依法向劳动者支付经济补偿;由劳动者主动辞职而与用人单位协商一致解除劳动合同的,用人单位不需向劳动者支付经济补偿。

3. 法定解除

法定解除,是指在出现国家法律、法规或劳动合同规定的可以解除劳动合同的情形时,不需当事人协商一致,一方当事人即可决定解除劳动合同,劳动合同效力可以自然终止或由单方提前终止。在这种情况下,主动解除劳动合同的一方一般负有主动通知对方的义务。法定解除又可分为劳动者的单方解除和用人单位的单方解除。

1) 劳动者可单方面解除劳动合同的情形

(1) 劳动者提前通知解除劳动合同的情形:①劳动者提前30日以书面形式通知用人单位解除劳动合同。②劳动者在试用期内提前3日通知用人单位解除劳动合同。

在这两种情形下,劳动者不能获得经济补偿。如果劳动者没有履行通知程序,则属于违法解除,因此对用人单位造成损失的,劳动者应对用人单位的损失承担赔偿责任。

(2) 劳动者可随时通知解除劳动合同的情形:①用人单位未按照劳动合同约定提供劳动保护或者劳动条件的。②用人单位未及时足额支付劳动报酬的。③用人单位未依法为劳动者缴纳社会保险费的。④用人单位的规章制度违反法律、法规的规定,损害劳动者权益的。⑤用人单位以欺诈、胁迫的手段或者乘人之危,使劳动者在违背真实意思的情况下订立或者变更劳动合同致使劳动合同无效的。⑥用人单位在劳动合同中免除自己的法定责任、排除劳动者权利的。⑦用人单位违反法律、行政法规强制性规定的。⑧法律、行政法规规定劳动者可以解除劳动合同的其他情形。

用人单位有上述情形的,劳动者可随时通知用人单位解除劳动合同。用人单位需向劳动者支付经济补偿。

(3) 劳动者不需事先告知用人单位即可解除劳动合同的情形:①用人单位以暴力、威胁或者非法限制人身自由的手段强迫劳动者劳动的。②用人单位违章指挥、强令冒险作业危及劳动者人身安全的。

用人单位有上述两种情形的,劳动者可以立即解除劳动合同,不需事先告知用人单位,用人单位需向劳动者支付经济补偿。

2) 用人单位可单方面解除劳动合同的情形

(1) 因劳动者过错解除劳动合同的情形(随时通知解除):①劳动者在试用期间被证明不符合录用条件的。②劳动者严重违反用人单位的规章制度的。③劳动者严重失职,营私舞弊,给用人单位造成重大损害的。④劳动者同时与其他用人单位建立劳动关系,对完成本单位的工作任务造成严重影响,或者经用人单位提出,拒不改正的。⑤劳动者以欺诈、胁迫的手段或者乘人之危,使用人单位在违背真实意思的情况下订立或者变更劳动合同致使劳动合同无效的。⑥劳动者被依法追究刑事责任的。

在上述情形下,用人单位可随时通知劳动者解除劳动关系,不需向劳动者支付经济补偿。

(2) 无过失性辞退的情形(预告解除):①劳动者患病或者非因工负伤,在规定的医疗期满后不能从事原工作,也不能从事由用人单位另行安排的工作的。②劳动者不能胜任工作,经过培训或者调整工作岗位,仍不能胜任工作的。③劳动合同订立时所依据的客观情况发生重大变化,致使劳动合同无法履行,经用人单位与劳动者协商,未能就变更劳动合同内容达成协议的。

在上述情形下,用人单位提前30日以书面形式通知劳动者本人或者额外支付劳动者1个月工资后,可以解除劳动合同。用人单位选择额外支付劳动者1个月工资解除劳动合同的,其额外支付的工资应当按照该劳动者上1个月的工资标准确定。用人单位还应当向劳动者支付经济补偿。

(3) 经济性裁员的情形(裁员解除)。经济性裁员,是指用人单位由于经营不善等经济性原因,解雇多个劳动者。根据《劳动合同法》的规定,用人单位有下列情形之一,需要裁减人员20人以上或者裁减不足20人但占企业职工总数10%以上的,用人单位提前30日向工会或者全体职工说明情况,听取工会或者职工的意见后,裁减人员方案经向劳动行政部门报告,可以裁减人员。经济性裁员的情形:①依照《企业破产法》规定进行重整的。②生产经营发生严重困难的。③企业转产、重大技术革新或者经营方式调整,经变更劳动合同后,仍需裁减人员的。④其他因劳动合同订立时所依据的客观经济情况发生重大变化,致使劳动合同无法履行的。

在上述情形下解除劳动合同,用人单位应当向劳动者支付经济补偿。

裁减人员时,应当优先留用下列人员:与本单位订立较长期限的固定期限劳动合同的;

与本单位订立无固定期限劳动合同的;家庭无其他就业人员,有需要扶养的老人或者未成年人的。

用人单位裁减人员后,在6个月内重新招用人员的,应当通知被裁减的人员,并在同等条件下优先招用被裁减的人员。

3) 工会在解除劳动合同中的监督作用

用人单位单方解除劳动合同,应当事先将理由通知工会。用人单位违反法律、行政法规规定或者劳动合同约定的,工会有权要求用人单位纠正。用人单位应当研究工会的意见,并将处理结果书面通知工会。

【例3-9】 张某在甲公司做销售员,签订有1年期劳动合同。公司对销售员每月定有销售指标,规定3个月完不成指标属于不能胜任工作。张某已连续3个月没有完成指标。下列分析判断中,正确的有(    )。

A. 甲公司可以以不能胜任为理由通知张某解除劳动合同,不需向其支付经济补偿
B. 若甲公司和张某协商解除劳动合同,张某表示同意,则双方可以解除劳动合同,但甲公司应支付张某经济补偿
C. 甲公司应对张某进行培训或者调整工作岗位,若张某仍不能胜任工作,则甲公司可以提前30日书面通知张某解除劳动合同,并向张某支付经济补偿
D. 甲公司应对张某进行培训或者调整工作岗位,若张某仍不能胜任工作,则甲公司在额外支付张某1个月工资的情况下可以通知张某解除劳动合同,并向张某支付经济补偿

【解析】 答案为BCD。按照无过失性辞退的情形,选项A不正确,选项C、选项D符合规定,选项B属于协商解除。

### (二) 劳动合同的终止

1. 劳动合同终止的概念

劳动合同终止,是指用人单位与劳动者之间的劳动关系因某种法律事实的出现而自动归于消灭,或导致劳动关系的继续履行成为不可能而不得不消灭的情形。劳动合同终止一般不涉及用人单位与劳动者的意思表示,只要法定事实出现,一般情况下都会导致双方劳动关系的消灭。

2. 劳动合同终止的情形

(1) 劳动合同期满的。
(2) 劳动者开始依法享受基本养老保险待遇的。
(3) 劳动者达到法定退休年龄的。
(4) 劳动者死亡,或者被人民法院宣告死亡或者宣告失踪的。
(5) 用人单位被依法宣告破产的。
(6) 用人单位被吊销营业执照、责令关闭、撤销或者用人单位决定提前解散的。
(7) 法律、行政法规规定的其他情形。

用人单位与劳动者不得约定上述情形之外的其他劳动合同终止条件。

### (三) 对劳动合同解除和终止的限制性规定

一般劳动合同期满,劳动合同即终止,但也有例外。根据《劳动合同法》的规定,劳动者

有下列情形之一的,用人单位既不得适用无过失性辞退或经济性裁员解除劳动合同的情形解除劳动合同,也不得终止劳动合同,劳动合同应当续延至相应的情形消失时终止:

(1) 从事接触职业病危害作业的劳动者未进行离岗前职业健康检查,或者疑似职业病病人在诊断或者医学观察期间的。

(2) 在本单位患职业病或者因工负伤并被确认丧失或者部分丧失劳动能力的。

(3) 患病或者非因工负伤,在规定的医疗期内的。

(4) 女职工在孕期、产期、哺乳期的。

(5) 在本单位连续工作满15年,且距法定退休年龄不足5年的。

(6) 法律、行政法规规定的其他情形。

上述第(2)项"丧失或者部分丧失劳动能力"劳动者的劳动合同的终止,按照国家有关工伤保险的规定执行。

但若符合因劳动者过错解除劳动合同的情形,则不受上述限制性规定的影响。

**(四) 劳动合同解除和终止的经济补偿**

1. 经济补偿的概念

劳动合同法律关系中的经济补偿,是指按照劳动合同法律制度的规定,在劳动者无过错的情况下,用人单位与劳动者解除或者终止劳动合同时,应给予劳动者的经济上的补助,又称经济补偿金。

经济补偿金与违约金、赔偿金是不同的。

经济补偿金是法定的,主要是针对劳动关系的解除和终止,在劳动者无过错的情况下,用人单位应给予劳动者一定数额的经济上的补偿。

违约金是约定的,是指劳动者违反了服务期和竞业限制的约定而向用人单位支付的违约补偿。《劳动合同法》第二十五条明确规定,禁止用人单位对劳动合同服务期和竞业限制之外的其他事项与劳动者约定由劳动者承担违约金。

赔偿金,是指用人单位和劳动者由于自己的过错给对方造成损害时,所应承担的不利的法律后果。

经济补偿金的支付主体是用人单位,违约金的支付主体是劳动者,赔偿金的支付主体则可能是用人单位,也可能是劳动者。

2. 用人单位应当向劳动者支付经济补偿的情形

(1) 劳动者符合随时通知解除和不需事先通知即可解除劳动合同规定情形而解除劳动合同的。

(2) 由用人单位提出解除劳动合同并与劳动者协商一致而解除劳动合同的。

(3) 用人单位符合提前30日以书面形式通知劳动者本人或者额外支付劳动者1个月工资后,可以解除劳动合同的规定情形而解除劳动合同的。

(4) 用人单位符合可裁减人员规定而解除劳动合同的。

(5) 除用人单位维持或者提高劳动合同约定条件续订劳动合同,劳动者不同意续订的情形外,劳动合同期满终止固定期限劳动合同的。

(6) 用人单位被依法宣告破产或者被吊销营业执照、责令关闭、撤销或者用人单位决定提前解散而终止劳动合同的。

(7) 以完成一定工作任务为期限的劳动合同因任务完成而终止的。

（8）法律、行政法规规定的其他情形。

3. 经济补偿的支付

经济补偿，根据劳动者在用人单位的工作年限和工资标准来计算具体金额，并以货币形式支付给劳动者。

经济补偿金的计算公式如下：

$$经济补偿金 = 劳动合同解除或者终止前劳动者在本单位的工作年限 \times 每工作1年应得的经济补偿$$

或者简写为：

$$经济补偿金 = 工作年限 \times 月工资$$

1) 关于补偿年限的计算标准

经济补偿按劳动者在本单位工作的年限，每满1年支付1个月工资的标准向劳动者支付。6个月以上不满1年的，按1年计算；不满6个月的，向劳动者支付半个月工资的经济补偿。

劳动者非因本人原因从原用人单位被安排到新用人单位工作的，劳动者在原用人单位的工作年限合并计入新用人单位的工作年限。原用人单位已经向劳动者支付经济补偿的，新用人单位在依法解除、终止劳动合同计算支付经济补偿的工作年限时，不再计算劳动者在原用人单位的工作年限。

2) 关于补偿基数的计算标准

（1）月工资，是指劳动者在劳动合同解除或者终止前12个月的平均工资。月工资按照劳动者应得工资计算，包括计时工资或者计件工资以及奖金、津贴和补贴等货币性收入。劳动者工作不满12个月的，按照实际工作的月数计算平均工资。

（2）劳动者在劳动合同解除或者终止前12个月的平均工资低于当地最低工资标准的，按照当地最低工资标准计算。

即：

$$经济补偿金 = 工作年限 \times 月最低工资标准$$

（3）劳动者月工资高于用人单位所在直辖市、设区的市级人民政府公布的本地区上年度职工月平均工资3倍的，向其支付经济补偿的标准按职工月平均工资3倍的数额支付，向其支付经济补偿的年限最高不超过12年。

即：$经济补偿金 = 工作年限（最高不超过12年）\times 当地上年度职工月平均工资3倍$

3) 关于补偿年限和基数的特殊计算

《劳动合同法》施行之日（2008年1月1日）已存续的劳动合同，在《劳动合同法》施行后解除或者终止，依照《劳动合同法》规定应当支付经济补偿的，经济补偿年限自《劳动合同法》施行之日（2008年1月1日）起计算；《劳动合同法》施行前按照当时有关规定，用人单位应当向劳动者支付经济补偿的，按照当时有关规定执行。也就是经济补偿的计发办法分两段计算：2008年1月1日前的，按当时当地的有关规定执行；2008年1月1日以后的，按新法执行。两段补偿合并计算。

【例3-10】张某于2019年7月1日到甲公司工作。2023年4月30日，公司与其协商解除劳动合同。已知张某劳动合同解除前12个月的月平均工资为3 000元。公司应如何支付经济补偿？

【解析】从2019年7月1日至2023年4月30日，工作年限为3年10个月，按4年计算,公司应当支付的经济补偿为 3 000×4＝12 000(元)。

**(五) 劳动合同解除和终止的法律后果及双方义务**

(1) 劳动合同解除和终止后,用人单位和劳动者双方不再履行劳动合同,劳动关系消灭。劳动者应当按照双方约定,办理工作交接。

(2) 劳动合同解除或终止的,用人单位应当在解除或者终止劳动合同时出具解除或者终止劳动合同的证明,并在15日内为劳动者办理档案和社会保险关系转移手续。用人单位出具的解除、终止劳动合同的证明,应当写明劳动合同期限、解除或者终止劳动合同的日期、工作岗位、在本单位的工作年限。用人单位对已经解除或者终止的劳动合同的文本,至少保存2年备查。

用人单位未向劳动者出具解除或者终止劳动合同的书面证明,由劳动行政部门责令改正;给劳动者造成损害的,应当承担赔偿责任。

劳动者依法解除或者终止劳动合同,用人单位扣押劳动者档案或者其他物品的,由劳动行政部门责令限期退还劳动者本人,并以每人500元以上2 000元以下的标准处以罚款;给劳动者造成损害的,应当承担赔偿责任。

(3) 用人单位应当在解除或者终止劳动合同时向劳动者支付经济补偿的,在办结工作交接时支付。

解除或者终止劳动合同,用人单位未依照《劳动合同法》的规定向劳动者支付经济补偿的,由劳动行政部门责令限期支付经济补偿;逾期不支付的,责令用人单位按应付金额50%以上100%以下的标准向劳动者加付赔偿金。

(4) 用人单位违反规定解除或者终止劳动合同,劳动者要求继续履行劳动合同的,用人单位应当继续履行;劳动者不要求继续履行劳动合同或者劳动合同已经不能继续履行的,用人单位应当依照《劳动合同法》规定的经济补偿标准的2倍向劳动者支付赔偿金。用人单位支付了赔偿金的,不再支付经济补偿。赔偿金的计算年限自用工之日起计算。

(5) 劳动者违反《劳动合同法》规定解除劳动合同,给用人单位造成损失的,应当承担赔偿责任。

## 六、集体合同与劳务派遣

**(一) 集体合同**

1. 集体合同的概念和种类

(1) 集体合同的概念。集体合同是工会代表企业职工一方与企业签订的以劳动报酬、工作时间、休息休假、劳动安全卫生、保险福利等为主要内容的书面协议。尚未建立工会的用人单位,可以由上级工会指导劳动者推举的代表与用人单位订立集体合同。

(2) 专项集体合同。企业职工一方与用人单位可以订立劳动安全卫生、女职工权益保护、工资调整机制等专项集体合同。

(3) 行业性集体合同、区域性集体合同。在县级以下区域内,建筑业、采矿业、餐饮服务业等行业可以由工会与企业方面代表订立行业性集体合同,或者订立区域性集体合同。

2. 集体合同的订立

集体合同内容由用人单位和职工各自派出集体协商代表,通过集体协商(会议)的方式协商确定。集体协商双方的代表人数应当对等,每方至少3人,并各确定1名首席代表。

经双方协商代表协商一致的集体合同草案或专项集体合同草案应当提交职工代表大会或者全体职工讨论。职工代表大会或者全体职工讨论集体合同草案,应当有2/3以上职工代表或者职工出席,且须经全体职工代表半数以上或者全体职工半数以上同意,方获通过。集体合同草案或专项集体合同草案经职工代表大会或者职工大会通过后,由集体协商双方首席代表签字。

集体合同订立后,应当报送劳动行政部门;劳动行政部门自收到集体合同文本之日起15日内未提出异议的,集体合同即行生效。

集体合同中劳动报酬和劳动条件等标准不得低于当地人民政府规定的最低标准;用人单位与劳动者订立的劳动合同中劳动报酬和劳动条件等标准不得低于集体合同规定的标准。

依法订立的集体合同对用人单位和劳动者具有约束力。行业性、区域性集体合同对当地本行业、本区域的用人单位和劳动者具有约束力。

3. 集体合同纠纷和法律救济

用人单位违反集体合同,侵犯职工劳动权益的,工会可以依法要求用人单位承担责任;因履行集体合同发生争议,经协商解决不成的,工会可以依法申请仲裁、提起诉讼。

### (二)劳务派遣

1. 劳务派遣的概念和特征

劳务派遣,是指由劳务派遣单位与劳动者订立劳动合同,与用工单位订立劳务派遣协议,将被派遣劳动者派往用工单位给付劳务。劳动合同关系存在于劳务派遣单位与被派遣劳动者之间,但劳动力给付的事实则发生于被派遣员工与用工单位之间,也即劳动力的雇佣与劳动力使用分离,被派遣劳动者不与用工单位签订劳动合同、发生劳动关系,而是与派遣单位存在劳动关系。这是劳务派遣最显著的特征。

2. 劳务派遣的适用范围

劳动合同用工是我国的企业基本用工形式,劳务派遣用工是补充形式,只能在临时性、辅助性或者替代性的工作岗位上实施。临时性工作岗位是指存续时间不超过6个月的岗位;辅助性工作岗位是指为主营业务岗位提供服务的非主营业务岗位;替代性工作岗位是指用工单位的劳动者因脱产学习、休假等原因无法工作的一定期间内,可以由其他劳动者替代工作的岗位。

用工单位应当严格控制劳务派遣用工数量,使用的被派遣劳动者数量不得超过其用工总量的10%。该用工总量是指用工单位订立劳动合同人数与使用的被派遣劳动者人数之和。

用人单位不得设立劳务派遣单位向本单位或者所属单位派遣劳动者。用工单位不得将被派遣劳动者再派遣到其他用人单位。劳务派遣单位不得以非全日制用工形式招用被派遣劳动者。

3. 劳务派遣单位、用工单位与劳动者的权利和义务

劳务派遣单位是用人单位,应当履行用人单位对劳动者的义务。劳务派遣单位与被派遣劳动者订立的劳动合同,除应当载明劳动合同必备的条款外,还应当载明被派遣劳动者的用工单位以及派遣期限、工作岗位等情况。劳务派遣单位应当与被派遣劳动者订立2年以上的固定期限劳动合同,按月支付劳动报酬;被派遣劳动者在无工作期间,劳务派遣单位应当按照所在地人民政府规定的最低工资标准,向其按月支付报酬。

接受以劳务派遣形式用工的单位是用工单位。劳务派遣单位派遣劳动者应当与用工单位订立劳务派遣协议。劳务派遣协议应当约定派遣岗位和人员数量、派遣期限、劳动报酬和社会保险费的数额与支付方式以及违反协议的责任。用工单位应当根据工作岗位的实际需要与劳务派遣单位确定派遣期限,不得将连续用工期限分割订立数个短期劳务派遣协议。

劳务派遣单位应当将劳务派遣协议的内容告知被派遣劳动者,不得克扣用工单位按照劳务派遣协议支付给被派遣劳动者的劳动报酬。劳务派遣单位和用工单位不得向被派遣劳动者收取费用。

被派遣劳动者享有与用工单位的劳动者同工同酬的权利。用工单位应当按照同工同酬原则,对被派遣劳动者与本单位同类岗位的劳动者实行相同的劳动报酬分配办法。用工单位无同类岗位劳动者的,参照用工单位所在地相同或者相近岗位劳动者的劳动报酬确定。

被派遣劳动者有权在劳务派遣单位或者用工单位依法参加或者组织工会,维护自身的合法权益。

### 七、劳动争议的解决

#### (一)劳动争议及解决方法

1. 劳动争议的概念及适用范围

劳动争议,是指劳动关系当事人之间因实现劳动权利、履行劳动义务发生分歧而引起的争议,又称劳动纠纷、劳资争议。劳动争议具体包括:

(1)因确认劳动关系发生的争议。

(2)因订立、履行、变更、解除和终止劳动合同发生的争议。

(3)因除名、辞退和辞职、离职发生的争议。

(4)因工作时间、休息休假、社会保险、福利、培训以及劳动保护发生的争议。

(5)因劳动报酬、工伤医疗费、经济补偿或者赔偿金等发生的争议。

(6)法律、法规规定的其他劳动争议。

劳动者与用人单位之间发生的下列纠纷,属于劳动争议,当事人不服劳动争议仲裁机构作出的裁决,依法提起诉讼的,人民法院应予受理:

(1)劳动者与用人单位在履行劳动合同过程中发生的纠纷。

(2)劳动者与用人单位之间没有订立书面劳动合同,但已形成劳动关系后发生的纠纷。

(3)劳动者与用人单位因劳动关系是否已经解除或者终止,以及应否支付解除或者终止劳动关系经济补偿金发生的纠纷。

(4)劳动者与用人单位解除或者终止劳动关系后,请求用人单位返还其收取的劳动合同定金、保证金、抵押金、抵押物发生的纠纷,或者办理劳动者的人事档案、社会保险关系等移转手续发生的纠纷。

(5)劳动者以用人单位未为其办理社会保险手续,且社会保险经办机构不能补办导致其无法享受社会保险待遇为由,要求用人单位赔偿损失发生的纠纷。

(6)劳动者退休后,与尚未参加社会保险统筹的原用人单位因追索养老金、医疗费、工伤保险待遇和其他社会保险待遇而发生的纠纷。

(7)劳动者因为工伤、职业病,请求用人单位依法给予工伤保险待遇发生的纠纷。

(8)劳动者依据《劳动合同法》第八十五条规定,要求用人单位支付加付赔偿金发生的纠纷。

(9) 因企业自主进行改制发生的纠纷。

下列纠纷不属于劳动争议:

(1) 劳动者请求社会保险经办机构发放社会保险金的纠纷。

(2) 劳动者与用人单位因住房制度改革产生的公有住房转让纠纷。

(3) 劳动者对劳动能力鉴定委员会的伤残等级鉴定结论或者对职业病诊断鉴定委员会的职业病诊断鉴定结论的异议纠纷。

(4) 家庭或者个人与家政服务人员之间的纠纷。

(5) 个体工匠与帮工、学徒之间的纠纷。

(6) 农村承包经营户与受雇人之间的纠纷。

2. 劳动争议的解决原则和方法

1) 劳动争议解决的基本原则

解决劳动争议,应当根据事实,遵循合法、公正、及时、着重调解的原则,依法保护当事人的合法权益。

2) 劳动争议解决的基本方法

劳动争议解决的方法有协商、调解、仲裁和诉讼。发生劳动争议,劳动者可以与用人单位协商,也可以请工会或者第三方共同与用人单位协商,达成和解协议;当事人不愿协商、协商不成或者达成和解协议后不履行的,可以向调解组织申请调解;不愿调解、调解不成或者达成调解协议后不履行的,可以向劳动争议仲裁机构申请仲裁;对仲裁裁决不服,除《调解仲裁法》另有规定的以外,可以向人民法院提起诉讼。

劳动争议的调解,是指在劳动争议调解组织的主持下,在双方当事人自愿的基础上,通过宣传法律、法规、规章和政策,劝导当事人化解矛盾,自愿就争议事项达成协议,使劳动争议及时得到解决的一种活动。

劳动仲裁,是指劳动争议仲裁机构对劳动争议当事人争议的事项,根据劳动法律、法规、规章和政策等的规定,依法作出裁决,从而解决劳动争议的一项劳动法律制度。

劳动仲裁不同于一般经济纠纷的仲裁,除法律依据和适用范围不同外,还有以下几点区别:①申请程序不同。一般经济纠纷的仲裁,当事人必须在事先或事后达成仲裁协议,才能据此向仲裁机构提出仲裁申请;而劳动争议的仲裁,则不要求当事人达成仲裁协议,只要一方当事人提出申请,有关仲裁机构即可受理。②裁决的效力不同。一般经济纠纷的仲裁实行"一裁终局"制度,即仲裁裁决作出后,当事人就同一纠纷再申请仲裁或者向人民法院起诉的,仲裁委员会或者人民法院不予受理;而劳动争议仲裁,当事人对裁决不服的,除《调解仲裁法》规定的几类特殊劳动争议外,可以向人民法院起诉。因此,劳动争议的裁决一般不是终局的。

用人单位违反国家规定,拖欠或者未足额支付劳动报酬,或者拖欠工伤医疗费、经济补偿或者赔偿金的,劳动者可以向劳动行政部门投诉,劳动行政部门应当依法处理。

3) 举证责任

发生劳动争议,当事人对自己提出的主张,有责任提供证据。与争议事项有关的证据属于用人单位掌握管理的,用人单位应当提供;用人单位不提供的,应当承担不利后果。在法律没有具体规定,按照上述原则也无法确定举证责任承担时,仲裁庭可以根据公平原则和诚实信用原则,综合当事人举证能力等因素确定举证责任的承担。

**(二)劳动调解**

1. 劳动争议调解组织

可受理劳动争议的调解组织有:

(1)企业劳动争议调解委员会。企业劳动争议调解委员会由职工代表和企业代表组成。职工代表由工会成员担任或者由全体职工推举产生,企业代表由企业负责人指定。企业劳动争议调解委员会主任由工会成员或者双方推举的人员担任。

(2)依法设立的基层人民调解组织。

(3)在乡镇、街道设立的具有劳动争议调解职能的组织。

2. 劳动调解程序

(1)当事人申请劳动争议调解可以书面申请,也可以口头申请。口头申请的,调解组织应当当场记录申请人基本情况、申请调解的争议事项、理由和时间。

(2)调解劳动争议,应当充分听取双方当事人对事实和理由的陈述,耐心疏导,帮助其达成协议。

(3)经调解达成协议的,应当制作调解协议书。调解协议书由双方当事人签名或者盖章,经调解员签名并加盖调解组织印章后生效。调解协议书对双方当事人具有约束力,当事人应当履行。

自劳动争议调解组织收到调解申请之日起15日内未达成调解协议的,当事人可以依法申请仲裁。

(4)达成调解协议后,一方当事人在协议约定期限内不履行调解协议的,另一方当事人可以依法申请仲裁。因支付拖欠劳动报酬、工伤医疗费、经济补偿或者赔偿金事项达成调解协议,用人单位在协议约定期限内不履行的,劳动者可以持调解协议书依法向人民法院申请支付令。人民法院应当依法发出支付令。

**(三)劳动仲裁**

1. 劳动仲裁机构、劳动仲裁参加人和劳动仲裁管辖

1)劳动仲裁机构

劳动仲裁机构是劳动人事争议仲裁委员会(以下简称仲裁委员会)。仲裁委员会按照统筹规划、合理布局和适应实际需要的原则设立,不按行政区划层层设立。仲裁委员会下设实体化的办事机构,称为劳动人事争议仲裁院(以下简称仲裁院)。

劳动争议仲裁不收费。仲裁委员会的经费由财政予以保障。

2)劳动仲裁参加人

(1)当事人。发生劳动争议的劳动者和用人单位为劳动争议仲裁案件的双方当事人。

劳务派遣单位或者用工单位与劳动者发生劳动争议的,劳务派遣单位和用工单位为共同当事人。劳动者与个人承包经营者发生争议,依法向仲裁委员会申请仲裁的,应当将发包的组织和个人承包经营者作为共同当事人。

发生争议的用人单位未办理营业执照、被吊销营业执照、营业执照到期继续经营、被责令关闭、被撤销以及用人单位解散、歇业,不能承担相关责任的,应当将用人单位和其出资人、开办单位或者主管部门作为共同当事人。

(2) 当事人代表。发生争议的劳动者一方在 10 人以上,并有共同请求的,劳动者可以推举 3~5 名代表人参加仲裁活动。

因履行集体合同发生的劳动争议,经协商解决不成的,工会可以依法申请仲裁;尚未建立工会的,由上级工会指导劳动者推举产生的代表依法申请仲裁。

代表人参加仲裁的行为对其所代表的当事人发生效力,但代表人变更、放弃仲裁请求或者承认对方当事人的仲裁请求,进行和解,必须经被代表的当事人同意。

(3) 第三人。与劳动争议案件的处理结果有利害关系的第三人,可以申请参加仲裁活动或者由仲裁委员会通知其参加仲裁活动。

(4) 代理人。当事人可以委托代理人参加仲裁活动。委托他人参加仲裁活动,应当向仲裁委员会提交有委托人签名或者盖章的委托书,委托书应当载明委托事项和权限。

丧失或者部分丧失民事行为能力的劳动者,由其法定代理人代为参加仲裁活动;无法定代理人的,由仲裁委员会为其指定代理人。劳动者死亡的,由其近亲属或者代理人参加仲裁活动。

3) 劳动争议仲裁案件的管辖

仲裁委员会负责管辖本区域内发生的劳动争议。劳动争议由劳动合同履行地或者用人单位所在地的仲裁委员会管辖。双方当事人分别向劳动合同履行地和用人单位所在地的仲裁委员会申请仲裁的,由劳动合同履行地的仲裁委员会管辖。有多个劳动合同履行地的,由最先受理的仲裁委员会管辖。劳动合同履行地不明确的,由用人单位所在地的仲裁委员会管辖。案件受理后,劳动合同履行地或者用人单位所在地发生变化的,不改变争议仲裁的管辖。

2. 仲裁的时效、申请和受理

1) 仲裁时效

(1) 劳动争议申请仲裁的时效期间为 1 年。仲裁时效期间从当事人知道或者应当知道其权利被侵害之日起计算。劳动关系存续期间因拖欠劳动报酬发生争议的,劳动者申请仲裁不受 1 年仲裁时效期间的限制;但是,劳动关系终止的,应当自劳动关系终止之日起 1 年内提出。

(2) 仲裁时效的中断。劳动仲裁时效,因当事人一方向对方当事人主张权利(即一方当事人通过协商、申请调解等方式向对方当事人主张权利的);或者向有关部门请求权利救济(即一方当事人通过向有关部门投诉,向仲裁委员会申请仲裁,向人民法院起诉或者申请支付令等方式请求权利救济的);或者对方当事人同意履行义务而中断。从中断时起,仲裁时效期间重新计算。这里的中断时起,应理解为中断事由消除时起。如权利人申请调解的,经调解达不成协议的,应自调解不成之日起重新计算;如达成调解协议,自义务人应当履行义务的期限届满之日起计算。

(3) 仲裁时效的中止。因不可抗力或者有其他正当理由(无民事行为能力或者限制民事行为能力劳动者的法定代理人未确定等),当事人不能在仲裁时效期间申请仲裁的,仲裁时效中止。从中止时效的原因消除之日起,仲裁时效期间继续计算。

2) 仲裁申请

申请人申请仲裁应当提交书面仲裁申请,并按照被申请人人数提交副本。仲裁申请书应当载明下列事项:

(1) 劳动者的姓名、性别、出生日期、身份证号码、住所、通信地址和联系电话,用人单位的名称、住所、通信地址、联系电话和法定代表人或者主要负责人的姓名、职务。

(2) 仲裁请求和所根据的事实、理由。

(3) 证据和证据来源,证人姓名和住所。

书写仲裁申请确有困难的,可以口头申请,由仲裁委员会记入笔录,经申请人签名、盖章或者捺印确认。

3) 仲裁受理

仲裁委员会收到仲裁申请之日起5日内,认为符合受理条件的,应当予以受理,并向申请人出具受理通知书;认为不符合受理条件的,向申请人出具不予受理通知书。

对仲裁委员会逾期未作出决定或者决定不予受理的,申请人可以就该争议事项向人民法院提起诉讼。

仲裁委员会受理仲裁申请后,应当在5日内将仲裁申请书副本送达被申请人。被申请人收到仲裁申请书副本后,应当在10日内向仲裁委员会提交答辩书。仲裁委员会收到答辩书后,应当在5日内将答辩书副本送达申请人。被申请人未提交答辩书的,不影响仲裁程序的进行。

3. 仲裁的开庭程序和裁决

1) 仲裁基本制度

(1) 先行调解原则。仲裁庭在作出裁决前,应当先行调解。调解达成协议的,仲裁庭应当制作调解书。调解书经双方当事人签收后,发生法律效力。

(2) 仲裁公开原则及例外。劳动争议仲裁公开进行,但当事人协议不公开或者涉及商业秘密和个人隐私的,经相关当事人书面申请,仲裁委员会应当不公开审理。

(3) 仲裁庭制。仲裁委员会裁决劳动争议案件实行仲裁庭制。仲裁庭由3名仲裁员组成,设首席仲裁员。简单劳动争议案件可以由1名仲裁员独任仲裁。

(4) 回避制度。仲裁员有下列情形之一的,应当回避,当事人也有权以口头或者书面方式提出回避申请:①是本案当事人或者当事人、代理人的近亲属的。②与本案有利害关系的。③与本案当事人、代理人有其他关系,可能影响公正裁决的。④私自会见当事人、代理人,或者接受当事人、代理人请客送礼的。

2) 仲裁开庭程序

仲裁委员会应当在受理仲裁申请之日起5日内组成仲裁庭,并将仲裁庭的组成情况书面通知当事人。仲裁庭应当在开庭5日前,将开庭日期、地点书面通知双方当事人。当事人有正当理由的,可以在开庭3日前请求延期开庭。是否延期,由仲裁委员会根据实际情况决定。

申请人收到书面开庭通知,无正当理由拒不到庭或者未经仲裁庭同意中途退庭的,可以按撤回仲裁申请处理;申请人重新申请仲裁的,仲裁委员会不予受理。被申请人收到书面开庭通知,无正当理由拒不到庭或者未经仲裁庭同意中途退庭的,仲裁庭可以继续开庭审理,并缺席裁决。

开庭审理中,仲裁员应当听取申请人的陈述和被申请人的答辩,主持庭审调查、质证和辩论、征询当事人最后意见,并进行调解。

仲裁庭裁决劳动争议案件,应当自仲裁委员会受理仲裁申请之日起45日内结束。案情复杂需要延期的,经仲裁委员会主任批准,可以延期并书面通知当事人,但是延长期限不得超过 15 日。逾期未作出仲裁裁决的,当事人可以就该劳动争议事项向人民法院提起诉讼。

劳动争议仲裁中的"3 日""5 日""10 日"指工作日,"15 日""45 日"指自然日。

3）仲裁裁决

（1）裁决的规则。裁决应当按照多数仲裁员的意见作出,少数仲裁员的不同意见应当记入笔录。仲裁庭不能形成多数意见时,裁决应当按照首席仲裁员的意见作出。裁决书应当载明仲裁请求、争议事实、裁决理由、裁决结果、当事人权利和裁决日期。裁决书由仲裁员签名,加盖劳动争议仲裁委员会印章。对裁决持不同意见的仲裁员,可以签名,也可以不签名。

仲裁庭裁决劳动争议案件时,其中一部分事实已经清楚,可以就该部分先行裁决。

（2）一裁终局的案件。下列劳动争议,除《调解仲裁法》另有规定的外,仲裁裁决为终局裁决,裁决书自作出之日起发生法律效力：

第一,追索劳动报酬、工伤医疗费、经济补偿或者赔偿金,不超过当地月最低工资标准 12 个月金额的争议。如果仲裁裁决涉及数项,对单项裁决数额不超过当地月最低工资标准 12 个月金额的事项,应当适用终局裁决。

上述经济补偿包括《劳动合同法》规定的竞业限制期限内给予的经济补偿、解除或者终止劳动合同的经济补偿等；赔偿金包括《劳动合同法》规定的未签订书面劳动合同的第 2 倍工资、违法约定试用期的赔偿金、违法解除或者终止劳动合同的赔偿金等。

第二,因执行国家的劳动标准在工作时间、休息休假、社会保险等方面发生的争议。

仲裁庭裁决案件时,裁决内容同时涉及终局裁决和非终局裁决的,应当分别制作裁决书,并告知当事人相应的救济权利。

4）仲裁裁决的撤销

用人单位有证据证明上述一裁终局的裁决有下列情形之一的,可以自收到仲裁裁决书之日起 30 日内向仲裁委员会所在地的中级人民法院申请撤销裁决：

（1）适用法律、法规确有错误的。

（2）劳动争议仲裁委员会无管辖权的。

（3）违反法定程序的。

（4）裁决所根据的证据是伪造的。

（5）对方当事人隐瞒了足以影响公正裁决的证据的。

（6）仲裁员在仲裁该案时有索贿受贿、徇私舞弊、枉法裁决行为的。

人民法院经组成合议庭审查核实裁决有上述规定情形之一的,应当裁定撤销。

4．仲裁执行

（1）仲裁庭对追索劳动报酬、工伤医疗费、经济补偿或者赔偿金的案件,根据当事人的申请,可以裁决先予执行,移送人民法院执行。

仲裁庭裁决先予执行的,应当符合下列条件：①当事人之间权利义务关系明确。②不先予执行将严重影响申请人的生活。

劳动者申请先予执行的,可以不提供担保。

（2）当事人对发生法律效力的调解书、裁决书,应当依照规定的期限履行。一方当事人逾期不履行的,另一方当事人可以依照《民事诉讼法》的有关规定向人民法院申请执行。受理申请的人民法院应当依法执行。

(3) 当事人申请人民法院执行劳动争议仲裁机构作出的发生法律效力的裁决书、调解书,被申请人提出证据证明劳动争议仲裁裁决书、调解书有下列情形之一,并经审查核实的,人民法院可以裁定不予执行:①裁决的事项不属于劳动争议仲裁范围,或者劳动争议仲裁机构无权仲裁的。②适用法律、法规确有错误的。③违反法定程序的。④裁决所根据的证据是伪造的。⑤对方当事人隐瞒了足以影响公正裁决的证据的。⑥仲裁员在仲裁该案时有索贿受贿、徇私舞弊、枉法裁决行为的。⑦人民法院认定执行该劳动争议仲裁裁决违背社会公共利益的。人民法院在不予执行的裁定书中,应当告知当事人在收到裁定书之次日起30日内,可以就该劳动争议事项向人民法院提起诉讼。

（四）劳动诉讼

1. 劳动诉讼的提起

(1) 对仲裁委员会不予受理或者逾期未作出决定的,申请人可以就该劳动争议事项向人民法院提起诉讼。

(2) 劳动者对劳动争议的终局裁决不服的,可以自收到仲裁裁决书之日起15日内向人民法院提起诉讼。

(3) 当事人对终局裁决情形之外的其他劳动争议案件的仲裁裁决不服的,可以自收到仲裁裁决书之日起15日内提起诉讼。

(4) 终局裁决被人民法院裁定撤销的,当事人可以自收到裁定书之日起15日内就该劳动争议事项向人民法院提起诉讼。

2. 劳动诉讼程序

劳动诉讼依照《民事诉讼法》的规定执行。

【例3-11】 劳动者因用人单位拖欠劳动报酬发生劳动争议申请仲裁的,应当在仲裁时效期间内提出。下列关于仲裁时效期间的表述中,正确的有(　　)。

A. 从用人单位拖欠劳动报酬之日起1年
B. 从用人单位拖欠劳动报酬之日起2年
C. 劳动关系存续期间无仲裁时效期间限制
D. 劳动关系终止的自劳动关系终止之日起1年

【解析】 答案为CD。仲裁时效期间从当事人知道或者应当知道其权利被侵害之日起计算。劳动争议申请仲裁的时效期间为1年。劳动关系存续期间因拖欠劳动报酬发生争议的,劳动者申请仲裁不受1年仲裁时效期间的限制;但是,劳动关系终止的,应当自劳动关系终止之日起1年内提出。

## 八、违反劳动合同法律制度的法律责任

### （一）用人单位违反《劳动合同法》的法律责任

1. 用人单位规章制度违反法律规定的法律责任

(1) 用人单位直接涉及劳动者切身利益的规章制度违反法律、法规规定的,由劳动行政部门责令改正,给予警告;给劳动者造成损害的,应当承担赔偿责任。

(2) 用人单位违反《劳动合同法》有关建立职工名册规定的,由劳动行政部门责令限期改正;逾期不改正的,由劳动行政部门处2 000元以上20 000元以下的罚款。

2. 用人单位订立劳动合同违反法律规定的法律责任

(1) 用人单位提供的劳动合同文本未载明劳动合同必备条款或者用人单位未将劳动合同文本交付劳动者的,由劳动行政部门责令改正;给劳动者造成损害的,应当承担赔偿责任。

(2) 用人单位自用工之日起超过1个月不满1年未与劳动者订立书面劳动合同的,应当向劳动者每月支付2倍的工资。

(3) 用人单位违反《劳动合同法》规定不与劳动者订立无固定期限劳动合同的,自应当订立无固定期限劳动合同之日起向劳动者每月支付2倍的工资。

(4) 用人单位违反《劳动合同法》规定与劳动者约定试用期的,由劳动行政部门责令改正;违法约定的试用期已经履行的,由用人单位以劳动者试用期满月工资为标准,按已经履行的超过法定试用期的期间向劳动者支付赔偿金。

(5) 用人单位违反《劳动合同法》规定,扣押劳动者居民身份证等证件的,由劳动行政部门责令限期退还劳动者本人,并依照有关法律规定给予处罚。

(6) 用人单位违反《劳动合同法》规定,以担保或者其他名义向劳动者收取财物的,由劳动行政部门责令限期退还劳动者本人,并以每人500元以上2 000元以下的标准处以罚款;给劳动者造成损害的,应当承担赔偿责任。

(7) 劳动合同依照法律规定被确认无效,给劳动者造成损害的,用人单位应当承担赔偿责任。

3. 用人单位履行劳动合同违反法律规定的法律责任

(1) 用人单位有下列情形之一的,依法给予行政处罚;构成犯罪的,依法追究刑事责任;给劳动者造成损害的,应当承担赔偿责任:①以暴力、威胁或者非法限制人身自由的手段强迫劳动的。②违章指挥或者强令冒险作业危及劳动者人身安全的。③侮辱、体罚、殴打、非法搜查或者拘禁劳动者的。④劳动条件恶劣、环境污染严重,给劳动者身心健康造成严重损害的。

(2) 用人单位有下列情形之一的,由劳动行政部门责令限期支付劳动报酬、加班费;劳动报酬低于当地最低工资标准的,应当支付其差额部分;逾期不支付的,责令用人单位按应付金额50%以上100%以下的标准向劳动者加付赔偿金:①未按照劳动合同的约定或者国家规定及时足额支付劳动者劳动报酬的。②低于当地最低工资标准支付劳动者工资的。③安排加班不支付加班费的。

(3) 用人单位依照《劳动合同法》规定应当向劳动者每月支付2倍的工资或者应当向劳动者支付赔偿金而未支付的,劳动行政部门应当责令用人单位支付。

4. 用人单位违反法律规定解除和终止劳动合同的法律责任

(1) 用人单位违反《劳动合同法》规定解除或者终止劳动合同的,应当依照《劳动合同法》规定的经济补偿标准的2倍向劳动者支付赔偿金。

(2) 用人单位解除或者终止劳动合同,未依照《劳动合同法》规定向劳动者支付经济补偿的,由劳动行政部门责令限期支付经济补偿;逾期不支付的,责令用人单位按应付金额50%以上100%以下的标准向劳动者加付赔偿金。

(3) 用人单位违反《劳动合同法》规定未向劳动者出具解除或者终止劳动合同的书面证明,由劳动行政部门责令改正;给劳动者造成损害的,应当承担赔偿责任。

（4）劳动者依法解除或者终止劳动合同，用人单位扣押劳动者档案或者其他物品的，由劳动行政部门责令限期退还劳动者本人，并以每人500元以上2000元以下的标准处以罚款；给劳动者造成损害的，应当承担赔偿责任。

5. 其他法律责任

（1）用人单位招用与其他用人单位尚未解除或者终止劳动合同的劳动者，给其他用人单位造成损失的，应当承担连带赔偿责任。

（2）劳务派遣单位、用工单位违反《劳动合同法》有关劳务派遣规定的，由劳动行政部门责令限期改正；逾期不改正的，以每人5000元以上10000元以下的标准处以罚款，对劳务派遣单位，吊销其劳务派遣业务经营许可证。用工单位给被派遣劳动者造成损害的，劳务派遣单位与用工单位承担连带赔偿责任。

（3）对不具备合法经营资格的用人单位的违法犯罪行为，依法追究法律责任；劳动者已经付出劳动的，该单位或者其出资人应当依照《劳动合同法》的有关规定向劳动者支付劳动报酬、经济补偿、赔偿金；给劳动者造成损害的，应当承担赔偿责任。

（4）个人承包经营违反《劳动合同法》规定招用劳动者，给劳动者造成损害的，发包的组织与个人承包经营者承担连带赔偿责任。

**（二）劳动者违反劳动合同法律制度的法律责任**

（1）劳动合同被确认无效，给用人单位造成损失的，有过错的劳动者应当承担赔偿责任。

（2）劳动者违反《劳动合同法》规定解除劳动合同，给用人单位造成损失的，应当承担赔偿责任。

（3）劳动者违反劳动合同中约定的保密义务或者竞业限制，劳动者应当按照劳动合同的约定，向用人单位支付违约金。给用人单位造成损失的，应当承担赔偿责任。

（4）劳动者违反培训协议，未满服务期解除或者终止劳动合同的，或者因劳动者严重违纪，用人单位与劳动者解除约定服务期的劳动合同的，劳动者应当按照劳动合同的约定，向用人单位支付违约金。

【例3-12】 某单位员工钱某医疗期满后，不能从事原来的工作。单位为其重新安排了工作，但钱某仍不能适应新的岗位。单位决定额外支付给钱某1个月的工资以解除与钱某的劳动合同。但在办理工作交接时没有给予钱某经济补偿。分析用人单位的做法是否符合法律规定，应承担何种法律责任。

【解析】 根据《劳动合同法》规定，劳动者患病或者非因工负伤，在规定的医疗期满后不能从事原工作，也不能从事由用人单位另行安排的工作的，用人单位提前30日以书面形式通知劳动者本人或者额外支付劳动者1个月工资后，可以解除劳动合同。用人单位解除或者终止劳动合同，未依照《劳动合同法》规定向劳动者支付经济补偿的，由劳动行政部门责令限期支付经济补偿；逾期不支付的，责令用人单位按应付金额50%以上100%以下的标准向劳动者加付赔偿金。本例中，用人单位以额外支付1个月工资作为解除合同的条件而即时解除合同是可以的，但用人单位没有在解除劳动合同的同时支付经济补偿，属于延迟支付，应当由劳动行政部门责令限期支付，否则应按经济补偿金额50%以上100%以下的标准向钱某加付赔偿金。

## 第二节 社会保险法律制度

### 一、社会保险概述

社会保险,是指国家依法建立的,由国家、用人单位和个人共同筹集资金、建立基金,使个人在年老(退休)、患病、工伤(因工伤残或者患职业病)、失业、生育等情况下获得物质帮助和补偿的一种社会保障制度。这种保障是依靠国家立法强制实行的社会化保险。社会化保险,一是指资金来源的社会化,社会保险基金中既有用人单位和个人缴纳的保险费,也有国家财政给予的补助;二是指管理的社会化,国家设置专门机构,实行统一规划和管理,统一承担保险金的发放等。

《劳动法》规定,国家发展社会保险,建立社会保险制度,设立社会保险基金。2010年10月28日第十一届全国人民代表大会常务委员会第十七次会议审议通过、2018年12月29日第十三届全国人民代表大会常务委员会第七次会议修正的《中华人民共和国社会保险法》(以下简称《社会保险法》),2023年7月21日国务院令第765号发布的《社会保险经办条例》,1999年1月22日国务院令第258号发布的《失业保险条例》,2003年4月27日国务院令第375号发布、2010年12月20日修订的《工伤保险条例》,2011年6月29日人力资源和社会保障部令第13号发布的《实施〈中华人民共和国社会保险法〉若干规定》等法律、法规和规定,构成了我国社会保险法律制度的主要内容。

目前我国的社会保险项目主要有基本养老保险、基本医疗保险、工伤保险、失业保险和生育保险。2019年3月6日,国务院办公厅印发了《关于全面推进生育保险和职工基本医疗保险合并实施的意见》,全面推进两项保险合并实施。

### 二、基本养老保险

#### (一)基本养老保险制度的概念

基本养老保险制度,是指缴费达到法定期限并且个人达到法定退休年龄后,国家和社会提供物质帮助以保证因年老而退出劳动领域者稳定、可靠的生活来源的社会保险制度。基本养老保险是社会保险体系中最重要、实施最广泛的一项制度。

#### (二)基本养老保险的覆盖范围

1. 基本养老保险制度组成

根据《社会保险法》的规定,基本养老保险制度由三个部分组成:职工基本养老保险制度、新型农村社会养老保险制度(以下简称新农保)、城镇居民社会养老保险制度(以下简称城居保)。省、自治区、直辖市人民政府根据实际情况,可以将城镇居民社会养老保险和新型农村社会养老保险合并实施。国务院于2014年2月26日发布了《关于建立统一的城乡居民基本养老保险制度的意见》(国发〔2014〕8号),决定将新农保和城居保两项制度合并实施,在全国范围内建立统一的城乡居民基本养老保险制度。年满16周岁(不含在校学生),非国家机关和事业单位工作人员及不属于职工基本养老保险制度覆盖范围的城乡居民,可以在户籍地参加城乡居民养老保险。本章除特别说明外,基本养老保险均指职工基本养老保险。

2. 职工基本养老保险

职工基本养老保险费的征缴范围：国有企业、城镇集体企业、外商投资企业、城镇私营企业和其他城镇企业及其职工，实行企业化管理的事业单位及其职工。这是基本养老保险的主体部分。基本养老保险费由用人单位和职工共同缴纳。

无雇工的个体工商户、未在用人单位参加基本养老保险的非全日制从业人员以及其他灵活就业人员可以参加基本养老保险，由个人缴纳基本养老保险费。

公务员和参照公务员管理的工作人员养老保险的办法由国务院规定。国务院于2015年1月14日发布了《关于机关事业单位工作人员养老保险制度改革的决定》（国发〔2015〕2号），改革现行机关事业单位工作人员退休保障制度，逐步建立独立于机关事业单位之外、资金来源多渠道、保障方式多层次、管理服务社会化的养老保险体系。对于按照《公务员法》管理的单位、参照《公务员法》管理的机关（单位）、事业单位及其编制内的工作人员，实行社会统筹与个人账户相结合的基本养老保险制度。

（三）职工基本养老保险基金的组成和来源

基本养老保险基金由用人单位和个人缴费以及政府补贴等组成。基本养老保险实行社会统筹与个人账户相结合。基本养老金由统筹养老金和个人账户养老金组成。

养老保险社会统筹，是指统收养老保险缴费和统支养老金，确保收支平衡的公共财务系统。用人单位应当按照国家规定的本单位职工工资总额的比例缴纳基本养老保险费，记入基本养老保险统筹基金。职工按照国家规定的本人工资的比例缴纳基本养老保险费，记入个人账户。基本养老保险基金出现支付不足时，政府给予补贴。

无雇工的个体工商户、未在用人单位参加基本养老保险的非全日制从业人员以及其他灵活就业人员参加基本养老保险的，应当按照国家规定缴纳基本养老保险费，分别记入基本养老保险统筹基金和个人账户。

个人账户不得提前支取，记账利率不得低于银行定期存款利率，免征利息税。参加职工基本养老保险的个人死亡后，其个人账户中的余额可以全部依法继承。

个人跨统筹地区就业的，其基本养老保险关系随本人转移，缴费年限累计计算。个人达到法定退休年龄时，基本养老金分段计算、统一支付。

（四）职工基本养老保险费的缴纳

1. 单位缴费

按照现行政策，自2019年5月1日起，降低城镇职工基本养老保险（包括企业和机关事业单位基本养老保险）单位缴费比例。各省、自治区、直辖市及新疆生产建设兵团养老保险单位缴费比例高于16%的，可降至16%；目前低于16%的，要研究提出过渡办法。

2. 个人缴费

按照现行政策，职工个人按照本人缴费工资的8%缴费，记入个人账户。缴费工资又称缴费工资基数，一般为职工本人上一年度月平均工资（有条件的地区也可以本人上月工资收入为个人缴费工资基数）。月平均工资按照国家统计局规定列入工资总额统计的项目计算，包括工资、奖金、津贴、补贴等收入，不包括用人单位承担或者支付给员工的社会保险费、劳动保护费、福利费、用人单位与员工解除劳动关系时支付的一次性补偿以及计划生育费用等其他不属于工资的费用。新招职工（包括研究生、大学生、大中专毕业生等）以起薪当月工资收入作为缴费工资基数；从第二年起，按上一年实发工资的月平均工资作为缴费工资基

数,即:

$$个人养老账户月存储额 = 本人月缴费工资 \times 8\%$$

本人月平均工资低于当地职工月平均工资60%的,按当地职工月平均工资的60%作为缴费基数。本人月平均工资高于当地职工月平均工资300%的,按当地职工月平均工资的300%作为缴费基数,超过部分不计入缴费工资基数,也不计入计发养老金的基数。各省应以本省城镇非私营单位就业人员平均工资和城镇私营单位就业人员平均工资加权计算的全口径城镇单位就业人员平均工资,核定社保个人缴费基数上下限。

个人缴费不计征个人所得税,在计算个人所得税的应税收入时,应当扣除个人缴纳的养老保险费。

城镇个体工商户和灵活就业人员按照上述口径计算的本地全口径城镇单位就业人员平均工资核定社保个人缴费基数上下限,允许缴费人在60%至300%之间选择适当的缴费基数。缴费比例为20%,其中8%记入个人账户。

【例3-13】 某企业职工张某的月工资为9 000元,上年度月平均工资为8 000元。当地职工上年度月平均工资为2 400元。计算该职工每月应缴纳的基本养老保险费。

【解析】 当地职工月平均工资的3倍为7 200元(2 400×3)。

张某个人每月应缴纳的基本养老保险费数额=7 200×8%=576(元)。

【例3-14】 甲公司职工王某2022年度从公司取得的总收入为110 000元,其中工资、奖金共计102 000元,甲公司支付给王某的福利费为8 000元。已知2023年度当地职工月平均工资为2 500元。计算王某个人2023年度每月应缴纳的基本养老保险费。

【解析】 王某2022年度的月平均工资=(110 000-8 000)÷12=8 500(元),高于当地职工月平均工资的300%(即2 500×3=7 500元),应按照当地职工月平均工资的300%作为王某缴纳基本养老保险费的缴费工资基数,因此王某个人2023年度每月应缴纳的基本养老保险费金额=7 500×8%=600(元)。

**(五)职工基本养老保险享受条件与待遇**

1. 职工基本养老保险享受条件

(1)达到法定退休年龄。目前国家实行的法定的企业职工退休年龄是:男年满60周岁,女工人年满50周岁,女干部年满55周岁;从事井下、高温、高空、特别繁重体力劳动或其他有害身体健康工作的,退休年龄为男年满55周岁,女年满45周岁;因病或非因工致残,由医院证明并经劳动鉴定委员会确认完全丧失劳动能力的,退休年龄为男年满50周岁,女年满45周岁。

(2)累计缴费满15年。参加职工基本养老保险的个人,达到法定退休年龄时累计缴费满15年的,按月领取基本养老金。

2. 职工基本养老保险待遇

(1)职工基本养老金。对符合基本养老保险享受条件的人员,国家按月支付基本养老金。

(2)丧葬补助金和遗属抚恤金。参加基本养老保险的个人,因病或者非因工死亡的,其遗属可以领取丧葬补助金和抚恤金,所需资金从基本养老保险基金中支付。

但如果个人死亡同时符合领取基本养老保险丧葬补助金、工伤保险丧葬补助金和失业保险丧葬补助金条件的,其遗属只能选择领取其中的一项。

(3)病残津贴。参加基本养老保险的个人,在未达到法定退休年龄时因病或者非因工致残完全丧失劳动能力的,可以领取病残津贴,所需资金从基本养老保险基金中支付。

### 三、基本医疗保险

#### (一)基本医疗保险制度的概念

基本医疗保险制度,是指按照国家规定缴纳一定比例的医疗保险费,参保人因患病和意外伤害而就医诊疗,由医疗保险基金支付其一定医疗费用的社会保险制度。

#### (二)基本医疗保险的覆盖范围

1. 职工基本医疗保险

职工应当参加职工基本医疗保险,由用人单位和职工按照国家规定共同缴纳基本医疗保险费。职工基本医疗保险费的征缴范围:国有企业、城镇集体企业、外商投资企业、城镇私营企业和其他城镇企业及其职工,国家机关及其工作人员,事业单位及其职工,民办非企业单位及其职工,社会团体及其专职人员。

无雇工的个体工商户、未在用人单位参加基本医疗保险的非全日制从业人员以及其他灵活就业人员可以参加职工基本医疗保险,由个人按照国家规定缴纳基本医疗保险费。

2. 城乡居民基本医疗保险

国务院于2016年1月3日印发了《关于整合城乡居民基本医疗保险制度的意见》,规定:整合城镇居民基本医疗保险和新型农村合作医疗两项制度,建立统一的城乡居民基本医疗保险制度。城乡居民基本医疗保险制度覆盖范围包括现有城镇居民基本医疗保险制度和新型农村合作医疗所有应参保(合)人员,即覆盖除职工基本医疗保险应参保人员以外的其他所有城乡居民,统一保障待遇。

#### (三)全面推进生育保险和职工基本医疗保险合并实施

根据国务院办公厅2019年3月6日印发的《关于全面推进生育保险和职工基本医疗保险合并实施的意见》,推进两项保险合并实施,统一参保登记,即参加职工基本医疗保险的在职职工同步参加生育保险。统一基金征缴和管理,生育保险基金并入职工基本医疗保险基金,按照用人单位参加生育保险和职工基本医疗保险的缴费比例之和确定新的用人单位职工基本医疗保险费率,个人不缴纳生育保险费。两项保险合并实施后实行统一定点医疗服务管理,统一经办和信息服务。确保职工生育期间的生育保险待遇不变。

#### (四)职工基本医疗保险费的缴纳

基本医疗保险与基本养老保险一样采用"统账结合"模式,即分别设立社会统筹基金和个人账户基金,基本医疗保险基金由统筹基金和个人账户构成。

1. 单位缴费

由统筹地区统一确定适合当地经济发展水平的基本医疗保险单位缴费率,一般为职工工资总额的6%左右。用人单位缴纳的基本医疗保险费分为两部分,一部分用于建立统筹基金,另一部分划入个人账户。

2. 基本医疗保险个人账户的资金来源

(1) 个人缴费部分。由统筹地区统一确定适合当地职工负担水平的基本医疗保险个人缴费率,一般为本人工资收入的 2%。

(2) 用人单位缴费的划入部分。由统筹地区根据个人医疗账户的支付范围和职工年龄等因素确定用人单位所缴医疗保险费划入个人医疗账户的具体比例,一般为 30% 左右。

【例 3-15】 某企业职工王某的月缴费工资为 5 000 元。计算王某个人医疗保险账户每月的储存额。已知当地规定的基本医疗保险单位缴费率为 6%,个人缴费率为 2%,单位缴费划入个人医疗保险账户的比例为 30%。

【解析】 王某每月从工资中扣除 100 元(5 000×2%)存入医疗保险个人账户。单位每月缴费中转入王某个人账户金额=5 000×6%×30%=90(元)。

王某个人医疗保险账户每月的储存额=100+90=190(元)。

3. 基本医疗保险关系转移接续制度

个人跨统筹地区就业的,其基本医疗保险关系随本人转移,缴费年限累计计算。

4. 退休人员基本医疗保险费的缴纳

参加职工基本医疗保险的个人,达到法定退休年龄时累计缴费达到国家规定年限的,退休后不再缴纳基本医疗保险费,按照国家规定享受基本医疗保险待遇;未达到国家规定缴费年限的,可以缴费至国家规定年限。目前对最低缴费年限没有全国统一的规定,由各统筹地区根据本地情况确定。

(五) 职工基本医疗费用的结算

参保人员符合基本医疗保险药品目录、诊疗项目、医疗服务设施标准以及急诊、抢救的医疗费用,按照国家规定从基本医疗保险基金中支付。参保人员医疗费用中应当由基本医疗保险基金支付的部分,由社会保险经办机构与医疗机构、药品经营单位直接结算。目前各地对职工基本医疗保险费用结算的方式并不一致。要享受基本医疗保险待遇一般要符合以下条件:①参保人员必须到基本医疗保险的定点医疗机构就医、购药或到定点零售药店购买药品。②参保人员在看病就医过程中所发生的医疗费用必须符合基本医疗保险药品目录、诊疗项目、医疗服务设施标准的范围和给付标准。

参保人员符合基本医疗保险支付范围的医疗费用中,在社会医疗统筹基金起付标准以上与最高支付限额以下的费用部分,由社会医疗统筹基金按一定比例支付。

起付标准又称起付线,一般为当地职工年平均工资的 10% 左右。最高支付限额又称封顶线,一般为当地职工年平均工资的 6 倍左右。支付比例一般为 90%。

参保人员符合基本医疗保险支付范围的医疗费用中,在社会医疗统筹基金起付标准以下的费用部分,由个人账户资金支付或个人自付;统筹基金起付线以上至封顶线以下的费用部分,个人也要承担一定比例的费用,一般为 10%,可由个人账户支付也可自付。参保人员在封顶线以上的医疗费用部分,可以通过单位补充医疗保险或参加商业保险等途径解决。

(六) 基本医疗保险基金不支付的医疗费用

下列医疗费用不纳入基本医疗保险基金支付范围:①应当从工伤保险基金中支付的。②应当由第三人负担的。③应当由公共卫生负担的。④在境外就医的。

医疗费用应当由第三人负担,第三人不支付或者无法确定第三人的,由基本医疗保险基金先行支付。基本医疗保险基金先行支付后,有权向第三人追偿。

**【例3-16】** 某企业职工吴某在定点医院做外科手术,共发生医疗费用180 000元,其中在规定医疗目录内的费用为150 000元,目录以外费用为30 000元。已知:当地职工平均工资为2 000元/月,起付标准为当地职工年平均工资的10%,最高支付限额为当地职工年平均工资的6倍,报销比例为90%。分析计算哪些费用可以从统筹账户中报销,哪些费用需由吴某自理。

**【解析】** 医疗报销起付标准(起付线)为2 000×12×10%＝2 400(元);

最高支付限额(封顶线)为2 000×12×6＝144 000(元);

即吴某医疗费用中在2 400元以上、144 000元以下部分可以从统筹账户予以报销。

报销比例为90%。吴某可以报销的费用为(144 000－2 400)×90%＝127 440(元)。

本人负担180 000－127 440＝52 560(元);

其中,起付线以下部分为2 400(元);

起付线以上封顶线以下自费部分为(144 000－2 400)×10%＝14 160(元);

目录内封顶线以上部分为150 000－144 000＝6 000(元);

目录外部分为30 000(元)。

### (七) 医疗期

医疗期,是指企业职工因患病或非因工负伤停止工作,治病休息,但不得解除劳动合同的期限。

1. 医疗期的限定

企业职工因患病或非因工负伤,需要停止工作,进行医疗时,根据本人实际参加工作年限和在本单位工作年限,给予3个月到24个月的医疗期。

(1) 实际工作年限10年以下的,在本单位工作年限5年以下的为3个月;5年以上的为6个月。

(2) 实际工作年限10年以上的,在本单位工作年限5年以下的为6个月;5年以上10年以下的为9个月;10年以上15年以下的为12个月;15年以上20年以下的为18个月;20年以上的为24个月。

2. 医疗期的计算方法

医疗期的计算从病休第1天开始,累计计算。医疗期3个月的按6个月内累计病休时间计算;6个月的按12个月内累计病休时间计算;9个月的按15个月内累计病休时间计算;12个月的按18个月内累计病休时间计算;18个月的按24个月内累计病休时间计算;24个月的按30个月内累计病休时间计算,即医疗期的计算从病休第一天开始,累计计算。例如,1名应享受3个月医疗期的职工,如果从2008年3月15日起第一次病休,则该职工医疗期应在3月15日至9月14日6个月内的时间段确定。假设到7月20日,该职工已累计病休3个月,即视为医疗期满。若该职工在7月21日至9月14日之间再次病休,就无法享受医疗期待遇。

病休期间,公休、假日和法定节日包括在内。对某些患特殊疾病(如癌症、精神病、瘫痪等)的职工,在24个月内尚不能痊愈的,经企业和劳动主管部门批准,可以适当延长医疗期。

主要医疗期期间及其对应计算方法如表 3-1 所示。

表 3-1　　　　　　　　　主要医疗期期间及其对应计算方法

| 实际工作年限 | 本单位工作年限 | 主要的医疗期期间 | 累计病休期间 |
| --- | --- | --- | --- |
| <10 年 | Y<5 年 | 3 个月 | 6 个月 |
|  | 5 年≤Y<10 年 | 6 个月 | 12 个月 |
| >10 年 | Y<5 年 | 6 个月 | 12 个月 |
|  | 5 年≤Y<10 年 | 9 个月 | 15 个月 |
|  | 10 年≤Y<15 年 | 12 个月 | 18 个月 |
|  | 15 年≤Y<20 年 | 18 个月 | 24 个月 |
|  | ≥20 年 | 24 个月 | 30 个月 |

3. 医疗期内的待遇

企业职工在医疗期内,其病假工资、疾病救济费和医疗待遇按照有关规定执行。病假工资或疾病救济费可以低于当地最低工资标准支付,但最低不能低于最低工资标准的 80%。医疗期内,除劳动者有以下情形外,用人单位不得解除或终止劳动合同:①在试用期间被证明不符合录用条件的。②严重违反用人单位的规章制度的。③严重失职,营私舞弊,给用人单位造成重大损害的。④劳动者同时与其他用人单位建立劳动关系,对完成本单位的工作任务造成严重影响,或者经用人单位提出,拒不改正的。⑤以欺诈、胁迫的手段或者乘人之危,使用人单位在违背真实意思的情况下订立或者变更劳动合同致使劳动合同无效的;⑥被依法追究刑事责任的。如医疗期内遇合同期满,则合同必须续延至医疗期满,职工在此期间仍然享受医疗期内待遇。对医疗期满尚未痊愈者,或者医疗期满后,不能从事原工作,也不能从事用人单位另行安排的工作,被解除劳动合同的,用人单位需按经济补偿规定给予其经济补偿。

【例 3-17】　2020 年 7 月 1 日,王某大学毕业后到某企业工作,双方签订为期 3 年的劳动合同。2023 年 5 月 20 日,王某患病住院。王某住院期间,用人单位停发王某全部工资,并以不能适应工作为由,解除与王某的劳动合同。该单位的做法是否符合法律规定?王某应享有的权益有哪些?

【解析】　根据《劳动合同法》的规定,劳动者患病或者非因工负伤,在规定的医疗期内,用人单位不得解除劳动合同,并且应给予医疗待遇。若医疗期内劳动合同期满,则劳动合同应续延至医疗期满。因此,用人单位在王某患病住院依规定应享有的医疗期内,解除与王某的劳动合同,不符合法律规定。王某可以要求该单位继续履行合同,补发其病假工资。

## 四、工伤保险

### (一) 工伤保险制度的概念

工伤保险制度,是指劳动者在职业工作中或规定的特殊情况下遭遇意外伤害或职业病,导致暂时或永久丧失劳动能力以及死亡时,劳动者或其遗属能够从国家和社会获得物质帮助的社会保险制度。

### (二) 工伤保险费的缴纳和工伤保险基金

职工应当参加工伤保险,由用人单位缴纳工伤保险费,职工不缴纳工伤保险费。

中华人民共和国境内的企业、事业单位、社会团体、民办非企业单位、基金会、律师事务所、会计师事务所等组织和有雇工的个体工商户(以下简称用人单位)应当依照《工伤保险条例》的规定参加工伤保险,为本单位全部职工或者雇工(以下简称职工)缴纳工伤保险费。中华人民共和国境内的企业、事业单位、社会团体、民办非企业单位、基金会、律师事务所、会计师事务所等组织的职工和个体工商户的雇工,均有依照规定享受工伤保险待遇的权利。

用人单位应当按照本单位职工工资总额,根据社会保险经办机构确定的费率按时足额缴纳工伤保险费。用人单位缴纳工伤保险费的数额为本单位职工工资总额乘以单位缴费费率之积。工资总额,是指用人单位直接支付给本单位全部职工的劳动报酬总额。

对难以按照工资总额缴纳工伤保险费的行业,其缴纳工伤保险费的具体方式,由国务院社会保险行政部门规定。

**(三)工伤认定与劳动能力鉴定**

1. 工伤认定

1)应当认定工伤的情形

职工有下列情形之一的,应当认定为工伤:①在工作时间和工作场所内,因工作原因受到事故伤害的。②工作时间前后在工作场所内,从事与工作有关的预备性或收尾性工作受到事故伤害的。③在工作时间和工作场所内,因履行工作职责受到暴力等意外伤害的。④患职业病的。⑤因工外出期间,由于工作原因受到伤害或者发生事故下落不明的。⑥在上下班途中,受到非本人主要责任的交通事故或者城市轨道交通、客运轮渡、火车事故伤害的。⑦法律、行政法规规定应当认定为工伤的其他情形。

2)视同工伤的情形

职工有下列情形之一的,视同工伤:①在工作时间和工作岗位,突发疾病死亡或者在48小时内经抢救无效死亡的。②在抢险救灾等维护国家利益、公共利益活动中受到伤害的。③原在军队服役,因战、因公负伤致残,已取得革命伤残军人证,到用人单位后旧伤复发的。

3)不认定为工伤的情形

职工因下列情形之一导致本人在工作中伤亡的,不认定为工伤:①故意犯罪。②醉酒或者吸毒。③自残或者自杀。

2. 劳动能力鉴定

职工发生工伤,经治疗伤情相对稳定后存在残疾、影响劳动能力的,应当进行劳动能力鉴定。劳动能力鉴定是指劳动功能障碍程度和生活自理障碍程度的等级鉴定。

劳动功能障碍分为10个伤残等级,最重的为一级,最轻的为十级。生活自理障碍分为3个等级:生活完全不能自理、生活大部分不能自理和生活部分不能自理。劳动能力鉴定标准由国务院社会保险行政部门会同国务院卫生行政部门等部门制定。

自劳动能力鉴定结论作出之日起1年后,工伤职工或者其近亲属、所在单位或者经办机构认为伤残情况发生变化的,可以申请劳动能力复查鉴定。

**(四)工伤保险待遇**

职工因工作原因受到事故伤害或者患职业病,且经工伤认定的,享受工伤保险待遇;其中,经劳动能力鉴定丧失劳动能力的,享受伤残待遇。

1. 工伤医疗待遇

职工因工作遭受事故伤害或者患职业病进行治疗,享受工伤医疗待遇。

(1) 治疗工伤的医疗费用(诊疗费、药费、住院费)。职工治疗工伤应当在签订服务协议的医疗机构就医,情况紧急时可以先到就近的医疗机构急救。治疗工伤所需费用符合工伤保险诊疗项目目录、工伤保险药品目录、工伤保险住院服务标准的,从工伤保险基金支付。

(2) 住院伙食补助费、交通食宿费。职工住院治疗工伤的伙食补助费,以及经医疗机构出具证明,报经办机构同意,工伤职工到统筹地区以外就医所需的交通、食宿费用按标准从工伤保险基金支付。

(3) 康复性治疗费。工伤职工到签订服务协议的医疗机构进行工伤康复的费用,符合规定的,从工伤保险基金支付。

(4) 停工留薪期工资福利待遇。职工因工作遭受事故伤害或者患职业病需要暂停工作接受工伤医疗的,在停工留薪期内,原工资福利待遇不变,由所在单位按月支付。停工留薪期一般不超过12个月。伤情严重或者情况特殊,经设区的市级劳动能力鉴定委员会确认,可以适当延长,但延长不得超过12个月。工伤职工评定伤残等级后,停止享受停工留薪期待遇,按照规定享受伤残待遇。工伤职工在停工留薪期满后仍需治疗的,继续享受工伤医疗待遇。生活不能自理的工伤职工在停工留薪期需要护理的,由所在单位负责。

但工伤职工治疗非因工伤引发的疾病,不享受工伤医疗待遇,按照基本医疗保险办法处理。

2. 辅助器具装配

工伤职工因日常生活或者就业需要,经劳动能力鉴定委员会确认,可以安装假肢、矫形器、假眼、假牙和配置轮椅等辅助器具,所需费用按照国家规定的标准从工伤保险基金支付。

3. 伤残待遇

经劳动能力鉴定委员会鉴定,评定伤残等级的工伤职工,享受伤残待遇,其包括:

(1) 生活护理费。工伤职工已经评定伤残等级并经劳动能力鉴定委员会确认需要生活护理的,从工伤保险基金按月支付生活护理费。

(2) 一次性伤残补助金。职工因工致残被鉴定为一级至十级伤残的,从工伤保险基金按伤残等级支付一次性伤残补助金。

(3) 伤残津贴。职工因工致残被鉴定为一级至四级伤残的,保留劳动关系,退出工作岗位,从工伤保险基金中按月支付伤残津贴,伤残津贴实际金额低于当地最低工资标准的,由工伤保险基金补足差额。职工因工致残被鉴定为五级、六级伤残的,保留与用人单位的劳动关系,由用人单位安排适当工作。难以安排工作的,由用人单位按月发给伤残津贴。伤残津贴实际金额低于当地最低工资标准的,由用人单位补足差额。

(4) 一次性工伤医疗补助金和一次性伤残就业补助金。五级、六级伤残,经工伤职工本人提出,可以与用人单位解除或者终止劳动关系;七级至十级伤残,劳动、聘用合同期满终止,或者职工本人提出解除劳动、聘用合同的,由工伤保险基金支付一次性工伤医疗补助金,由用人单位支付一次性伤残就业补助金。一次性工伤医疗补助金和一次性伤残就业补助金的具体标准由省、自治区、直辖市人民政府规定。

4．工亡待遇

职工因工死亡，或者伤残职工在停工留薪期内因工伤导致死亡的，其近亲属按照规定从工伤保险基金领取丧葬补助金、供养亲属抚恤金和一次性工亡补助金。

（1）丧葬补助金。丧葬补助金为6个月的统筹地区上年度职工月平均工资。

（2）供养亲属抚恤金。供养亲属抚恤金按照职工本人工资的一定比例发给由因工死亡职工生前提供主要生活来源、无劳动能力的亲属。供养亲属的具体范围由国务院社会保险行政部门规定。

（3）一次性工亡补助金。一次性工亡补助金标准为上一年度全国城镇居民人均可支配收入的20倍。

一至四级伤残职工在停工留薪期满后死亡的，其近亲属可以享受丧葬补助金、供养亲属抚恤金待遇，不享受一次性工亡补助金待遇。

**（五）工伤保险待遇负担**

1．由工伤保险基金支付工伤费用情形

因工伤发生的下列费用，按照国家规定从工伤保险基金中支付：

（1）治疗工伤的医疗费用和康复费用。

（2）住院伙食补助费。

（3）到统筹地区以外就医的交通食宿费。

（4）安装配置伤残辅助器具所需费用。

（5）生活不能自理的，经劳动能力鉴定委员会确认的生活护理费。

（6）一次性伤残补助金和一级至四级伤残职工按月领取的伤残津贴。

（7）终止或者解除劳动合同时，应当享受的一次性医疗补助金。

（8）因工死亡的，其遗属领取的丧葬补助金、供养亲属抚恤金和因工死亡补助金。

（9）劳动能力鉴定费。

2．由用人单位支付工伤费用情形

因工伤发生的下列费用，按照国家规定由用人单位支付：

（1）治疗工伤期间的工资福利。

（2）五级、六级伤残职工按月领取的伤残津贴。

（3）终止或者解除劳动合同时，应当享受的一次性伤残就业补助金。

**（六）特别规定**

（1）工伤保险中所称的本人工资，是指工伤职工因工作遭受事故伤害或者患职业病前12个月平均月缴费工资。本人工资高于统筹地区职工平均工资300%的，按照统筹地区职工平均工资的300%计算；本人工资低于统筹地区职工平均工资60%的，按照统筹地区职工平均工资的60%计算。

（2）工伤职工有下列情形之一的，停止享受工伤保险待遇：①丧失享受待遇条件的。②拒不接受劳动能力鉴定的。③拒绝治疗的。

（3）工伤职工符合领取基本养老金条件的，停发伤残津贴，享受基本养老保险待遇。基本养老保险待遇低于伤残津贴的，由工伤保险基金补足差额。

（4）职工所在用人单位未依法缴纳工伤保险费，发生工伤事故的，由用人单位支付工伤保险待遇。用人单位不支付的，从工伤保险基金中先行支付，由用人单位偿还。用人单位不偿还的，社会保险经办机构可以追偿。

（5）由于第三人的原因造成工伤，第三人不支付工伤医疗费用或者无法确定第三人的，由工伤保险基金先行支付。工伤保险基金先行支付后，有权向第三人追偿。

（6）职工（包括非全日制从业人员）在两个或者两个以上用人单位同时就业的，各用人单位应当分别为职工缴纳工伤保险费。职工发生工伤，由职工受到伤害时工作的单位依法承担工伤保险责任。

**【例3-18】** 李某与甲公司签订了为期3年的劳动合同，2023年6月合同期满后，双方未续订，但公司继续安排李某在原岗位工作，并向其支付相应的劳动报酬。2023年8月10日，李某上班时因履行工作职责不慎受伤，经当地社会保险行政部门认定为工伤。公司认为与李某的劳动合同已期满终止，公司不用再为其缴纳工伤保险费，也无须支付工伤保险待遇。李某则要求公司支付工伤保险待遇。分析双方的观点是否符合法律规定。

**【解析】** 李某与甲公司的劳动合同虽然期满后未续订，但公司让李某继续原来的工作，并向其支付相应劳动报酬，已构成事实上的劳动关系，同样受法律保护。李某在此期间发生工伤，享受工伤保险待遇，甲公司应支付工伤保险待遇。在甲公司不支付的情况下，从工伤保险基金中先行支付，由甲公司偿还。

### 五、失业保险

#### （一）失业保险制度的概念

失业，是指处于法定劳动年龄阶段的劳动者，有劳动能力和劳动愿望，但却没有劳动岗位的一种状态。失业保险制度，是指国家通过立法强制实行的，由社会集中建立基金，保障因失业而暂时中断生活来源的劳动者的基本生活，并通过职业培训、职业介绍等措施促进其再就业的社会保险制度。

#### （二）失业保险费的缴纳

职工应当参加失业保险，由用人单位和职工按照国家规定共同缴纳失业保险费。失业保险费的征缴范围：国有企业、城镇集体企业、外商投资企业、城镇私营企业和其他城镇企业（统称城镇企业）及其职工，事业单位及其职工。

根据《失业保险条例》的规定，城镇企业事业单位按照本单位工资总额的2%缴纳失业保险费，职工按照本人工资的1%缴纳失业保险费。为减轻企业负担，促进扩大就业，人力资源社会保障部、财政部数次发文降低失业保险费率，将用人单位和职工失业保险缴费比例总和从3%阶段性降至1%，个人费率不得超过单位费率。

职工跨统筹地区就业的，其失业保险关系随本人转移，缴费年限累计计算。

#### （三）失业保险待遇

1. 失业保险待遇的享受条件

失业人员符合下列条件的，可以申请领取失业保险金并享受其他失业保险待遇：

（1）失业前用人单位和本人已经缴纳失业保险费满1年的。

（2）非因本人意愿中断就业的，包括以下情形：①终止劳动合同的。②被用人单位解除劳动合同的。③被用人单位开除、除名和辞退的。④用人单位以暴力、威胁或者非法限制人身自由的手段强迫劳动,劳动者解除劳动合同的。⑤用人单位未按照劳动合同约定支付劳动报酬或者提供劳动条件,劳动者解除劳动合同的。⑥法律、行政法规另有规定的。

(3) 已经进行失业登记,并有求职要求的。

2. 失业保险金的领取期限

用人单位应当及时为失业人员出具终止或者解除劳动关系的证明,并将失业人员的名单自终止或者解除劳动关系之日起7日内报受理其失业保险业务的经办机构备案,并按要求提供终止或解除劳动合同证明等有关材料。失业人员到公共就业服务机构或社会保险经办机构申领失业保险金,受理申请的机构都应一并办理失业登记和失业保险金发放。失业人员可凭社会保障卡或身份证件申领失业保险金,可不提供解除或者终止劳动关系、失业登记证明等材料。失业保险金自办理失业登记之日起计算。

失业人员失业前用人单位和本人累计缴费满1年不足5年的,领取失业保险金的期限最长为12个月;累计缴费满5年不足10年的,领取失业保险金的期限最长为18个月;累计缴费10年以上的,领取失业保险金的期限最长为24个月。重新就业后,再次失业的,缴费时间重新计算,领取失业保险金的期限与前次失业应当领取而尚未领取的失业保险金的期限合并计算,最长不超过24个月。失业人员因当期不符合失业保险金领取条件的,原有缴费时间予以保留,重新就业并参保的,缴费时间累计计算。根据人力资源社会保障部、财政部《关于扩大失业保险保障范围的通知》,自2019年12月起,延长大龄失业人员领取失业保险金期限,对领取失业保险金期满仍未就业且距法定退休年龄不足1年的失业人员,可继续发放失业保险金至法定退休年龄。

3. 失业保险金的发放标准

失业保险金的标准,不得低于城市居民最低生活保障标准。一般也不高于当地最低工资标准,具体数额由省、自治区、直辖市人民政府确定。

4. 其他失业保险待遇

(1) 领取失业保险金期间享受基本医疗保险待遇。失业人员在领取失业保险金期间,参加职工基本医疗保险,享受基本医疗保险待遇。失业人员应当缴纳的基本医疗保险费从失业保险基金中支付,个人不缴纳基本医疗保险费。

(2) 领取失业保险金期间的死亡补助。失业人员在领取失业保险金期间死亡的,参照当地对在职职工死亡的规定,向其遗属发给一次性丧葬补助金和抚恤金。所需资金从失业保险基金中支付。

个人死亡同时符合领取基本养老保险丧葬补助金、工伤保险丧葬补助金和失业保险丧葬补助金条件的,其遗属只能选择领取其中的一项。

(3) 职业介绍与职业培训补贴。失业人员在领取失业保险金期间,应当积极求职,接受职业介绍和职业培训。失业人员接受职业介绍、职业培训的补贴由失业保险基金按照规定支付。补贴的办法和标准由省、自治区、直辖市人民政府规定。

(4) 国务院规定或者批准的与失业保险有关的其他费用。

**(四) 停止享受失业保险待遇的情形**

失业人员在领取失业保险金期间有下列情形之一的,停止领取失业保险金,并同时停止享受其他失业保险待遇：①重新就业的。②应征服兵役的。③移居境外的。④享受基本养老保险待遇的。⑤被判刑收监执行的。⑥无正当理由，拒不接受当地人民政府指定部门或者机构介绍的适当工作或者提供的培训的。⑦有法律、行政法规规定的其他情形的。

【例3-19】 孙某大学毕业后到甲公司工作。公司与其签订了2020年7月1日至2023年6月30日的3年期合同，并为其办理了失业保险。因孙某严重违反单位规章制度，公司于2022年12月31日解除了劳动合同。此后孙某一直未能找到工作，遂于2023年4月1日办理了失业登记。分析孙某领取失业保险金的期限。

【解析】 孙某和甲公司累计缴纳社会保险费的时间为两年半，满1年不足5年，故领取失业保险金的期限最长为12个月；又因失业保险金领取期限自办理失业登记之日起计算，所以孙某领取失业保险金的期限最长为2023年4月1日至2024年3月31日。

## 六、社会保险经办

### (一) 社会保险经办机构

国务院人力资源社会保障行政部门主管全国基本养老保险、工伤保险、失业保险等社会保险经办工作。国务院医疗保障行政部门主管全国基本医疗保险、生育保险等社会保险经办工作。县级以上地方人民政府人力资源社会保障行政部门按照统筹层次主管基本养老保险、工伤保险、失业保险等社会保险经办工作。县级以上地方人民政府医疗保障行政部门按照统筹层次主管基本医疗保险、生育保险等社会保险经办工作。社会保险经办机构是人力资源社会保障行政部门所属的经办基本养老保险、工伤保险、失业保险等社会保险的机构和医疗保障行政部门所属的经办基本医疗保险、生育保险等社会保险的机构。

### (二) 社会保险登记

1. 用人单位的社会保险登记

根据《社会保险经办条例》的规定，用人单位在登记管理机关办理登记时，同步办理社会保险登记。

2. 个人的社会保险登记

用人单位应当自用工之日起30日内为其职工向社会保险经办机构申请办理社会保险登记。

自愿参加社会保险的无雇工的个体工商户、未在用人单位参加社会保险的非全日制从业人员以及其他灵活就业人员，应当向社会保险经办机构申请办理社会保险登记。个人申请办理社会保险登记，以公民身份证号码作为社会保障号码，取得社会保障卡和医保电子凭证。社会保险经办机构应当自收到申请之日起10个工作日内办理完毕。

### (三) 社会保险转移、变更和注销

1. 社会保险关系转移

参加职工基本养老保险、职工基本医疗保险、失业保险的个人跨统筹地区就业，其职工基本养老保险、职工基本医疗保险、失业保险关系随同转移。参加职工基本养老保险的个人在机关事业单位与企业等不同性质用人单位之间流动就业，其职工基本养老保险关系随同转移。

参加工伤保险、生育保险的个人跨统筹地区就业，在新就业地参加工伤保险、生育保险。

2. 社会保险变更和注销

用人单位的性质、银行账户、用工等参保信息发生变化，以及个人参保信息发生变化的，

用人单位和个人应当及时告知社会保险经办机构。社会保险经办机构应当对用人单位和个人提供的参保信息进行比对核实。

用人单位和个人申请变更、注销社会保险登记,社会保险经办机构应当自收到申请之日起10个工作日内办理完毕。用人单位注销社会保险登记的,应当先结清欠缴的社会保险费、滞纳金、罚款。

**(四)社会保险待遇核定和支付**

(1)用人单位和个人向社会保险经办机构提出领取基本养老金的申请,社会保险经办机构应当自收到申请之日起20个工作日内办理完毕。

(2)个人医疗费用、生育医疗费用中应当由基本医疗保险(含生育保险)基金支付的部分,由社会保险经办机构审核后与医疗机构、药品经营单位直接结算。

(3)个人治疗工作的医疗费用、康复费用、安装配置辅助器具费用中应当由工作保险基金支付的部分,由社会保险经办机构审核后与医疗机构、辅助器具配置机构直接结算。

(4)个人申领失业保险金,社会保险经办机构应当自收到申请之日起10个工作日内办理完毕。个人在领取失业保险金期间,社会保险经办机构应当从失业保险基金中支付其应当缴纳的基本医疗保险(含生育保险)费。

个人申领职业培训等补贴,应当提供职业资格证书或者职业技能等级证书。社会保险经办机构应当对职业资格证书或者职业技能等级证书进行审核,并自收到申请之日起10个工作日内办理完毕。

(5)个人出现国家规定的停止享受社会保险待遇的情形,用人单位、待遇享受人员或者其亲属应当自相关情形发生之日起20个工作日内告知社会保险经办机构,社会保险经办机构核实后应当停止发放相应的社会保险待遇。

对涉嫌丧失社会保险待遇享受资格后继续享受待遇的,社会保险经办机构调查核实后,停止发放相应的社会保险待遇。

### 七、社会保险费征缴与社会保险基金管理

**(一)社会保险费征缴**

根据中共中央《深化党和国家机构改革方案》,为提高社会保险资金征管效率,将基本养老保险费、基本医疗保险费、失业保险费等各项社会保险费交由税务部门统一征收。

用人单位应当自行申报、按时足额缴纳社会保险费,非因不可抗力等法定事由不得缓缴、减免。

职工应当缴纳的社会保险费由用人单位代扣代缴,用人单位应当按月将缴纳社会保险费的明细情况告知本人。

无雇工的个体工商户、未在用人单位参加社会保险的非全日制从业人员以及其他灵活就业人员,可以直接向社会保险费征收机构缴纳社会保险费。

**(二)社会保险基金管理**

除基本医疗保险基金与生育保险基金合并建账及核算外,其他各项社会保险基金按照社会保险险种分别建账,分账核算,执行国家统一的会计制度。社会保险基金专款专用,任何组织和个人不得侵占或者挪用。

社会保险基金存入财政专户,按照统筹层次设立预算,通过预算实现收支平衡。除基本医

疗保险基金与生育保险基金预算合并编制外,其他社会保险基金预算按照社会保险项目分别编制。县级以上人民政府在社会保险基金出现支付不足时,给予补贴。社会保险经办机构应当定期向社会公布参加社会保险情况以及社会保险基金的收入、支出、结余和收益情况。

社会保险基金在保证安全的前提下,按照国务院规定投资运营实现保值增值,不得违规投资运营,不得用于平衡其他政府预算,不得用于兴建、改建办公场所和支付人员经费、运行费用、管理费用,或者违反法律、行政法规规定挪作其他用途。

## 八、违反社会保险法律制度的法律责任

1. 用人单位违反《社会保险法》的法律责任

(1) 用人单位不办理社会保险登记的,由社会保险行政部门责令限期改正;逾期不改正的,对用人单位处应缴社会保险费数额1倍以上3倍以下的罚款,对其直接负责的主管人员和其他直接责任人员处500元以上3000元以下的罚款。

(2) 用人单位未按时足额缴纳社会保险费的,由社会保险费征收机构责令限期缴纳或者补足,并自欠缴之日起,按日加收0.05%的滞纳金;逾期仍不缴纳的,由有关行政部门处欠缴数额1倍以上3倍以下的罚款。

(3) 用人单位拒不出具终止或者解除劳动关系证明的,由劳动行政部门责令改正;给劳动者造成损害的,应当承担赔偿责任。

2. 骗取社会保险金的法律责任

(1) 以欺诈、伪造证明材料或者其他手段骗取社会保险待遇的,由社会保险行政部门责令退回骗取的社会保险金,处骗取金额2倍以上5倍以下的罚款。

(2) 社会保险经办机构以及医疗机构、药品经营单位等社会保险服务机构以欺诈、伪造证明材料或者其他手段骗取社会保险基金支出的,由社会保险行政部门责令退回骗取的社会保险金,处骗取金额2倍以上5倍以下的罚款;属于社会保险服务机构的,解除服务协议;直接负责的主管人员和其他直接责任人员有执业资格的,依法吊销其执业资格。

3. 社会保险经办机构、社会保险费征收机构、社会保险服务机构等机构的法律责任

(1) 社会保险经办机构及其工作人员有下列行为之一的,由社会保险行政部门责令改正;给社会保险基金、用人单位或者个人造成损失的,依法承担赔偿责任;对直接负责的主管人员和其他直接责任人员依法给予处分:①未履行社会保险法定职责的。②未将社会保险基金存入财政专户的。③克扣或者拒不按时支付社会保险待遇的。④丢失或者篡改缴费记录、享受社会保险待遇记录等社会保险数据、个人权益记录的。⑤有违反社会保险法律、法规的其他行为的。

(2) 社会保险费征收机构擅自更改社会保险费缴费基数、费率,导致少收或者多收社会保险费的,由有关行政部门责令其追缴应当缴纳的社会保险费或者退还不应当缴纳的社会保险费;对直接负责的主管人员和其他直接责任人员依法给予处分。

(3) 违反《社会保险法》规定,隐匿、转移、侵占、挪用社会保险基金或者违规投资运营的,由社会保险行政部门、财政部门、审计机关责令追回;有违法所得的,没收违法所得;对直接负责的主管人员和其他直接责任人员依法给予处分。

(4) 社会保险行政部门和其他有关行政部门、社会保险经办机构、社会保险费征收机构及其工作人员泄露用人单位和个人信息的,对直接负责的主管人员和其他直接责任人员依

法给予处分;给用人单位或者个人造成损失的,应当承担赔偿责任。

(5) 国家工作人员在社会保险管理、监督工作中滥用职权、玩忽职守、徇私舞弊的,依法给予处分。

(6) 违反《社会保险法》规定,构成犯罪的,依法追究刑事责任。

# 课 堂 测 试

班级：_____  姓名：_____  学号：_____  分数：_____

## 一、单项选择题（每小题6分，共30分）

1. 2023年3月5日,甲公司与张某签订劳动合同,约定合同期限1年,试用期1个月,每月15日发放工资。张某3月9日上岗工作。甲公司与张某建立劳动关系的起始时间是（　　）。
   A. 3月5日  B. 3月9日  C. 3月15日  D. 4月9日

2. 根据劳动合同法律制度的规定,下列情形中,用人单位与劳动者可以不签订书面劳动合同的是（　　）。
   A. 试用期用工  B. 非全日制用工  C. 固定期限用工  D. 无固定期限用工

3. 2023年2月10日,吴某到甲公司工作,每月领取工资3 000元,直至2024年1月10日甲公司方与其订立书面劳动合同。未及时订立书面劳动合同的工资补偿为（　　）元。
   A. 20 000  B. 27 000  C. 30 000  D. 33 000

4. 甲公司职工李某因突发心脏病住院治疗。已知李某实际工作年限为12年,其中在甲公司工作年限为6年。李某依法可享受的医疗期为（　　）。
   A. 12个月  B. 9个月  C. 18个月  D. 6个月

5. 王某在乙公司工作满5年,月工资收入为10 000元,当地上年度职工月平均工资为30 000元,乙公司违法解除合同时,王某可以得到的补偿金为（　　）元。
   A. 45 000  B. 50 000  C. 15 000  D. 10 000

## 二、多项选择题（每小题10分，共40分）

1. 根据劳动合同法律制度的规定,下列各项中,可导致劳动合同终止的情形有（　　）。
   A. 劳动合同期满
   B. 用人单位决定提前解散
   C. 用人单位被依法宣告破产
   D. 劳动者达到法定退休年龄

2. 根据劳动合同法律制度的规定,下列劳动争议中,劳动者可以向劳动争议仲裁部门申请劳动仲裁的有（　　）。
   A. 确认劳动关系
   B. 劳动保护条件争议
   C. 工伤医疗费争议
   D. 社会保险争议

3. 下列各项中,属于失业保险待遇的有（　　）。
   A. 生育医疗费用
   B. 失业保险金
   C. 基本医疗保险待遇
   D. 死亡补助

4. 根据劳动合同法律制度的规定,下列工作岗位中,企业可以采用劳务派遣用工形式的有（　　）。

A. 主营业务岗位　　　B. 替代性岗位　　　C. 临时性岗位　　　D. 辅助性岗位

## 三、计算题(每小题 15 分,共 30 分)

1. 甲公司小王的月工资为 6 000 元。已知当地规定的基本医疗保险单位缴费率为 6%,个人缴费率为 2%,单位缴费划入个人医疗保险账户的比例为 30%。

   要求:计算小王个人医疗保险账户每月的储存额。

2. 工人李某在加工一批零件时因疏忽致使所加工产品全部报废,给工厂造成经济损失 6 000 元。工厂要求李某按照劳动合同的约定赔偿经济损失,从其每月工资中扣除。已知李某每月工资收入 3 000 元,当地月最低工资标准 1 600 元。

   要求:计算该工厂可从李某每月工资中扣除的最高限额。

# 第四章　支付结算法律制度

**知识导航**

支付结算法律制度
- 支付结算概述
  - 支付结算的概念和支付结算服务组织
  - 支付结算的工具
  - 支付结算的基本要求
- 银行结算账户
  - 银行结算账户的概念和种类
  - 银行结算账户的开立、变更和撤销
  - 各类银行结算账户的开立和使用
  - 银行结算账户的管理
- 银行非现金支付业务
  - 票据
  - 其他结算方式
  - 银行卡
  - 银行电子支付
- 支付机构非现金支付业务
  - 支付机构的概念和支付服务的种类
  - 网络支付
  - 预付卡
- 支付结算纪律与法律责任
  - 支付结算纪律
  - 违反支付结算法律制度的法律责任

## 学习目标

1. 了解支付结算的概念、基本要求、支付结算服务组织及支付结算工具
2. 掌握票据的概念和种类、票据行为、票据的权利与责任及票据追索
3. 掌握支付机构的概念和支付服务的种类
4. 熟悉各类银行结算账户的开立、变更、撤销及管理规定
5. 熟悉银行卡收单、条码支付、网络支付、预付卡等支付服务
6. 熟悉违反支付结算法律支付的法律责任

## 第一节 支付结算概述

### 一、支付结算的概念和支付结算服务组织

**(一) 支付结算的概念**

支付结算是指单位、个人在社会经济活动中使用票据、银行卡和汇兑、托收承付、委托收款以及电子支付等结算工具或方式进行货币给付及其资金清算的行为。支付结算作为社会经济金融活动的重要组成部分,其主要功能是完成资金从一方当事人向另一方当事人的转移。

**(二) 支付结算服务组织**

我国的支付结算服务组织主要有中央银行、银行业金融机构(以下简称银行)、特许清算机构、非金融支付机构(以下简称支付机构)等。其中,中国人民银行作为我国的中央银行,负责建设运行支付清算系统,向银行、特许清算机构、支付机构提供账户、清算等服务。银行面向广大单位和个人提供账户、支付工具、结算等服务。特许清算机构主要向其成员机构提供银行卡、电子商业汇票等特定领域的清算服务。支付机构主要为个人和中小微企业提供网络支付、银行卡收单和多用途预付卡发行与受理等支付服务。

### 二、支付结算的工具

传统的人民币非现金支付工具主要包括"三票一卡"和结算方式。"三票一卡"是指汇票、本票、支票和银行卡;结算方式是指汇兑、托收承付和委托收款。随着互联网技术的发展,网上银行、条码支付、网络支付等电子支付方式得到快速发展。目前,我国已形成了以票据和银行卡为主体、以电子支付为发展方向的非现金支付工具体系。票据和汇兑是我国经济活动中不可或缺的重要支付工具及方式,被广大单位和个人广泛使用,并在大额支付中占据主导地位。银行卡收单、网络支付、预付卡、条码支付等在小额支付中占据主导地位。托收承付、国内信用证使用量较少,本书不再讲述。

### 三、支付结算的原则和要求

**(一) 支付结算的原则**

参与支付结算活动的各方当事人,如银行、单位和个人,经过多年的实践与总结,形成了与经济活动相适应的支付结算原则,即恪守信用、履约付款,谁的钱进谁的账、由谁支配和银行不垫款原则。

**(二) 支付结算的要求**

(1) 单位、个人和银行办理支付结算,必须使用按中国人民银行统一规定印制的票据凭证和结算凭证。

(2) 票据和结算凭证上的签章和其他记载事项应当真实,不得伪造、变造。所谓"伪造"是指无权限人假冒他人或者虚构他人名义签章的行为,例如伪造出票签章、背书签章、承兑签章和保证签章等。所谓"变造",是指无权更改票据内容的人,对票据上签章以外的记载事

项加以改变的行为。伪造、变造票据属于欺诈行为,构成犯罪的应追究其刑事责任。

出票金额、出票日期、收款人名称不得更改,更改的票据无效;更改的结算凭证,银行不予受理。结算凭证上的其他记载事项,原记载人可以更改,更改时应当由原记载人在更改处签章证明。

(3) 填写各种票据和结算凭证应当规范。填写票据和结算凭证,必须做到要素齐全、数字正确、字迹清晰、不错漏、不潦草,防止涂改。

规范填写票据和结算凭证时应注意以下事项:①关于收款人名称。单位和银行的名称应当记载全称或者规范化简称。规范化简称应当具有排他性,与全称在实质上具有同一性,如"中国银行保险监督管理委员会"的规范化简称为"银保监会"。②关于出票日期。票据的出票日期必须使用中文大写。为防止变造票据的出票日期,在填写月、日时,月为"壹""贰"和"壹拾"的,日为"壹"至"玖"和"壹拾""贰拾""叁拾"的,应在其前面加"零";日为"拾壹"至"拾玖"的,应在其前面加"壹"。例如,1月15日应写成"零壹月壹拾伍日";又如,10月20日应写成"零壹拾月零贰拾日"。③关于金额。票据和结算凭证金额以中文大写和阿拉伯数码同时记载,两者必须一致,两者不一致的票据无效;两者不一致的结算凭证银行不予受理。

【例 4-1】 下列各项中,属于办理支付结算应遵循的原则有(　　)。

A. 恪守信用,履约付款　　　　　　B. 谁的钱进谁的账,由谁支配

C. 银行不垫款　　　　　　　　　　D. 文明服务

【解析】 答案为 ABC。文明服务也是银行办理支付结算的要求之一,但不属于原则。

## 第二节 银行结算账户

### 一、银行结算账户的概念和种类

#### (一) 银行结算账户的概念

银行结算账户是指银行为存款人开立的办理资金收付结算的活期存款账户。银行,是指在中国境内经批准经营支付结算业务的银行业金融机构。

#### (二) 银行结算账户的种类

银行结算账户按存款人不同分为单位银行结算账户和个人银行结算账户。存款人以单位名称开立的银行结算账户为单位银行结算账户。单位银行结算账户按用途分为基本存款账户、一般存款账户、专用存款账户、临时存款账户。个体工商户凭营业执照以字号或经营者姓名开立的银行结算账户纳入单位银行结算账户管理。存款人凭个人身份证件以自然人名称开立的银行结算账户为个人银行结算账户。

### 二、银行结算账户的开立、变更和撤销

#### (一) 银行结算账户的开立

1. 开户银行的选择

存款人应在注册地或住所地开立银行结算账户。符合异地(跨省、市、县)开户条件的,

也可以在异地开立银行结算账户。

开立银行结算账户应遵循存款人自主原则,除国家法律、行政法规和国务院规定外。任何单位和个人不得强令存款人到指定银行开立银行结算账户。

2. 填制开户申请书

存款人申请开立银行结算账户时,应填制开立银行结算账户申请书。

开立单位银行结算账户时,应填写"开立单位银行结算账户申请书"并加盖单位公章和法定代表人(单位负责人)或其授权代理人的签名或者盖章。存款人有统一社会信用代码、上级法人或主管单位的,应在"开立单位银行结算账户申请书"上如实填写相关信息。存款人有关联企业的,应填写"关联企业登记表"。

申请开立个人银行结算账户时,存款人应填写"开立个人银行结算账户申请书"并加盖其个人签章。

银行应对存款人的开户申请书填写的事项和相关证明文件的真实性、完整性、合规性进行认真审查。

3. 开户核准与备案

开户申请书填写的事项齐全,符合开立核准类账户条件的,银行应将存款人的开户申请书、相关的证明文件和银行审核意见等开户资料报送中国人民银行当地分支机构经其核准并核发开户许可证后办理开户手续。需要中国人民银行核准的账户包括基本存款账户(企业除外)、临时存款账户(注册验资和增资验资开立的除外)、预算单位专用存款账户和合格境外机构投资者在境内从事证券投资开立的人民币特殊账户和人民币结算资金账户。

企业开立基本存款账户、临时存款账户已取消核准制,由银行向中国人民银行当地分支机构备案,无须颁发开户许可证。银行完成企业基本存款账户信息备案后,账户管理系统生成基本存款账户编号。银行应打印"基本存款账户信息"和存款人查询密码并交付企业。持有基本存款账户编号的企业申请开立一般存款账户、专用存款账户、临时存款账户时,应当向银行提供基本存款账户编号。符合开立一般存款账户、非预算单位专用存款账户和个人银行结算账户条件的,银行应办理开户手续,并向中国人民银行当地分支机构备案。上述结算账户统称备案类结算账户。备案类结算账户的变更和撤销应通过账户管理系统向中国人民银行当地分支机构报备。

中国人民银行当地分支机构应于2个工作日内对开户银行报送的核准类账户的开户资料的合规性予以审核。符合开户条件的,予以核准,颁发基本(或临时或专用)存款账户开户许可证;不符合开户条件的,应在开户申请书上签署意见,连同有关证明文件一并退回报送银行,由报送银行转送存款人。

开户许可证是中国人民银行依法准予申请人在银行开立核准类银行结算账户的行政许可证件,是核准类银行结算账户合法性的有效证明。开户许可证有正本和副本之分,正本由申请人保管;副本由申请人开户银行留存。

4. 签订账户管理协议

开立银行结算账户时,银行应与存款人签订银行结算账户管理协议,明确双方的权利与义务。银行与企业签订的银行结算账户管理协议内容包括但不限于:银行与开户申请人办理银行结算账户业务应当遵守法律、行政法规以及人民银行的有关规定,不得利用银行结算账户从事各类违法犯罪活动;企业银行结算账户信息变更及撤销的情形、方式、时限;银行控制账户交易措施的情形和处理方式;其他需要约定的内容。

5. 账户名称的要求

存款人在申请开立单位银行结算账户时,其申请开立的银行结算账户的账户名称、出具的开户证明文件上记载的存款人名称以及预留银行签章中公章或财务专用章的名称应保持一致,但下列情况除外:

(1) 因注册验资开立的临时存款账户,其账户名称为市场监管部门核发的"企业名称预先核准通知书"或政府有关部门批文中注明的名称,其预留银行签章中公章或财务专用章的名称应是存款人与银行在银行结算账户管理协议中约定的出资人名称。

(2) 预留银行签章中公章或财务专用章的名称依法可使用简称的,账户名称应与其保持一致。

(3) 没有字号的个体工商户开立的银行结算账户,其预留签章中公章或财务专用章应是"个体户"字样加营业执照上载明的经营者的签字或盖章。

6. 银行账户的开立之日与业务办理

存款人开立单位银行结算账户,自正式开立之日起3个工作日后,方可使用该账户办理付款业务。但注册验资的临时存款账户转为基本存款账户和因借款转存开立的一般存款账户除外。企业银行结算账户自开立之日即可办理收付款业务。对于核准类银行结算账户,"正式开立之日"为中国人民银行当地分支机构的核准日期;对于非核准类银行结算账户,"正式开立之日"是开户银行为存款人办理开户手续的日期。

(二) 银行结算账户的变更

1. 银行账户变更的基本要求

变更是指存款人的账户信息资料发生变化或改变。根据账户管理的要求,存款人变更账户名称、单位的法定代表人或主要负责人、地址等其他开户证明文件后,应及时向开户银行办理变更手续,填写变更银行结算账户申请书。

银行发现企业名称,法定代表人或者单位负责人发生变更的,应当及时通知企业办理变更手续;企业自通知送达之日起在合理期限内仍未办理变更手续,且未提出合理理由的,银行有权采取措施适当控制账户交易。

企业营业执照、法定代表人或者单位负责人有效身份证件列明有效期限的,银行应当于到期日前提示企业及时更新,有效期到期后,在合理期限内企业仍未更新,且未提出合理理由的,银行应当按规定中止其办理业务。

属于申请变更单位银行结算账户的,应加盖单位公章和法定代表人(单位负责人)或其授权代理人的签名或者盖章;属于申请变更个人银行结算账户的,应加盖其个人签章。

2. 银行账户变更的时限

存款人更改名称,但不改变开户银行及账号的,应于5个工作日内向开户银行提出银行结算账户的变更申请,并出具有关部门的证明文件。

单位的法定代表人或主要负责人、住址以及其他开户资料发生变更时,应于5个工作日内书面通知开户银行并提供有关证明。

3. 开户许可证及相关信息的变更

属于变更开户许可证记载事项的,存款人办理变更手续时,应交回开户许可证,由中国人民银行当地分支机构换发新的开户许可证。对企业名称、法定代表人或者单位负责人变更的,账户管理系统重新生成新的基本存款账户编号,银行应当打印"基本存款账户信息"并交付企业。企业可向基本存款账户开户银行申请打印"基本存款账户信息"。

(三)银行结算账户的撤销

1. 自愿申请撤销银行账户

撤销是指存款人因开户资格或其他原因终止银行结算账户使用的行为。存款人申请撤销银行结算账户时,应填写撤销银行结算账户申请书。属于申请撤销单位银行结算账户的,应加盖单位公章和法定代表人(单位负责人)或其授权代理人的签名或者盖章;属于申请撤销个人银行结算账户的,应加盖其个人签章。银行在收到存款人撤销银行结算账户的申请后,对于符合销户条件的,应在2个工作日内办理撤销手续。

2. 银行办理撤销银行账户的手续

存款人撤销银行结算账户,必须与开户银行核对银行结算账户存款余额,交回各种重要空白票据及结算凭证和开户许可证,银行核对无误后方可办理销户手续。企业因转户原因撤销基本存款账户的,银行还应打印"已开立银行结算账户清单"并交付企业。

3. 应当申请撤销银行账户的情形

有下列情形之一的,存款人应向开户银行提出撤销银行结算账户的申请:①被撤并、解散、宣告破产或关闭的。②注销、被吊销营业执照的。③因迁址需要变更开户银行的。④其他原因需要撤销银行结算账户的。

存款人有以上第①、第②项情形的,应于5个工作日内向开户银行提出撤销银行结算账户的申请。撤销银行结算账户时,应先撤销一般存款账户、专用存款账户、临时存款账户,将账户资金转入基本存款账户后,方可办理基本存款账户的撤销。存款人因以上第③、第④项情形撤销基本存款账户后,需要重新开立基本存款账户的,应在撤销其原基本存款账户后10日内申请重新开立基本存款账户。

4. 撤销银行账户的其他规定

存款人尚未清偿其开户银行债务的,不得申请撤销该银行结算账户。对于按照账户管理规定应撤销而未办理销户手续的单位银行结算账户,银行通知该单位银行结算账户的存款人自发出通知之日起30日内办理销户手续,逾期视同自愿销户,未划转款项列入久悬未取专户管理。存款人撤销核准类银行结算账户时,应交回开户许可证。

三、各类银行结算账户的开立和使用

(一)基本存款账户

1. 基本存款账户的概念

基本存款账户是存款人因办理日常转账结算和现金收付需要开立的银行结算账户。

下列存款人,可以申请开立基本存款账户:企业法人;非法人企业;机关、事业单位;团级(含)以上军队、武警部队及分散执勤的支(分)队;社会团体;民办非企业组织;异地常设机构;外国驻华机构;个体工商户;居民委员会、村民委员会、社区委员会;单位设立的独立核算的附属机构,包括食堂、招待所、幼儿园;其他组织,即按照现行的法律、行政法规规定可以成立的组织,如业主委员会、村民小组等组织;境外机构。

2. 开户证明文件

(1) 企业法人,应出具企业法人营业执照。

(2) 非法人企业,应出具企业营业执照。

(3) 机关和实行预算管理的事业单位,应出具政府人事部门或编制委员会的批文或登记证书和财政部门同意其开户的证明,因年代久远、批文丢失等原因无法提供政府人事部门或编制委员会的批文或登记证书的,凭上级单位或主管部门出具的证明及财政部门同意其开户的证明开立基本存款账户。

(4) 军队、武警团级(含)以上单位以及有关边防、分散执勤的支(分)队,应出具军队军级以上单位财务部门、武警总队财务部门的开户证明。

(5) 社会团体,应出具社会团体登记证书,宗教组织还应出具宗教事务管理部门的批文或证明。

(6) 民办非企业组织,应出具民办非企业登记证书。

(7) 外地常设机构,应出具其驻在地政府主管部门的批文。对于已经取消对外地常设机构审批的省(市),应出具派出地政府部门的证明文件。

(8) 外国驻华机构,应出具国家有关主管部门的批文或证明;外资企业驻华代表处、办事处,应出具国家登记机关颁发的登记证。

(9) 个体工商户,应出具个体工商户营业执照。

(10) 居民委员会、村民委员会、社区委员会,应出具其主管部门的批文或证明。

(11) 单位附属独立核算的食堂、招待所、幼儿园,应出具其主管部门的基本存款账户开户许可证和批文。

(12) 按照现行法律法规规定可以成立的业主委员会、村民小组等组织,应出具政府主管部门的批文或证明。

(13) 境外机构应出具其在境外合法注册成立的证明文件及其在境内开展相关活动所依据的法规、制度或政府主管部门的批准文件等开户资料。证明文件等开户资料为非中文的,还应同时提供对应的中文翻译。

开户时,应出具法定代表人或单位负责人有效身份证件。法定代表人或单位负责人授权他人办理的,还应出具法定代表人或单位负责人的授权书以及被授权人的有效身份证件。

3. 基本存款账户的使用

基本存款账户是存款人的主办账户,一个单位只能开立一个基本存款账户。存款人日常经营活动的资金收付及其工资、奖金和现金的支取,应通过基本存款账户办理。

(二) 一般存款账户

1. 一般存款账户的概念

一般存款账户是存款人因借款或其他结算需要,在基本存款账户开户银行以外的银行营业机构开立的银行结算账户。

2. 开户证明文件

存款人申请开立一般存款账户,应向银行出具其开立基本存款账户规定的证明文件、基本存款账户开户许可证或企业基本存款账户编号和下列证明文件：

(1) 存款人因向银行借款需要,应出具借款合同。

(2) 存款人因其他结算需要,应出具有关证明。

3. 一般存款账户的使用

一般存款账户用于办理存款人借款转存、借款归还和其他结算的资金收付。一般存款账户可以办理现金缴存,但不得办理现金支取。

(三) 专用存款账户

1. 专用存款账户的概念

专用存款账户是存款人按照法律、行政法规和规章,对其特定用途资金进行专项管理和使用而开立的银行结算账户。

2. 适用范围

专用存款账户适用于对下列资金的管理和使用：①基本建设资金。②更新改造资金。③粮、棉、油收购资金。④证券交易结算资金。⑤期货交易保证金。⑥信托基金。⑦政策性房地产开发资金。⑧住房基金。⑨社会保障基金。⑩收入汇缴资金和业务支出资金。⑪党、团、工会设在单位的组织机构经费。⑫其他需要专项管理和使用的资金。

3. 开户证明文件

存款人申请开立专用存款账户,应向银行出具其开立基本存款账户规定的证明文件、基本存款账户开户许可证或企业基本存款账户编号和下列证明文件：

(1) 基本建设资金、更新改造资金、政策性房地产开发资金、住房基金、社会保障基金,应出具主管部门批文。

(2) 粮、棉、油收购资金,应出具主管部门批文。

(3) 证券交易结算资金,应出具证券公司或证券监督管理部门的证明。

(4) 期货交易保证金,应出具期货公司或期货监督管理部门的证明。

(5) 收入汇缴资金和业务支出资金,应出具基本存款账户存款人有关的证明。

(6) 党、团、工会设在单位的组织机构经费,应出具该单位或有关部门的批文或证明。

(7) 其他按规定需要专项管理和使用的资金,应出具有关法规、规章或政府部门的有关文件。

4. 专用存款账户的使用

(1) 证券交易结算资金、期货交易保证金和信托基金专用存款账户不得支取现金。

(2) 基本建设资金、更新改造资金、政策性房地产开发资金账户需要支取现金的,应在开户时报中国人民银行当地分支机构批准。

(3) 粮、棉、油收购资金,社会保障基金,住房基金和党、团、工会经费等专用存款账户支取现金应按照国家现金管理的规定办理。银行应按照国家对粮、棉、油收购资金使用管理的规定加强监督,不得办理不符合规定的资金收付和现金支取。

(4) 收入汇缴资金和业务支出资金,是指基本存款账户存款人附属的非独立核算单位或派出机构发生的收入和支出的资金。收入汇缴账户除向其基本存款账户或预算外资金财政专用存款户划缴款项外,只收不付,不得支取现金。业务支出账户除从其基本存款账户拨入款项外,只付不收,其现金支取必须按照国家现金管理的规定办理。

### (四)预算单位零余额账户

预算单位零余额账户,是指预算单位经财政部门批准,在国库集中支付代理银行和非税收入代缴代理银行开立的,用于办理国库集中收付业务的银行结算账户。预算单位零余额账户的性质为基本存款账户或专用存款账户。预算单位未开立基本存款账户或原基本存款账户在国库集中支付改革后,已经按财政部门要求撤销的,将同级财政部门批准预算单位零余额账户作为基本存款账户;除上述情况外,预算单位零余额账户作为专用存款账户。

1. 开设流程

(1) 预算单位向财政部门提出设立零余额账户的申请。

(2) 财政部门同意预算单位开设零余额账户后通知代理银行。

(3) 代理银行根据《人民币银行结算账户管理办法》的规定,具体办理开设预算单位零余额账户业务,并将所开账户的开户银行名称、账号等详细情况书面报告财政部门和中国人民银行,并由财政部门通知一级预算单位。

(4) 预算单位根据财政部门的开户通知,具体办理预留印鉴手续,印鉴卡内容如有变动,预算单位应及时通过一级预算单位向财政部门提出变更申请,办理印鉴卡更换手续。

2. 使用规范

(1) 一个基层预算单位开设一个零余额账户。

(2) 预算单位零余额账户用于财政授权支付,可以办理转账、提取现金等结算业务;可以向本单位按账户管理规定保留的相应账户划拨工会经费、住房公积金及提租补贴,以及财政部批准的特殊款项;不得违反规定向本单位其他账户和上级主管单位、所属下级单位账户划拨资金。

### (五)临时存款账户

1. 临时存款账户的概念

临时存款账户是指存款人因临时需要并在规定期限内使用而开立的银行结算账户。

2. 适用范围

(1) 设立临时机构,如工程指挥部、筹备领导小组、摄制组等。

(2) 异地临时经营活动。

(3) 注册验资、增资。

(4) 军队、武警单位承担基本建设或异地执行作战、演习、抢险救灾、应对突发事件等临时任务。

3. 开户证明文件

(1) 临时机构,应出具其驻在地主管部门同意设立临时机构的批文。

(2) 异地建筑施工及安装单位,应出具其营业执照正本或其隶属单位的营业执照正本,以及施工及安装地建设主管部门核发的许可证或建筑施工及安装合同。外国及我国港、澳、台地区建筑施工及安装单位,应出具行业主管部门核发的资质准入证明。

(3) 异地从事临时经营活动的单位,应出具其营业执照正本以及临时经营地市场监督管理部门的批文。

(4) 境内单位在异地从事临时活动的,应出具政府有关部门批准其从事该项活动的证明文件。

(5) 境外(含我国港、澳、台地区)机构在境内从事经营活动的,应出具政府有关部门批准其从事该项活动的证明文件。

(6) 军队、武警单位因执行作战、演习、抢险救灾、应对突发事件等任务需要开立银行账户时,开户银行应当凭军队、武警团级以上单位后勤(联勤)部门出具的批件或证明,先予开户并同时启用,后补办相关手续。

(7) 注册验资资金,应出具市场监督管理部门核发的企业名称预先核准通知书或有关部门的批文。

(8) 增资验资资金,应出具股东会或董事会决议等证明文件。

上述第(2)、(3)、(4)、(8)项还应出具基本存款账户开户许可证或基本存款账户编号,外国及我国港、澳、台地区建筑施工及安装单位除外。

4. 临时存款账户的使用

(1) 临时存款账户用于办理临时机构以及存款人临时经营活动发生的资金收付。

(2) 临时存款账户应根据有关开户证明文件确定的期限或存款人的需要确定其有效期限,最长不得超过2年。

(3) 临时存款账户支取现金,应按照国家现金管理的规定办理。

(4) 注册验资的临时存款账户在验资期间只收不付。

**(六) 个人银行结算账户**

1. 个人银行结算账户的概念

个人结算账户是指存款人因投资、消费、结算等需要而凭个人身份证以自然人名称开立的银行结算账户。

个人银行账户分为Ⅰ类银行账户、Ⅱ类银行账户和Ⅲ类银行账户(简称Ⅰ类户、Ⅱ类户、Ⅲ类户)。银行可通过Ⅰ类户为存款人提供存款、购买投资理财产品等金融产品、转账、消费和缴费支付、支取现金等服务。Ⅱ类户可以办理存款、购买投资理财产品等金融产品、限额消费和缴费、限额向非绑定账户转出资金业务,可以配发银行卡实体卡片。经银行柜面、自助设备加以银行工作人员现场面对面确认身份的,Ⅱ类户还可以办理存取现金、非绑定账户资金转入业务,非绑定账户转入资金、存入现金日累计限额合计为10 000元、年累计限额合计为200 000元;消费和缴费、向非绑定账户转出资金、取出现金日累计限额合计为10 000元、年累计限额合计为200 000元。银行可以向Ⅱ类户发放本银行贷款资金并通过Ⅱ类户还款,发放贷款和贷款资金归还,不受转账限额规定。Ⅲ类户可以办理限额消费和缴费、限额向非绑定账户转出资金业务。经银行柜面、自助设备加以银行工作人员现场面对面确认身份的,Ⅲ类户还可以办理非绑定账户资金转入业务。Ⅲ类账户任一时点账户余额不得超过2 000元。

2. 开户方式

开户方式包括柜面开户、自助机具开户、电子渠道开户。

3. 亲自办理与代理办理

开户申请人开立个人银行账户或者办理其他个人银行账户业务,原则上应当由开户申请人本人亲自办理;符合条件的,可以由他人代理办理。

4. 开户证明文件

根据个人银行账户实名制的要求,存款人申请开立个人银行账户时,应向银行出具本人有效身份证件,银行通过有效身份证件仍无法准确判断开户申请人身份的,应要求其出具辅助身份证明材料。

5. 个人银行结算账户的使用

个人银行结算账户用于办理个人转账收付和现金存取。下列款项可以转入个人银行结算账户:①工资、奖金收入。②稿费、演出费等劳务收入。③债券、期货、信托等投资的本金和收益。④个人债权或产权转让收益。⑤个人贷款转存。⑥证券交易结算资金和期货交易保证金。⑦继承、赠与款项。⑧保险理赔、保费退还等款项。⑨纳税退还。⑩农、副、矿产品销售收入。⑪其他合法款项。

单位从其银行结算账户支付给个人银行结算账户的款项,每笔超过50 000元的,应向其开户银行提供下列付款依据:①代发工资协议和收款人清单。②奖励证明。③新闻出版、演出主办等单位与收款人签订的劳务合同或支付给个人款项的证明。④证券公司、期货公司、信托投资公司、奖券发行或承销部门支付或退还给自然人款项的证明。⑤债权或产权转让协议。⑥借款合同。⑦保险公司的证明。⑧税收征管部门的证明。⑨农、副、矿产品购销合同。⑩其他合法款项的证明。

从单位银行结算账户支付给个人银行结算账户的款项应纳税的,税收代扣单位付款时应向其开户银行提供完税证明。

对于可疑交易,银行应关闭单位银行结算账户的网上银行转账功能,要求存款人到银行网点柜台办理转账业务,并出具书面付款依据或相关证明文件,如存款人未提供相关依据或相关依据不符合规定的,银行应拒绝办理转账业务。可疑交易的特征包括:①账户资金集中转入、分散转出、跨区域交易。②账户资金快进快出,不留余额或者留下一定比例余额后转出,过渡性质明显。③拆分交易、故意规避交易限额。④账户资金金额较大,对外收付金额与单位经营规模、经营活动明显不符。⑤其他可疑情形。

**(七) 异地银行结算账户**

1. 异地银行结算账户的概念

异地银行结算账户,是存款人在其注册地或住所地行政区域之外(跨省、市、县)开立的银行结算账户。

2. 适用范围

(1) 营业执照注册地与经营地不在同一行政区域(跨省、市、县)需要开立基本存款账户的。

(2) 办理异地借款和其他结算需要开立一般存款账户的。

(3) 存款人因附属的非独立核算单位或派出机构发生的收入汇缴或业务支出需要开立专用存款账户的。

(4) 异地临时经营活动需要开立临时存款账户的。

(5) 自然人根据需要在异地开立个人银行结算账户的。

3. 开户证明文件

存款人需要在异地开立单位银行结算账户,除出具开立基本存款账户、一般存款账户、专用存款账户和临时存款账户规定的有关证明文件和基本存款账户开户许可证或企业基本存款账户编号外,还应出具下列相应的证明文件:

(1) 异地借款的存款人在异地开立一般存款账户的,应出具在异地取得贷款的借款合同。

(2) 因经营需要在异地办理收入汇缴和业务支出的存款人在异地开立专用存款账户的,应出具隶属单位的证明。

存款人需要在异地开立个人银行结算账户,应出具在住所地开立账户所需的证明文件。

### 四、银行结算账户的管理

1. 银行结算账户的实名制管理

(1) 存款人应当以实名开立银行结算账户。

(2) 存款人对其出具的开户及变更、撤销申请资料的实质内容保证真实性。

(3) 存款人不得出租、出借银行结算账户。

(4) 存款人不得利用银行结算账户套取银行信用或进行洗钱活动。

2. 银行结算账户资金的管理

单位、个人和银行,应当按照《人民币银行结算账户管理办法》和《企业银行结算账户管理办法》的规定开立、使用账户。在银行开立存款账户的单位和个人办理支付结算,账户内须有足够的资金保证支付。银行依法为单位、个人在银行开立的存款账户内的存款保密,维护其资金的自主支配权。除国家法律、行政法规另有规定外,银行不得为任何单位或者个人查询账户情况,不得为任何单位或者个人冻结、划扣款项,不得停止单位、个人存款的正常支付。

3. 银行结算账户变更事项的管理

存款人申请临时存款账户展期,变更、撤销单位银行结算账户以及补(换)发开户许可证时,可由法定代表人或单位负责人直接办理,也可授权他人办理。

4. 存款人预留银行签章的管理

(1) 单位遗失预留公章或财务专用章的,应向开户银行出具书面申请、开户许可证、营业执照等相关证明文件。

(2) 单位更换预留公章或财务专用章时,应向开户银行出具书面申请、原预留公章或财务专用章等相关证明文件。

(3) 个人遗失或更换预留个人印章或更换签字人时,应向开户银行出具经签名确认的书面申请及原预留印章或签字人的个人身份证件。

5. 银行结算账户的对账管理

银行结算账户的存款人应与银行按规定核对账务。存款人收到对账单或对账信息后,应及时核对账务并在规定期限内向银行发出对账回单或确认信息。

## 第三节　银行非现金支付业务

### 一、票据

**(一) 票据的概念和种类**

票据的概念有广义和狭义之分。广义上的票据包括各种有价证券和凭证,如股票、企业债券、发票、提单等。狭义上的票据,即《中华人民共和国票据法》(以下简称《票据法》)中规定的"票据",是指由出票人签发的、约定自己或者委托付款人在见票时或指定的日期向收款人或持票人无条件支付一定金额的有价证券。票据包括汇票、支票和本票,分类如图4-1所示。

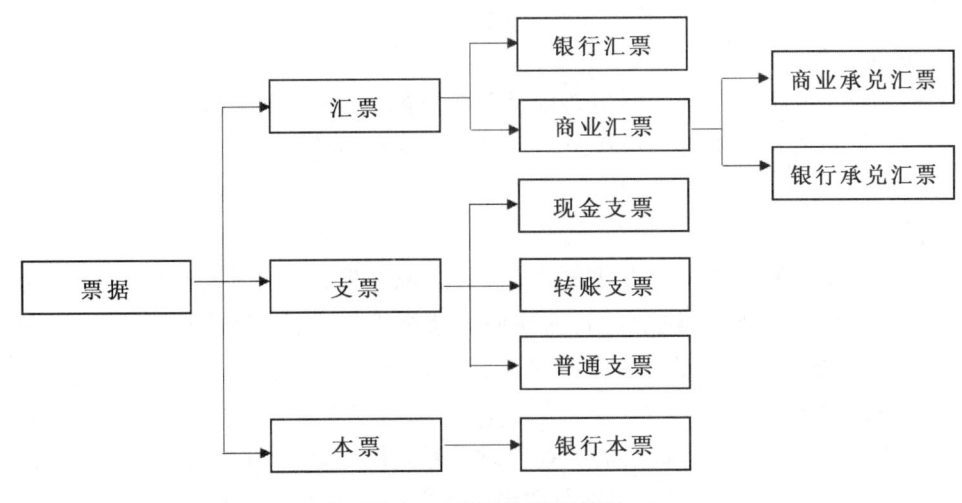

图4-1 我国的票据分类

**(二) 票据当事人**

票据当事人是指在票据法律关系中,享有票据权利、承担票据义务的主体。票据当事人分为基本当事人和非基本当事人。票据基本当事人是指在票据做成和交付时就已经存在的当事人,包括出票人、付款人和收款人。汇票和支票的基本当事人有出票人、收款人和付款人;本票的基本当事人有出票人和收款人。

1. 基本当事人

(1) 出票人,是指依法定方式签发票据并将票据交付给收款人的人。银行汇票的出票人为银行;商业汇票的出票人为银行以外的企业和其他组织;银行本票的出票人为出票银行;支票的出票人是指在银行开立支票存款账户的企业、其他组织和个人。

(2) 付款人,是指由出票人委托付款或自行承担付款责任的人。商业承兑汇票的付款人是合同中应给付款项的一方当事人,也是该汇票的承兑人;银行承兑汇票的付款人是承兑银行;支票的付款人是出票人的开户银行。

(3) 收款人,是指票据正面记载的到期后有权收取票据所载金额的人。

2. 非基本当事人

非基本当事人是指在票据作成并交付后,通过一定的票据行为加入票据关系而享有一定权利、承担一定义务的当事人,包括承兑人、背书人、被背书人、保证人等。

(1) 承兑人,是指接受汇票出票人的付款委托,同意承担支付票款义务的人,是汇票主债务人。

(2) 背书人,是指在转让票据时,在票据背面或粘单上签字或盖章,并将该票据交付给受让人的票据收款人或持有人。

(3) 被背书人,是指被记名受让票据或接受票据转让的人。背书后,被背书人成为票据新的持有人,享有票据的所有权利。

(4) 保证人,是指为票据债务提供担保的人,由票据债务人以外的第三人担任。保证人在被保证人不能履行票据责任时,以自己的资金履行票据责任,然后取得持票人的权利,向票据债务人追索。

### (三) 票据行为

票据行为是指票据当事人以发生票据债务为目的、以在票据上签名或盖章为权利义务成立要件的法律行为。票据行为包括出票、背书、承兑和保证。

1. 出票

1) 出票的概念

出票是指出票人签发票据并将其交付给收款人的票据行为。出票包括两种行为:一是出票人依照《票据法》的规定做成票据,即在原始票据上记载法定事项并签章;二是交付票据,即将做成的票据交付给他人占有。这两者缺一不可。

2) 出票的基本要求

出票人必须与付款人具有真实的委托付款关系,并且具有支付票据金额的可靠资金来源,不得签发无对价的票据用以骗取银行或者其他票据当事人的资金。

3) 票据的记载事项

票据的记载事项,是指依法在票据上记载的票据相关内容。票据记载事项一般分为必须记载事项、相对记载事项、任意记载事项和记载不产生《票据法》上效力的事项。

必须记载事项,是指《票据法》明文规定必须记载的,如不记载,票据行为即为无效的事项。相对记载事项是指除了必须记载事项外,《票据法》规定的其他应记载的事项,这些事项如果未记载,由法律另作相关规定予以明确,并不影响票据的效力。任意记载事项是指《票据法》不强制当事人必须记载而允许当事人自行选择,不记载时不影响票据效力,记载时则产生票据效力的事项。记载不产生《票据法》上的效力的事项是指除了必须记载事项、相对记载事项、任意记载事项外,票据上还可以记载其他一些事项,但这些事项不具有票据效力,银行不负审查责任。

4) 出票的效力

票据出票人制作票据,应当按照法定条件在票据上签章,并按照所记载的事项承担票据责任。出票人签发票据后,即承担该票据承兑或付款的责任。

2. 背书

1) 概念和种类

背书是在票据背面或者粘单上记载有关事项并签章的行为。以背书的目的为标准,将背书分为转让背书和非转让背书。转让背书是指以转让票据权利为目的的背书;非转让背书是指以授予他人行使一定的票据权利为目的的背书。非转让背书包括委托收款背书和质押背书。

委托收款背书是背书人委托被背书人行使票据权利的背书。委托收款背书的被背书人有权代背书人行使被委托的票据权利。但是,被背书人不得再以背书转让票据权利。质押背书是以担保债务而在票据上设定质权为目的的背书。被背书人依法实现其质权时,可以行使票据权利。

2）背书记载事项

背书由背书人签章并记载背书日期。背书未记载日期的，视为在票据到期日前背书。以背书转让或者以背书将一定的票据权利授予他人行使时，必须记载被背书人名称。背书人未记载被背书人名称即将票据交付他人的，持票人在票据被背书人栏内记载自己的名称与背书人记载具有同等法律效力。

委托收款背书应记载"委托收款"字样、被背书人和背书人签章。质押背书应记载"质押"字样、质权人和出质人签章。

票据凭证不能满足背书人记载事项的需要，可以加附粘单，粘附于票据凭证上。粘单上的第一记载人，应当在票据和粘单的粘接处签章。

3）背书效力

背书人以背书转让票据后，即承担保证其后手所持票据承兑和付款的责任。

以背书转让的票据，背书应当连续。持票人以背书的连续，证明其票据权利；非经背书转让，而以其他合法方式取得票据的，依法举证，证明其票据权利。

背书连续，是指在票据转让中，转让票据的背书人与受让票据的被背书人在票据上的签章依次前后衔接。具体来说，第一背书人为票据收款人，最后持票人为最后背书的被背书人，中间的背书人为前手背书的被背书人。

4）背书特别规定

附条件背书是指背书附有条件，背书时附有条件的，所附条件不具有票据上的效力（背书有效）。

部分背书是指将票据金额的一部分转让的背书或者将票据金额分别转让给两人以上的背书；部分背书属于无效背书。

禁转背书是指记载了"不得转让"字样，此时票据不得转让，例如出票人记载"不得转让"的，票据不得背书转让；背书人在票据上记载"不得转让"字样，其后手再背书转让的，原背书人对后手的被背书人不承担保证责任。

期后背书是指票据被拒绝承兑、被拒绝付款或者超过付款提示期限的，不得背书转让；背书转让的，背书人应当承担票据责任。

3. 承兑

1）承兑的概念

承兑是指汇票付款人承诺在汇票到期日支付汇票金额并签章的行为，仅适用于商业汇票。

2）承兑的程序

承兑的程序包括提示承兑、受理承兑等。

提示承兑是指持票人向付款人出示汇票，并要求付款人承诺付款的行为。定日付款或者出票后定期付款的汇票，持票人应当在汇票到期日前向付款人提示承兑。见票后定期付款的汇票，持票人应当自出票日起1个月内向付款人提示承兑。汇票未按照规定期限提示承兑的，持票人丧失对其前手的追索权。

付款人收到持票人提示承兑的汇票时,应当向持票人签发收到汇票的回单。回单上应当记明汇票提示承兑日期并签章。付款人对向其提示承兑的汇票,应当自收到提示承兑的汇票之日起3日内承兑或者拒绝承兑。

3) 承兑记载事项

付款人承兑汇票的,应当在汇票正面记载"承兑"字样和承兑日期并签章;见票后定期付款的汇票,应当在承兑时记载付款日期。汇票上未记载承兑日期的,应当以收到提示承兑的汇票之日起3日内的最后一日为承兑日期。

4) 承兑效力

付款人承兑汇票,不得附有条件;承兑附有条件的,视为拒绝承兑。付款人承兑汇票后,应当承担到期付款的责任。

4. 保证

1) 保证的概念

保证是指票据债务人以外的人,为担保特定债务人履行票据债务而在票据上记载有关事项并签章的行为。

国家机关、以公益为目的的事业单位、社会团体作为票据保证人的,票据保证无效,但经国务院批准为使用外国政府或者国际经济组织贷款进行转贷,国家机关提供票据保证的除外。

2) 保证的记载事项

保证人必须在票据或者粘单上记载下列事项:标明"保证"字样、保证人签章、保证人名称和住所、被保证人名称、保证日期。

(1) 保证人在票据或者粘单上未记载"被保证人名称"的,已承兑的票据,承兑人为被保证人;未承兑的票据,出票人为被保证人。

(2) 保证人在票据或者粘单上未记载"保证日期"的,出票日期为保证日期。票据行为未记载日期的法律后果如表4-1所示。

表4-1　　　　　　　　票据行为未记载日期的法律后果对照表

| 票据行为 | 法律后果 |
| --- | --- |
| 出票 | 票据无效 |
| 背书 | 视为票据到期前背书 |
| 保证 | 出票日期为保证日期 |
| 承兑 | 以收到提示承兑的汇票之日起3日内的最后一日为承兑日期 |

3) 保证责任的承担

被保证的票据,保证人应当与被保证人对持票人承担连带责任。票据到期后得不到付款的,持票人有权向保证人请求付款,保证人应当足额付款。保证人为两人以上的,保证人之间承担连带责任。

4) 保证效力

保证人对合法取得票据的持票人所享有的票据权利,承担保证责任。但是,被保证人的债务因票据记载事项欠缺而无效的除外。保证不得附有条件,附有条件的,不影响对票据的保证责任。保证人清偿票据债务后,可以行使持票人对被保证人及其前手的追索权。

【例4-2】 下列票据记载事项中,属于相对记载事项的有(  )。

A. 背书日期

B. 承兑日期

C. 保证日期

D. 出票日期

【解析】 答案为ABC。以上选项A、选项B、选项C在没有记载时,《票据法》均作出了推定,而选项D是《票据法》明文规定必须记载的事项。

### (四)票据权利与责任

1. 票据权利的概念和分类

1)票据权利的概念

票据权利是指票据持票人向票据债务人请求支付票据金额的权利。

2)票据权利的分类

(1)付款请求权。持票人向汇票的承兑人、本票的出票人、支票的付款人出示票据要求付款的权利,为第一顺序权利。

(2)追索权。票据当事人行使付款请求权遭到拒绝或其他法定原因存在时,向其前手请求偿还票据金额及其他法定费用的权利,是第二顺序权利;行使追索权的当事人除票据记载的收款人和最后被背书人外,还可能是代为清偿票据债务的保证人、背书人。

持票人可以不按票据债务人的先后顺序,对其中任何一人、数人或者全体行使追索权。持票人对票据债务人中的一人或者数人已经进行追索的,对其他票据债务人仍可以行使追索权。被追索人清偿债务后,与持票人享有同一权利。

2. 票据权利的取得

1)基本规定

签发、取得和转让票据,应当遵守诚实信用的原则,具有真实的交易关系和债权债务关系。

票据的取得,必须给付对价,即应当给付票据双方当事人认可的相对应的代价。但也有例外的情形,即如果是因为税收、继承、赠与可以依法无偿取得票据的,则不受给付对价的限制,但是所享有的票据权利不得优于其前手的权利。

2)取得票据享有票据权利的情形

(1)依法接受出票人签发的票据。

(2)依法接受背书转让的票据。

(3)因税收、继承、赠与可以依法无偿取得票据(属于不给付对价的例外情形)。

3)取得票据不享有票据权利的情形

(1)以欺诈、偷盗、胁迫等手段取得票据的,或者明知有上述情形,出于恶意而取得票据的。

(2)持票人因重大过失取得不符合《票据法》规定的票据的。

3. 票据权利的行使与保全

1) 票据权利行使的概念

票据权利的行使是指持票人请求票据的付款人支付票据金额的行为。例如,行使付款请求权以获得票款,行使追索权以请求清偿法定的金额和费用等。

2) 票据权利保全的概念

票据权利的保全是指持票人为了防止票据权利的丧失而采取的措施,例如依据《票据法》的规定,按照规定期限提示承兑、要求承兑人或付款人提供拒绝承兑或拒绝付款的证明以保全追索权。

(1) 持票人不能出示拒绝证明、退票理由书或者未按照规定期限提供其他合法证明的,丧失对其前手的追索权。

(2) 持票人对票据债务人行使票据权利,或者保全票据权利,应当在票据当事人的营业场所和营业时间内进行,票据当事人无营业场所的,应当在其住所进行。

4. 票据丧失的补救

票据丧失是指票据因灭失(如不慎被烧毁)、遗失(如不慎丢失)、被盗等原因而使票据权利人脱离对其票据的占有。票据丧失后可以采取挂失止付、公示催告、普通诉讼三种形式进行补救。

1) 挂失止付

挂失止付是指失票人将丧失票据的情况通知付款人或代理付款人,由接受通知的付款人或代理付款人审查后暂停支付的一种方式。只有确定付款人或代理付款人的票据丧失时才可进行挂失止付,具体包括已承兑的商业汇票、支票、填明"现金"字样和代理付款人的银行汇票以及填明"现金"字样的银行本票四种。挂失止付并不是票据丧失后采取的必经措施,而只是一种暂时的预防措施,最终要通过申请公示催告或提起普通诉讼来补救票据权利。其具体程序如下:

(1) 申请。失票人需要挂失止付的,应填写挂失止付通知书并签章。挂失止付通知书应当记载下列事项:①票据丧失的时间、地点、原因。②票据的种类、号码、金额、出票日期、付款日期、付款人名称、收款人名称。③挂失止付人的姓名、营业场所或者住所以及联系方式。欠缺上述记载事项之一的,银行不予受理。

(2) 受理。付款人或者代理付款人收到挂失止付通知书后,查明挂失票据确未付款时,应立即暂停支付。付款人或者代理付款人自收到挂失止付通知书之日起12日内没有收到人民法院的止付通知书的,自第13日起,不再承担止付责任,持票人提示付款即依法向持票人付款。付款人或者代理付款人在收到挂失止付通知书之前,已经向持票人付款的,不再承担责任。但是,付款人或者代理付款人以恶意或者重大过失付款的除外。承兑人或者承兑人开户行收到挂失止付通知或者公示催告等司法文书并确认相关票据未付款的,应当于当日依法暂停支付并在上海票据交易所登记或者委托开户行在票据市场基础设施登记相关信息。

2) 公示催告

公示催告是指在票据丧失后由失票人向人民法院提出申请,请求人民法院以公告方式通知不确定的利害关系人限期申报权利,逾期未申报者,则权利失效,而由法院通过除权判决宣告所丧失的票据无效的制度或程序。根据《票据法》的规定,失票人应当在通知挂失止付后的3日内,也可以在票据丧失后,依法向票据支付地人民法院申请公示催告。申请公示催告的主体必须是可以背书转让的票据的最后持票人。其具体程序如下:

(1)申请。失票人申请公示催告的,应填写公示催告申请书,申请书应当载明下列内容:①票面金额。②出票人、持票人、背书人。③申请的理由、事实。④通知票据付款人或者代理付款人挂失止付的时间。⑤付款人或者代理付款人的名称、通信地址、电话号码等。

(2)受理。人民法院决定受理公示催告申请,应当同时通知付款人及代理付款人停止支付,并自立案之日起3日内发出公告,催促利害关系人申报权利。付款人或者代理付款人收到人民法院发出的止付通知,应当立即停止支付,直至公示催告程序终结。非经发出止付通知的人民法院许可,擅自解付的,不得免除票据责任。

(3)公告。人民法院决定受理公示催告申请后发布的公告应当在全国性的报刊上登载。公示催告的期间,国内票据自公告发布之日起60日,涉外票据可根据具体情况适当延长,但最长不得超过90日。在公示催告期间,转让票据权利的行为无效,以公示催告的票据质押、贴现,因质押、贴现而接受该票据的持票人主张票据权利的,人民法院不予支持,但公示催告期间届满以后人民法院做出除权判决以前取得该票据的除外。

(4)判决。利害关系人应当在公示催告期间向人民法院申报。人民法院收到利害关系人的申报后,应当裁定终结公示催告程序,并通知申请人和支付人。申请人或者申报人可以向人民法院起诉,以主张自己的权利。没有人申报的,人民法院应当根据申请人的申请,作出除权判决,宣告票据无效。判决应当公告,并通知支付人。自判决公告之日起,申请人有权向支付人请求支付。利害关系人因正当理由不能在判决前向人民法院申报的,自知道或者应当知道判决公告之日起1年内,可以向作出判决的人民法院起诉。

3)普通诉讼

普通诉讼是指以丧失票据的人为原告,以承兑人或出票人为被告,请求法院判决其向失票人付款的诉讼活动。如果与票据上的权利有利害关系的人是明确的,无须公示催告,可按一般的票据纠纷向法院提起诉讼。

【例4-3】 下列表述中,正确的是(  )。

A. 申请公示催告必须先申请挂失止付
B. 办理挂失止付应有确定的"付款人",因此未填明代理付款人的银行汇票不得挂失止付
C. 银行网点营业时间终止后,因为紧急情况可以到该银行网点负责人的家中提示付款
D. 公示催告可以在当地晚报上刊发

【解析】 答案为B。挂失止付不是公示催告的必经程序,因此选项A说法错误;行使和保全票据权利,应当在票据当事人的营业场所和营业时间内进行,故选项C不正确;公示催告应在全国性的报刊上刊登,故选项D不正确。

5. 票据权利时效

票据权利时效是指票据权利在时效期间内不行使,即引起票据权利丧失。《票据法》根据不同情况,将票据权利时效划分为2年、6个月、3个月。《票据法》规定,票据权利在下列期限内不行使而消灭:

(1) 持票人对商业汇票的出票人和承兑人的权利自票据到期日起2年;对银行汇票、银行本票出票人的权利自出票日起2年。

(2) 持票人对支票出票人的权利,自出票日起6个月。

(3) 持票人对前手的追索权,自被拒绝承兑或者被拒绝付款之日起6个月。

(4) 持票人对前手的再追索权,自清偿日或者被提起诉讼之日起3个月。

【例4-4】 下列说法中,正确的是( )。

A. 票据权利时效期间是指提示付款期间

B. 持票人对支票出票人的权利,自出票日起3个月

C. 持票人对前手的再追索权,自清偿日或者被提起诉讼之日起3个月

D. 持票人对前手的追索权,自被拒绝承兑或者被拒绝付款之日起3个月

【解析】 答案为C。票据权利时效期间和提示付款期间是两个概念,应仔细辨别,故选项A错误;选项B和选项D分别应为6个月。

6. 票据责任

票据责任是指票据债务人向持票人支付票据金额的义务。实务中,票据债务人承担票据义务一般有四种情况:一是汇票承兑人因承兑而应承担付款义务;二是本票出票人因出票而承担自己付款的义务;三是支票付款人在与出票人有资金关系时承担付款义务;四是汇票、本票、支票的背书人,汇票、支票的出票人,汇票、本票的保证人,在票据不获承兑或不获付款时的付款清偿义务。

(1) 提示付款。持票人应按规定期限提示付款,如表4-2所示。持票人未按照规定期限提示付款的,在作出说明后,承兑人或者付款人仍应当继续对持票人承担付款责任。通过委托收款银行或者通过票据交换系统向付款人提示付款的,视同持票人提示付款。本票持票人未按照规定提示付款的,丧失对出票人以外的前手的追索权;支票持票人超过提示付款期限提示付款的,付款人可以不予付款,付款人不予付款的,出票人仍应对持票人承担票据责任。

表4-2　　　　　　　　　　票据的提示付款期限

| 票据种类 | 提示付款期限 |
| --- | --- |
| 支票 | 自出票日起10日 |
| 银行汇票 | 自出票日起1个月 |
| 银行本票 | 自出票日起最长不超过2个月 |
| 商业汇票 | 自票据到期日起10日 |

(2) 付款人付款。持票人依照规定提示付款的,付款人必须在当日足额付款。付款人

及其代理付款人付款时,应当审查票据背书的连续性,并审查提示付款人合法身份证明或者有效证件。票据金额为外币的,按照付款日的市场汇价,以人民币支付。票据当事人对票据支付的货币种类另有约定的,从其约定。

(3) 拒绝付款。如果存在背书不连续等合理事由,票据债务人可以对票据债权人拒绝履行义务,这就是所谓的票据"抗辩"。票据债务人可以对不履行约定义务的与自己有直接债权债务关系的持票人进行抗辩。但不得以自己与出票人或者与持票人的前手之间的抗辩事由,对抗持票人。当然,若持票人明知存在抗辩事由而取得票据的除外。

(4) 获得付款。持票人获得付款的,应当在票据上签收,并将票据交给付款人。持票人委托银行收款的,受委托的银行将代收的票据金额转账收入持票人账户,视同签收。电子商业汇票的持票人可委托接入机构即银行代为发出提示付款、逾期提示付款行为申请。

(5) 相关银行的责任。持票人委托的收款银行的责任,限于按照票据上记载事项将票据金额转入持票人账户。付款人委托的付款银行的责任,限于按照票据上记载事项从付款人账户支付票据金额。付款人及其代理付款人以恶意或者有重大过失付款的,应当自行承担责任。对定日付款、出票后定期付款或者见票后定期付款的票据,付款人在到期日前付款的,由付款人自行承担所产生的责任。

(6) 票据责任解除。付款人依法足额付款后,全体票据债务人的责任解除。

【例 4-5】 下列说法中,正确的是(    )。
A. 票据债务人可以以自己与出票人或者与持票人的前手之间的抗辩事由,对抗持票人
B. 持票人未按照规定期限提示付款的,付款人的票据责任解除
C. 持票人委托的收款银行的责任,限于按照票据上记载事项将票据金额转入持票人账户
D. 付款人委托的付款银行的责任,限于按照票据上记载事项从付款人账户支付票据金额,不必审查背书连续

【解析】 答案为C。票据债务人不得以自己与出票人或者与持票人的前手之间的抗辩事由,对抗持票人,故选项A错误;持票人未按照规定期限提示付款的,在作出相关说明后,付款人仍应当承担付款责任,而不能因此解除付款责任,故选项B错误;付款银行付款,应按照规定审查背书是否连续,背书不连续,持票人不享有票据权利,因此不应予以付款,因此选项D错误。

### (五) 票据追索

1. 票据追索适用的情形

票据追索适用于到期后追索和到期前追索两种情形。

(1) 到期后追索,是指票据到期被拒绝付款的,持票人对背书人、出票人以及票据的其他债务人行使的追索。

(2) 到期前追索,是指在票据到期日前,有下列情况之一的,持票人可以行使追索权:①汇票被拒绝承兑的。②承兑人或者付款人死亡、逃匿的。③承兑人或者付款人被依法宣告破产或因违法被责令终止业务活动的。

2. 被追索人及追索顺序

票据的出票人、背书人、承兑人和保证人对持票人承担连带责任。持票人行使追索权,可以不按照票据债务人的先后顺序,对其中任何一人、数人或者全体行使追索权。持票人对票据债务人中的一人或者数人已经进行追索的,对其他票据债务人仍可以行使追索权。

3. 追索的内容

(1) 持票人行使(首次)追索权,可以请求被追索人支付下列金额和费用:①被拒绝付款的票据金额。②票据金额自到期日或者提示付款日起至清偿日止,按照中国人民银行规定的利率计算的利息。③取得有关拒绝证明和发出通知书的费用。

(2) 持票人行使再追索权,可以请求其他票据债务人支付下列金额和费用:①已清偿的全部金额。②前项金额自清偿日起至再追索清偿日止,按照中国人民银行规定的利率计算的利息。③发出通知书的费用。

4. 追索权的行使

1) 获得有关证明

持票人行使追索权时,应当提供相关证明(包括拒绝证明,承兑人或付款人的死亡、逃匿证明,司法文书等);持票人不能出示相关证明的,将丧失对其前手的追索权,但是承兑人或者付款人仍应当对持票人承担责任。

2) 行使追索权

(1) 持票人应当自收到被拒绝承兑或者被拒绝付款的有关证明之日起3日内,将被拒绝事由书面通知其前手;其前手应当自收到通知之日起3日内书面通知其再前手。

(2) 持票人未按照规定期限(3日)发出追索通知的,持票人仍可以行使追索权。因延期通知给其前手或者出票人造成损失的,由其承担该损失的赔偿责任,但所赔偿的金额以汇票金额为限。

5. 追索的效力

被追索人依照规定清偿债务后,其责任解除,与持票人享有同一权利。

(六) 银行汇票

1. 银行汇票的概念和适用范围

1) 银行汇票的概念

银行汇票是出票银行签发的,由其在见票时按照实际结算金额无条件支付给收款人或者持票人的票据。出票银行为银行的付款人。

2) 使用范围

银行汇票可用于转账,填明"现金"字样的银行汇票也可以用于支取现金。单位和个人各种款项结算,均可使用银行汇票。

2. 银行汇票的出票

1) 申请

申请人使用银行汇票,应向出票银行填写"银行汇票申请书"。填明收款人名称、汇票金额、申请人名称、申请日期等事项并签章。

2) 签发并交付

出票银行受理银行汇票申请书,银行收妥款项签发银行汇票,同时将"银行汇票和解讫通知"一并交给申请人。签发银行汇票必须记载下列事项:表明"银行汇票"的字样;无条件支付的承诺;出票金额;付款人名称;收款人名称;出票日期;出票人签章。欠缺记载上列事项之一的,银行汇票无效。申请人将"银行汇票和解讫通知"一并交付给汇票上记明的收款人。

3. 银行汇票实际结算金额的填写

银行汇票按照实际结算金额结算,将实际结算金额和多余金额填入银行汇票和解讫通知的有关栏内:

(1) 银行汇票的实际结算金额低于出票金额的,其多余金额由出票银行退交申请人。

(2) 未填明实际结算金额和多余金额或实际结算金额超过出票金额的,银行不予受理。

(3) 银行汇票的实际结算金额一经填写不得更改,更改实际结算金额的银行汇票无效。

4. 银行汇票背书

被背书人受理银行汇票时,除按照收款人接受银行汇票进行相应的审查外,还应审查下列事项:①银行汇票是否记载实际结算金额,有无更改,其金额是否超过出票金额。②背书是否连续,背书人签章是否符合规定,背书使用粘单的是否按规定签章。③背书人为个人的身份证件。

银行汇票的背书转让以不超过出票金额的实际结算金额为准。未填写实际结算金额或实际结算金额超过出票金额的银行汇票不得背书转让。

5. 银行汇票提示付款

银行汇票的提示付款期限自出票日起1个月。持票人超过付款期限提示付款的,代理付款人不予受理。持票人向银行提示付款时,须同时提交银行汇票和解讫通知,缺少任何一联,银行不予受理。持票人超过期限向代理付款银行提示付款却不获付款的,须在票据权利时效内向出票银行作出说明,并提供本人身份证件或单位证明,持银行汇票和解讫通知向出票银行请求付款。

6. 银行汇票退款和丧失

申请人因银行汇票超过付款提示期限或其他原因要求退款时,应将银行汇票和解讫通知同时提交到出票银行。申请人为单位的,应出具该单位的证明;申请人为个人的,应出具本人的身份证件。对于代理付款银行查询的要求退款的银行汇票,应在汇票提示付款期满后方能办理退款。出票银行对于转账银行汇票的退款,只能转入原申请人账户;对于符合规定填明"现金"字样银行汇票的退款,才能退付现金。申请人缺少解讫通知要求退款的,出票银行应于银行汇票提示付款期满1个月后办理。

银行汇票丧失,失票人可以凭人民法院出具的其享有票据权利的证明,向出票银行请求付款或退款。

**(七) 商业汇票**

1. 商业汇票的概念、种类和适用范围

商业汇票是出票人签发的,委托付款人在指定日期无条件支付确定的金额给收款人或者持票人的票据。商业汇票按照承兑人的不同分为商业承兑汇票和银行承兑汇票。

银行承兑汇票由银行承兑,商业承兑汇票由银行以外的付款人承兑。电子商业汇票是指出票人依托上海票据交易所电子商业汇票系统(以下简称电子商业汇票系统),以数据电文形式制作的,委托付款人在指定日期无条件支付确定的金额给收款人或者持票人的票据。电子商业汇票的出票、承兑、背书、保证、提示付款和追索等业务,必须通过电子商业汇票系统办理。商业汇票的付款人为承兑人。在银行开立存款账户的法人及其他组织之间的结算,才能使用商业汇票。

2. 商业汇票的出票

1) 出票人的资格条件

商业承兑汇票的出票人,为在银行开立存款账户的法人以及其他组织,并与付款人具有真实的委托付款关系,具有支付汇票金额的可靠资金来源。银行承兑汇票的出票人必须是在承兑银行开立存款账户的法人以及其他组织,并与承兑银行具有真实的委托付款关系,资信状况良好,具有支付汇票金额的可靠资金来源。出票人办理电子商业汇票业务,还应同时具备签约开办对公业务的企业网银等电子服务渠道、与银行签订《电子商业汇票业务服务协议》。单张出票金额在100万元以上的商业汇票原则上应全部通过电子商业汇票办理。单张出票金额在300万元以上的商业汇票应全部通过电子商业汇票办理。

2) 出票人的确定

商业承兑汇票可以由付款人签发并承兑,也可以由收款人签发交由付款人承兑。银行承兑汇票应由在承兑银行开立存款账户的存款人签发。

3) 出票的记载事项

签发商业汇票必须记载下列事项:表明"商业承兑汇票"或"银行承兑汇票"的字样;无条件支付的委托;确定的金额;付款人名称;收款人名称;出票日期;出票人签章。欠缺记载上述事项之一的,商业汇票无效。其中,"出票人签章"为该单位的财务专用章或者公章加其法定代表人或其授权的代理人的签名或者盖章。

电子商业汇票出票必须记载下列事项:表明"电子银行承兑汇票"或"电子商业承兑汇票"的字样;无条件支付的委托;确定的金额;出票人名称;付款人名称;收款人名称;出票日期;票据到期日;出票人签章。

4) 付款期限

商业汇票的付款期限记载有三种形式:①定日付款的付款期限在汇票上记载具体的到期日。②出票后定期付款的汇票付款期限自出票日起按月计算,并在汇票上记载。③见票后定期付款的汇票付款期限自承兑或拒绝承兑日起按月计算,并在汇票上记载。电子商业汇票的付款期限只允许作定日付款的记载。

5) 到期日

纸质商业汇票的付款期限,最长不得超过6个月。电子商业汇票的付款期限自出票日至到期日最长不超过1年。

3. 商业汇票的承兑

商业汇票可以在出票时向付款人提示承兑后使用,也可以在出票后先使用再向付款人提示承兑。付款人拒绝承兑的,必须出具拒绝承兑的证明。付款人承兑汇票后,应当承担到期付款的责任。

银行承兑汇票的出票人或持票人向银行提示承兑时,银行的信贷部门负责按照有关规定和审批程序,对出票人的资格、资信、购销合同和汇票记载的内容进行认真审查,必要时可由出票人提供担保。对资信良好的企业申请电子商业汇票承兑的,金融机构可通过审查合同、发票等材料的影印件,企业电子签名的方式,对电子商业汇票的真实交易关系和债权债务关系进行在线审核。对电子商务企业申请电子商业汇票承兑的,金融机构可通过审查电子订单或电子发票的方式,对电子商业汇票的真实交易关系和债权债务关系进行在线审核。符合规定和承兑条件的,与出票人签订承兑协议。银行承兑汇票的承兑银行,应按票面金额的一定比例向出票人收取手续费,银行承兑汇票手续费为市场调节价。

4. 商业汇票的信息登记

纸质票据贴现前,金融机构办理承兑、质押、保证等业务,应当不晚于业务办理的次一工作日在上海票据交易所完成相关信息登记工作。纸质商业承兑汇票完成承兑后,承兑人开户行应当根据承兑人委托代其进行承兑信息登记。承兑信息未能及时登记的,持票人有权要求承兑人补充登记承兑信息。纸质票据票面信息与登记信息不一致的,以纸质票据票面信息为准。电子商业汇票签发、承兑、质押、保证、贴现等信息应当通过电子商业汇票系统同步传送至票据市场基础设施。

5. 商业汇票的信息披露

商业承兑汇票的承兑人应当于承兑完成日次一个工作日内,在中国人民银行认可的票据信息披露平台披露每张票据的承兑相关信息,包括出票日期、承兑日期、票据号码、出票人名称、承兑人名称、承兑人社会信用代码、票面金额、票据到期日等。承兑人应当于每月前10日内披露承兑信用信息,包括累计承兑发生额、承兑余额、累计逾期发生额、逾期余额等。

6. 商业汇票的贴现

1) 贴现的概念

贴现是指票据持票人在票据未到期前为获得现金向银行贴付一定利息而发生的票据转让行为。贴现按照交易方式,分为买断式和回购式。

2) 贴现的基本规定

(1) 贴现条件。商业汇票的持票人向银行办理贴现必须具备下列条件:①票据未到期。②票据未记载"不得转让"事项。③在银行开立存款账户的企业法人以及其他组织。④与出票人或者直接前手之间具有真实的商品交易关系。

电子商业汇票贴现必须记载:贴出人名称;贴入人名称;贴现日期;贴现类型;贴现利率;实付金额;贴出人签章。电子商业汇票回购式贴现赎回应做成背书,并记载原贴出人名称、原贴入人名称、赎回日期、赎回利率、赎回金额、原贴入人签章。

(2) 贴现要求。①贴现人办理纸质票据贴现时,应当通过票据市场基础设施查询票据承兑信息,并在确认纸质票据必须记载事项与已登记承兑信息一致后,为贴现申请人办理贴现,贴现申请人无须提供合同、发票等资料。②信息不存在或者纸质票据必须记载事项与已登记承兑信息不一致的,不得办理贴现。③贴现人办理纸质票据贴现后,应当在票据上记载

"已电子登记权属"字样,该票据不再以纸质形式进行背书转让、设立质押或者其他交易行为。④贴现人应当对纸质票据妥善保管。已贴现票据应当通过票据市场基础设施办理背书转让、质押、保证、提示付款等票据业务。⑤贴现人可以按市场化原则选择商业银行对纸质票据进行保证增信。保证增信行对纸质票据进行保管并为贴现人的偿付责任进行先行偿付。⑥纸质票据贴现后,其保管人可以向承兑人发起付款确认。付款确认可以采用实物确认或者影像确认,两者具有同等效力。⑦承兑人收到票据影像确认请求或者票据实物后,应当在3个工作日内作出或者委托其开户行作出同意或者拒绝到期付款的应答。拒绝到期付款的,应当说明理由。电子商业汇票一经承兑即视同承兑人已进行付款确认。⑧承兑人或者承兑人开户行进行付款确认后,除挂失止付、公示催告等合法抗辩情形外,应当在持票人提示付款后付款。

(3) 贴现利息的计算。贴现的期限从其贴现之日起至汇票到期日止。实付贴现金额按票面金额扣除贴现日至汇票到期前1日的利息计算。承兑人在异地的纸质商业汇票,贴现的期限以及贴现利息的计算应另加3日的划款日期。

(4) 贴现的收款。贴现到期,贴现银行应向付款人收取票款。不获付款的,贴现银行应向其前手追索票款。贴现银行追索票款时可从申请人的存款账户直接收取票款。办理电子商业汇票贴现以及提示付款业务,可选择票款对付方式或同城票据交换、通存通兑、汇兑等方式清算票据资金。

电子商业汇票当事人在办理回购式贴现业务时,应明确赎回开放日、赎回截止日。

7. 商业汇票的到期处理

1) 票据到期后偿付顺序

票据到期后偿付顺序如下:

(1) 票据未经承兑人付款确认和保证增信即交易的,若承兑人未付款,应当由贴现人先行偿付。该票据在交易后又经承兑人付款确认的,应当由承兑人付款;若承兑人未付款,应当由贴现人先行偿付。

(2) 票据经承兑人付款确认且未保证增信即交易的,应当由承兑人付款;若承兑人未付款,应当由贴现人先行偿付。

(3) 票据保证增信后即交易且未经承兑人付款确认的,若承兑人未付款,应当由保证增信行先行偿付;保证增信行未偿付的,应当由贴现人先行偿付。

(4) 票据保证增信后且经承兑人付款确认的,应当由承兑人付款;若承兑人未付款,应当由保证增信行先行偿付;保证增信行未偿付的,应当由贴现人先行偿付。

2) 提示付款

商业汇票的提示付款期限,自汇票到期日起10日,持票人应在提示付款期内向付款人提示付款。

(1) 持票人在提示付款期内通过票据市场基础设施提示付款的,承兑人应当在提示付款当日进行应答或者委托其开户行进行应答。承兑人存在合法抗辩事由拒绝付款的,应当在提示付款当日出具或者委托其开户行出具拒绝付款证明,并通过票据市场基础设施通知持票人。承兑人或者承兑人开户行在提示付款当日未做出应答的,视为拒绝付款,票据市场基础设施提供拒绝付款证明并通知持票人。

商业承兑汇票承兑人在提示付款当日同意付款的,承兑人账户余额足够支付票款的,承兑人开户行应当代承兑人作出同意付款应答,并于提示付款日向持票人付款。承兑人账户余额不足以支付票款的,则视同承兑人拒绝付款。承兑人开户行应当于提示付款日代承兑人作出拒付应答并说明理由,同时通过票据市场基础设施通知持票人。

银行承兑汇票的承兑人已于到期前进行付款确认的,票据市场基础设施应当根据承兑人的委托于提示付款日代承兑人发送指令划付资金至持票人资金账户。

(2)纸质商业汇票的持票人在提示付款期内通过开户银行委托收款或直接向付款人提示付款的,对异地委托收款的,持票人可匡算邮程,提前通过开户银行委托收款。超过提示付款期限提示付款的,持票人开户银行不予受理,但在作出说明后,承兑人或者付款人仍应当继续对持票人承担付款责任。商业承兑汇票的付款人开户银行收到通过委托收款寄来的汇票,将汇票留存并通知付款人。付款人收到开户银行的付款通知,应在当日通知银行付款。付款人在接到通知日的次日起3日内(遇法定休假日顺延,下同)未通知银行付款的,视同付款人承诺付款。付款人提前收到由其承兑的商业汇票,应通知银行于汇票到期日付款。银行应于汇票到期日将票款划给持票人。付款人存在合法抗辩事由拒绝付款的,应自接到通知的次日起3日内,作成拒绝付款证明送交开户银行,银行将拒绝付款证明和商业承兑汇票邮寄持票人开户银行转交持票人。纸质银行承兑汇票的承兑银行应于汇票到期日或到期日后的见票当日支付票款。承兑银行存在合法抗辩事由拒绝支付的,应自接到商业汇票的次日起3日内作出拒绝付款证明,连同银行承兑汇票邮寄持票人开户银行转交持票人。

(3)银行承兑汇票的出票人应于汇票到期前将票款足额交存其开户银行,银行承兑汇票的出票人于汇票到期日未能足额交存票款时,承兑银行付款后,对出票人尚未支付的汇票金额按照每天5‰计收利息。

保证增信行或者贴现人承担偿付责任时,应当委托票据市场基础设施代其发送指令划付资金至持票人资金账户。

**(八)银行本票**

1. 银行本票的概念和适用范围

(1)本票的概念。本票,是指出票人签发的,承诺自己在见票时无条件支付确定的金额给收款人或者持票人的票据。

(2)本票的适用范围。在我国,本票仅限于银行本票,即银行出票,银行付款。银行本票可以用于转账,注明"现金"字样的银行本票可以用于支取现金。单位和个人在同一票据交换区域需要支付各种款项,均可以使用银行本票。

2. 银行本票的出票

(1)申请。申请人使用银行本票,应向银行填写"银行本票申请书",填明收款人名称、申请人名称、支付金额、申请日期等事项并签章。申请人和收款人均为个人需要支取现金的,应在"金额"栏先填写"现金"字样,后填写支付金额。

(2)受理。出票银行受理"银行本票申请书",收妥款项,签发银行本票交给申请人。签发银行本票必须记载下列事项：表明"银行本票"的字样；无条件支付的承诺；确定的金额；收款人名称；出票日期；出票人签章。欠缺记载上列事项之一的，银行本票无效。

申请人或收款人为单位的，银行不得为其签发现金银行本票。

出票银行必须具有支付本票金额的可靠资金来源，并保证支付。

（3）交付。申请人应将银行本票交付给本票上记明的收款人。收款人受理银行本票时，应审查下列事项：①收款人是否确为本单位或本人。②银行本票是否在提示付款期限内。③必须记载的事项是否齐全。④出票人签章是否符合规定，大小写出票金额是否一致。⑤出票金额、出票日期、收款人名称是否更改，更改的其他记载事项是否由原记载人签章证明。

3. 银行本票的付款

银行本票见票即付。银行本票的提示付款期限自出票日起最长不得超过2个月。本票的出票人在持票人提示见票时，必须承担付款的责任。持票人超过提示付款期限不获付款的，在票据权利时效内向出票银行作出说明，并提供本人身份证件或单位证明，可持银行本票向出票银行请求付款。

4. 银行本票的退款和丧失

出票银行对于在本行开立存款账户的申请人，只能将款项转入原申请人账户；对于现金银行本票和未在本行开立存款账户的申请人，才能退付现金。

银行本票丧失，失票人可以凭人民法院出具的其享有票据权利的证明，向出票银行请求付款或退款。

### （九）支票

1. 支票的概念、种类和适用范围

1) 支票的概念

支票是指出票人签发的、委托办理支票存款业务的银行在见票时无条件支付确定的金额给收款人或者持票人的票据。支票的基本当事人包括出票人、付款人和收款人。出票人即存款人，是在批准办理支票业务的银行机构开立可以使用支票的存款账户的单位和个人；付款人是出票人的开户银行；持票人是票面上填明的收款人，也可以是经背书转让的被背书人。

2) 支票的种类

支票分为现金支票、转账支票和普通支票三种。

（1）支票上印有"现金"字样的为现金支票，现金支票只能用于支取现金。

（2）支票上印有"转账"字样的为转账支票，转账支票只能用于转账。

（3）支票上未印有"现金"或"转账"字样的为普通支票，普通支票可以用于支取现金，也可以用于转账。在普通支票左上角划两条平行线的，为划线支票，划线支票只能用于转账，不得支取现金。

3) 适用范围

单位和个人在同一票据交换区域的各种款项结算，均可以使用支票。全国支票影像交换系统支持全国使用。

2. 支票的出票

（1）支票的记载事项。签发支票必须记载下列事项：表明"支票"的字样；无条件支付的委托;确定的金额;付款人名称;出票日期;出票人签章。支票上未记载前款规定事项之一的,支票无效。其中,支票的"付款人"为支票上记载的出票人开户银行。

支票的金额、收款人名称,可以由出票人授权补记,未补记前不得背书转让和提示付款。支票上未记载付款地的,付款人的营业场所为付款地。支票上未记载出票地的,出票人的营业场所、住所或者经常居住地为出票地。出票人可以在支票上记载自己为收款人。

(2)签发支票的注意事项。支票的出票人所签发的支票金额不得超过其付款时在付款人处实有的存款金额。出票人签发的支票金额超过其付款时在付款人处实有的存款金额的,为空头支票。禁止签发空头支票。支票的出票人不得签发与其预留本名的签名式样或者印鉴不符的支票。

支票上的出票人的签章,出票人为单位的,为与该单位在银行预留签章一致的财务专用章或者公章加其法定代表人或者其授权的代理人的签名或者盖章;出票人为个人的,为与该个人在银行预留签章一致的签名或者盖章。支票的出票人预留银行签章是银行审核支票付款的依据。出票人不得签发与其预留银行签章不符的支票。

3. 支票付款

(1)提示付款。支票的提示付款期限自出票日起10日。持票人可以委托开户银行收款或直接向付款人提示付款。用于支取现金的支票仅限于收款人向付款人提示付款。

持票人委托开户银行收款时,应作委托收款背书,在支票背面背书人签章栏签章、记载"委托收款"字样、背书日期,在被背书人栏记载开户银行名称,并将支票和填制的进账单送交开户银行。持票人持用于转账的支票向付款人提示付款时,应在支票背面背书人签章栏签章,并将支票和填制的进账单送交出票人开户银行。收款人持用于支取现金的支票向付款人提示付款时,应在支票背面"收款人签章"处签章,持票人为个人的,还需交验本人身份证件,并在支票背面注明证件名称、号码及发证机关。

(2)付款。出票人必须按照签发的支票金额承担保证向该持票人付款的责任。出票人在付款人处的存款足以支付支票金额时,付款人应当在见票当日足额付款。

付款人依法支付支票金额的,对出票人不再承担受委托付款的责任,对持票人不再承担付款的责任。但付款人以恶意或者有重大过失付款的除外。

## 二、其他结算方式

### (一)汇兑

1. 汇兑的概念和种类

(1)汇兑的概念。汇兑是汇款人委托银行将其款项支付给收款人的结算方式。

(2)汇兑的分类。汇兑分为信汇、电汇两种,单位和个人的各种款项的结算,均可使用汇兑结算方式。

2. 办理汇兑的程序

(1)签发汇兑凭证。签发汇兑凭证必须记载下列事项:表明"信汇"或"电汇"的字样;无条件支付的委托;确定的金额;收款人名称;汇款人名称;汇入地点、汇入行名称;汇出地点、汇出行名称;委托日期;汇款人签章。汇兑凭证记载的汇款人、收款人在银行开立存款账户的,必须记载其账号。

(2) 银行受理。汇出银行受理汇款人签发的汇兑凭证,经审查无误后,应及时向汇入银行办理汇款,并向汇款人签发汇款回单。汇款回单只能作为汇出银行受理汇款的依据,不能作为该笔汇款已转入收款人账户的证明。

(3) 汇入处理。汇入银行对开立存款账户的收款人,应将汇入的款项直接转入收款人账户,并向其发出收账通知。收账通知是银行将款项确已收入收款人账户的凭据。

3. 汇兑的撤销

汇款人对汇出银行尚未汇出的款项可以申请撤销。申请撤销时,应出具正式函件或本人身份证件及原信、电汇回单。

(二) 委托收款

1. 委托收款的概念和适用范围

(1) 委托收款的概念。委托收款是收款人委托银行向付款人收取款项的结算方式。

(2) 委托收款的适用范围。单位和个人凭已承兑商业汇票、债券、存单等付款人债务证明办理款项的结算,均可使用委托收款结算方式。委托收款在同城、异地均可以使用。

2. 办理委托收款的程序

1) 签发托收凭证

委托收款以银行以外的单位为付款人的,委托收款凭证必须记载付款人开户银行名称;以银行以外的单位或在银行开立存款账户的个人为收款人的,委托收款凭证必须记载收款人开户银行名称;未在银行开立存款账户的个人为收款人的,委托收款凭证必须记载被委托银行名称。

2) 委托

收款人办理委托收款应向银行提交委托收款凭证和有关债务证明。

3) 付款

(1) 以银行为付款人的,银行应当在当日将款项主动支付给收款人。

(2) 以单位为付款人的,银行应及时通知付款人,需要将有关债务证明交给付款人的应交给付款人。

(3) 拒绝付款。付款人审查有关债务证明后,对收款人委托收取的款项需要拒绝付款的,可以办理拒绝付款。以银行为付款人的,应自收到委托收款及债务证明的次日起 3 日内出具拒绝证明,连同有关债务证明、凭证寄给被委托银行,转交收款人。以单位为付款人的,应在付款人接到通知日的次日起 3 日内出具拒绝证明,持有债务证明的,应将其送交开户银行。银行将拒绝证明、债务证明和有关凭证一并寄给被委托银行,转交收款人。

三、银行卡

(一) 银行卡的概念和分类

1. 银行卡的概念

银行卡是指经批准由商业银行向社会发行的具有消费信用、转账结算、存取现金等全部或部分功能的信用支付工具。

2. 银行卡的分类

按不同标准,可以对银行卡作不同的分类。

(1) 按是否具有透支功能分为信用卡和借记卡,前者可以透支,后者不具备透支功能。信用卡按是否向发卡银行交存备用金分为贷记卡、准贷记卡两类。贷记卡是指发卡银行给予持卡人一定的信用额度,持卡人可在信用额度内先消费、后还款的信用卡。准贷记卡是指持卡人须先按发卡银行要求交存一定金额的备用金,当备用金账户余额不足支付时,可在发卡银行规定的信用额度内透支的信用卡。借记卡的主要功能包括消费、存取款、转账、代收付、外汇买卖、投资理财、网上支付等,按功能不同分为转账卡(含储蓄卡)、专用卡和储值卡。

联名(认同)卡是商业银行与营利性机构/非营利性机构合作发行的银行卡附属产品,其所依附的银行卡品种必须是经批准的品种,并应当遵守相应品种的业务章程或管理办法。发卡银行和联名单位应当为联名卡持卡人在联名单位用卡提供一定比例的折扣优惠或特殊服务。

(2) 按币种不同分为人民币卡、外币卡。外币卡是持卡人与发卡银行以除人民币以外的货币作为清算货币的银行卡。目前国内商户可受理维萨(VISA)、万事达(MasterCard)、美国运通(American Express)、大来(Diners Club)等外币卡。

(3) 按发行对象不同分为单位卡、个人卡。

(4) 按信息载体不同分为磁条卡、芯片(IC)卡。

**(二) 银行卡账户和交易**

1. 银行卡申领、注销和丧失

1) 银行卡申领

(1) 申领信用卡,应按规定填制申请表,连同有关资料一并送交发卡银行。发卡银行可根据申请人的资信程度,要求其提供担保。担保的方式可采用保证、抵押或质押。银行卡及其账户只限经发卡银行批准的持卡人本人使用,不得出租和转借。

(2) 个人贷记卡申请的基本条件:①年满18周岁,有固定职业和稳定收入,工作单位和户口在常住地的城乡居民。②填写申请表,并在持卡人处亲笔签字。③向发卡银行提供本人及附属卡持卡人、担保人的身份证复印件。

2) 银行卡注销

持卡人在还清全部交易款项、透支本息和有关费用后,可申请办理销户。对于持卡人因死亡等原因而需办理的注销和清户,应按照《民法典》和《中华人民共和国公证法》等法规办理。发卡行受理注销申请之日起45日后,被注销信用卡账户方能清户。

3) 银行卡丧失

持卡人丧失银行卡,应立即持本人身份证件或其他有效证明,并按规定提供有关情况,向发卡银行或代办银行申请挂失,发卡银行或代办银行审核后办理挂失手续。

2. 银行卡交易的基本规定

(1) 信用卡预借现金业务包括现金提取、现金转账和现金充值。①信用卡持卡人通过ATM等自助机具办理现金提取业务,每卡每日累计不得超过人民币10 000元。②借记卡持卡人通过ATM等自助机具办理现金提取业务,每卡每日累计不得超过人民币20 000元。③储值卡面值或卡内币值不得超过1 000元人民币。

(2) 贷记卡持卡人非现金交易可享受免息还款期和最低还款额待遇。银行记账日到发卡银行规定的到期还款日之间为免息还款期,持卡人在到期还款日前偿还所使用全部银行款项有困难的,可按照发卡银行规定的最低还款额还款。

(3) 发卡银行通过下列途径追偿透支款项和诈骗款项:①扣减持卡人保证金,依法处理抵押物和质物。②向保证人追索透支款项。③通过司法机关的诉讼程序进行追偿。

### (三) 银行卡计息与收费

(1) 发卡银行对准贷记卡及借记卡(不含储值卡)账户内的存款,按照中国人民银行规定的同期同档次存款利率及计息办法计付利息。信用卡透支的计结息方式,以及对信用卡溢缴款是否计付利息及其利率标准,由发卡机构自主确定。自2021年1月1日起,信用卡透支利率由发卡机构与持卡人自主协商确定,取消信用卡透支利率上限和下限管理。

(2) 发卡机构调整信用卡利率的,应至少提前45个自然日按照约定方式通知持卡人。持卡人有权在新利率标准生效之日前选择销户,并按照已签订的协议偿还相关款项。

(3) 取消信用卡滞纳金。发卡机构向持卡人提供超过授信额度用卡的,不得收取超限费。

(4) 发卡机构对向持卡人收取的违约金和年费、取现手续费、货币兑换费等服务费用不得计收利息。

### (四) 银行卡收单

1. 银行卡收单业务的概念

银行卡收单业务,是指收单机构与特约客户签订银行卡受理协议,在特约商户按约定受理银行卡并与持卡人达成交易后,为特约商户提供交易资金结算服务的行为。通俗地讲就是持卡人在银行签约商户那里刷卡消费,银行将持卡人刷卡消费的资金在规定周期内结算给商户,并从中扣取一定比例的手续费。

(1) 银行卡收单机构包括从事银行卡收单业务的银行业金融机构,获得银行卡收单业务许可、为实体特约商户提供银行卡受理并完成资金结算服务的支付机构,以及获得网络支付业务许可、为网络特约商户提供银行卡受理并完成资金结算服务的支付机构。

(2) 特约商户,是指与收单机构签订银行卡受理协议、按约定受理银行卡并委托收单机构为其完成交易资金结算的企事业单位、个体工商户或其他组织,以及按照国家工商行政管理机关有关规定,开展网络商品交易等经营活动的自然人。实体特约商户,是指通过实体经营场所提供商品或服务的特约商户。网络特约商户,是指基于公共网络信息系统提供商品或服务的特约商户。

2. 银行卡收单业务管理规定

1) 特约商户管理

(1) 收单机构应对特约商户实行实名制管理。

(2) 收单机构应当与特约商户签订银行卡受理协议,就可受理的银行卡种类、开通的交易类型、收单银行结算账户的设置与变更、资金结算周期、结算手续费标准、差错和纠纷处置等事项,明确双方的权利、义务和违约责任。

(3) 特约商户的收单银行结算账户应当为其同名单位银行结算账户,或其指定的与其存在合法资金管理关系的单位银行结算账户。

（4）收单机构应当对实体特约商户收单业务进行本地化经营和管理，通过在特约商户及其分支机构所在省（自治区、直辖市）域内的收单机构或其分支机构提供收单服务，不得跨省（自治区、直辖市）域开展收单业务。

2) 业务与风险管理

（1）建立对实体特约商户、网络特约商户分别进行风险评级制度，对于风险等级较高的特约商户，收单机构应当对其开通的受理卡种和交易类型进行限制，并采取强化交易监测、设置交易限额、延迟结算、增加检查频率、建立特约商户风险准备金等措施。

（2）收单机构应按协议约定及时将交易资金结算到特约商户的收单银行结算账户，资金结算时限最迟不得超过持卡人确认可直接向特约商户付款的支付指令生效日后30个自然日。

（3）收单机构应当根据交易发生时的原交易信息发起银行卡交易差错处理、退货交易，将资金退至持卡人原银行卡账户。若持卡人原银行卡账户已撤销的，应当退至持卡人指定的本人其他银行账户。

（4）收单机构发现特约商户发生疑似银行卡套现、洗钱、欺诈、移机、留存或泄露持卡人账户信息等风险事件的，应当对特约商户采取延迟资金结算、暂停银行卡交易或收回受理终端（关闭网络支付接口）等措施，并承担因未采取措施导致的风险损失责任；涉嫌非法犯罪活动的，应当及时向公安机关报案。

3. 结算收费

收单机构向商户收取的收单服务费由收单机构与商户协商确定具体费率。发卡机构收取的发卡行服务费不区分商户类别，实行政府指导价、上限管理，费率为：借记卡交易不超过交易金额的0.35%，单笔收费金额不超过13元，贷记卡交易不超过0.45%。银行卡清算机构收取的网络服务费不区分商户类别，实行政府指导价、上限管理，分别向收单、发卡机构计收，费率为：不超过交易金额的0.065%，由发卡、收单机构各承担50%（即分别向发卡、收单机构计收的费率均不超过交易金额的0.0325%）。对非营利性的医疗机构、教育机构、社会福利机构、养老机构、慈善机构刷卡交易，实行发卡行服务费、网络服务费全额减免。

## 四、银行电子支付

电子支付是指单位、个人通过计算机、手机等电子终端发出支付指令、依托网络系统以电子信息传递形式进行的货币支付与资金转移。电子支付服务的主要提供方有银行和支付机构，银行的电子支付方式主要有网上银行、手机银行和条码支付等，支付机构的电子支付方式主要有网络支付、条码支付等。本节主要介绍银行的电子支付。

### （一）网上银行

1. 网上银行的概念

网上银行（Internet bank or E-bank），包含两个层次的含义：一个是机构概念，指通过信息网络开办业务的银行；另一个是业务概念，指银行通过信息网络提供的金融服务，包括传统银行业务和因信息技术应用带来的新兴业务。在日常生活和工作中，我们提及网上银行，更多是第二层次的概念，即网上银行服务的概念。

简单地说,网上银行就是银行在互联网上设立虚拟银行柜台,使传统的银行服务不再通过物理的银行分支机构来实现,而是借助于网络与信息技术手段在互联网上实现,因此网上银行也称网络银行。网上银行又被称为"3A 银行",因为它不受时间、空间限制,能够在任何时间(Anytime)、任何地点(Anywhere)、以任何方式(Anyway)为客户提供金融服务。

2. 网上银行的分类

按照不同的标准,网上银行可以分为不同的类型。

(1) 按主要服务对象分为企业网上银行和个人网上银行。企业网上银行主要适用于企事业单位,企事业单位可以通过企业网络银行适时了解财务运作情况,及时调度资金,轻松处理大批量的网络支付和工资发放业务。个人网上银行主要适用于个人与家庭,个人可以通过个人网络银行实现实时查询、转账、网络支付和汇款功能。

(2) 按经营组织分为分支型网上银行和纯网上银行。分支型网上银行是指现有的传统银行利用互联网作为新的服务手段,建立银行站点,提供在线服务而设立的网上银行。纯网上银行本身就是一家银行,是专门为提供在线银行服务而成立的,因而也被称为只有一个站点的银行。

3. 网上银行的主要功能

1) 企业网上银行子系统

企业网上银行子系统目前能够支持所有的对公企业客户,能够为客户提供网上账务信息服务、资金划拨、网上 B2B(Business to Business)支付和批量支付等服务,使集团公司总部能对其分支机构的财务活动进行实时监控,随时获得其账户的动态情况,同时还能为客户提供 B2B 网上支付。其主要业务功能包括:

(1) 账户信息查询。能够为企业客户提供账户信息的网上在线查询、网上下载和电子邮件发送账务信息等服务,包括账户的余额、交易明细等。

(2) 支付指令。能够为客户提供集团、企业内部各分支机构之间的账务往来,同时也能提供集团、企业之间的账务往来,并且支持集团、企业向他行账户进行付款。

(3) B2B 网上支付。B2B 是指企业与企业之间进行的电子商务活动。B2B 网上支付能够为客户提供网上 B2B 支付平台。

(4) 批量支付。能够为企业客户提供批量付款(包括同城、异地及跨行转账业务)、代发工资、一付多收等批量支付功能。企业客户负责按银行要求的格式生成数据文件,通过安全通道传送给银行,银行负责系统安全及业务处理,并将处理结果反馈给客户。

2) 个人网上银行子系统

个人网上银行子系统主要提供银行卡、本外币活期一本通客户账务管理、信息管理、网上支付等功能,是网上银行对个人客户服务的窗口。其具体业务功能包括:

(1) 账户信息查询。系统为客户提供信息查询功能,能够查询银行卡的人民币余额和活期一本通的不同币种的钞、汇余额;提供银行卡在一定时间段内的历史明细数据查询;查询使用银行卡进行网上支付后的支付记录。

(2) 人民币转账业务。系统能够提供个人客户本人账户之间的或与他人的银行卡之间的卡卡转账服务。系统在转账功能上严格控制了单笔转账最大限额和当日转账最大限额,使客户的资金安全有一定的保障。

（3）银证转账业务。银行卡客户在网上能够进行银证转账,可以实现银转证、证转银、查询证券资金余额等功能。

（4）外汇买卖业务。客户通过网上银行系统能够进行外汇买卖,主要可以实现外汇即时买卖、外汇委托买卖、查询委托明细、查询外汇买卖历史明细、撤销委托等功能。

（5）账户管理业务。系统提供客户对本人网上银行各种权限功能、客户信息的管理以及账户的挂失。

（6）B2C(Business to Customer)网上支付。B2C是指企业与消费者之间进行的在线式零售商业活动(包括网上购物和网上拍卖等)。个人客户在申请开通网上支付功能后,能够使用本人的银行卡进行网上购物后的电子支付。通过账户管理功能,客户还能够随时选择使用哪一张银行卡来进行网上支付。

### (二) 条码支付

#### 1. 条码支付的概念

条码支付,是指银行、支付机构应用条码技术,实现收付款人之间货币资金转移的业务活动。条码支付业务包括付款扫码和收款扫码。支付机构向客户提供基于条码技术付款服务的应当取得网络支付业务许可;支付机构为实体特约商户和网络特约商户提供条码支付收单服务的,应当分别取得银行卡收单业务许可和网络支付业务许可。

目前,常见的条码支付,除银行及支付机构的条码支付外,还有由中国银联携手各商业银行、支付机构共同开发建设、共同维护运营的便民支付服务,以及融合了多个银行和支付机构的支付端口、提供聚合类型二维码的聚合支付。银联便民支付服务除条码支付功能外,还可以实现转账、缴费、信用卡还款等多项功能,并集合了部分银行的信用卡申请、理财信贷等服务,成为我国条码支付服务市场的重要构成之一。聚合支付又称第四方支付,由提供聚合支付服务的机构或银行融合不同支付机构及银行的多个支付接口,将不同机构分别生成的二维码聚合为一个二维码,使商户仅需提供一个二维码即可实现付款人自主选择使用不同银行或支付机构的App扫码付款。

#### 2. 条码支付的交易验证及限额

条码支付可以组合选用下列三种要素进行交易验证:①仅客户本人知悉的要素,如静态密码等。②仅客户本人持有并特有的,不可复制或者不可重复利用的要素,如经过安全认证的数字证书、电子签名,以及通过安全渠道生成和传输的一次性密码等。③客户本人生物特征要素,如指纹等。

根据交易验证方式和风险防范能力的不同,条码支付有四种限额要求如表4-3所示。

表4-3　　　　　　　　　　条码支付限额要求

| 风险防范能力 | 交易验证方式 | 同一客户单个银行账户或所有支付账户单日累计交易限额 |
| --- | --- | --- |
| A级 | 采用包括数字证书或电子签名在内的两类(含)以上有效要素对交易进行验证 | 银行、支付机构可与客户通过协议自主约定单日累计限额 |

(续表)

| 风险防范能力 | 交易验证方式 | 同一客户单个银行账户或所有支付账户单日累计交易限额 |
| --- | --- | --- |
| B级 | 采用不包括数字证书、电子签名在内的两类（含）以上有效要素对交易进行验证 | 不超过5 000元 |
| C级 | 采用不足两类要素对交易进行验证 | 不超过1 000元 |
| D级 | 使用静态条码 | 不超过500元 |

银行、支付机构提供收款扫码服务的，应使用动态条码，设置条码有效期、使用次数等方式，防止条码被重复使用导致重复扣款，确保条码真实有效。

3. 商户管理

银行、支付机构拓展条码支付特约商户，应遵循"了解你的客户"原则，确保所拓展的是依法设立、合法经营的特约商户。银行、支付机构拓展特约商户应落实实名制规定，严格审核特约商户的营业执照等证明文件，以及法定代表人或负责人的有效身份证件等申请材料，确认申请材料的真实性、完整性、有效性，并留存申请材料的影印件或复印件。

对依据法律法规和相关监管规定免于办理工商注册登记的实体特约商户（小微商户），在遵循"了解你的客户"原则的前提下可以通过审核商户主要负责人身份证明文件和辅助证明材料为其提供条码支付收单服务。以同一个身份证件在同一家银行、支付机构办理的全部小微商户基于信用卡的条码支付收款金额日累计不超过1 000元、月累计不超过10 000元。

4. 风险管理

（1）银行、支付机构应提升风险识别能力，采取有效措施防范风险，及时发现、处理可疑交易信息及风险事件。

（2）评估业务相关的洗钱和恐怖融资风险，采取与风险水平相适应的管控措施。

（3）对特约商户进行检查、评估，并结合特约商户风险等级及交易类型等因素，设置或与其约定单笔及日累计交易限额。

（4）对风险等级较高的特约商户，应采用强化交易监测、建立特约商户风险准备金、延迟清算等风险管理措施。

（5）确保客户身份或账户信息安全，防止泄露，并根据收付款不同业务场景设置条码有效性和使用次数。

（6）充分披露条码支付业务产品类型、办理流程、操作规程、收费标准等信息，明确业务风险点及相关责任承担机制、风险损失赔付方式及操作方式。

银行、支付机构应建立条码支付交易风险监测体系，及时发现可疑交易，并采取阻断交易、联系客户核实交易等方式防范交易风险。银行、支付机构发现特约商户发生疑似套现、洗钱、恐怖融资、欺诈、留存或泄露账户信息等风险事件的，应对特约商户采取延迟资金结算、暂停交易、冻结账户等措施，并承担因未采取措施导致的风险损失责任；发现涉嫌违法犯罪活动的，应及时向公安机关报案。

## 第四节 支付机构非现金支付业务

### 一、支付机构的概念和支付服务的种类

**(一) 支付机构的概念**

支付机构是指依法取得《支付业务许可证》,在收付款人之间作为中介机构提供网络支付、预付卡的发行与受理、银行卡收单及中国人民银行确定的其他支付服务部分或全部货币资金转移服务的非金融机构。

支付机构依法接受中国人民银行的监督管理。未经中国人民银行批准,任何非金融机构和个人不得从事或变相从事支付业务。

**(二) 支付服务的种类**

(1) 网络支付,是指依托公共网络或专用网络在收付款人之间转移货币资金的行为,包括货币汇兑、互联网支付、移动电话支付、固定电话支付、数字电视支付等。

(2) 预付卡,是指以盈利为目的发行的、在发行机构之外购买商品或服务的预付价值,包括采取磁条、芯片等技术以卡片、密码等形式发行的预付卡。

(3) 银行卡收单,是指通过销售点(POS)终端等为银行卡特约商户代收货币资金的行为。

支付机构的银行卡收单以及条码支付与银行相同,故不赘述。

### 二、网络支付

**(一) 网络支付的概念**

网络支付,是指收款人或付款人通过计算机、移动终端等电子设备,依托公共网络信息系统远程发起支付指令,且付款人电子设备不与收款人特定专属设备交互,由支付机构为收付款人提供货币资金转移服务的活动。

**(二) 网络支付机构**

依法取得《支付业务许可证》获准办理互联网支付、移动电话支付、固定电话支付、数字电视支付等网络支付业务的支付机构可以办理网络支付业务。支付机构应当遵循主要服务电子商务发展和为社会提供小额、快捷、便民小微支付服务的宗旨,基于客户的银行账户或者支付账户提供网络支付服务。

目前从事网络支付的支付机构主要有两类:

(1) 金融型支付企业。金融型支付企业是独立第三方支付模式,其不负有担保功能,仅仅为用户提供支付产品和支付系统解决方案,侧重行业需求和开拓行业应用,是立足于企业端的金融型支付企业。

(2) 互联网支付企业。互联网支付企业是依托于自有的电子商务网站并提供担保功能的第三方支付模式,以在线支付为主,是立足于个人消费者端的互联网型支付企业。

### (三)支付账户

1. 支付账户的概念

支付账户,是指获得互联网支付业务许可的支付机构,根据客户的真实意愿为其开立的,用于记录预付交易资金余额、客户凭以发起支付指令、反映交易明细信息的电子簿记。

支付账户不得透支,不得出借、出租、出售。不得利用支付账户从事或者协助他人从事非法活动。

2. 支付账户的开户要求

支付机构为客户开立支付账户的,应当对客户实行实名制管理,登记并采取有效措施验证客户身份基本信息,按规定核对有效身份证件并留存有效身份证件复印件或者影印件,建立客户唯一识别编码,并在与客户业务关系存续期间采取持续的身份识别措施。确保有效核实客户身份及其真实意愿,不得开立匿名、假名支付账户。支付机构在为单位和个人开立支付账户时,应当与单位和个人签订协议,约定支付账户与支付账户、支付账户与银行账户之间的日累计转账限额和笔数,超出限额和笔数的,不得再办理转账业务。

支付机构为单位开立支付账户,要求单位提供相关证明文件,并自主或者委托合作机构以面对面的方式核实客户身份,或者以非面对面方式通过至少三个合法安全的外部渠道对单位基本信息进行多重交叉验证。支付机构应当严格审核单位开户证明文件的真实性、完整性和合规性,开户申请人与开户证明文件所属人的一致性,并向单位法定代表人或负责人核实开户意愿,留存相关工作记录。支付机构可以采取面对面、视频等方式向单位法定代表人或负责人核实开户意愿,具体方式由支付机构根据客户风险评级情况确定。

支付机构可以为个人客户开立Ⅰ类、Ⅱ类、Ⅲ类支付账户。以非面对面方式通过至少一个合法安全的外部渠道进行身份基本信息验证。且首次在该支付机构开立支付账户的个人客户,可以开立Ⅰ类支付账户,账户余额可用于消费和转账,余额付款交易自账户开立起累计不超过1 000元(包括支付账户向客户本人同名银行账户转账);自主或委托合作机构以面对面方式核实身份的个人客户或者以非面对面方式通过至少三个合法安全的外部渠道进行身份基本信息多重交叉验证的个人客户,可以开立Ⅱ类支付账户,账户余额可用于消费和转账,所有支付账户的余额付款交易年累计不超过100 000元(不包括支付账户向客户本人同名银行账户转账);以面对面方式核实身份的个人客户或以非面对面方式通过至少五个合法安全的外部渠道进行身份基本信息多重交叉验证的个人客户可以开立Ⅲ类支付账户,账户余额可以用于消费、转账以及购买投资理财等金融类产品,所有支付账户的余额付款交易年累计不超过200 000元(不包括支付账户向客户本人同名银行账户转账)。

客户身份基本信息外部验证渠道包括但不限于政府部门数据库、商业银行信息系统、商业化数据库等。其中,通过商业银行验证个人客户身份基本信息的,应为Ⅰ类银行账户或信用卡。

### (四)网络支付的相关规定

1. 网络支付的交易验证及限额

根据交易验证方式和风险防范能力的不同,支付机构对个人客户使用支付账户余额付款的交易有三种限额要求,如表4-4所示,限额均不包括支付账户向客户本人同名银行账户转账。

表 4-4　　　　　　　　　　网络支付的交易限额要求

| 交易验证方式 | 单个客户所有支付账户单日累计金额 |
| --- | --- |
| 采用包括数字证书或电子签名在内的两类(含)以上有效要素对交易进行验证 | 支付机构与客户通过协议自主约定单日累计限额 |
| 采用不包括数字证书、电子签名在内的两类(含)以上有效要素对交易进行验证 | 不超过 5 000 元 |
| 采用不足两类要素对交易进行验证 | 不超过 1 000 元(支付机构应当承诺无条件全额承担此类交易的风险损失赔付责任) |

2. 业务与风险管理

支付机构向客户开户银行发送支付指令,扣划客户银行账户资金的,应当事先或在首笔交易时自主识别客户身份并分别取得客户和银行的协议授权,同意其向客户的银行账户发起支付指令扣划资金;银行应当事先或在首笔交易时自主识别客户身份并与客户直接签订授权协议,明确约定扣款适用范围和交易验证方式,设立与客户风险承受能力相匹配的单笔和单日累计交易限额,承诺无条件全额承担此类交易的风险损失先行赔付责任;除单笔金额不超过 200 元的小额支付业务、公共事业缴费、税费缴纳、信用卡还款等收款人固定并且定期发生的支付业务,支付机构不得代替银行进行交易验证。被人民银行评价为"A"类的支付机构可与银行通过协议自主约定由支付机构代替进行交易验证。

支付机构应建立客户风险评级管理制度和机制以及交易风险管理制度和交易监测系统,动态调整客户风险评级及相关风险控制措施,对疑似欺诈、套现、洗钱、非法融资、恐怖融资等交易,及时采取调查核实、延迟结算、终止服务等措施;充分提示网络支付业务的潜在风险,对高风险业务在操作前、操作中进行风险警示;履行客户信息保护责任,不得存储客户银行卡的磁道信息或芯片信息、验证码、密码等敏感信息,原则上不得存储银行卡有效期。

### 三、预付卡

(一)预付卡的概念和分类

1. 预付卡的概念

预付卡是指发卡机构以特定载体和形式发行的、可在发卡机构之外购买商品或服务的预付价值。

2. 预付卡的分类

目前市场上预付卡有两类:一类是专营发卡机构发行,可跨地区、跨行业、跨法人使用的多用途预付卡;另一类是商业企业发行,只在本企业或同一品牌连锁商业企业购买商品、服务的单用途预付卡。单用途预付卡与多用途预付卡的监管要求不相同,单用途预付卡的发卡企业应在开展单用途预付卡业务之日起 30 日内在商务部门进行备案;多用途预付卡的发卡机构必须取得中国人民银行颁发的支付业务许可证,在核准地域范围内开展业务,人民银行对多用途预付卡备付金实行集中存管。本节以下讲述的是多用途预付卡。

预付卡按是否记载持卡人身份信息分为记名预付卡和不记名预付卡。

**(二) 预付卡的相关规定**

1. 预付卡的限额

预付卡以人民币计价,不具有透支功能。单张记名预付卡资金限额不得超过5 000元,单张不记名预付卡资金限额不得超过1 000元。

2. 预付卡的期限

预付卡卡面记载有效期限或有效期截止日。记名预付卡可挂失,可赎回,不得设置有效期;不记名预付卡不挂失,不赎回,另有规定的除外。不记名预付卡有效期不得少于3年。超过有效期尚有资金余额的预付卡,可通过延期、激活、换卡等方式继续使用。

3. 预付卡的办理

个人或单位购买记名预付卡或一次性购买不记名预付卡10 000元以上的,应当使用实名并向发卡机构提供有效身份证件。单位一次性购买预付卡5 000元以上,个人一次性购买预付卡50 000元以上的,应当通过银行转账等非现金结算方式购买,不得使用现金。购卡人不得使用信用卡购买预付卡。

4. 预付卡的充值

预付卡只能通过现金或银行转账方式进行充值,不得使用信用卡为预付卡充值。一次性充值金额5 000元以上的,不得使用现金。单张预付卡充值后的资金余额不得超过规定限额。预付卡现金充值通过发卡机构网点进行,但单张预付卡同日累计现金充值在200元以下的,可通过自助充值终端、销售合作机构代理等方式充值。

5. 预付卡的使用

预付卡在发卡机构拓展、签约的特约商户中使用,不得用于或变相用于提取现金,不得用于购买、交换非本发卡机构发行的预付卡、单一行业卡及其他商业预付卡或向其充值,卡内资金不得向银行账户或向非本发卡机构开立的网络支付账户转移。

6. 预付卡的赎回

记名预付卡可在购卡3个月后办理赎回。赎回时,持卡人应当出示预付卡及持卡人和购卡人的有效身份证件。由他人代理赎回的,应当同时出示代理人和被代理人的有效身份证件。单位购买的记名预付卡,只能由单位办理赎回。

7. 预付卡的发卡机构

预付卡发卡机构必须是经中国人民银行核准,取得《支付业务许可证》的支付机构。发卡人要加强预付卡资金管理,维护持卡人合法权益,发卡机构接受的、客户用于未来支付需要的预付卡资金,不属于发卡机构的自有财产,发卡机构不得挪用、挤占。发卡机构对客户备付金需100%集中交存中国人民银行。

# 第五节 支付结算纪律与法律责任

## 一、支付结算纪律

结算纪律是银行、单位和个人办理支付结算业务所应遵守的基本规定。

**(一) 单位和个人的支付结算纪律**

单位和个人办理支付结算,不准签发没有资金保证的票据或远期支票,套取银行信用;不准签发、取得和转让没有真实交易和债权债务的票据,套取银行和他人资金;不准无理拒绝付款,任意占用他人资金;不准违反规定开立和使用账户。

**(二) 银行的支付结算纪律**

银行办理支付结算,不准以任何理由压票、任意退票、截留挪用客户和他行资金;不准无理拒绝支付应由银行支付的票据款项;不准受理无理拒付、不扣少扣滞纳金;不准违章签发、承兑、贴现票据,套取银行资金;不准签发空头银行汇票、银行本票和办理空头汇款;不准在支付结算制度之外规定附加条件,影响汇路畅通;不准违反规定为单位和个人开立账户;不准拒绝受理、代理他行正常结算业务。

## 二、违反支付结算法律制度的法律责任

**(一) 签发空头支票、印章与预留印鉴不符、密码错误支票的法律责任**

单位或个人签发空头支票或者签发与其预留的签章不符、使用支付密码但支付密码错误的支票,不以骗取财物为目的的,由中国人民银行处以票面金额5%但不低于1 000元的罚款;持票人有权要求出票人赔偿支票金额2%的赔偿金。屡次签发空头支票的,银行有权停止为其办理支票或全部支付结算业务。

**(二) 无理拒付,占用他人资金行为的法律责任**

票据的付款人对见票即付或者到期的票据,故意压票、拖延支付的,银行机构违反票据承兑等结算业务规定,不予兑现,不予收付入账,压单、压票或者违反规定退票的,由国务院银行保险监督管理机构责令其改正,有违法所得的,没收违法所得。违法所得50 000元以上的,并处违法所得1倍以上5倍以下罚款;没有违法所得或者违法所得不足50 000元的,处50 000元以上500 000元以下罚款。

**(三) 违反账户规定行为的法律责任**

(1) 存款人开立、撤销银行结算账户违反规定的行为。①违反规定开立银行结算账户。②伪造、变造证明文件欺骗银行开立银行结算账户。③违反规定不及时撤销银行结算账户。属于非经营性存款人的,给予警告并处以1 000元的罚款;属于经营性存款人的,给予警告并处以10 000元以上30 000元以下的罚款;构成犯罪的,移交司法机关依法追究刑事责任。

(2) 存款人使用银行结算账户违反规定的行为。①违反规定将单位款项转入个人银行结算账户。②违反规定支取现金。③利用开立银行结算账户逃废银行债务。④出租、出借银行结算账户。⑤从基本存款账户之外的银行结算账户转账存入、将销货收入存入或现金存入单位信用卡账户。⑥法定代表人或主要负责人、存款人地址以及其他开户资料的变更事项未在规定期限内通知银行。非经营性的存款人有上述第①至⑤项行为的,给予警告并处以1 000元罚款;经营性的存款人有上述第①至⑤项行为的,给予警告并处以5 000元以上30 000元以下的罚款;存款人有上述所列第⑥项行为的,给予警告并处以1 000元的罚款。

(3) 伪造、变造、私自印制开户许可证的存款人,属非经营性的处以1 000元罚款;属经

营性的处以10 000元以上30 000元以下的罚款;构成犯罪的,移交司法机关依法追究刑事责任。

**(四)票据欺诈等行为的法律责任**

伪造、变造票据、托收凭证、汇款凭证、信用证,伪造信用卡的;故意使用伪造、变造的票据的;签发空头支票或者故意签发与其预留的本名签名式样或者印鉴不符的支票,骗取财物的;签发无可靠资金来源的汇票、本票,骗取资金的;汇票、本票的出票人在出票时作虚假记载,骗取财物的;冒用他人的票据,或者故意使用过期或者作废的票据,骗取财物的;付款人同出票人、持票人恶意串通,实施前六项行为之一的,依法追究刑事责任。有上述行为之一,情节轻微,不构成犯罪的,依照国家有关规定给予行政处罚。

**(五)非法出租、出借、出售、购买银行结算账户或支付账户行为的法律责任**

银行和支付机构对经公安机关认定的出租、出借、出售、购买银行结算账户(含银行卡)或者支付账户的单位和个人及相关组织者,假冒他人身份或者虚构代理关系开立银行结算账户或者支付账户的单位和个人,5年内暂停其银行账户非柜面业务、支付账户所有业务,并不得为其新开立账户。惩戒期满后,受惩戒的单位和个人办理新开立账户业务的,银行和支付机构应加大审核力度。中国人民银行将上述单位和个人信息移送金融信用信息基础数据库,并向社会公布。

【例4-6】 空头支票罚款的标准是( )。

A. 票面金额5%但不高于1 000元

B. 票面金额5%但不低于1 000元

C. 票面金额3%但不低于1 000元

D. 票面金额3%但不高于1 000元

【解析】 答案为B。空头支票罚款的标准为票面金额5%但不低于1 000元,故选择选项B。

## 课 堂 测 试

班级：_____　姓名：_____　学号：_____　分数：_____

一、单项选择题（每小题6分，共30分）

1. 根据支付结算法律制度的规定，下列银行卡分类中，以是否具有透支功能划分的是（　　）。
   A. 人民币卡与外币卡　　　　　B. 单位卡与个人卡
   C. 磁条卡与芯片卡　　　　　　D. 信用卡与借记卡

2. 甲公司持有一张商业汇票，到期委托开户银行向承兑人收取票款。甲公司行使的票据权利是（　　）。
   A. 付款请求权　　　　　　　　B. 利益返还请求权
   C. 票据追索权　　　　　　　　D. 票据返还请求权

3. 甲公司成立后在某银行申请开立了一个用于办理日常转账结算和现金收付的账户，该账户的性质属于（　　）。
   A. 基本存款账户　　　　　　　B. 一般存款账户
   C. 专用存款账户　　　　　　　D. 临时存款账户

4. 根据支付结算办法规定，委托收款付款人应在接到通知的当日书面通知银行付款。如果付款人未在（　　）通知银行付款，视同付款人同意付款。
   A. 银行发出通知之日起3日内　　B. 银行发出通知的次日起3日内
   C. 付款人接到通知之日起3日内　D. 付款人接到通知的次日起3日内

5. 根据票据法律制度的规定，背书人在汇票上记载"不得转让"字样，其后手再背书转让的，将产生的法律后果是（　　）。
   A. 该汇票无效
   B. 该背书转让无效
   C. 原背书人对后手的被背书人不承担保证责任
   D. 原背书人对后手的被背书人承担保证责任

二、判断题（每小题6分，共30分）

1. 银行在收到存款人撤销银行结算账户的申请后，对于符合销户条件的，应在3个工作日内办理撤销手续。　　　　　　　　　　　　　　　　　　　　　　　　（　　）

2. 部分背书，是指将票据金额的一部分转让的背书或者将票据金额分别转让给两人以上的背书，部分背书的被背书人享有票据权利。　　　　　　　　　　　（　　）

3. 汇票上可以记载《票据法》规定事项以外的其他出票事项,但该记载事项不具有汇票上的效力。  ( )
4. 撤销银行结算账户时,应先撤销基本存款账户,然后再撤销一般存款账户、专用存款账户和临时存款账户。  ( )
5. 付款人账户内资产不足的,银行应当为付款人垫付资金。  ( )

### 三、不定项选择题(每小题 10 分,共 40 分)

甲公司法定代表人为赵某,公司在 P 银行开立支票存款账户,预留签章为公司单位公章加会计机构负责人刘某的个人名章。2023 年 1 月 11 日,赵某派业务员李某采购原料,刘某签发一张转账支票交给李某,但支票上未填写金额和收款人名称,李某与乙公司签订合同后,将支票交付乙公司会计人员张某,张某在支票上填写合同金额 100 000 元,并在收款人栏填写乙公司。1 月 12 日张某持支票到本公司的开户银行 Q 银行,拟通过委托收款方式向 P 银行提示付款。

要求:根据上述资料,不考虑其他因素,分析并回答下列小题。

1. 刘某填写支票时,出票日期 2023 年 1 月 11 日正确的填写形式是(　　)。
   A. 贰零贰叁年零壹月零拾壹日
   B. 贰零贰叁年零壹月壹拾壹日
   C. 贰零贰叁年壹月零拾壹日
   D. 贰零贰叁年壹月壹拾壹日

2. 刘某签发支票时,下列拟在支票上的签章中,正确的是(　　)。
   A. 甲公司财务专用章及刘某的个人名章
   B. 甲公司单位公章及赵某的个人名章
   C. 甲公司单位公章及刘某的个人名章
   D. 甲公司财务专用章及赵某的个人名章

3. 下列关于该支票出票及补记行为的表述中,正确的是(　　)。
   A. 刘某未填写支票金额,支票无效
   B. 张某可以补记收款人为乙公司
   C. 刘某未填写收款人名称,支票无效
   D. 张某可以补记支票全额 100 000 元

4. 张某委托 Q 银行收取支票款项,应当办理的手续是(　　)。
   A. 在支票被背书人栏记载 Q 银行
   B. 在支票背书人签章栏记载"委托收款"字样
   C. 填制进账单
   D. 在支票上记载背书日期

# 第五章　增值税与消费税法律制度

**知识导航**

增值税与消费税法律制度
- 税收法律制度概述
  - 税收与税收法律关系
  - 税法要素
  - 现行税种与征收机关
- 增值税法律制度
  - 增值税纳税人和扣缴义务人
  - 征税范围
  - 增值税的税率和征收率
  - 一般纳税人增值税应纳税额的计算
  - 税收优惠
  - 增值税的征收管理
  - 增值税专用发票
  - 全面数字化电子发票
  - 增值税出口退税制度
- 消费税法律制度
  - 消费税纳税人
  - 消费税征税范围
  - 消费税税目
  - 消费税税率
  - 消费税应纳税额的计算
  - 消费税征收管理

## 学习目标

1. 了解税收与税收法律关系、税法要素以及我国现行税种与征收机关
2. 掌握增值税征税范围、应纳税额的计算及增值税专用发票使用规定
3. 掌握消费税征税范围、应纳税额的计算
4. 熟悉增值税纳税人、增值税税收优惠、增值税征收管理、全面数字化电子发票
5. 熟悉消费税纳税人、消费税税目、消费税征收管理
6. 了解增值税出口退税

## 第一节 税收法律制度概述

### 一、税收与税收法律关系

**(一) 税收与税法**

1. 税收

税收,是指以国家为主体,为实现国家职能,凭借政治权力,按照法定标准,无偿取得财政收入的一种特定分配形式。它体现了国家与纳税人在征税、纳税的利益分配上的一种特定分配关系。在社会主义市场经济运行中,税收主要具有资源配置、收入再分配、稳定经济和维护国家政权的作用。

税收与其他财政收入相比,具有强制性、无偿性和固定性的特征。

2. 税法

税法(即税收法律制度),是调整税收关系的法律规范的总称,是国家法律的重要组成部分。它是以宪法为依据,调整国家与社会成员在征纳税上的权利与义务关系,维护社会经济秩序和纳税秩序,保障国家利益和纳税人合法权益的法律规范,是国家税务机关及一切纳税单位和个人依法征税、依法纳税的行为规则。

**(二) 税收法律关系**

税收法律关系体现为国家征税与纳税人纳税的利益分配关系。与其他法律关系一样,税收法律关系也由主体、客体和内容三个方面构成。

(1) 主体。主体,是指税收法律关系中享有权利和承担义务的当事人,包括征税主体与纳税主体。征税主体是代表国家行使征税职责的税务机关和海关;纳税主体是履行纳税义务的人,包括纳税人和扣缴义务人,具体表现形式有:法人、自然人和其他组织。

(2) 客体。客体,是指主体的权利、义务所共同指向的对象,也就是征税对象。

(3) 内容。内容,是指主体所享受的权利和所应承担的义务。

### 二、税法要素

税法要素,是指各单行税法共同具有的基本要素。在税法体系里,既包括实体法,也包括程序法。税法要素一般包括纳税人、征税对象、税率、计税依据、纳税环节、纳税期限、纳税地点、税收优惠和法律责任等。

1. 纳税人

纳税人,是指法律、行政法规规定负有纳税义务的单位和个人。与纳税人相联系的另一个概念是扣缴义务人。扣缴义务人是税法规定的,在其经营活动中负有代扣税款并向国库缴纳义务的单位。扣缴义务人必须按照税法规定代扣税款,并在规定期限缴入国库。

2. 征税对象

征税对象,是指税收法律关系中权利义务所指的对象,即对什么征税。不同的征税对象是区别不同税种的重要标志。

3. 税率

税率,是指应征税额与计税金额(或数量单位)之间的比例,是计算税额的尺度。我国现行税法规定的税率有：比例税率、累进税率和定额税率。

（1）比例税率。比例税率是指对同一征税对象，不论其数额大小，均按同一个比例征税的税率。税率本身是应征税额与计税金额之间的比例。

（2）累进税率。累进税率是根据征税对象数额的逐渐增大，按不同等级逐步提高的税率，即征税对象数额越大，税率越高。累进税率又分为全额累进税率、超额累进税率和超率累进税率三种。①全额累进税率是按征税对象数额的逐步递增划分若干等级，并按等级规定逐步提高的税率。征税对象的金额达到哪一个等级，全部按相应的税率征税。目前，我国的税收法律制度中已不采用这种税率。②超额累进税率是将征税对象数额的逐步递增划分为若干等级，按等级规定相应的递增税率，对每个等级分别计算税额。③超率累进税率是按征税对象的某种递增比例划分若干等级，按等级规定相应的递增税率，对每个等级分别计算税额。我国的土地增值税采用这种税率。

（3）定额税率。定额税率又称固定税额，是指按征税对象的一定单位直接规定固定的税额，而不采取百分比的形式。

4. 计税依据

计税依据，是指计算应纳税额的依据或标准，一般有两种：①从价计征。②从量计征。

5. 纳税环节

纳税环节，主要是指税法规定的征税对象在从生产到消费的流转过程中应当缴纳税款的环节。

6. 纳税期限

纳税期限，是指纳税人的纳税义务发生后应依法缴纳税款的期限，具体包括：①纳税义务发生时间。②纳税期限。③缴库期限。

7. 纳税地点

纳税地点，是指根据各税种的纳税环节和有利于对税款的源泉控制而规定的纳税人的具体申报缴纳税收的地方。

8. 税收优惠

税收优惠，是指国家对某些纳税人和征税对象给予鼓励和照顾的一种特殊规定。税收优惠主要包括：①减税和免税。②起征点。征税对象的数额没有达到规定起征点的不征税；达到或超过起征点的，就其全部数额征税。③免征额。对纳税对象中的一部分给予减免，只就减除后的剩余部分计征税款。

9. 法律责任

法律责任，是指对违反国家税法规定的行为人采取的处罚措施。税法中的法律责任包括行政责任和刑事责任。

【例5-1】 下列各项中，属于我国税法规定的税率形式有（　　）。

A. 全额累进税率　　　　　　　　B. 定额税率
C. 比例税率　　　　　　　　　　D. 超率累进税率

【解析】 答案为BCD。我国现行税收法律制度中，已不采用全额累进税率。

### 三、现行税种与征收机关

现阶段，我国税收征收管理机关有税务机关和海关。税务机关和海关征收的税种，如

表 5-1 所示。

表 5-1　　　　　　　　　　征收机关及其所征税种

| 征收机关 | 税种 |
| --- | --- |
| 税务机关主要负责征收和管理的税收 | 国内增值税、国内消费税、企业所得税、个人所得税、资源税、城镇土地使用税、城市维护建设税、印花税、土地增值税、房产税、车船税、车辆购置税、烟叶税、耕地占用税、契税、环境保护税<br>出口产品退税(增值税、消费税)、部分非税收入和社会保险费 |
| 海关主要负责征收和管理的税收 | 关税、船舶吨税、委托代征的进口环节增值税和消费税 |

# 第二节 增值税法律制度

增值税是对销售商品或者劳务过程中实现的增值额征收的一种税。增值税是我国现阶段税收收入规模最大的税种。自2016年5月1日起，在全国范围内全面推开"营改增"试点，建筑业、房地产业、金融业、生活服务业等全部营业税纳税人，纳入试点范围，由缴纳营业税改为缴纳增值税。

## 一、增值税纳税人和扣缴义务人

### (一) 纳税人

(1) 在中华人民共和国境内销售货物或者加工、修理修配劳务(以下简称劳务)、销售服务、无形资产、不动产以及进口货物的单位和个人，为增值税的纳税人。

(2) 单位以承包、承租、挂靠方式经营的，承包人、承租人、挂靠人(以下统称承包人)以发包人、出租人、被挂靠人(以下统称发包人)名义对外经营并由发包人承担相关法律责任的，以该发包人为纳税人。否则，以承包人为纳税人。

(3) 资管产品运营过程中发生的增值税应税行为，以资管产品管理人为增值税纳税人。

### (二) 纳税人分类

根据纳税人的经营规模以及会计核算健全程度的不同，增值税的纳税人可以分为小规模纳税人和一般纳税人。

1. 小规模纳税人

(1) 经营规模标准。增值税小规模纳税人标准为年应征增值税销售额500万元及以下。其中年应税销售额，是指纳税人在连续不超过12个月或4个季度的经营期内累计应征增值税销售额，包括纳税申报销售额、稽查查补销售额、纳税评估调整销售额。

(2) 会计核算健全程度。小规模纳税人会计核算健全，能够提供准确税务资料的，可以向主管税务机关申请登记为一般纳税人，不再作为小规模纳税人。

全面推行小规模纳税人自行开具增值税专用发票。小规模纳税人(其他个人除外)发生增值税应税行为，需要开具增值税专用发票的，可以自愿使用增值税发票管理系统自行开具。

2. 一般纳税人

一般纳税人，是指年应税销售额超过财政部、国家税务总局的小规模纳税人标准的企业和企业性单位。

增值税一般纳税人资格实行登记制,除另有规定外,应当向税务机关办理登记手续。

下列纳税人不办理一般纳税人资格登记:①按照政策规定,选择按照小规模纳税人纳税的。②年应税销售额超过规定标准的其他个人。

除财政部、国家税务总局另有规定外,纳税人自一般纳税人生效之日起,按照增值税一般计税方法计算应纳税额,并按照规定领用增值税专用发票。

除国家税务总局另有规定外,纳税人一经登记为一般纳税人后,不得转为小规模纳税人。

### (三)扣缴义务人

中华人民共和国境外单位或者个人在境内销售劳务,在境内未设有经营机构的,以其境内代理人为扣缴义务人;在境内没有代理人的,以购买方为扣缴义务人。

## 二、征税范围

目前,增值税的征税范围概括如下。

### (一)销售货物

销售货物,是指在中国境内有偿转让货物的所有权,销售货物的起运地或者所在地在境内。

(1)货物是指有形动产,包括电力、热力、气体在内。

(2)有偿是指从购买方取得货币、货物或者其他经济利益。

### (二)销售劳务

销售劳务,是指有偿提供加工、修理修配劳务,提供的劳务发生地在境内。

(1)加工,是指受托加工货物,即委托方提供原料及主要材料,受托方按照委托方的要求,制造货物并收取加工费的业务。

(2)修理修配,是指受托对损伤和丧失功能的货物进行修复,使其恢复原状和功能的业务。

单位或者个体工商户聘用的员工为本单位或者雇主提供加工、修理修配劳务不包括在内。

【例5-2】 下列各项中,属于增值税征税范围的有(    )。
A. 汽车维修　　　　B. 手机修配　　　　C. 金银首饰加工　　　　D. 电力销售

【解析】 答案为ABCD。根据增值税法律制度的规定,销售劳务、电力均属于增值税征税范围。

### (三)销售服务

销售服务,是指提供交通运输服务、邮政服务、电信服务、建筑服务、金融服务、现代服务和生活服务。

#### 1. 交通运输服务

交通运输服务,是指利用运输工具将货物或者旅客送达目的地,使其空间位置得到转移的业务活动,包括陆路运输服务、水路运输服务、航空运输服务和管道运输服务。

(1)陆路运输服务,是指通过陆路(地上或者地下)运送货物或者旅客的运输业务活动,包括铁路运输服务和其他陆路运输服务。

(2)水路运输服务,是指通过江、河、湖、川等天然、人工水道或者海洋航道运送货物或者旅客的运输业务活动。水路运输的程租、期租业务,属于水路运输服务。

(3) 航空运输服务,是指通过空中航线运送货物或者旅客的运输业务活动。航空运输的湿租业务,属于航空运输服务。

(4) 管道运输服务,是指通过管道设施输送气体、液体、固体物质的运输业务活动。

无运输工具承运业务,是指经营者以承运人身份与托运人签订运输服务合同,收取运费并承担承运人责任,然后委托实际承运人完成运输服务的经营活动,按照交通运输服务缴纳增值税。

2. 邮政服务

邮政服务,是指中国邮政集团公司及其所属邮政企业提供邮件寄递、邮政汇兑和机要通信等邮政基本服务的业务活动。邮政服务包括:

(1) 邮政普遍服务,是指函件、包裹等邮件寄递,以及邮票发行、报刊发行和邮政汇兑等业务活动。

(2) 邮政特殊服务,是指义务兵平常信函、机要通信、盲人读物和革命烈士遗物的寄递等业务活动。

(3) 其他邮政服务,是指邮册等邮品销售、邮政代理等业务活动。

3. 电信服务

(1) 基础电信服务,是指利用固网、移动网、卫星、互联网,提供语音通话服务的业务活动,以及出租或者出售带宽、波长等网络元素的业务活动。

(2) 增值电信服务,是指利用固网、移动网、卫星、互联网、有线电视网络,提供短信和彩信服务、电子数据和信息的传输及应用服务、互联网接入服务等业务活动。

卫星电视信号落地转接服务,按照增值电信服务缴纳增值税。

4. 建筑服务

建筑服务,是指各类建筑物、构筑物及其附属设施的建造、修缮、装饰,线路、管道、设备、设施等的安装以及其他工程作业的业务活动。建筑服务包括:

(1) 工程服务,是指新建、改建各种建筑物、构筑物的工程作业。

(2) 安装服务,是指生产设备、动力设备、起重设备、运输设备、传动设备、医疗实验设备以及其他各种设备、设施的装配、安置工程作业。固定电话、有线电视、宽带、水、电、燃气、暖气等经营者向用户收取的安装费、初装费、开户费、扩容费以及类似收费,按照安装服务缴纳增值税。

(3) 修缮服务,是指对建筑物、构筑物进行修补、加固、养护、改善,使之恢复原来的使用价值或者延长其使用期限的工程作业。

(4) 装饰服务,是指对建筑物、构筑物进行修饰装修,使之美观或者具有特定用途的工程作业。

(5) 其他建筑服务,是指上列工程作业之外的各种工程作业服务,如钻井(打井)、拆除建筑物或者构筑物、平整土地、园林绿化、疏浚(不包括航道疏浚)、建筑物平移、搭脚手架、爆破、矿山穿孔、表面附着物(包括岩层、土层、沙层等)剥离和清理等工程作业。

5. 金融服务

金融服务,是指经营金融保险的业务活动,包括贷款服务、直接收费金融服务、保险服务和金融商品转让。

(1) 贷款服务。①各种占用、拆借资金取得的收入,包括金融商品持有期间(含到期)利息(保本收益、报酬、资金占用费、补偿金等)收入、信用卡透支利息收入、买入返售金融商品利息收入、融资融券收取的利息收入,以及融资性售后回租、押汇、罚息、票据贴现、转贷等业务取得的利息及利息性质的收入,按照贷款服务缴纳增值税。②以货币资金投资收取的固定利润或者保底利润,按照贷款服务缴纳增值税。

(2)直接收费金融服务。直接收费金融服务包括提供货币兑换、账户管理、电子银行、信用卡、信用证、财务担保、资产管理、信托管理、基金管理、金融交易场所(平台)管理、资金结算、资金清算金融支付等服务。

(3)保险服务。保险服务包括人身保险服务和财产保险服务。

(4)金融商品转让。金融商品转让是指转让外汇、有价证券、非货物期货和其他金融商品(包括基金、信托、理财产品等各类资产管理产品和各种金融衍生品)所有权的业务活动。

### 6. 现代服务

现代服务,是指围绕制造业、文化产业、现代物流产业等提供技术性、知识性服务的业务活动。现代服务包括:

(1)研发和技术服务。研发和技术服务包括研发服务、合同能源管理服务、工程勘察勘探服务和专业技术服务。

(2)信息技术服务。信息技术服务包括软件服务、电路设计及测试服务、信息系统服务、业务流程管理服务和信息系统增值服务。

(3)文化创意服务。文化创意服务包括设计服务、知识产权服务、广告服务和会议展览服务。

(4)物流辅助服务。物流辅助服务包括航空服务、港口码头服务、货运客运场站服务、打捞救助服务、装卸搬运服务、仓储服务和收派服务。

(5)租赁服务。租赁服务包括融资租赁服务和经营租赁服务。

将建筑物、构筑物等不动产或者飞机、车辆等有形动产的广告位出租给其他单位或者个人用于发布广告,按照经营租赁服务缴纳增值税;车辆停放服务、道路通行服务(包括过路费、过桥费、过闸费等)等按照不动产经营租赁服务缴纳增值税。

(6)鉴证咨询服务。鉴证咨询服务包括:①认证服务、鉴证服务和咨询服务。②翻译服务和市场调查服务按照咨询服务缴纳增值税。

(7)广播影视服务。广播影视服务包括广播影视节目(作品)的制作服务、发行服务和播映(含放映)服务。

(8)商务辅助服务。商务辅助服务包括企业管理服务、经纪代理服务、人力资源服务和安全保护服务。

(9)其他现代服务。

### 7. 生活服务

生活服务,是指为满足城乡居民日常生活需求提供的各类服务活动。生活服务包括:

(1)文化体育服务。

(2)教育医疗服务。

(3)旅游娱乐服务。

(4)餐饮住宿服务。

(5)居民日常服务。居民日常服务是指主要为满足居民个人及其家庭日常生活需求提供的服务,包括市容市政管理、家政、婚庆、养老、殡葬、照料和护理、救助救济、美容美发、按摩、桑拿、氧吧、足疗、沐浴、洗染、摄影扩印等服务。

(6) 其他生活服务。

**(四) 销售无形资产**

销售无形资产,是指有偿转让无形资产所有权或者使用权的业务活动。

(1) 无形资产。无形资产是指不具实物形态,但能带来经济利益的资产,包括技术、商标、著作权、商誉、自然资源使用权和其他权益性无形资产。

(2) 其他权益性无形资产。其他权益性无形资产包括基础设施资产经营权、公共事业特许权、配额、经营权、经销权、分销权、代理权、会员权、席位权、网络游戏虚拟道具、域名、名称权、肖像权、冠名权、转会费等。

【例5-3】 下列无形资产中,属于自然资源使用权的有(　　)。

A. 土地使用权　　　B. 海域使用权　　　C. 采矿权　　　D. 经营权

【解析】 答案为ABC。根据《营业税改征增值税试点实施办法》及相关的规定,土地使用权、海域使用权和采矿权属于自然资源使用权。经营权属于其他权益性无形资产。

**(五) 销售不动产**

销售不动产,是指有偿转让不动产所有权的业务活动。不动产,是指不能移动或者移动后会引起性质、形状改变的财产,如建筑物和构筑物等。

**(六) 进口货物**

进口货物,是指申报进入中国海关境内的货物。根据《增值税暂行条例》的规定,只要是报关进口的应税货物,均属于增值税的征收范围,除享受免税政策外,在进口环节缴纳增值税。

**(七) 非经营活动的界定**

销售服务、无形资产或者不动产,是指有偿提供服务、有偿转让无形资产或者不动产,但属于下列非经营活动的情形除外:

(1) 行政单位收取的同时满足以下条件的政府性基金或者行政事业性收费。①由国务院或者财政部批准设立的政府性基金,由国务院或者省级人民政府及其财政、价格主管部门批准设立的行政事业性收费。②收取时开具省级以上(含省级)财政部门监(印)制的财政票据。③所收款项全额上缴财政。

(2) 单位或者个体工商户聘用的员工为本单位或者雇主提供取得工资的服务。

(3) 单位或者个体工商户为聘用的员工提供服务。

(4) 财政部和国家税务总局规定的其他情形。

**(八) 在境内销售服务、无形资产或者不动产**

(1) 服务(租赁不动产除外)或者无形资产(自然资源使用权除外)的销售方或者购买方在境内。

(2) 所销售或者租赁的不动产在境内。

(3) 所销售自然资源使用权的自然资源在境内。

(4) 财政部和国家税务总局规定的其他情形。

(5) 下列情形不属于在境内销售服务或者无形资产,具体包括:①境外单位或者个人向境内单位或者个人销售完全在境外发生的服务。②境外单位或者个人向境内单位或者个人销售完全在境外使用的无形资产。③境外单位或者个人向境内单位或者个人出租完全在境外使用的有形动产。④财政部和国家税务总局规定的其他情形。

**（九）视同销售货物**

（1）代销业务。代销业务包括：①将货物交付其他单位或者个人代销。②销售代销货物。

（2）货物移送。货物移送是指设有两个以上机构并实行统一核算的纳税人，将货物从一个机构移送其他机构用于销售，但相关机构设在同一县（市）的除外。

（3）自产、委托加工、购进货物的特别处置，具体包括：①将自产、委托加工的货物用于集体福利或个人消费。②将自产、委托加工或购进的货物作为投资，提供给其他单位或个体工商户。③将自产、委托加工或购进的货物分配给股东或者投资者。④将自产、委托加工或购进的货物无偿赠送给其他单位或个人。

（4）下列情形视同销售服务、无形资产或者不动产，具体包括：①单位或者个体工商户向其他单位或者个人无偿提供服务，但用于公益事业或者以社会公众为对象的除外。②单位或者个人向其他单位或者个人无偿转让无形资产或者不动产，但用于公益事业或者以社会公众为对象的除外。③财政部和国家税务总局规定的其他情形。

【例5-4】 下列行为中，应视同销售货物征收增值税的有（　　）。
A．将外购货物分配给股东　　　　　　B．将外购货物用于个人消费
C．将自产货物无偿赠送他人　　　　　D．将自产货物用于集体福利

【解析】 答案为ACD。根据增值税法律制度的规定将外购货物用于个人消费，其购进货物的进项税额不允许抵扣，不属于增值税视同销售货物的情形，而选项A、选项C、选项D三种情形属于增值税视同销售货物的情形。

**（十）混合销售**

1．混合销售的概念

一项销售行为如果既涉及货物又涉及服务，为混合销售。

2．税务处理

（1）从事货物的生产、批发或者零售的单位和个体工商户（包括以从事货物的生产、批发或者零售为主，并兼营销售服务的单位和个体工商户在内）的混合销售行为，按照销售货物缴纳增值税。

（2）其他单位和个体工商户的混合销售行为，按照销售服务缴纳增值税。

（3）特殊规定。自2017年5月起，纳税人销售活动板房、机器设备、钢结构件等自产货物的同时提供建筑、安装服务，不属于混合销售，应分别核算货物和建筑服务的销售额，分别适用不同的税率或者征收率。

【例5-5】 下列各项中，属于增值税混合销售行为的有（　　）。
A．百货商店在销售商品的同时又提供送货服务
B．餐饮公司提供餐饮服务的同时又销售烟酒
C．建材商店在销售木质地板的同时提供安装服务
D．家具制造厂的经营业务，既销售货物，又提供设计服务

【解析】 答案为ABC。选项A、选项B、选项C均属于在一次销售中，既涉及货物又涉

及服务的销售行为,属于混合销售行为,而选项D的销售货物和提供设计服务并非在同一次销售行为中发生,也不对应同一客户,选项D属于兼营行为。

**(十一) 兼营**

1. 兼营的概念

纳税人的经营范围既包括销售货物、劳务以及销售服务、无形资产和不动产的,构成兼营。

2. 税务处理

(1) 纳税人兼营销售货物、劳务、服务、无形资产或者不动产,适用不同税率或者征收率的,应当分别核算适用不同税率或者征收率的销售额。

(2) 兼有不同税率的销售货物、劳务、服务、无形资产或者不动产,从高适用税率;兼有不同征收率的销售货物、劳务、服务、无形资产或者不动产,从高适用征收率;兼有不同税率和征收率的销售货物、劳务、服务、无形资产或者不动产,从高适用税率。

**(十二) 不征收增值税的项目**

(1) 根据国家指令无偿提供的铁路运输服务、航空运输服务,属于《营业税改征增值税试点实施办法》规定的用于公益事业的服务。

(2) 存款利息。

(3) 被保险人获得的保险赔付。

(4) 房地产主管部门或者其指定机构、公积金管理中心、开发企业以及物业管理单位代收的住宅专项维修资金。

(5) 在资产重组过程中,通过合并、分立、出售、置换等方式,将全部或者部分实物资产以及与其相关联的债权、负债和劳动力一并转让给其他单位和个人,其中涉及的不动产、土地使用权转让行为。

(6) 纳税人在资产重组过程中,通过合并、分立、出售、置换等方式,将全部或者部分实物资产以及与其相关联的债权、负债和劳动力一并转让给其他单位和个人,不属于增值税的征税范围,其中涉及的货物转让,不征收增值税。

(7) 纳税人取得的财政补贴收入,与其销售货物、劳务、服务、无形资产、不动产的收入或者数量直接挂钩的,应按规定计算缴纳增值税。纳税人取得的其他情形的财政补贴收入,不属于增值税应税收入,不征收增值税。

### 三、增值税的税率和征收率

**(一) 增值税税税率**

1. 基本税率13%

(1) 一般纳税人销售或者进口货物,除税法规定适用9%税率或者零税率的外,税率为13%。

(2) 一般纳税人销售加工、修理修配劳务,税率为13%。

(3) 一般纳税人提供有形动产租赁服务,税率为13%。

2. 税率9%

(1) 一般纳税人销售或者进口下列货物,适用9%税率,具体包括:①粮食等农产品、食用植物油、食用盐。②自来水、暖气、冷气、热水、煤气、石油液化气、天然气、二甲醚、沼气、居民用煤炭制品。③图书、报纸、杂志、音像制品、电子出版物。④饲料、化肥、农药、农机、农膜。⑤国务院决定的其他货物。

（2）纳税人销售交通运输、邮政、基础电信、建筑、不动产租赁服务、销售不动产、转让土地使用权。

3. 税率6%

销售服务、无形资产，除另有规定外、税率为6%。

4. 零税率

（1）纳税人出口货物，适用增值税零税率，但国务院另有规定的除外。

（2）中华人民共和国境内的单位和个人跨境销售的下列服务和无形资产，适用增值税零税率：①国际运输服务。②航天运输服务。③向境外单位提供完全在境外消费的下列服务：研发服务；合同能源管理服务；设计服务；广播影视节目（作品）的制作和发行服务；软件服务；电路设计及测试服务；信息系统服务；业务流程管理服务；离岸服务外包业务；转让技术。④国务院规定的其他服务。

### （二）增值税征收率

1. 一般规定

除另有规定外，小规模纳税人和一般纳税人选择简易办法计税的，征收率为3%。

（1）一般纳税人销售自己使用过的属于《增值税暂行条例》第十条规定，不得抵扣且未抵扣进项税额的固定资产，按简易办法依3%征收率减按2%征收增值税，可以放弃减免，按照简易办法依照3%征收率缴纳增值税，并可以开具增值税专用发票。

（2）一般纳税人销售自己使用过的其他固定资产（以下简称已使用过的固定资产）应区分不同情形征收增值税：①销售自己使用过的2009年1月1日以后购进或者自制的固定资产，按照适用税率。②2008年12月31日以前未纳入扩大增值税抵扣范围试点的纳税人，销售自己使用过的2008年12月31日以前购进或者自制的固定资产，按照简易办法依照3%征收率减按2%征收增值税。③2008年12月31日以前已纳入扩大增值税抵扣范围试点的纳税人，销售自己使用过的在本地区扩大增值税抵扣范围试点以前购进或者自制的固定资产，按照简易办法依照3%征收率减按2%征收增值税；销售自己使用过的在本地区扩大增值税抵扣范围试点以后购进或者自制的固定资产，按照适用税率征收增值税。

（3）一般纳税人销售自己使用过的除固定资产以外的物品，应当按照适用税率征收增值税。

（4）小规模纳税人（除其他个人外，下同）销售自己使用过的固定资产，减按2%征收率征收增值税，可以放弃减免，按照简易办法依照3%征收率缴纳增值税，并可以开具增值税专用发票。

小规模纳税人销售自己使用过的除固定资产以外的物品，应按3%的征收率征收增值税。

（5）纳税人销售旧货，按照简易办法依照3%征收率减按2%征收增值税。

旧货，是指进入二次流通的具有部分使用价值的货物（含旧汽车、旧摩托车和旧游艇），但不包括自己使用过的物品。

自2020年5月1日至2027年12月31日，从事二手车经销业务的纳税人销售其收购的二手车，由原按照简易办法依3%征收率减按2%征收增值税，改为减按0.5%征收增值税，

并按下列公式计算销售额:

$$销售额 = 含税销售额 \div (1 + 0.5\%)$$

(6) 一般纳税人销售货物属于下列情形之一的,暂按简易办法依照3%的征收率计算缴纳增值税:①寄售商店代销寄售物品(包括居民个人寄售的物品在内)。②典当业销售死当物品。

(7) 建筑企业一般纳税人提供建筑服务属于老项目的,可以选择简易办法依照3%的征收率征收增值税。

(8) 一般纳税人销售自产的下列货物,可选择按照简易办法依照3%征收率计算缴纳增值税,选择简易办法计算缴纳增值税后,36个月内不得变更,具体适用范围为:①县级及县级以下小型水力发电单位生产的电力。小型水力发电单位,是指各类投资主体建设的装机容量为5万千瓦以下(含5万千瓦)的小型水力发电单位。②建筑用和生产建筑材料所用的砂、土、石料。③以自己采掘的砂、土、石料或其他矿物连续生产的砖、瓦、石灰(不含粘土实心砖、瓦)。④用微生物、微生物代谢产物、动物毒素、人或动物的血液或组织制成的生物制品。⑤自来水(对属于一般纳税人的自来水公司销售自来水按简易办法依照3%的征收率征收增值税,不得抵扣其购进自来水取得增值税扣税凭证上注明的增值税税款)。⑥商品混凝土(仅限于以水泥为原料生产的水泥混凝土)。

2. 特殊规定

(1) 小规模纳税人转让其取得的不动产,按照5%的征收率征收增值税。

(2) 一般纳税人转让其2016年4月30日前取得的不动产,选择简易计税方法计税的,按照5%的征收率征收增值税。

(3) 小规模纳税人出租其取得的不动产(不含个人出租住房),按照5%的征收率征收增值税。

(4) 一般纳税人出租其2016年4月30日前取得的不动产,选择简易计税方法计税的,按照5%的征收率征收增值税。

(5) 房地产开发企业(一般纳税人)销售自行开发的房地产老项目,选择简易计税方法计税的,按照5%的征收率征收增值税。

(6) 房地产开发企业(小规模纳税人)销售自行开发的房地产项目,按照5%的征收率征收增值税。

(7) 纳税人提供劳务派遣服务,选择差额纳税的,按照5%的征收率征收增值税。

自2021年10月1日起,住房租赁企业中的增值税一般纳税人向个人出租住房取得的全部出租收入,可以选择适用简易计税方法,按照5%的征收率减按1.5%计算缴纳增值税,或适用一般计税方法计算缴纳增值税。住房租赁企业中的增值税小规模纳税人向个人出租住房,按照5%的征收率减按1.5%计算缴纳增值税。

### 四、一般纳税人增值税应纳税额的计算

#### (一) 一般计税方法应纳税额的计算

一般纳税人销售货物、劳务、服务、无形资产、不动产(以下简称应税销售行为),采取一般计税方法计算应纳增值税额。其计算公式为:

增值税应纳税额 = 当期销项税额 - 当期进项税额

销项税额 = 不含税销售额 × 适用税率

1. 销售额的确定

1) 一般规定

销售额,是指纳税人发生应税销售行为向购买方收取的全部价款和价外费用,但不包括收取的增值税销项税额。

不含增值税销售额 = 含增值税销售额 ÷ (1 + 适用税率)

(1) 价外费用,包括价外向购买方收取的手续费、补贴、基金、集资费、返还利润、奖励费、违约金、滞纳金、延期付款利息、赔偿金、代收款项、代垫款项、包装费、包装物租金、储备费、优质费、运输装卸费以及其他各种性质的价外收费。

(2) 上述价外费用无论其会计制度如何核算,均应并入销售额计算增值销项税额,但下列项目不包括在销售额内:①受托加工应征消费税的消费品所代收代缴的消费税。②同时符合以下条件代为收取的政府性基金或者行政事业性收费:由国务院或者财政部批准设立的政府性基金,由国务院或者省级人民政府及其财政、价格主管部门批准设立的行政事业性收费;收取时开具省级以上财政部门印制的财政票据;所收款项全额上缴财政。③销售货物的同时代办保险等而向购买方收取的保险费,以及向购买方收取的代购买方缴纳的车辆购置税、车辆牌照费。④以委托方名义开具发票代委托方收取的款项。

2) 视同销售的销售额的确定

《增值税暂行条例实施细则》规定了视同销售货物的行为,这类行为一般不以资金的形式反映出来,因而会出现无销售额的情况。在此情况下,税务机关有权核定其销售额。

(1) 核定方法。税务机关核定销售额时,按以下顺序进行:第一,按纳税人最近时期同类货物的平均销售价格确定。第二,按其他纳税人最近时期同类货物的平均销售价格确定。第三,按组成计税价格确定。

(2) 组成计税价格。不涉及消费税的组成计税价格公式:

组成计税价格 = 成本 × (1 + 成本利润率)

涉及消费税的组成计税价格公式:

组成计税价格 = 成本 × (1 + 成本利润率) + 消费税税额

纳税人销售货物或者劳务价格明显偏低并且无正当理由的,由税务机关按照上述方法核定其销售额。

纳税人销售服务、无形资产或者不动产价格明显偏低或者偏高且不具有合理商业目的的,或者发生无销售额的,主管税务机关有权按照下列顺序确定销售额:第一,按照纳税人最近时期销售同类服务、无形资产或者不动产的平均价格确定。第二,按照其他纳税人最近时期销售同类服务、无形资产或者不动产的平均价格确定。第三,按照组成计税价格确定。组成计税价格的公式为:

组成计税价格 = 成本 × (1 + 成本利润率)

成本利润率由国家税务总局确定。

不具有合理商业目的,是指以谋取税收利益为主要目的,通过人为安排,减少、免除、推迟缴纳增值税税款,或者增加退还增值税税款。

3)特殊销售方式下货物销售额的确定

(1)折扣方式销售。如果销售额和折扣额在同一张发票上分别注明的,可按冲减折扣额后的销售额征收增值税。将折扣额另开发票的,不论财务上如何处理,在征收增值税时,折扣额均不得冲减销售额。

(2)以旧换新。①对于一般货物以旧换新,按新货物的同期销售价格确定销售额,不扣减旧货物的收购价格。②对于金银首饰以旧换新,按销售方实际收取的不含增值税的全部价款征收增值税。

(3)还本销售。采取还本销售方式销售货物的,销售额就是货物的销售价格,不得减除还本支出。

(4)以物易物。双方均应作购销处理,以各自发出的货物核算销售额并计算销项税额,以各自收到的货物按规定核算购货额并计算进项税额。在以物易物活动中,应分别开具合法的票据,如收到的货物不能取得相应的增值税专用发票或其他合法票据的,不能抵扣进项税额。

(5)直销。①对于直销企业先将货物销售给直销员,直销员再将货物销售给消费者的,直销企业的销售额为其向直销员收取的全部价款和价外费用。②对于直销企业通过直销员向消费者销售货物,直接向消费者收取货款,直销企业的销售额为其向消费者收取的全部价款和价外费用。

(6)包装物押金。①纳税人为销售货物而出租、出借包装物收取的押金,单独记账核算,且时间在1年以内,又未过期(合同约定的期限)的,不并入销售额;但对因逾期未收回包装物不再退还的押金,应按所包装货物的适用税率计算增值税款。"逾期"是指合同约定实际逾期或以1年为期限,对收取1年以上的押金,无论是否退还均并入销售额征税。②除啤酒、黄酒以外的其他酒类产品:对销售啤酒、黄酒以外的其他酒类产品而收取的包装物押金,无论是否返还以及会计上如何核算,均应在收取当期并入销售额中征税。

(7)销售退回或折让。①一般纳税人因销售货物退回或者折让而退还给购买方的增值税额,应从发生销售货物退回或者折让当期的销项税额中扣减。②一般纳税人销售货物、劳务、服务、无形资产、不动产,开具增值税专用发票后,发生销售货物退回或折让、开票有误等情形,应按国家税务总局的规定开具红字增值税专用发票,未按规定开具红字增值税专用发票的,增值税额不得从销项税额中扣减。

4)"营改增"行业销售额的规定

(1)贷款服务。以提供贷款服务取得的全部利息及利息性质的收入为销售额。

(2)直接收费金融服务。以提供直接收费金融服务收取的手续费、佣金、酬金、管理费、服务费、经手费、开户费、过户费、结算费、转托管费等各类费用为销售额。

(3)金融商品转让。①按照卖出价扣除买入价后的余额为销售额。转让金融商品出现的正负差,按盈亏相抵后的余额为销售额。若相抵后出现负差,可结转下一纳税期与下期转让金融商品销售额相抵,但年末时仍出现负差的,不得转入下一个会计年度。②金融商品的买入价,可以选择按照加权平均法或者移动加权平均法进行核算,选择后36个月内不得变更。③金融商品转让,不得开具增值税专用发票。

（4）经纪代理服务。①以取得的全部价款和价外费用,扣除向委托方收取并代为支付的政府性基金或者行政事业性收费后的余额为销售额。②向委托方收取的政府性基金或者行政事业性收费,不得开具增值税专用发票。

（5）航空运输企业的销售额,不包括代收的民航发展基金（原机场建设费）和代售其他航空运输企业客票而代收转付的价款。

（6）试点纳税人提供客运场站服务,以其取得的全部价款和价外费用,扣除支付给承运方运费后的余额为销售额。

（7）试点纳税人提供旅游服务。①可以选择以取得的全部价款和价外费用,扣除向旅游服务购买方收取并支付给其他单位或者个人的住宿费、餐饮费、交通费、签证费、门票费和支付给其他接团旅游企业的旅游费用后的余额为销售额。②选择上述办法计算销售额的试点纳税人,向旅游服务购买方收取并支付的上述费用,不得开具增值税专用发票,可以开具普通发票。

（8）试点纳税人提供建筑服务适用简易计税方法的,以取得的全部价款和价外费用扣除支付的分包款后的余额为销售额。

（9）房地产开发企业中的一般纳税人销售其开发的房地产项目（选择简易计税方法的房地产老项目除外）,以取得的全部价款和价外费用,扣除受让土地时向政府部门支付的土地价款后的余额为销售额。房地产老项目,是指《建筑工程施工许可证》注明的合同开工日期在2016年4月30日前的房地产项目。

（10）销售额确定的特殊规定。①纳税人兼营免税、减税项目的,应当分别核算免税、减税项目的销售额;未分别核算的,不得免税、减税。②纳税人发生应税销售行为,开具增值税专用发票后,发生开票有误或者销售折让、中止、退回等情形的,应当按照国家税务总局的规定开具红字增值税专用发票;未按照规定开具红字增值税专用发票的,不得扣减销项税额或者销售额。

（11）外币销售额的折算。纳税人按人民币以外的货币结算销售额的,其销售额的人民币折合率可以选择销售额发生的当天或者当月1日的人民币外汇中间价。纳税人应在事先确定采用何种折合率,确定后在1年内不得变更。

2. 进项税额的确定

进项税额,是指纳税人购进货物、劳务、服务、无形资产或者不动产,支付或者负担的增值税额。

1）准予抵扣的进项税

（1）从销售方取得的增值税专用发票（含税控机动车销售统一发票,下同）上注明的增值税额。

（2）从海关取得的海关进口增值税专用缴款书上注明的增值税额。

（3）购进农产品。取得一般纳税人开具的增值税专用发票或者海关进口增值税专用缴款书的,以增值税专用发票或海关进口增值税专用缴款书上注明的增值税额为进项税额。从按照简易计税方法依照3%征收率计算缴纳增值税的小规模纳税人取得增值税专用发票的,以增值税专用发票上注明的金额和9%的扣除率计算进项税额。取得（开具）农产品销售发票或收购发票的,以农产品收购发票或销售发票上注明的农产品买价和9%的扣除率计算进项税额。纳税人购进用于生产或者委托加工13%税率货物的农产品,按照10%的扣除率计算进项税额。进项税额计算公式为:

$$进项税额 = 买价 \times 扣除率$$

购进农产品,按照《农产品增值税进项税额核定扣除试点实施办法》抵扣进项税额的除外。

(4)纳税人购进国内旅客运输服务未取得增值税专用发票的,暂按照以下规定确定进项税额:

情形一:取得增值税电子普通发票的,为发票上注明的税额。

情形二:取得注明旅客身份信息的航空运输电子客票行程单的,按照下列公式计算进项税额:

$$航空旅客运输进项税额 = (票价 + 燃油附加费) \div (1 + 9\%) \times 9\%$$

情形三:取得注明旅客身份信息的铁路车票的,按照下列公式计算进项税额:

$$铁路旅客运输进项税额 = 票面金额 \div (1 + 9\%) \times 9\%$$

情形四:取得注明旅客身份信息的公路、水路等其他客票的,按照下列公式计算进项税额:

$$公路、水路等其他旅客运输进项税额 = 票面金额 \div (1 + 3\%) \times 3\%$$

(5)从境外单位或者个人购进劳务服务、无形资产或者境内的不动产,自税务机关或者扣缴义务人取得的代扣代缴税款的完税凭证上注明的增值税额。

(6)原增值税一般纳税人购进货物或者接受劳务,用于《销售服务、无形资产或者不动产注释》所列项目的,不属于《增值税暂行条例》第十条规定不得抵扣进项税额的项目,其进项税额准予抵扣。

(7)原增值税一般纳税人购进服务、无形资产或者不动产,取得的增值税专用发票上注明的增值税额为进项税额,准予从销项税额中抵扣。

(8)原增值税一般纳税人自用的应征消费税的摩托车、汽车、游艇,其进项税额准予从销项税额中抵扣。

纳税人取得的增值税扣税凭证不符合法律、行政法规或者国务院税务主管部门有关规定的,其进项税额不得从销项税额中抵扣。

增值税扣税凭证,是指增值税专用发票、海关进口增值税专用缴款书、农产品收购发票、农产品销售发票和完税凭证和符合规定的国内旅客运输发票。纳税人凭完税凭证抵扣进项税额的,应当具备书面合同、付款证明和境外单位的对账单或者发票。资料不全的,其进项税额不得从销项税额中抵扣。

【例5-6】 甲公司为增值税一般纳税人,2023年9月购进国内旅客运输服务,取得的下列票据中,可以作为进项税额抵扣依据的有(    )。

A. 增值税电子普通发票

B. 注明员工身份信息的航空运输电子客票行程单

C. 注明员工身份信息的铁路车票

D. 注明员工身份信息的公路、水路客票

【解析】 答案 ABCD。为推进增值税实质性减税,自 2019 年 4 月 1 日起,增值税一般纳税人购进国内旅客运输服务,取得增值税专用发票,电子普通发票,注明旅客身份信息的航空运输电子客票行程单、铁路车票和公路、水路等其他客票,可以作为进项税额的抵扣依据。

2) 不得从销项税额中抵扣的进项税额

(1) 用于简易计税方法计税项目、免征增值税项目、集体福利或者个人消费的购进货物、劳务、服务、无形资产和不动产。其中涉及的固定资产、无形资产、不动产,仅指专用于上述项目的固定资产、无形资产(不包括其他权益性无形资产)、不动产。

如果是既用于上述不允许抵扣项目又用于抵扣项目的,该进项税额准予全部抵扣。

2018 年 1 月 1 日起,纳税人租入固定资产、不动产,既用于一般计税方法计税项目,又用于简易计税方法计税项目、免征增值税项目、集体福利或者个人消费的,其进项税额准予从销项税额中全额抵扣。

纳税人的交际应酬消费属于个人消费。

(2) 非正常损失。①非正常损失的购进货物,以及相关的劳务和交通运输服务。②非正常损失的在产品、产成品所耗用的购进货物(不包括固定资产)、劳务和交通运输服务。③非正常损失的不动产,以及该不动产所耗用的购进货物、设计服务和建筑服务。④非正常损失的不动产在建工程所耗用的购进货物、设计服务和建筑服务。

纳税人新建、改建、扩建、修缮、装饰不动产,均属于不动产在建工程。

(3) 列举的服务。①购进的贷款服务、餐饮服务、居民日常服务和娱乐服务。②纳税人接受贷款服务向贷款方支付的与该笔贷款直接相关的投融资顾问费、手续费、咨询费等费用,其进项税额不得从销项税额中抵扣。

(4) 财政部和国家税务总局规定的其他情形。

上述非正常损失中的③、④项所称货物,是指构成不动产实体的材料和设备,包括建筑装饰材料和给排水、采暖、卫生、通风、照明、通讯、煤气、消防、中央空调、电梯、电气、智能化楼宇设备及配套设施。

非正常损失,是指因管理不善造成货物被盗、丢失、霉烂变质,以及因违反法律法规造成货物或者不动产被依法没收、销毁、拆除的情形。

【例 5-7】 下列各项中,不得从销项税额中抵扣进项税额的是(  )。

A. 购进生产用燃料所支付的增值税款

B. 不合格产品耗用材料所支付的增值税款

C. 因管理不善被盗材料所支付的增值税款

D. 购进不动产耗用装修材料所支付的增值税款

【解析】 答案为 C。根据增值税法律制度的规定,因管理不善造成被盗、丢失、霉烂变质的损失以及被执法部门依法没收或者强令自行销毁的货物的增值税款不允许从销项税额中抵扣。

3) 无法划分不得抵扣的进项税额

适用一般计税方法的纳税人,兼营简易计税方法计税项目、免征增值税项目而无法划分不得抵扣的进项税额,按照下列公式计算不得抵扣的进项税额:

$$\text{不得抵扣的进项税额} = \text{当期无法划分的全部进项税额} \times \left(\frac{\text{当期简易计税方法计税项目销售额} + \text{免征增值税项目销售额}}{\text{当期全部销售额}}\right)$$

4) 已抵扣进项税额的货物、劳务发生不得抵扣的情形

根据《增值税暂行条例实施细则》的规定,一般纳税人当期购进的货物或劳务用于生产经营,其进项税额在当期销项税额中予以抵扣。已抵扣进项税额的购进货物或劳务如果事后改变用途,用于集体福利或者个人消费、购进货物发生非正常损失、在产品或产成品发生非正常损失等,应当将该项购进货物或者劳务的进项税额从当期的进项税额中扣减;无法确定该项进项税额的,按当期外购项目的实际成本计算应扣减的进项税额。

5) 已抵扣进项税额的固定资产、服务、无形资产、不动产发生不得抵扣情形

(1) 已抵扣进项税额的固定资产,发生《增值税暂行条例》规定的不得从销项税额中抵扣情形的,应在当月按下列公式计算不得抵扣的进项税额:

$$\text{不得抵扣的进项税额} = \text{固定资产净值} \times \text{适用税率}$$

(2) 已抵扣进项税额的购进服务,发生《营业税改征增值税试点实施办法》规定的不得从销项税额中抵扣情形(简易计税方法计税项目、免征增值税项目除外)的,应当将该进项税额从当期进项税额中扣减;无法确定该进项税额的,按照当期实际成本计算应扣减的进项税额。

(3) 已抵扣进项税额的无形资产,发生《营业税改征增值税试点实施办法》规定的不得从销项税额中抵扣情形的,按照下列公式计算不得抵扣的进项税额:

$$\text{不得抵扣的进项税额} = \text{无形资产净值} \times \text{适用税率}$$

固定资产、无形资产或者不动产净值,是指纳税人根据财务会计制度计提折旧或摊销后的余额。

(4) 已抵扣进项税额的不动产,发生非正常损失,或者改变用途,专用于简易计税方法计税项目、免征增值税项目、集体福利或者个人消费的,按照下列公式计算不得抵扣的进项税额,并从当期进项税额中扣减:

$$\text{不得抵扣的进项税额} = \text{已抵扣进项税额} \times \text{不动产净值率}$$

$$\text{不动产净值率} = (\text{不动产净值} \div \text{不动产原值}) \times 100\%$$

6) 销售折让、中止或退回

纳税人适用一般计税方法计税的,因销售折让、中止或者退回而退还给购买方的增值税额,应当从当期的销项税额中扣减;因销售折让、中止或者退回而收回的增值税额,应当从当期的进项税额中扣减。

7) 其他情形不得抵扣进项税额

有下列情形之一者,应当按照销售额和增值税税率计算应纳税额,不得抵扣进项税额,也不得使用增值税专用发票:①一般纳税人会计核算不健全,或者不能够提供准确税务资料的。②应当办理一般纳税人资格登记而未办理的。

8) 一次性抵扣

自 2019 年 4 月 1 日起,增值税一般纳税人取得不动产或者不动产在建工程的进项税额不再分 2 年抵扣。此前按照规定尚未抵扣完毕的待抵扣进项税额,可自 2019 年 4 月税款所属期起从销项税额中抵扣。

取得不动产,包括以直接购买、接受捐赠、接受投资入股、自建以及抵债等各种形式取得不动产。

9) 转增进项税额

(1) 按照税法规定不得抵扣且未抵扣进项税额而固定资产、无形资产,发生用途改变,用于允许抵扣进项税额的应税项目,可在用途改变的次月按照下列公式,依据合法有效的增值税扣税凭证,计算可以抵扣的进项税额:

$$可以抵扣的进项税额 = 固定资产、无形资产净值 \div (1 + 适用税率) \times 适用税率$$

(2) 按照规定不得抵扣进项税额的不动产,发生改变用途,用于允许抵扣进项税额项目的,按照下列公式在改变用途的次月计算可抵扣进项税额:

$$可抵扣进项税额 = 增值税扣税凭证注明或计算的进项税额 \times 不动产净值率$$

【例 5-8】 某银行为增值税一般纳税人,2023 年第三季度发生的有关经济业务如下:

(1) 购进 5 台自助存取款机,取得增值税专用发票注明的金额为 40 万元,增值税为 5.2 万元。

(2) 租入一处底商作为营业部,租金总额为 105 万元,取得增值税专用发票注明的金额为 100 万元,增值税为 5 万元。

(3) 办理公司业务,收取结算手续费(含税)31.8 万元;收取账户管理费(含税)26.5 万元。

(4) 办理贷款业务,取得利息收入(含税)1.06 亿元。

(5) 吸收存款 8 亿元。

已知:该银行取得增值税专用发票均符合抵扣规定;提供金融服务适用的增值税税率为 6%。计算该银行第三季度应纳增值税税额。

【解析】 根据《营业税改征增值税试点实施办法》及相关规定:①购进自助存取款机的进项税额允许抵扣。②租入办公用房的进项税额允许抵扣。③办理公司业务,收取的手续费和账户管理费属于直接收费金融服务,应缴纳增值税。④办理贷款业务收取利息收入,属于贷款服务,应缴纳增值税。⑤吸收存款不属于增值税征税范围。

解答:

(1) 进项税额 = 5.2 + 5 = 10.2(万元)

(2) 销项税额 = 31.8 ÷ (1 + 6%) × 6% + 26.5 ÷ (1 + 6%) × 6% + 1.06 ÷ (1 + 6%) × 6% × 10 000 = 603.3(万元)

(3) 应纳增值税税额 = 603.3 - 10.2 = 593.1(万元)

**(二) 简易计税方法应纳税额的计算**

1. 一般纳税人采用简易办法计税的情形

一般纳税人发生下列应税行为,可以选择适用简易计税方法计税,不允许抵扣进项税额。

（1）公共交通运输服务，包括轮客渡、公交客运、地铁、城市轻轨、出租车、长途客运、班车。

（2）经认定的动漫企业为开发动漫产品提供的动漫脚本编撰、形象设计、背景设计、动画设计、分镜、动画制作、摄制、描线、上色、画面合成、配音、配乐、音效合成、剪辑、字幕制作、压缩转码服务，以及在境内转让动漫版权。

（3）电影放映服务、仓储服务、装卸搬运服务、收派服务和文化体育服务。

（4）以纳入"营改增"试点之日前取得的有形动产为标的物提供的经营租赁服务。

（5）在纳入"营改增"试点之日前签订的尚未执行完毕的有形动产租赁合同。

一般纳税人发生财政部和国家税务总局规定的特定应税行为，可以选择适用简易计税方法计税，但一经选择，36个月内不得变更。

一般纳税人选择适用简易计税方法计税，不允许抵扣进项税额。其计算公式为：

$$应纳税额＝销售额×征收率$$

纳税人采用销售额和应纳税额合并定价方法的，按照下列公式计算销售额：

$$销售额＝含税销售额÷(1＋征收率)$$

**2. 小规模纳税人应纳增值税的计算**

小规模纳税人应按照销售额和征收率计算应纳税额，且不得抵扣进项税额。

$$增值税应纳税额 = 不含税销售额×征收率$$

$$不含税销售额 = 含税销售额÷(1＋征收率)$$

纳税人适用简易计税方法计税的，因销售折让、中止或者退回而退还给购买方的销售额，应当从当期销售额中扣减。扣减当期销售额后仍有余额造成多缴的税款，可以从以后的应纳税额中扣减。

**【例5-9】** 山东某企业为增值税小规模纳税人，专门从事商业咨询服务。2023年10月发生以下业务：

（1）15日，向某一般纳税人企业提供资讯信息服务，取得含增值税销售额3.09万元。

（2）20日，向某小规模纳税人提供注册信息服务，取得含增值税销售额1.03万元。

（3）25日，购进办公用品，支付价款2.06万元，并取得增值税普通发票。

已知增值税征收率为3%，减按1%征收。计算该企业当月应纳增值税税额。

**【解析】** 根据《营业税改征增值税试点实施办法》及相关规定，小规模纳税人提供应税服务，采用简易办法征税，销售额中含有增值税款的，应换算为不含税销售额，计算应纳税额，购进货物支付的增值税款不允许抵扣。

销售额＝(3.09＋1.03)÷(1＋3%)＝4(万元)

应纳增值税税额＝4×1%＝0.04(万元)

**3. 特殊事项简易计税方法**

（1）纳税人销售旧货和使用过的固定资产，按照简易计税方法计税的，其计算公式为：

$$销售额 = 含税销售额 \div (1 + 3\%)$$

$$应纳税额 = 销售额 \times 2\%$$

(2) 从事二手车经销业务的纳税人，销售其收购的二手车，按照简易计税方法计税的，其计算公式为：

$$销售额 = 含税销售额 \div (1 + 0.5\%)$$

$$应纳税额 = 销售额 \times 0.5\%$$

### (三) 进口货物应纳税额的计算

纳税人进口货物，无论是一般纳税人还是小规模纳税人，均应按照组成计税价格和规定的税率计算应纳税额，不允许抵扣发生在境外的任何税金。

$$增值税应纳税额 = 组成计税价格 \times 税率$$

组成计税价格的构成分为两种情况：

(1) 如果进口货物不征收消费税，则上述公式中组成计税价格的计算公式为：

$$组成计税价格 = 关税完税价格 + 关税$$

(2) 如果进口货物征收消费税，则上述公式中组成计税价格的计算公式为：

$$组成计税价格 = 关税完税价格 + 关税 + 消费税$$

一般贸易下进口货物的关税完税价格以海关审定的成交价格为基础的到岸价格作为完税价格。所谓成交价格是一般贸易项下进口货物的买方为购买该项货物向卖方实际支付或应当支付的价格；到岸价格，包括货价，加上货物运抵我国关境内输入地点起卸前的包装费、运费、保险费和其他劳务费等费用构成的一种价格。特殊贸易下进口的货物，由于进口时没有"成交价格"可作依据，《中华人民共和国进出口关税条例》对这些进口货物制定了确定其完税价格的具体办法。

【例5-10】 某外贸公司为增值税一般纳税人，2023年9月从国外进口一批普通商品，海关核定的关税完税价格为200万元。已知进口关税税率为10%，增值税税率为13%。计算该公司进口环节应纳增值税税额。

【解析】 根据增值税法律制度的规定，进口货物应纳增值税税额，按照组成计税价格和规定税率计算。

(1) 进口环节应纳关税税额 = 200 × 10% = 20(万元)

(2) 进口环节应纳增值税税额 = (200 + 20) × 13% = 28.6(万元)

【例5-11】 某公司为增值税一般纳税人，2023年10月从国外进口一批高档化妆品，海关核定的关税完税价格为300万元，已纳关税40万元。已知消费税税率为15%，增值税税率为13%。计算该公司进口环节应纳增值税税额。

【解析】 根据增值税法律制度的规定，进口货物如果缴纳消费税，则计算增值税应纳税额时，组成的计税价格中含有消费税税款。

(1) 进口环节应纳消费税税额 = (300 + 40) ÷ (1 − 15%) × 15% = 400 × 15% = 60(万元)

(2) 组成计税价格 = 300 + 40 + 60 = 400(万元)

(3) 进口环节应纳增值税税额＝400×13％＝52(万元)

### (四) 扣缴计税方法

境外单位或者个人在境内发生应税销售行为,在境内未设有经营机构的,扣缴义务人按照下列公式计算应扣缴税额:

$$应扣缴增值税税额＝购买方支付的价款÷(1＋税率)×税率$$

## 五、税收优惠

### (一)《增值税暂行条例》及其实施细则规定的免税项目

(1) 农业生产者销售的自产农产品。
(2) 避孕药品和用具。
(3) 古旧图书。
(4) 直接用于科学研究、科学试验和教学的进口仪器、设备。
(5) 外国政府、国际组织无偿援助的进口物资和设备。
(6) 由残疾人的组织直接进口供残疾人专用的物品。
(7) 销售的自己使用过的物品。自己使用过的物品,是指其他个人自己使用过的物品。

### (二) "营改增"试点税收优惠

1. 免征增值税的项目

(1) 托儿所、幼儿园提供的保育和教育服务。
(2) 养老机构提供的养老服务。
(3) 残疾人福利机构提供的育养服务。
(4) 婚姻介绍服务。
(5) 殡葬服务。
(6) 残疾人员本人为社会提供的服务。
(7) 医疗机构提供的医疗服务。
(8) 从事学历教育的学校(不包括职业培训机构)提供的教育服务。
(9) 学生勤工俭学提供的服务。
(10) 农业机耕、排灌、病虫害防治、植物保护、农牧保险以及相关技术培训业务,家禽、牲畜、水生动物的配种和疾病防治。
(11) 纪念馆、博物馆、文化馆、文物保护单位管理机构、美术馆、展览馆、书画院、图书馆在自己的场所提供文化体育服务取得的第一道门票收入。
(12) 寺院、宫观、清真寺和教堂举办文化、宗教活动的门票收入。
(13) 行政单位之外的其他单位收取的符合规定的政府性基金和行政事业性收费。
(14) 个人转让著作权。
(15) 个人销售自建自用住房。
(16) 中国台湾航运公司、航空公司从事海峡两岸海上直航、空中直航业务在大陆取得的运输收入。
(17) 纳税人提供的直接或者间接国际货物运输代理服务。

(18) 符合规定条件的贷款、债券利息收入。

(19) 被撤销金融机构以货物、不动产、无形资产、有价证券、票据等财产清偿债务。

(20) 保险公司开办的1年期以上人身保险产品取得的保费收入。

(21) 符合规定条件的金融商品转让收入。

(22) 金融同业往来利息收入。

(23) 同时符合条件的担保机构从事中小企业信用担保或者再担保业务取得的收入(不含信用评级、咨询、培训等收入)3年内免征增值税。

(24) 国家商品储备管理单位及其直属企业承担商品储备任务,从中央或者地方财政取得的利息补贴收入和价差补贴收入。

(25) 纳税人提供技术转让、技术开发和与之相关的技术咨询、技术服务。

(26) 同时符合条件的合同能源管理服务。

(27) 政府举办的从事学历教育的高等、中等和初等学校(不含下属单位),举办进修班、培训班取得的全部归该学校所有的收入。

(28) 政府举办的职业学校设立的主要为在校学生提供实习场所、并由学校出资自办、由学校负责经营管理、经营收入归学校所有的企业,从事《销售服务、无形资产或者不动产注释》中"现代服务"(不含融资租赁服务、广告服务和其他现代服务)、"生活服务"(不含文化体育服务、其他生活服务和桑拿、氧吧)业务活动取得的收入。

(29) 家政服务企业由员工制家政服务员提供家政服务取得的收入。

(30) 福利彩票、体育彩票的发行收入。

(31) 军队空余房产租赁收入。

(32) 为了配合国家住房制度改革,企业、行政事业单位按房改成本价、标准价出售住房取得的收入。

(33) 将土地使用权转让给农业生产者用于农业生产。

(34) 涉及家庭财产分割的个人无偿转让不动产、土地使用权。

(35) 土地所有者出让土地使用权和土地使用者将土地使用权归还给土地所有者。

(36) 县级以上地方人民政府或自然资源行政主管部门出让、转让或收回自然资源使用权(不含土地使用权)。

(37) 随军家属就业。

(38) 军队转业干部就业。

(39) 提供社区养老、托育、家政等服务取得的收入。

2. 即征即退

(1) 一般纳税人提供管道运输服务,对其增值税实际税负超过3%的部分实行增值税即征即退政策。

(2) 经中国人民银行、国家金融监督管理总局或者商务部批准从事融资租赁业务的试点纳税人中的一般纳税人,提供有形动产融资租赁服务和有形动产融资性售后回租服务,对其增值税实际税负超过3%的部分实行增值税即征即退政策。

3. 扣减增值税规定

(1) 退役士兵创业就业。

(2) 重点群体创业就业。

4. 金融企业发放贷款利息税收优惠

金融企业发放贷款后,自结息日起 90 天内发生的应收未收利息按现行规定缴纳增值税,自结息日起 90 天后发生的应收未收利息暂不缴纳增值税,待实际收到利息时按规定缴纳增值税。

5. 个人将购买的住房对外销售

个人将购买不足 2 年的住房对外销售的,按照 5% 的征收率全额缴纳增值税;个人将购买 2 年以上(含 2 年)的住房对外销售的,免征增值税。上述政策适用于北京市、上海市、广州市和深圳市之外的地区。

个人将购买不足 2 年的住房对外销售的,按照 5% 的征收率全额缴纳增值税;个人将购买 2 年以上(含 2 年)的非普通住房对外销售的,以销售收入减去购买住房价款后的差额按照 5% 的征收率缴纳增值税;个人将购买 2 年以上(含 2 年)的普通住房对外销售的,免征增值税。上述政策仅适用于北京市、上海市、广州市和深圳市。

**(三)跨境行为免征增值税的政策规定**

境内的单位和个人销售的下列服务和无形资产免征增值税,但财政部和国家税务总局规定适用增值税零税率的除外:

(1) 下列服务具体包括:①工程项目在境外的建筑服务。②工程项目在境外的工程监理服务。③工程、矿产资源在境外的工程勘察勘探服务。④会议展览地点在境外的会议展览服务。⑤存储地点在境外的仓储服务。⑥标的物在境外使用的有形动产租赁服务。⑦在境外提供的广播影视节目(作品)的播映服务。⑧在境外提供的文化体育服务、教育医疗服务、旅游服务。

(2) 为出口货物提供的邮政服务、收派服务、保险服务。为出口货物提供的保险服务,包括出口货物保险和出口信用保险。

(3) 向境外单位提供的完全在境外消费的下列服务和无形资产,具体包括:①电信服务。②知识产权服务。③物流辅助服务(仓储服务、收派服务除外)。④鉴证咨询服务。⑤专业技术服务。⑥商务辅助服务。⑦广告投放地在境外的广告服务。⑧无形资产。

(4) 以无运输工具承运方式提供的国际运输服务。

(5) 为境外单位之间的货币资金融通及其他金融业务提供的直接收费金融服务,且该服务与境内的货物、无形资产和不动产无关。

(6) 财政部和国家税务总局规定的其他服务。

**(四)起征点**

纳税人发生应税销售行为的销售额未达到增值税起征点的,免征增值税;达到起征点的,全额计算缴纳增值税。

增值税起征点的适用范围限于个人,且不适用于登记为一般纳税人的个体工商户。起征点的幅度规定如下:

(1) 按期纳税的,为月销售额 5 000~20 000 元(含本数)。

(2) 按次纳税的,为每次(日)销售额 300~500 元(含本数)。

起征点的调整由财政部和国家税务总局规定。省、自治区、直辖市财政厅(局)和国家税务局应当在规定的幅度内,根据实际情况确定本地区适用的起征点,并报财政部和国家税务总局备案。

**(五) 小微企业免税规定**

自 2023 年 1 月 1 日至 2027 年 12 月 31 日,对月销售额 10 万元以下(含本数)的增值税小规模纳税人,免征增值税。增值税小规模纳税人适用 3% 征收率的应税销售收入,减按 1% 征收率征收增值税;适用 3% 预征率的预缴增值税项目,减按 1% 预征率预缴增值税。

**(六) 增值税期末留抵退税**

1. 试行增值税期末留抵税额退税

自 2019 年 4 月 1 日起,试行增值税期末留抵税额退税制度。同时符合以下条件的纳税人,可以向主管税务机关申请退还增量留抵税额:①自 2019 年 4 月税款所属期起,连续 6 个月(按季纳税的,连续两个季度)增量留抵税额均大于零,且第 6 个月增量留抵税额不低于 50 万元。②纳税信用等级为 A 级或者 B 级。③申请退税前 36 个月未发生骗取留抵退税、出口退税或虚开增值税专用发票情形的。④申请退税前 36 个月未因偷税被税务机关处罚两次及以上的。⑤自 2019 年 4 月 1 日起未享受即征即退、先征后返(退)政策的。

增量留抵税额,是指与 2019 年 3 月底相比新增加的期末留抵税额。纳税人当期允许退还的增量留抵税额,按照以下公式计算:

$$允许退还的增量留抵税额 = 增量留抵税额 \times 进项构成比例 \times 60\%$$

进项构成比例,为 2019 年 4 月至申请退税前一税款所属期内已抵扣的增值税专用发票(含税控机动车销售统一发票)、海关进口增值税专用缴款书、解缴税款完税凭证注明的增值税占同期全部已抵扣进项税额的比重。

2. 先进制造业期末留抵退税

自 2019 年 6 月 1 日起,同时符合以下条件的部分先进制造业纳税人,可以自 2019 年 7 月及以后纳税申报期向主管税务机关申请退还增量留抵税额:①增量留抵税额大于零。②纳税信用等级为 A 级或者 B 级。③申请退税前 36 个月未发生骗取留抵退税、出口退税或虚开增值税专用发票情形。④申请退税前 36 个月未因偷税被税务机关处罚两次及以上。⑤自 2019 年 4 月 1 日起未享受即征即退、先征后返(退)政策。

部分先进制造业纳税人,是指按照《国民经济行业分类》,生产并销售非金属矿物制品、通用设备、专用设备及计算机、通信和其他电子设备销售额占全部销售额的比重超过 50% 的纳税人。

销售额比重根据纳税人申请退税前连续 12 个月的销售额计算确定,申请退税前经营期不满 12 个月但满 3 个月的,按照实际经营期的销售额计算确定。

增量留抵税额,是指与 2019 年 3 月 31 日相比新增加的期末留抵税额。部分先进制造业纳税人当期允许退还的增量留抵税额,按照以下公式计算:

$$允许退还的增量留抵税额 = 增量留抵税额 \times 进项构成比例$$

进项构成比例,为 2019 年 4 月至申请退税前一税款所属期内已抵扣的增值税专用发票(含税控机动车销售统一发票)、海关进口增值税专用缴款书、解缴税款完税凭证注明的增值税额占同期全部已抵扣进项税额的比重。

自2021年4月1日起,将部分先进制造业纳税人退还增量留抵税额有关政策扩大至先进制造业,增加医药、化学纤维、铁路、船舶、航空航天和其他运输设备、电气机械和器材、仪器仪表销售额占全部销售额的比重超过50%的纳税人。

3. 小微企业和制造业等行业期末留抵退税

(1) 自2021年4月1日起,加大小微企业增值税期末留抵退税政策力度,将先进制造业按月全额退还增值税增量留抵税额政策范围扩大至符合条件的小微企业(含个体工商户,下同),并一次性退还小微企业存量留抵税额。

(2) 自2021年4月1日起,加大"制造业""科学研究和技术服务业""电力、热力、燃气及水生产和供应业""软件和信息技术服务业""生态保护和环境治理业"和"交通运输、仓储和邮政业"(以下简称制造业等行业)增值税期末留抵退税政策力度,将先进制造业按月全额退还增值税增量留抵税额政策范围扩大至符合条件的制造业等行业企业(含个体工商户,下同),并一次性退还制造业等行业企业存量留抵税额。

(3) 小微企业和制造业等行业纳税人办理期末留抵退税,需同时符合以下条件:①纳税信用等级为A级或者B级。②申请退税前36个月未发生骗取留抵退税、骗取出口退税或虚开增值税专用发票情形。③申请退税前36个月未因偷税被税务机关处罚两次及以上。④2019年4月1日起未享受即征即退、先征后返(退)政策。

(4) 增量留抵税额,区分以下情形确定:①纳税人获得一次性存量留抵退税前,增量留抵税额为当期期末留抵税额与2019年3月31日相比新增加的留抵税额。②纳税人获得一次性存量留抵退税后,增量留抵税额为当期期末留抵税额。

(5) 存量留抵税额,区分以下情形确定:①纳税人获得一次性存量留抵退税前,当期期末留抵税额大于或等于2019年3月31日期末留抵税额的,存量留抵税额为2019年3月31日期末留抵税额;当期期末留抵税额小于2019年3月31日期末留抵税额的,存量留抵税额为当期期末留抵税额。②纳税人获得一次性存量留抵退税后,存量留抵税额为零。

(6) 纳税人按照以下公式计算允许退还的留抵税额:

$$允许退还的增量留抵税额=增量留抵税额×进项构成比例×100\%$$

$$允许退还的存量留抵税额=存量留抵税额×进项构成比例×100\%$$

进项构成比例,为2019年4月至申请退税前一税款所属期已抵扣的增值税专用发票(含带有"增值税专用发票"字样全面数字化的电子发票、税控机动车销售统一发票)、收费公路通行费增值税电子普通发票、海关进口增值税专用缴款书、解缴税款完税凭证注明的增值税额占同期全部已抵扣进项税额的比重。

(7) 自2022年7月1日起,将制造业等行业按月全额退还增值税增量留抵税额、一次性退还存量留抵税额的政策范围,扩大至"批发和零售业""农、林、牧、渔业""住宿和餐饮业""居民服务、修理和其他服务业""教育""卫生和社会工作"和"文化、体育和娱乐业"。

(七) 其他减免税规定

(1) 纳税人兼营免税、减税项目的,应当分别核算免税、减税项目的销售额;未分别核算销售额的,不得免税、减税。

(2)纳税人发生应税销售行为适用免税规定的,可以放弃免税,依照《增值税暂行条例》的规定缴纳增值税。放弃免税后,36个月内不得再申请免税。

(3)纳税人发生应税销售行为同时适用免税和零税率规定的,纳税人可以选择适用免税或者零税率。

## 六、增值税的征收管理

### (一)增值税的纳税义务发生时间

(1)纳税人发生应税销售行为,为收讫销售款或者取得销售款项凭证的当天;先开具发票的,为开具发票的当天。否则,按销售结算方式的不同,具体为:①采取直接收款方式销售货物的,不论货物是否发出,均为收到销售款或取得索取销售款凭据的当天。②采取托收承付和委托银行收款方式销售货物,为发出货物并办妥托收手续的当天。③采取赊销和分期收款方式销售货物,为书面合同约定的收款日期当天,无书面合同的或者书面合同没有约定收款日期的,为货物发出的当天。④采取预收货款方式销售货物,为货物发出的当天,但生产销售生产工期超过12个月的大型机械设备、船舶、飞机等货物,为收到预收款或书面合同约定的收款日期的当天。⑤委托其他纳税人代销货物,为收到代销单位的代销清单或者收到全部或者部分货款的当天;未收到代销清单及货款的,为发出代销货物满180天的当天。⑥纳税人提供租赁服务采取预收款方式的,其纳税义务发生时间为收到预收款的当天。⑦纳税人从事金融商品转让的,为金融商品所有权转移的当天。⑧纳税人发生相关视同销售货物行为,为货物移送的当天。⑨纳税人发生视同销售劳务、服务、无形资产情形的,其纳税义务发生时间为劳务、服务、无形资产转让完成的当天或者不动产权属变更的当天。

(2)纳税人进口货物,其纳税义务发生时间为报关进口的当天。

(3)增值税扣缴义务发生时间为纳税人增值税纳税义务发生的当天。

### (二)增值税的纳税地点

(1)固定业户应当向其机构所在地主管税务机关申报纳税。

(2)固定业户到外县(市)销售货物或者劳务,应当向其机构所在地的税务机关报告外出经营事项,并向其机构所在地的税务机关申报纳税;未报告的,应当向销售地或者劳务发生地的税务机关申报纳税;未向销售地或者劳务发生地的税务机关申报纳税的,由其机构所在地的税务机关补征税款。

(3)非固定业户销售货物或者劳务,应当向销售地或者劳务发生地的税务机关申报纳税;未申报纳税的,由其机构所在地或者居住地的税务机关补征税款。

(4)进口货物,应当向报关地海关申报纳税。

(5)其他个人提供建筑服务,销售或者租赁不动产,转让自然资源使用权,应向建筑服务发生地、不动产所在地、自然资源所在地税务机关申报纳税。

(6)扣缴义务人应当向其机构所在地或者居住地的税务机关申报缴纳其扣缴的税款。

### (三)增值税的纳税期限

(1)增值税的纳税期限分别为1日、3日、5日、10日、15日、1个月或者1个季度。

(2)纳税人以1个月或者1个季度为1个纳税期的,自期满之日起15日内申报纳税。

(3)以1日、3日、5日、10日或者15日为1个纳税期的,自期满之日起5日内预缴税款,于次月1日起15日内申报纳税并结清上月应纳税款。

【例5-12】 下列关于增值税纳税义务发生时间的表述中,正确的有(   )。

A. 纳税人发生视同销售货物行为,为货物移送的当天

B. 销售劳务,为提供劳务同时收讫销售款或者取得索取销售款的凭据的当天

C. 纳税人进口货物,为从海关提货的当天

D. 采取托收承付方式销售货物,为发出货物的当天

【解析】 答案为AB。根据增值税法律制度的规定,纳税人进口货物,为报关进口的当天。采取托收承付方式销售货物,为发出货物并办妥托收手续的当天。

【例5-13】 某房地产企业采取预收款方式销售不动产,其纳税义务发生时间为收到预收款的当天。判断该种说法是否正确。

【解析】 不正确。根据《营业税改增值税试点实施办法》以及相关规定,纳税人提供租赁服务采取预收款方式的,其纳税义务发生时间为收到预收款的当天,不包括提供建筑服务和销售不动产。

### 七、增值税专用发票

增值税专用发票,是增值税一般纳税人发生应税销售行为开具的发票,是购买方支付增值税额并可按照增值税有关规定据以抵扣增值税进项税额的凭证。

**(一) 增值税专用发票的联次及用途**

(1) 记账联,作为销售方核算销售收入和增值税销项税额的记账凭证。

(2) 发票联,作为购买方核算采购成本和增值税进项税额的记账凭证。

(3) 抵扣联,作为购买方报送主管税务机关认证和留存备查的扣税凭证。

**(二) 不得领购开具专用发票的情形**

增值税一般纳税人有下列情形之一的,不得领购开具专用发票。

(1) 会计核算不健全,不能向税务机关准确提供增值税销项税额、进项税额、应纳税额数据及其他有关增值税税务资料的。

(2) 有《中华人民共和国税收征收管理法》(以下简称《税收征管法》)规定的税收违法行为,拒不接受税务机关处理的。

(3) 有下列行为之一,经税务机关责令限期改正而仍未改正的,具体包括:①虚开增值税专用发票。②私自印制专用发票。③向税务机关以外的单位和个人购买专用发票。④借用他人专用发票。⑤未按规定开具专用发票。⑥未按规定保管专用发票和专用设备。⑦未按规定申请办理防伪税控系统变更发行。⑧未按规定接受税务机关检查。

**(三) 专用发票的开票限额**

专用发票实行最高开票限额管理,最高开票限额,是指单份专用发票开具的销售额合计数不得达到的上限额度。最高开票限额由一般纳税人申请,区县税务机关依法审批。

主管税务机关受理纳税人申请以后,根据需要进行实地查验,实地查验的范围和方法由各省税务机关确定。自2014年5月1日起,一般纳税人申请增值税专用发票最高开票限额不超过100 000元的,主管税务机关不需要事前进行实地查验。

### (四)不得开具增值税专用发票的情形

(1) 商业企业一般纳税人零售烟、酒、食品、服装、鞋帽(不包括劳保专用部分)、化妆品等消费品的。

(2) 应税销售行为的购买方为消费者个人的。

(3) 发生应税销售行为适用免税规定的。

### (五)专用发票开具要求

专用发票应按下列要求开具:①项目齐全,与实际交易相符。②字迹清楚,不得压线、错格。③发票联和抵扣联加盖财务专用章或者发票专用章。④按照增值税纳税义务的发生时间开具。

**【例5-14】** 下列业务中,一般纳税人允许开具增值税专用发票的为( )。

A. 向个人提供餐饮服务　　　　　　B. 向某科技公司零售烟酒、食品

C. 向一般纳税人销售货物　　　　　D. 向个人销售房屋

**【解析】** 答案为C。根据增值税法律制度的规定,有下列情形之一的,不得开具增值税专用发票:商业企业一般纳税人零售烟、酒、食品、服装、鞋帽(不包括劳保专用部分)、化妆品等消费品的;应税销售行为的购买分为消费者个人的;发生应税消费行为适用免税规定的。

## 八、全面数字化电子发票

(1) 截至2023年12月1日,各省(区、市)均已在部分纳税人中开展全面数字化的电子发票(以下简称数电票)试点,试点纳税人通过电子发票服务平台开具发票的受票方范围为全国,并作为受票方接收全国其他数电票试点省(区、市)纳税人开具的数电票。

(2) 数电票的法律效力、基本用途等与现有纸质发票相同。其中,带有"增值税专用发票"字样的数电票,其法律效力、基本用途与现有增值税专用发票相同;带有"普通发票"字样的数电票,其法律效力、基本用途与现有普通发票相同;带有"航空运输电子客票行程单"字样的数电票,其法律效力、基本用途与现有航空运输电子客票行程单相同;带有"铁路电子客票"字样的数电票,其法律效力、基本用途与现有铁路车票相同。

(3) 数电票由各省(区、市)税务局监制。数电票无联次,基本内容包括:发票号码、开票日期、购买方信息、销售方信息、项目名称、规格型号、单位、数量、单价、金额、税率/征收率、税额、合计、价税合计(大写、小写)、备注、开票人等。

(4) 子发票服务平台支持开具增值税纸质专用发票和增值税纸质普通发票(折叠票)。

(5) 试点纳税人通过实人认证等方式进行身份验证后,无需使用税控专用设备即可通过电子发票服务平台开具发票无需进行发票验旧操作。其中,数电票无需进行发票票种核定和发票领用。

(6) 税务机关对使用电子发票服务平台开具发票的试点纳税人开票实行发票总额度管理。发票总额度,是指一个自然月内,试点纳税人发票开具总金额(不含增值税)的上限额度。

(7) 试点纳税人通过电子发票服务平台税务自动交付数电票,也可通过电子邮件、二维码等方式自行交付数电票。

## 九、增值税出口退税制度

### (一) 适用增值税退(免)税政策范围

对下列出口货物、劳务、零税率应税服务,除适用增值税免税和征税政策外,实行免征并退还增值税政策。

1. 出口企业出口货物

出口货物,是指企业向海关报关后实行离境并销售给境外单位和个人的货物,分为自营出口货物和委托出口货物两类。

出口企业,是指依法办理工商登记、税务登记、对外贸易经营者备案登记,自营或委托出口货物的单位或个体工商户,以及依法办理工商登记、税务登记但未办理对外贸易经营者备案登记,委托出口货物的生产企业。生产企业,是指具有生产能力(包括加工修理修配能力)的单位或个体工商户。

2. 出口企业或其他单位视同出口货物

(1) 出口企业对外援助、对外承包、境外投资的出口货物。

(2) 出口企业经海关报关进入国家批准的出口加工区、保税物流园区、保税港区、综合保税区等并销售给特殊区域内单位或境外单位、个人的货物。

(3) 免税品经营企业销售的货物(国家规定不允许经营和限制出口的货物、卷烟和超出免税品经营企业《企业法人营业执照》规定经营范围的货物除外)。

(4) 出口企业或其他单位销售给用于国际金融组织或外国政府贷款国际招标建设项目的中标机电产品。

(5) 生产企业向海上石油天然气开采企业销售的自产的海洋工程结构物。

(6) 出口企业或其他单位销售给国际运输企业用于国际运输工具上的货物。

(7) 出口企业或其他单位销售给特殊区域内生产企业生产耗用且不向海关报关而输入特殊区域的水(包括蒸汽)、电力、燃气。

3. 出口企业对外提供加工修理修配劳务

对外提供加工修理修配劳务,是指对进境复出口货物或从事国际运输的运输工具进行的加工修理修配。

4. 增值税一般纳税人提供零税率应税服务

(1) 自2014年1月1日起,增值税一般纳税人提供适用零税率的应税服务,实行增值税退(免)税办法。

(2) 自2016年5月1日起,跨境应税行为适用增值税零税率。跨境应税行为是指中国境内的单位和个人销售规定的服务和无形资产。

### (二) 增值税退(免)税办法

出口货物、劳务、零税率应税服务,实行增值税退(免)税政策,包括免抵退税办法和免退税办法。

1. 增值税免抵退税办法

增值税免抵退税,是指生产企业出口自产货物和视同自产货物及对外提供加工修理修配劳务,以及《财政部 国家税务总局关于出口货物劳务增值税和消费税政策的通知》列名的生产企业出口非自产货物,免征增值税,相应的进项税额抵减应纳增值税额(不包括适用增值税即征即退、先征后退政策的应纳增值税税额),未抵减完的部分予以退还。

境内的单位和个人提供适用增值税零税率的服务和无形资产,适用一般计税方法的,生产企业实行免抵退税办法,外贸企业直接将服务或自行研发的无形资产出口,视同生产企业连同其出口货物统一实行免抵退税办法。

2. 增值税免退税办法

增值税免退税,是指不具有生产能力的出口企业或其他单位出口货物劳务,免征增值税,相应的进项税额予以退还。

适用一般计税方法的外贸企业购进服务或者无形资产出口实行免退税办法。

### (三)增值税出口退税率

1. 退税率的一般规定

除财政部和国家税务总局根据国务院决定而明确的增值税出口退税率外,出口货物、服务、无形资产的退税率为其适用税率,目前我国出口退税率分为五档:13%、10%、9%、6%和零税率。

2. 退税率的特殊规定

(1) 外贸企业购进按简易办法征税的出口货物、从小规模纳税人购进的出口货物,其退税率分别为简易办法实际执行的征收率、小规模纳税人征收率。

(2) 出口企业委托加工修理修配货物,其加工修理修配费用的退税率,为出口货物的退税率。

(3) 适用不同退税率的货物、劳务以及跨境应税行为,应分开报关、核算并申报退(免)税;未分开报关、核算或划分不清的,从低适用退税率。

## 第三节 消费税法律制度

消费税是对特定的某些消费品和消费行为征收的一种间接税。

### 一、消费税纳税人

在中华人民共和国境内生产、委托加工和进口《消费税暂行条例》规定的消费品的单位和个人,以及国务院确定的销售《消费税暂行条例》规定的消费品的其他单位和个人,为消费税的纳税人。

在中华人民共和国境内,是指生产、委托加工和进口属于应当缴纳消费税的消费品的起运地或者所在地在境内。单位,是指企业、行政单位、事业单位、军事单位、社会团体及其他单位。个人,是指个体工商户及其他个人。

电子烟生产环节纳税人,是指取得烟草专卖生产企业许可证,并取得或经许可使用他人电子烟产品注册商标(以下简称持有商标)的企业。通过代加工方式生产电子烟的,由持有商标的企业缴纳消费税。电子烟批发环节纳税人,是指取得烟草专卖批发企业许可证并经营电子烟批发业务的企业。电子烟进口环节纳税人,是指进口电子烟的单位和个人。

由于消费税是在对所有货物普遍征收增值税的基础上选择少量消费品征收的,消费税纳税人一般也是增值税纳税人。

## 二、消费税征税范围

根据《消费税暂行条例》及其实施细则的规定,消费税的征收范围包括下列内容。

1. 生产应税消费品

纳税人生产的应税消费品,于纳税人销售时纳税。

纳税人自产自用的应税消费品,用于连续生产应税消费品的,不纳税;用于其他方面的,于移送使用时纳税。

用于连续生产应税消费品,是指纳税人将自产自用应税消费品作为直接材料生产最终应税消费品,自产自用应税消费品构成最终应税消费品的实体。

用于其他方面,是指纳税人将自产自用的应税消费品用于生产非应税消费品、在建工程、管理部门、非生产机构、提供劳务、馈赠、赞助、集资、广告、样品、职工福利、奖励等方面。

工业企业以外的单位和个人的下列行为视为应税消费品的生产行为,按规定征收消费税:①将外购的消费税非应税产品以消费税应税产品对外销售的。②将外购的消费税低税率应税产品以高税率应税产品对外销售的。

2. 委托加工应税消费品

委托加工的应税消费品,是指由委托方提供原料和主要材料,受托方只收取加工费和代垫部分辅助材料加工的应税消费品。对于由受托方提供原材料生产的应税消费品,或者受托方先将原材料卖给委托方,然后再接受加工的应税消费品,以及由受托方以委托方名义购进原材料生产的应税消费品,不论在财务上是否作为销售处理,都不得作为委托加工应税消费品,而应当按照销售自制应税消费品缴纳消费税。

(1) 委托加工的应税消费品,除受托方为个人外,由受托方在向委托方交货时代收代缴消费税。委托个人加工的应税消费品,由委托方收回后缴纳消费税。

(2) 委托加工的应税消费品,委托方用于连续生产应税消费品的,所纳税款准予按规定抵扣。

(3) 委托方将收回的应税消费品,以不高于受托方的计税价格出售的,为直接出售,不再缴纳消费税;委托方以高于受托方的计税价格出售的,不属于直接出售,需按照规定申报缴纳消费税,在计税时准予扣除受托方已代收代缴的消费税。

3. 进口应税消费品

单位和个人进口应税消费品,于报关进口时缴纳消费税。为了减少征税成本,进口环节缴纳的消费税由海关代征。

4. 零售应税消费品

1) 商业零售金银首饰

自1995年1月1日起,金银首饰消费税由生产销售环节征收改为零售环节征收。改在零售环节征收消费税的金银首饰仅限于金基、银基合金首饰以及金、银和金基、银基合金的镶嵌首饰。自2002年1月1日起,对钻石及钻石饰品消费税的纳税环节由生产环节、进口环节后移至零售环节。自2003年5月1日起,铂金首饰消费税改为零售环节征税。

下列业务视同零售业,在零售环节缴纳消费税:

(1) 为经营单位以外的单位和个人加工金银首饰。加工包括带料加工、翻新改制、以旧换新等业务,不包括修理和清洗。

(2) 经营单位将金银首饰用于馈赠、赞助、集资、广告样品、职工福利、奖励等方面。

(3) 未经中国人民银行总行批准,经营金银首饰批发业务的单位将金银首饰销售给经营单位。

2) 零售超豪华小汽车

自2016年12月1日起,对超豪华小汽车,在生产(进口)环节按现行税率征收消费税基础上,在零售环节加征消费税,将超豪华小汽车销售给消费者的单位和个人为超豪华小汽车零售环节纳税人。

5. 批发销售卷烟和电子烟

(1) 自2015年5月10日起,将卷烟批发环节从价税税率由5%提高至11%,并按0.005元/支加征从量税。

(2) 烟草批发企业将卷烟销售给其他烟草批发企业的,不缴纳消费税。

(3) 卷烟消费税改为在生产和批发两个环节征收后,批发企业在计算应纳税额时不得扣除已含的生产环节的消费税税款。

(4) 纳税人兼营卷烟批发和零售业务的,应当分别核算批发和零售环节的销售额、销售数量;未分别核算批发和零售环节销售额、销售数量的,按照全部销售额、销售数量计征批发环节消费税。

【例5-15】 下列关于消费税征收范围的表述中,正确的有(　　)。
A. 纳税人自产自用的应税消费品,用于连续生产应税消费品的,不缴纳消费税
B. 纳税人将自产自用的应税消费品用于馈赠、赞助的,缴纳消费税
C. 委托加工的应税消费品,受托方在交货时已代收代缴消费税,委托方收回后直接销售的,再缴纳一道消费税
D. 卷烟在生产和批发两个环节均征收消费税

【解析】 答案为ABD。根据消费税法律制度的规定,委托加工的应税消费品,受托方在交货时已代收代缴消费税,委托方收回后直接销售的,不再缴纳消费税。

### 三、消费税税目

根据《消费税暂行条例》的规定,消费税税目共有15个,具体内容如下:

1. 烟

凡是以烟叶为原料加工生产的产品,不论使用何种辅料,均属于本税目的征收范围,具体包括4个子目,分别是:

(1) 卷烟包括甲类卷烟和乙类卷烟。①甲类卷烟,是指每标准条(200支)调拨价格在70元(不含增值税)以上(含70元)的卷烟。②乙类卷烟,是指每标准条(200支)调拨价格在70元(不含增值税)以下的卷烟。

(2) 雪茄烟的征收范围包括各种规格、型号的雪茄烟。

(3) 烟丝的征收范围包括以烟叶为原料加工生产的不经卷制的散装烟。

(4) 电子烟是指用于产生气溶胶供人抽吸等的电子传输系统,包括烟弹、烟具以及烟弹

与烟具组合销售的电子烟产品。烟弹是指含有雾化物的电子烟组件。烟具是指将雾化物雾化为可吸入气溶胶的电子装置。

2. 酒

酒包括白酒、黄酒、啤酒和其他酒。具体征税范围包括：

(1) 白酒。白酒包括粮食白酒和薯类白酒。①粮食白酒,是指以高粱、玉米、大米、糯米、大麦、小麦、青稞等各种粮食为原料,经过糖化、发酵后,采用蒸馏方法酿制的白酒。②薯类白酒,是指以白薯(红薯、地瓜)、木薯、马铃薯、芋头、山药等各种干鲜薯类为原料,经过糖化、发酵后,采用蒸馏方法酿制的白酒。用甜菜酿制的白酒,比照薯类白酒征税。

(2) 黄酒。黄酒是指以糯米、粳米、籼米、大米、黄米、小麦、薯类等为原料,经加温、糖化、发酵、压榨酿制的酒,包括各种原料酿制的黄酒和酒度超过12度(含12度)的土甜酒。

(3) 啤酒。啤酒分为甲类啤酒和乙类啤酒,是指以大麦或其他粮食为原料,加入啤酒花,经糖化、发酵、过滤酿制的含有二氧化碳的酒。

对饮食业、商业、娱乐业举办的啤酒屋(啤酒坊)利用啤酒生产设备生产的啤酒,应当征收消费税。

(4) 其他酒。其他酒是指除粮食白酒、薯类白酒、黄酒、啤酒以外的各种酒,包括糠麸白酒、其他原料白酒、土甜酒、复制酒、果木酒、汽酒、药酒、葡萄酒等。

对以黄酒为酒基生产的配制或泡制酒,按其他酒征收消费税。调味料酒不征消费税。

3. 高档化妆品

本税目征收范围包括高档美容、修饰类化妆品、高档护肤类化妆品和成套化妆品。

高档美容、修饰类化妆品和高档护肤类化妆品是指生产(进口)环节销售(完税)价格(不含增值税)在10元/毫升(克)或15元/片(张)及以上的美容、修饰类化妆品和护肤类化妆品。

舞台、戏剧、影视演员化妆用的上妆油、卸妆油、油彩,不属于本税目的征收范围。

4. 贵重首饰及珠宝玉石

本税目的征税范围包括各种金银珠宝首饰和经采掘、打磨、加工的各种珠宝玉石。

(1) 金银首饰、铂金首饰和钻石及钻石饰品,包括凡以金、银、白金、宝石、珍珠、钻石、翡翠、珊瑚、玛瑙等高贵稀有物质以及其他金属、人造宝石等制作的各种纯金银首饰及镶嵌首饰(含人造金银、合成金银首饰)等。

(2) 其他贵重首饰和珠宝玉石,包括钻石、珍珠、松石、青金石、欧泊石、橄榄石、长石、玉、石英、玉髓、石榴石、锆石、尖晶石、黄玉、碧玺、金禄玉、绿柱石、刚玉、琥珀、珊瑚、煤玉、龟甲、合成刚玉、合成玉石、双合石以及玻璃仿制品等。

宝石坯是经采掘、打磨、初级加工的珠宝玉石半成品,对宝石坯应按规定征收消费税。

5. 鞭炮、焰火

本税目征收范围包括各种鞭炮、焰火,具体包括喷花类、旋转类、旋转升空类、火箭类、吐珠类、线香类、小礼花类、烟雾类、造型玩具类、爆竹类、摩擦炮类、组合烟花类、礼花弹类等。

体育上用的发令纸、鞭炮药引线,不按本税目征收。

6. 成品油

本税目包括汽油、柴油、石脑油、溶剂油、航空煤油、润滑油、燃料油7个子目。

(1) 汽油。汽油是指用原油或其他原料加工生产的辛烷值不小于66的可用作汽油发动机燃料的各种轻质油。

以汽油、汽油组分调和生产的甲醇汽油、乙醇汽油也属于本税目征收范围。

(2) 柴油。柴油是指用原油或其他原料加工生产的凝点或倾点在-50℃～30℃的可用作柴油发动机燃料的各种轻质油和以柴油组分为主、经调和精制可用作柴油发动机燃料的非标油。

以柴油、柴油组分调和生产的生物柴油也属于本税目征收范围。

(3) 石脑油。石脑油又称化工轻油，是以石油加工生产的或二次加工汽油经加氢精制而得的用于化工原料的轻质油。

石脑油的征收范围包括除汽油、柴油、航空煤油、溶剂油以外的各种轻质油。

(4) 溶剂油。溶剂油是以石油加工生产的用于涂料、油漆生产、食用油加工、印刷油墨、皮革、农药、橡胶、化妆品生产的轻质油。

(5) 航空煤油。航空煤油又称喷气燃料，是以石油加工生产的用于喷气发动机和喷气推进系统中作为能源的石油燃料。

(6) 润滑油。润滑油是用于内燃机、机械加工过程的润滑产品。润滑油分为矿物性润滑油、植物性润滑油、动物性润滑油和化工原料合成润滑油。

润滑油的征收范围包括矿物性润滑油、矿物性润滑油基础油、植物性润滑油、动物性润滑油和化工原料合成润滑油。

(7) 燃料油。燃料油又称重油、渣油。燃料油征收范围包括用于电厂发电、船舶锅炉燃料、加热炉燃料、冶金和其他工业炉燃料的各类燃料油。

自2012年11月1日起，催化料、焦化料属于燃料油的征收范围，应当征收消费税。

7. 摩托车

本税目征税范围包括气缸容量为250毫升的摩托车和气缸容量在250毫升(不含)以上的摩托车两种。

8. 小汽车

小汽车，是指由动力驱动，具有4个或4个以上车轮的非轨道承载的车辆。

本税目包括乘用车、中轻型商用客车和超豪华小汽车3个子目，分别是：

(1) 乘用车，是在设计和技术特性上用于载运乘客和货物的汽车，包括含驾驶员座位在内最多不超过9个座位(含)。

用排气量小于1.5升(含)的乘用车底盘(车架)改装、改制的车辆属于乘用车征收范围。

(2) 中轻型商用客车，是在设计和技术特性上用于载运乘客和货物的汽车，包括含驾驶员座位在内的座位数在10～23座(含23座)。

用排气量大于1.5升的乘用车底盘(车架)或用中轻型商用客车底盘(车架)改装、改制的车辆属于中轻型商用客车征收范围。

含驾驶员人数(额定载客)为区间值的(如8～10人、17～26人)小汽车，按其区间值下限人数确定征收范围。

(3) 超豪华小汽车，是每辆零售价格为1 300 000元(不含增值税)及以上的乘用车和中轻型商用客车，即乘用车和中轻型商用客车子税目中的超豪华小汽车。

电动汽车不属于本税目征收范围。

车身长度大于7米(含),并且座位在10～23座(含)以下的商用客车,不属于中轻型商用客车征税范围,不征收消费税。

沙滩车、雪地车、卡丁车、高尔夫车不属于消费税征收范围,不征收消费税。

对于企业购进货车或厢式货车改装生产的商务车、卫星通信车等专用汽车不属于消费税征收范围,不征收消费税。

对于购进乘用车和中轻型商用客车整车改装生产的汽车,应按规定征收消费税。

9. 高尔夫球及球具

本税目征税范围包括高尔夫球、高尔夫球杆及高尔夫球包(袋)、高尔夫球杆的杆头、杆身和握把。

10. 高档手表

高档手表,是指销售价格(不含增值税)每只在10 000元(含)以上的各类手表。

本税目征收范围包括符合以上标准的各类手表。

11. 游艇

游艇,是指长度大于8米小于90米,船体由玻璃钢、钢、铝合金、塑料等多种材料制作,可以在水上移动的水上浮载体。按照动力划分,游艇分为无动力艇、帆艇和机动艇。

本税目征收范围包括艇身长度大于8米(含)小于90米(含),内置发动机,可以在水上移动,一般为私人或团体购置,主要用于水上运动和休闲娱乐等非牟利活动的各类机动艇。

12. 木制一次性筷子

木制一次性筷子又称卫生筷子,是指以木材为原料经过锯段、浸泡、旋切、刨切、烘干、筛选、打磨、倒角、包装等环节加工而成的各类一次性使用的筷子。

本税目征收范围包括各种规格的木制一次性筷子和未经打磨、倒角的木制一次性筷子。

13. 实木地板

实木地板,是指以木材为原料,经锯割、干燥、刨光、截断、开榫、涂漆等工序加工而成的块状或条状的地面装饰材料。实木地板按生产工艺不同,可分为独板(块)实木地板、实木指接地板和实木复合地板三类;按表面处理状态不同,可分为未涂饰地板(白坯板、素板)和漆饰地板两类。

本税目征收范围包括各类规格的实木地板、实木指接地板、实木复合地板及用于装饰墙壁、天棚的侧端面为榫、槽的实木装饰板以及未经涂饰的素板。

14. 电池

电池,是一种将化学能、光能等直接转换为电能的装置,一般由电极、电解质、容器、极端,通常还有隔离层组成的基本功能单元,以及用一个或多个基本功能单元装配成的电池组。本税目征收范围包括原电池、蓄电池、燃料电池、太阳能电池和其他电池。

对无汞原电池、金属氢化物镍蓄电池(又称氢镍蓄电池或镍氢蓄电池)、锂原电池、锂离子蓄电池、太阳能电池、燃料电池和全钒液流电池免征消费税。

自2016年1月1日起,对铅蓄电池按4%税率征收消费税。

15. 涂料

涂料,是指涂于物体表面能形成具有保护、装饰或特殊性能的固态涂膜的一类液体或固体材料的总称。涂料由主要成膜物质、次要成膜物质等构成。按主要成膜物质涂料可分为油脂类、天然树脂类、酚醛树脂类、沥青类、醇酸树脂类、氨基树脂类、硝基类、过滤乙烯树脂类、烯类树脂类、丙烯酸酯类树脂类、聚酯树脂类、环氧树脂类、聚氨酯树脂类、元素有机类、橡胶类、纤维素类、其他成膜物类等。

对施工状态下挥发性有机物（Volatile Organic Compounds，VOC）含量低于420克/升（含）的涂料免征消费税。

【例5-16】 下列消费品中，征收消费税的有（　　）。
A．电池　　　　　B．葡萄酒　　　　C．成套化妆品　　　　D．涂料
【解析】 答案为ABCD。根据消费税法律制度的规定，葡萄酒和成套化妆品属于消费税征收范围，自2015年2月1日起将电池、涂料列入消费税征收范围。

### 四、消费税税率

消费税税率采取比例税率和定额税率两种形式，以适应不同应税消费品的实际情况。

消费税根据不同的税目或子目确定相应的税率或单位税额。一般情况下，对一种消费品只选择一种税率形式，但为了更好、更有效地保全消费税税基，对卷烟和白酒，则采取了比例税率和定额税率复合征收的形式。消费税税目、税率如表5-2所示。

表5-2　　　　　　　　　消费税税目税率（税额）表

| 税目 | | | 税率/税额 |
|---|---|---|---|
| 一、烟 | 1. 卷烟 | 生产环节 甲类卷烟 | 56% |
| | | | 0.003元/支、0.6元/条、150元/箱 |
| | | 生产环节 乙类卷烟 | 36% |
| | | | 0.003元/支、0.6元/条、150元/箱 |
| | | 批发环节 | 11% |
| | | | 0.005元/支、1元/条、250元/箱 |
| | 2. 雪茄烟 | | 36% |
| | 3. 烟丝 | | 30% |
| | 4. 电子烟 | 生产（进口）环节 | 36% |
| | | 批发环节 | 11% |
| 二、酒 | 1. 白酒 | | 20% |
| | | | 0.5元/500克（毫升） |
| | 2. 啤酒（果酒） | 甲类啤酒 | 250元/吨 |
| | | 乙类啤酒 | 220元/吨 |
| | 3. 黄酒 | | 240元/吨 |
| | 4. 其他酒 | | 10% |

(续表)

| 税目 | | 税率/税额 |
|---|---|---|
| 三、高档化妆品 | | 15% |
| 四、贵重首饰及珠宝玉石 | 零售环节 | 5% |
| | 其他环节 | 10% |
| 五、鞭炮、焰火 | | 15% |
| 六、成品油 | 1. 汽油 | 1.52元/升 |
| | 2. 柴油 | 1.2元/升 |
| | 3. 溶剂油 | 1.52元/升 |
| | 4. 润滑油 | 1.52元/升 |
| | 5. 石脑油 | 1.52元/升 |
| | 6. 燃料油 | 1.2元/升 |
| | 7. 航空煤油 | 1.2元/升 |
| 七、摩托车 | | 气缸容量在250毫升 3% |
| | | 气缸容量在250毫升(不含)以上的 10% |
| 八、小汽车 | 1. 乘用车 | 气缸容量(排气量)在1.0升(含)以下 1% |
| | | 气缸容量在1.0升以上至1.5升(含)的 3% |
| | | 气缸容量在1.5升以上至2.0升(含)的 5% |
| | | 气缸容量在2.0升以上至2.5升(含)的 9% |
| | | 气缸容量在2.5升以上至3.0升(含)的 12% |
| | | 气缸容量在3.0升以上至4.0升(含)的 25% |
| | | 气缸容量在4.0升以上的 40% |
| | 2. 中轻型商用客车 | 5% |
| | 3. 超豪华小汽车(零售环节) | 每辆零售价格1 300 000元(不含增值税)及以上的乘用车和中轻型商用客车的 10% |
| 九、高尔夫及球具 | | 10% |
| 十、高档手表 | | 20% |
| 十一、游艇 | | 10% |
| 十二、木制一次性筷子 | | 5% |
| 十三、实木地板 | | 5% |
| 十四、电池 | | 4% |
| 十五、涂料 | | 4% |

存在下列情况时,纳税人应按照相关规定确定适用税率:

(1) 纳税人兼营不同税率的应税消费品,应当分别核算不同税率应税消费品的销售额、销售数量。未分别核算销售额、销售数量,或者将不同税率的应税消费品组成成套消费品销售的,从高适用税率。

(2) 配制酒适用税率的确定。配制酒(露酒)是指以发酵酒、蒸馏酒或食用酒精为酒基,加入可食用或药食两用的辅料或食品添加剂,进行调配、混合或再加工制成的并改变了其原酒基风格的饮料酒。①以蒸馏酒或食用酒精为酒基,具有国家相关部门批准的国食健字或卫食健字文号,酒精度低于38度(含)的配制酒,按其他酒税率征收消费税。②以发酵酒为酒基,酒精度低于20度(含)的配制酒,按其他酒税率征收消费税。③其他配制酒,按白酒税率征收消费税。

上述蒸馏酒或食用酒精为酒基是指酒基中蒸馏酒或食用酒精的比重超过80%(含);发酵酒为酒基是指酒基中发酵酒的比重超过80%(含)。

(3) 纳税人自产自用的卷烟应当按照纳税人生产的同牌号规格的卷烟销售价格确定征税类别和适用税率。

(4) 卷烟由于接装过滤嘴、改变包装或其他原因提高销售价格后,应按照新的销售价格确定征税类别和适用税率。

(5) 委托加工的卷烟按照受托方同牌号规格卷烟的征税类别和适用税率征税。没有同牌号规格卷烟的,一律按卷烟最高税率征税。

(6) 残次品卷烟应当按照同牌号规格正品卷烟的征税类别确定适用税率。

(7) 下列卷烟不分征税类别一律按照56%卷烟税率征税,并按照定额每标准箱150元计算征税:①白包卷烟。②手工卷烟。③未经国务院批准纳入计划的企业和个人生产的卷烟。

### 五、消费税应纳税额的计算

#### (一) 销售额的确定

根据《消费税暂行条例》的规定,消费税应纳税额的计算分为从价计征、从量计征和从价从量复合计征三种方法。以下分三种情况介绍销售额的确定。

1. 从价计征销售额的确定

(1) 销售额,是指纳税人销售应税消费品向购买方收取的全部价款和价外费用,不包括应向购买方收取的增值税税款。价外费用,是指价外向购买方收取的手续费、补贴、基金、集资费、返还利润、奖励费、违约金、滞纳金、延期付款利息、赔偿金、代收款项、代垫款项、包装费、包装物租金、储备费、优质费、运输装卸费以及其他各种性质的价外收费。但是,下列项目不包括在销售额内:①同时符合以下条件的代垫运输费用:承运部门的运输费用发票开具给购买方的;纳税人将该项发票转交给购买方的。②同时符合以下条件代为收取的政府性基金或者行政事业性收费:由国务院或者财政部批准设立的政府性基金,由国务院或者省级人民政府及其财政、价格主管部门批准设立的行政事业性收费;收取时开具省级以上财政部门印制的财政票据;所收款项全额上缴财政。

(2) 含增值税销售额的换算。应税消费品在缴纳消费税的同时,与一般货物一样,还应缴纳增值税。按照《消费税暂行条例实施细则》的规定,应税消费品的销售额,不包括应向购货方收取的增值税税款。如果纳税人应税消费品的销售额中未扣除增值税税款或者因不得开具增值税专用发票而发生价款和增值税税款合并收取的,在计算消费税时,应将含增值税的销售额换算为不含增值税税款的销售额。其换算公式为:

应税消费品的销售额 = 含增值税的销售额 ÷ (1 + 增值税税率或征收率)

在使用换算公式时,应根据纳税人的具体情况分别使用增值税税率或征收率。如果消费税的纳税人同时又是增值税一般纳税人的,应适用13%的增值税税率;如果消费税的纳税人是增值税小规模纳税人的,应适用3%的征收率。

2. 从量计征销售数量的确定

(1) 销售数量,是指纳税人生产、加工和进口应税消费品的数量。具体规定为:①销售应税消费品的,为应税消费品的销售数量。②自产自用应税消费品的,为应税消费品的移送使用数量。③委托加工应税消费品的,为纳税人收回的应税消费品数量。④进口应税消费品的,为海关核定的应税消费品进口征税数量。

(2) 从量定额的换算标准。为了规范不同产品的计量单位,以准确计算应纳税额,《消费税暂行条例实施细则》规定了吨与升两个计量单位的换算标准,如表5-3所示。

表5-3　　　　　　　　　　　计量单位换算

| 序号 | 产品 | 换算标准 |
| --- | --- | --- |
| 1 | 黄酒 | 1吨=962升 |
| 2 | 啤酒 | 1吨=988升 |
| 3 | 汽油 | 1吨=1 388升 |
| 4 | 柴油 | 1吨=1 176升 |
| 5 | 航空煤油 | 1吨=1 246升 |
| 6 | 石脑油 | 1吨=1 385升 |
| 7 | 溶剂油 | 1吨=1 282升 |
| 8 | 润滑油 | 1吨=1 126升 |
| 9 | 燃料油 | 1吨=1 015升 |

3. 复合计征销售额和销售数量的确定

卷烟和白酒实行从价定率和从量定额相结合的复合计征办法征收消费税。

销售额为纳税人生产销售卷烟、白酒向购买方收取的全部价款和价外费用。销售数量为纳税人生产销售、进口、委托加工、自产自用卷烟、白酒的销售数量、海关核定数量、委托方收回数量和移送使用数量。

4. 特殊情形下销售额和销售数量的确定

(1) 纳税人应税消费品的计税价格明显偏低并无正当理由的,由税务机关核定计税价格。其核定权限规定如下:①卷烟、白酒和小汽车的计税价格由国家税务总局核定,送财政部备案。②其他应税消费品的计税价格由省、自治区和直辖市税务局核定。③进口的应税消费品的计税价格由海关核定。

(2) 纳税人通过自设非独立核算门市部销售的自产应税消费品,应当按照门市部对外销售额或者销售数量征收消费税。

（3）纳税人用于换取生产资料和消费资料、投资入股和抵偿债务等方面的应税消费品，应当以纳税人同类应税消费品的最高销售价格作为计税依据计算消费税。

（4）白酒生产企业向商业销售单位收取的"品牌使用费"是随着应税白酒的销售而向购货方收取的，属于应税白酒销售价款的组成部分，因此，不论企业采取何种方式或以何种名义收取价款，均应并入白酒的销售额中缴纳消费税。

（5）实行从价计征办法征收消费税的应税消费品连同包装销售的，无论包装物是否单独计价以及在会计上如何核算，均应并入应税消费品的销售额中缴纳消费税。

如果包装物不作价随同产品销售，而是收取押金，此项押金则不应并入应税消费品的销售额中征税。对因逾期未收回的包装物不再退还的或者已收取的时间超过12个月的押金，应并入应税消费品的销售额，缴纳消费税。

对包装物既作价随同应税消费品销售，又另外收取押金的包装物的押金，凡纳税人在规定的期限内没有退还的，均应并入应税消费品的销售额，按照应税消费品的适用税率缴纳消费税。

对酒类生产企业销售酒类产品（啤酒、黄酒除外）而收取的包装物押金，无论押金是否返还及会计上如何核算，均应并入酒类产品销售额，征收消费税。

（6）纳税人采用以旧换新（含翻新改制）方式销售的金银首饰，应按实际收取的不含增值税的全部价款确定计税依据征收消费税。

对既销售金银首饰，又销售非金银首饰的生产、经营单位，应将两类商品划分清楚，分别核算销售额。凡划分不清楚或不能分别核算的并在生产环节销售的，一律从高适用税率征收消费税；在零售环节销售的，一律按金银首饰征收消费税。

金银首饰与其他产品组成成套消费品销售的，应按销售额全额征收消费税。

金银首饰连同包装物销售的，无论包装是否单独计价，也无论会计上如何核算，均应并入金银首饰的销售额计征消费税。

带料加工的金银首饰，应按受托方销售同类金银首饰的销售价格确定计税依据征收消费税。没有同类金银首饰销售价格的，按照组成计税价格计算纳税。

（7）纳税人生产、批发电子烟的，按照生产、批发电子烟的销售额计算纳税。电子烟生产环节纳税人采用代销方式销售电子烟的，按照经销商（代理商）销售给电子烟批发企业的销售额计算纳税。纳税人进口电子烟的，按照组成计税价格计算纳税。电子烟生产环节纳税人从事电子烟代加工业务的，应当分开核算持有商标电子烟的销售额和代加工电子烟的销售额；未分开核算的，一并缴纳消费税。

（8）纳税人销售的应税消费品，以人民币以外的货币结算销售额的，其销售额的人民币折合率可以选择销售额发生的当天或者当月1日的人民币汇率中间价。纳税人应在事先确定采取何种折合率，确定后1年内不得变更。

【例5-17】 下列关于应税消费品销售额的表述中，不正确的是（　　）。

A. 应税消费品销售额包括向购买方收取的增值税税款

B. 纳税人自产自用应税消费品，按照纳税人生产的同类消费品的销售价格确定销售额

C. 随同从价计征应税消费品出售的包装物，无论是否单独计价，均应并入销售额

D. 对因逾期未收回的包装物不再退还的或者已收取的时间超过12个月的押金,应并入应税消费品的销售额

【解析】 答案为A。根据消费税法律制度的规定,应税消费品销售额不包括向购买方收取的增值税税款。

### (二) 应纳税额的计算

1. 生产销售应纳消费税的计算

(1) 实行从价定率计征消费税的,其计算公式为:

$$消费税应纳税额 = 销售额 \times 比例税率$$

(2) 实行从量定额计征消费税的,其计算公式为:

$$消费税应纳税额 = 销售数量 \times 定额税率$$

(3) 实行从价定率和从量定额复合方法计征消费税的,其计算公式为:

$$消费税应纳税额 = 销售额 \times 比例税率 + 销售数量 \times 定额税率$$

现行消费税的征税范围中,只有卷烟、白酒采用复合计算方法。

【例5-18】 某木地板厂为增值税一般纳税人。2023年9月15日向某建材商场销售实木地板一批,取得含增值税销售额113万元。已知实木地板适用的增值税税率为13%,消费税税率为5%。计算该厂当月应纳消费税税额。

【解析】 根据消费税法律制度的规定,从价计征消费税的销售额中不包括向购货方收取的增值税税款。所以,在计算消费税时,应将增值税税款从计税依据中剔除。其计算过程如下:

(1) 不含增值税销售额 = 113 ÷ (1 + 13%) = 100(万元)

(2) 应纳消费税税额 = 100 × 5% = 5(万元)

【例5-19】 某石化公司2023年6月销售汽油1 000吨,柴油500吨,另向本公司在建工程车辆提供汽油5吨。已知汽油1吨=1 388升,柴油1吨=1 176升;汽油的定额税率为1.52元/升,柴油的定额税率为1.2元/升。计算该公司当月应纳消费税税额。

【解析】 根据消费税法律制度的规定,应税消费品用于在建工程应当征收消费税。所以,该公司将汽油用于在建工程车辆使用也应计算缴纳消费税。

(1) 销售汽油应纳税额 = 1 000 × 1 388 × 1.52 ÷ 10 000 = 210.976(万元)

(2) 销售柴油应纳税额 = 500 × 1 176 × 1.2 ÷ 10 000 = 70.56(万元)

(3) 在建工程车辆使用汽油应纳税额 = 5 × 1 388 × 1.52 ÷ 10 000 = 1.054 88(万元)

(4) 应纳消费税税额合计 = 210.976 + 70.56 + 1.054 88 = 282.59(万元)

【例5-20】 某卷烟生产企业为增值税一般纳税人,2023年10月销售乙类卷烟1 500标准条,取得含增值税销售额84 750元。已知乙类卷烟消费税比例税率为36%,定额税率为0.003元/支,每标准条有200支;增值税税率为13%。计算该企业当月应纳消费税税额。

【解析】 根据消费税法律制度的规定,卷烟实行从价定率和从量定额复合方法计征消费税。其计算过程如下:

(1) 不含增值税销售额 = 84 750 ÷ (1 + 13%) = 75 000(元)

(2) 从价定率应纳税额=75 000×36%=27 000(元)
(3) 从量定额应纳税额=1 500×200×0.003=900(元)
(4) 应纳消费税税额合计=27 000+900=27 900(元)

2. 自产自用应纳消费税的计算

纳税人自产自用的应税消费品,用于连续生产应税消费品的,不纳税;凡用于其他方面的,于移送使用时,按照纳税人生产的同类消费品的销售价格(平均价格)计算纳税;没有同类消费品销售价格的,按照组成计税价格计算纳税。

(1) 实行从价定率办法计征消费税的,其计算公式为:

$$组成计税价格 = (成本 + 利润) \div (1 - 比例税率)$$
$$消费税应纳税额 = 组成计税价格 \times 比例税率$$

(2) 实行复合计税办法计征消费税的,其计算公式为:

$$组成计税价格 = (成本 + 利润 + 自产自用数量 \times 定额税率) \div (1 - 比例税率)$$
$$消费税应纳税额 = 组成计税价格 \times 比例税率 + 自产自用数量 \times 定额税率$$

其中,成本是指应税消费品的产品生产成本。利润是指根据应税消费品的全国平均成本利润率计算的利润。应税消费品全国平均成本利润率由国家税务总局确定,具体标准如表5-4所示。

表5-4　　　　　　　　　　　　　平均成本利润率

| 货物名称 | 利润率 | 货物名称 | 利润率 |
| --- | --- | --- | --- |
| 1. 甲类卷烟 | 10% | 12. 摩托车 | 6% |
| 2. 乙类卷烟 | 5% | 13. 高尔夫球及球具 | 10% |
| 3. 雪茄烟 | 5% | 14. 高档手表 | 20% |
| 4. 烟丝 | 5% | 15. 游艇 | 10% |
| 5. 电子烟 | 10% | 16. 木制一次性筷子 | 5% |
| 6. 粮食白酒 | 10% | 17. 实木地板 | 5% |
| 7. 薯类白酒 | 5% | 18. 乘用车 | 8% |
| 8. 其他酒 | 5% | 19. 中轻型商用客车 | 5% |
| 9. 高档化妆品 | 5% | 20. 电池 | 4% |
| 10. 鞭炮、焰火 | 5% | 21. 涂料 | 7% |
| 11. 贵重首饰及珠宝玉石 | 6% | | |

同类消费品的销售价格,是指纳税人或者代收代缴义务人当月销售的同类消费品的销售价格,如果当月同类消费品各期销售价格高低不同,应按销售数量加权平均计算。但销售的应税消费品有下列情况之一的,不得列入加权平均计算:①销售价格明显偏低又无正当理由的。②无销售价格的。

如果当月无销售或者当月未完结,应按照同类消费品上月或者最近月份的销售价格计算纳税。

【例5-21】 某白酒厂2023年春节前,将新研制的薯类白酒1吨作为过节福利发放给员工饮用,该薯类白酒无同类产品市场销售价格。已知该批薯类白酒生产成本为20 000元,成本利润率为5%,白酒消费税比例税率为20%;定额税率为0.5元/500克。计算该批薯类白酒应纳消费税税额。

【解析】 根据消费税法律制度的规定,纳税人自产自用的应税消费品,用于企业员工福利的,应按照同类消费品的销售价格计算缴纳消费税;没有同类消费品销售价格的,按照组成计税价格计算纳税。其计算过程如下:

(1) 组成计税价格 = [20 000×(1+5%)+(1×2 000×0.5)]÷(1−20%)
= (21 000+1 000)÷(1−20%) = 27 500(元)

(2) 应纳消费税税额 = 27 500×20%+1×2 000×0.5 = 6 500(元)

3. 委托加工应纳消费税的计算

委托加工的应税消费品,按照受托方的同类消费品的销售价格计算纳税,没有同类消费品销售价格的,按照组成计税价格计算纳税。

(1) 实行从价定率办法计征消费税的,其计算公式为:

组成计税价格 = (材料成本 + 加工费)÷(1 − 比例税率)

消费税应纳税额 = 组成计税价格 × 比例税率

(2) 实行复合计税办法计征消费税的,其计算公式为:

组成计税价格 = (材料成本 + 加工费 + 委托加工数量 × 定额税率)÷(1 − 比例税率)

消费税应纳税额 = 组成计税价格 × 比例税率 + 委托加工数量 × 定额税率

材料成本,是指委托方所提供加工材料的实际成本。委托加工应税消费品的纳税人,必须在委托加工合同上如实注明(或以其他方式提供)材料成本,凡未提供材料成本的,受托方税务机关有权核定其材料成本。

加工费,是指受托方加工应税消费品向委托方所收取的全部费用(包括代垫辅助材料的实际成本),不包括增值税税款。

【例5-22】 某化妆品企业2023年10月受托为某商场加工一批高档化妆品,收取不含增值税的加工费13万元,商场提供的原材料金额为720 000元。已知该化妆品企业无同类产品销售价格,消费税税率为15%。计算该化妆品企业应代收代缴的消费税。

【解析】 根据消费税法律制度的规定,委托加工的应税消费品,应按照受托方的同类消费品的销售价格计算缴纳消费税,没有同类消费品销售价格的,按照组成计税价格计算纳税。其计算过程如下:

(1) 组成计税价格 = (72+13)÷(1−15%) = 100(万元)

(2) 应代收代缴消费税 = 100×15% = 15(万元)

4. 进口环节应纳消费税的计算

纳税人进口应税消费品,按照组成计税价格和规定的税率计算应纳税额。

(1) 从价定率计征消费税的,其计算公式为:

组成计税价格 = (关税完税价格 + 关税)÷(1 − 消费税比例税率)

消费税应纳税额＝组成计税价格×消费税比例税率

（2）实行复合计税办法计征消费税的,其计算公式为:

组成计税价格＝(关税完税价格＋关税＋进口数量×定额税率)÷(1－消费税比例税率)

消费税应纳税额＝组成计税价格×消费税比例税率＋进口数量×定额税率

进口环节消费税除国务院另有规定外,一律不得给予减税、免税。

【例5-23】 某汽车贸易公司2023年10月从国外进口小汽车50辆,海关核定的每辆小汽车关税完税价为28万元,已知小汽车关税税率为20％,消费税税率为25％。计算该公司进口小汽车应纳消费税税额。

【解析】 根据消费税法律制度的规定,纳税人进口应税消费品,按照组成计税价格和规定的税率计算应纳税额。其计算过程如下:

（1）应纳关税税额＝50×28×20％＝280(万元)

（2）组成计税价格＝(50×28＋280)÷(1－25％)＝2 240(万元)

（3）应纳消费税税额＝2 240×25％＝560(万元)

【例5-24】 某烟草公司2023年9月进口甲类卷烟100标准箱,海关核定的每箱卷烟关税完税价格为3万元。已知卷烟关税税率为25％,消费税比例税率为56％,定额税率为0.003元／支;每标准箱有250条,每条200支。计算该公司进口卷烟应纳消费税税额(单位:万元,计算结果保留四位小数)。

【解析】 根据消费税法律制度的规定,纳税人进口应税消费品,按照组成计税价格和规定的税率计征消费税,进口卷烟实行复合方法计算应纳税额。其计算过程如下:

（1）应纳关税税额＝100×3×25％＝75(万元)

（2）组成计税价格＝(100×3＋75＋100×250×200×0.003÷10 000)÷(1－56％)＝855.68(万元)

（3）应纳消费税税额＝855.68×56％＋100×250×200×0.003÷10 000＝479.181 8＋1.5＝480.68(万元)

### (三) 已纳消费税的扣除

为了避免重复征税,现行消费税规定,将外购应税消费品和委托加工收回的应税消费品继续生产应税消费品销售的,可以将外购应税消费品和委托加工收回应税消费品已缴纳的消费税给予扣除。

1. 外购应税消费品已纳税款的扣除

由于某些应税消费品是用外购已缴纳消费税的应税消费品连续生产出来的,在对这些连续生产出来的应税消费品计算征税时,税法规定应按当期生产领用数量计算准予扣除外购的应税消费品已纳的消费税税款。扣除范围包括:

（1）外购已税烟丝生产的卷烟。

（2）外购已税高档化妆品生产的高档化妆品。

（3）外购已税珠宝玉石生产的贵重首饰及珠宝玉石。

（4）外购已税鞭炮、焰火生产的鞭炮、焰火。

（5）外购已税杆头、杆身和握把为原料生产的高尔夫球杆。

（6）外购已税木制一次性筷子为原料生产的木制一次性筷子。

(7) 外购已税实木地板为原料生产的实木地板。
(8) 外购已税汽油、柴油、石脑油、燃料油、润滑油为原料生产的应税成品油。

上述当期准予扣除外购应税消费品已纳消费税税款的计算公式为：

$$\begin{aligned}\text{当期准予扣除的外购应税消费品已纳税款} &= \text{当期准予扣除的外购应税消费品买价} \times \text{外购应税消费品适用税率} \\ &= \text{期初库存的外购应税消费品的买价} + \text{当期购进的应税消费品的买价} - \text{期末库存的外购应税消费品的买价}\end{aligned}$$

外购已税消费品的买价，是指购货发票上注明的销售额（不包括增值税税款）。

纳税人用外购的已税珠宝、玉石原料生产的改在零售环节征收消费税的金银首饰（镶嵌首饰），在计税时一律不得扣除外购珠宝、玉石的已纳税款。

对自己不生产应税消费品，而只是购进后再销售应税消费品的工业企业，其销售的高档化妆品、鞭炮、焰火和珠宝、玉石，凡不能构成最终消费品直接进入消费品市场，而需进一步生产加工的，应当征收消费税，同时允许扣除上述外购应税消费品的已纳税款。

允许扣除已纳税款的应税消费品只限于从工业企业购进的应税消费品和进口环节已缴纳消费税的应税消费品，对从境内商业企业购进应税消费品的已纳税款一律不得扣除。

2. 委托加工收回的应税消费品已纳税款的扣除

委托加工的应税消费品因为已由受托方代收代缴消费税，因此，委托方收回货物后用于连续生产应税消费品的，其已纳税款准予按照规定从连续生产的应税消费品应纳消费税税额中抵扣。下列连续生产的应税消费品准予从应纳消费税税额中按当期生产领用数量计算扣除委托加工收回的应税消费品已纳消费税税款：

(1) 用委托加工收回的已税烟丝为原料生产的卷烟。
(2) 用委托加工收回的已税高档化妆品为原料生产的高档化妆品。
(3) 用委托加工收回的已税珠宝玉石为原料生产的贵重首饰及珠宝玉石。
(4) 用委托加工收回的已税鞭炮、焰火为原料生产的鞭炮、焰火。
(5) 用委托加工收回的已税杆头、杆身和握把为原料生产的高尔夫球杆。
(6) 用委托加工收回的已税木制一次性筷子为原料生产的木制一次性筷子。
(7) 用委托加工收回的已税实木地板为原料生产的实木地板。
(8) 用委托加工收回的已税汽油、柴油、石脑油、燃料油、润滑油为原料生产的应税成品油。

上述当期准予扣除委托加工收回的应税消费品已纳消费税税款的计算公式为：

$$\text{当期准予扣除的委托加工应税消费品已纳税款} = \text{期初库存的委托加工应税消费品已纳税款} + \text{当期收回的委托加工应税消费品已纳税款} - \text{期末库存的委托加工应税消费品已纳税款}$$

纳税人用委托加工收回的已税珠宝、玉石原料生产的改在零售环节征收消费税的金银首饰，在计税时一律不得扣除委托加工收回的珠宝、玉石原料的已纳消费税税款。

## 六、消费税的征收管理

### (一) 消费税的纳税义务发生时间

(1) 纳税人销售的应税消费品，纳税义务发生时间按不同的销售结算方式分别确定。

纳税人采取赊销和分期收款结算方式的,为书面合同约定的收款日期的当天;书面合同没有约定收款日期或者无书面合同的,为发出应税消费品的当天。

纳税人采取预收货款结算方式的,为发出应税消费品的当天。

纳税人采取托收承付、委托银行收款结算方式的,为发出应税消费品并办妥托收手续的当天。

纳税人采取其他结算方式的,为收讫销售款或者取得索取销售款凭据的当天。

(2) 纳税人自产自用的应税消费品,为移送使用的当天。

(3) 纳税人委托加工应税消费品的,为纳税人提货的当天。

(4) 纳税人进口应税消费品的,为报关进口的当天。

### (二) 消费税的纳税地点

(1) 纳税人销售的应税消费品,以及自产自用的应税消费品,除国务院财政、税务主管部门另有规定外,应当向纳税人机构所在地或者居住地的税务机关申报纳税。

(2) 委托加工的应税消费品,除受托方为个人外,由受托方向机构所在地或者居住地的税务机关解缴消费税税款;受托方为个人的,由委托方向其机构所在地税务机关申报纳税。

(3) 进口的应税消费品,由进口人或者其代理人向报关地海关申报纳税。

(4) 纳税人到外县(市)销售或者委托外县(市)代销自产应税消费品的,于应税消费品销售后,向机构所在地或者居住地税务机关申报纳税。

(5) 总机构与分支机构不在同一县(市)。

纳税人的总机构与分支机构不在同一县(市)的,原则上应当分别向各自机构所在地的税务机关申报纳税。

纳税人的总机构与分支机构不在同一县(市),但在同一省(自治区、直辖市)范围内,经省(自治区、直辖市)财政厅(局)、税务局审批同意,可以由总机构汇总向总机构所在地的税务机关申报缴纳消费税。

(6) 纳税人销售的应税消费品,如因质量等原因由购买者退回时,经机构所在地或者居住地税务机关审核批准后,可退还已缴纳的消费税税款。

(7) 个人携带或者邮寄进境的应税消费品的消费税,连同关税一并计征,具体办法由国务院关税税则委员会会同有关部门制定。

(8) 出口的应税消费品办理退税后,发生退关,或者国外退货进口时予以免税的,报关出口者必须及时向其机构所在地或者居住地税务机关申报补缴已退还的消费税税款。纳税人直接出口的应税消费品办理免税后,发生退关或者国外退货,进口时已予以免税的,经机构所在地或者居住地税务机关批准,可暂不办理补税,待其转为国内销售时,再申报补缴消费税。

### (三) 消费税的纳税期限

(1) 消费税的纳税期限分别为1日、3日、5日、10日、15日、1个月或者1个季度。

(2) 纳税人以1个月或者1个季度为1个纳税期的,自期满之日起15日内申报纳税。

(3) 以1日、3日、5日、10日或者15日为1个纳税期的,自期满之日起5日内预缴税款,于次月1日起15日内申报纳税并结清上月应纳税款。

**【例5-25】** 纳税人采取预收货款结算方式销售应税消费品的,其消费税纳税义务发生时间为( )。

A. 签订销售合同的当天  B. 收到预收货款的当天
C. 发出应税消费品的当天  D. 开具预收款发票的当天

【解析】 答案为C。根据消费税法律制度的规定,纳税人采取预收货款结算方式的,其纳税义务发生时间为发出应税消费品的当天。

# 课 堂 测 试

班级：_____ 姓名：_____ 学号：_____ 分数：_____

一、单项选择题（每小题 6 分，共 30 分）

1. 根据消费税法律制度的规定，下列关于消费税纳税地点的表述中，正确的是（　　）。
   A. 纳税人销售的应税消费品，除另有规定外，应当向纳税人机构所在地或居住地的税务机关申报纳税
   B. 纳税人总机构与分支机构不在同一省的，由总机构汇总向总机构所在地的主管税务机关申报纳税
   C. 进口的应税消费品，由进口人或者其代理人向机构所在地的主管税务机关申报纳税
   D. 委托加工的应税消费品，受托方为个人的，由受托方向居住地的主管税务机关申报纳税

2. 根据增值税法律制度的规定，下列各项中，免征增值税的是（　　）。
   A. 商店销售糖果　　　　　　　　B. 木材加工厂销售原木
   C. 粮店销售面粉　　　　　　　　D. 农民销售自产粮食

3. 根据增值税法律制度的规定，一般纳税人发生的下列业务中，允许开具增值税专用发票的是（　　）。
   A. 家电商场向消费者个人销售电视机
   B. 百货商店向小规模纳税人零售服装
   C. 手机专卖店向消费者个人提供手机修理劳务
   D. 商贸公司向一般纳税人销售办公用品

4. 下列关于小规模纳税人征税规定的表述中，不正确的是（　　）。
   A. 实行简易征税办法　　　　　　B. 一律不使用增值税专用发票
   C. 不允许抵扣增值税进项税额　　D. 可以请税务机关代开增值税专用发票

5. 甲设计公司为增值税小规模纳税人，2023 年 6 月提供设计服务取得含增值税价款 206 000 元；因服务中止，退还给客户含增值税价款 103 00 元。已知小规模纳税人增值税征收率为 3%，甲设计公司当月应缴纳增值税税额的下列计算中，正确的是（　　）。
   A. 206 000÷(1+3%)×3%＝6 000(元)
   B. 206 000×3%＝6 180(元)
   C. (206 000－10 300)÷(1+3%)×3%＝5 700(元)
   D. (206 000－10 300)×3%＝5 871(元)

二、判断题（每小题 6 分，共 30 分）

1. 纳税人提供的公共交通运输服务，可以选择适用简易计税方法缴纳增值税。　　　　（　　）

2. 酒厂将自产的5箱普通白酒移送到酒厂工会用于奖励先进员工,在移送环节不缴纳消费税。( )
3. 出租车公司向使用本公司自有出租车的出租车司机收取的管理费用,按照有形动产租赁服务缴纳增值税。( )
4. 甲停车场提供的车辆停放服务,应当按照交通运输服务缴纳增值税。( )
5. 金银首饰与其他产品组成成套消费品零售的,应将金银首饰与其他产品的销售额分摊,并按分摊后金银首饰的销售额征收消费税。( )

### 三、不定项选择题(每小题10分,共40分)

甲企业为增值税一般纳税人,主要从事小汽车的制造和销售业务。2023年7月有关业务如下:

(1)销售1辆定制小汽车取得含增值税价款232 000元,另收取手续费35 100元。

(2)将20辆小汽车对外投资,小汽车生产成本100 000元/辆,甲企业同类小汽车不含增值税最高销售价格16万元/辆、平均销售价格150 000元/辆、最低销售价格14万元/辆。

(3)采取预收款方式销售给4S店一批小汽车,当月5日签订合同,当月10日收到预收款,当月15日发出小汽车,当月20日开具发票。

(4)生产中轻型商用客车500辆,其中480辆用于销售、10辆用于广告、8辆用于企业管理部门、2辆用于赞助。

已知:小汽车增值税税率为13%,消费税税率为5%。

要求:根据上述资料,分析回答下列问题。

1. 甲企业销售定制小汽车应缴纳的消费税税额的下列计算中,正确的是( )。
   A. 232 000×5%=11 600(元)
   B. (232 000+35 100)÷(1+13%)×5%=11 818.58(元)
   C. 232 000÷(1+13%)×5%=10 265.49(元)
   D. (232 000+35 100)×5%=13 355(元)

2. 甲企业以小汽车投资应缴纳消费税税额的下列计算中,正确的是( )。
   A. 20×16×5%=16(万元)          B. 20×15×5%=15(万元)
   C. 20×10×5%=10(万元)          D. 20×14×5%=14(万元)

3. 甲企业采用预收款方式销售小汽车,消费税的纳税义务发生时间是( )。
   A. 7月5日     B. 7月10日      C. 7月15日       D. 7月20日

4. 甲企业下列行为中,应缴消费税的是( )。
   A. 480辆用于销售              B. 10辆用于广告
   C. 8辆用于企业管理部门         D. 2辆用于赞助

# 第六章　企业所得税与个人所得税法律制度

**知识导航**

企业所得税与个人所得税法律制度
- 企业所得税法律制度
  - 企业所得税纳税人
  - 企业所得税征税对象
  - 企业所得税税率
  - 企业所得税应纳税所得额及应纳税额的计算
  - 不征税收入
  - 税前扣除项目
  - 税前扣除标准
  - 不得税前扣除项目
  - 亏损弥补
  - 非居民企业应纳税所得额的计算
  - 资产的税务处理
  - 企业所得税税收优惠
  - 企业境外所得计税的抵免
  - 企业所得税特别纳税调整
  - 企业重组业务企业所得税处理
  - 企业所得税的征收管理
- 个人所得税法律制度
  - 个人所得税纳税人和所得来源的确定
  - 综合所得
  - 经营所得
  - 利息、股息、红利所得
  - 财产租赁所得
  - 财产转让所得
  - 偶然所得
  - 公益性捐赠的扣除
  - 应纳税额计算的其他规定
  - 个人所得税税收优惠
  - 个人所得税的征收管理

**学习目标**

1. 掌握企业所得税和个人所得税纳税人、征税对象
2. 掌握企业所得税和个人所得税应纳税所得额的确定及应纳税额的计算
3. 了解企业所得税和个人所得税税率

4. 掌握企业所得税中相关资产的税务处理
5. 掌握企业所得税税收优惠和征收管理
6. 熟悉个人所得税税收优惠和征收管理

# 第一节 企业所得税法律制度

企业所得税是对企业和其他取得收入的组织生产经营所得和其他所得征收的一种税。

## 一、企业所得税纳税人

在中华人民共和国境内,企业和其他取得收入的组织(以下统称企业)为企业所得税的纳税人,依照《中华人民共和国企业所得税法》(以下简称《企业所得税法》)的规定缴纳企业所得税。企业所得税纳税人包括各类企业、事业单位、社会团体、民办非企业单位和从事经营活动的其他组织。依照中国法律、行政法规成立的个人独资企业、合伙企业,不属于企业所得税纳税人,不缴纳企业所得税。

企业所得税采取收入来源地管辖权和居民管辖权相结合的双重管辖权,把企业分为居民企业和非居民企业,分别确定不同的纳税义务。

### (一) 居民企业

居民企业,是指依法在中国境内成立,或者依照外国(地区)法律成立但实际管理机构在中国境内的企业。

实际管理机构,是指对企业的生产经营、人员、账务、财产等实施实质性全面管理和控制的机构。

### (二) 非居民企业

非居民企业,是指依照外国(地区)法律成立且实际管理机构不在中国境内,但在中国境内设立机构、场所的,或者在中国境内未设立机构、场所,但有来源于中国境内所得的企业。

非居民企业委托营业代理人在中国境内从事生产经营活动的,包括委托单位或者个人经常代其签订合同,或者储存、交付货物等,该营业代理人视为非居民企业在中国境内设立的机构、场所。

## 二、企业所得税征税对象

### (一) 居民企业的征税对象

居民企业应当就其来源于中国境内、境外的所得缴纳企业所得税,具体包括销售货物所得、提供劳务所得、转让财产所得、股息红利等权益性投资所得、利息所得、租金所得、特许权使用费所得、接受捐赠所得和其他所得。

### (二) 非居民企业的征税对象

非居民企业在中国境内设立机构、场所的,应当就其所设机构、场所取得的来源于中国境内的所得,以及发生在中国境外但与其所设机构、场所有实际联系的所得,缴纳企业所得税。

非居民企业在中国境内未设立机构、场所的,或者虽设立机构、场所但取得的所得与其所设机构、场所没有实际联系的,应当就其来源于中国境内的所得缴纳企业所得税。

实际联系,是指非居民企业在中国境内设立的机构、场所拥有据以取得所得的股权、债权,以及拥有、管理、控制据以取得所得的财产等。

**(三) 来源于中国境内、境外所得的确定原则**

来源于中国境内、境外的所得,按照以下原则确定:

(1) 销售货物所得,按照交易活动发生地确定。

(2) 提供劳务所得,按照劳务发生地确定。

(3) 转让财产所得,不动产转让所得按照不动产所在地确定,动产转让所得按照转让动产的企业或者机构、场所所在地确定,权益性投资资产转让所得按照被投资企业所在地确定。

(4) 股息、红利等权益性投资所得,按照分配所得的企业所在地确定。

(5) 利息所得、租金所得、特许权使用费所得,按照负担、支付所得的企业或者机构、场所所在地确定,或者按照负担、支付所得的个人的住所地确定。

(6) 其他所得,由国务院财政、税务主管部门确定。

【例 6-1】 根据企业所得税法律制度的规定,下列关于确定所得来源地的表述,不正确的是(  )。

A. 提供劳务所得,按照劳务发生地确定

B. 红利所得,按照交易活动发生地确定

C. 权益性投资资产所得,按照被投资企业所在地确定

D. 销售货物所得,按照交易活动发生地确定

【解析】 答案为 B。股息、红利所得,按照分配所得的企业所在地确定。

### 三、企业所得税税率

企业所得税实行比例税率。

(1) 25%税率。居民企业和在中国境内设有机构、场所且所得与其所设机构、场所有实际联系的非居民企业,应当就其来源于中国境内、境外的所得缴纳企业所得税。

(2) 20%税率。非居民企业在中国境内未设立机构、场所,或者虽设立机构、场所但取得的所得与其所设机构、场所没有实际联系的,应当就其来源于中国境内的所得缴纳企业所得税。

### 四、企业所得税应纳税所得额及应纳税额的计算

企业所得税的计税依据是应纳税所得额,即指企业每一纳税年度的收入总额,减除不征税收入、免税收入、各项扣除以及允许弥补的以前年度亏损后的余额。

$$应纳税所得额 = 收入总额 - 不征税收入 - 免税收入 - 各项扣除 - 以前年度亏损$$
$$应纳税额 = 应纳税所得额 \times 适用税率 - 减免税额 - 抵免税额$$

企业应纳税所得额的计算,以权责发生制为原则,属于当期的收入和费用,不论款项是否收付,均作为当期的收入和费用;不属于当期的收入和费用,即使款项已经在当期收付,均不作为当期的收入和费用。在计算应纳税所得额时,企业财务、会计处理办法与税收法律法规的规定不一致的,应当依照税收法律法规的规定计算。

其中的减免税额和抵免税额,是指依照《企业所得税法》和国务院的税收优惠规定减征、

免征和抵免的应纳税额。

### (一) 收入总额

企业收入总额,是指以货币形式和非货币形式从各种来源取得的收入,具体包括销售货物收入,提供劳务收入,转让财产收入,股息、红利等权益性投资收益,利息收入,租金收入,特许权使用费收入,接受捐赠收入以及其他收入。

企业取得收入的货币形式,包括现金、存款、应收账款、应收票据、准备持有至到期的债券投资以及债务的豁免等。

企业取得收入的非货币形式,包括固定资产、生物资产、无形资产、股权投资、存货、不准备持有至到期的债券投资、劳务以及有关权益等。非货币形式收入应当按照公允价值确定收入额。

### (二) 销售货物收入

1. 销售货物收入的概念

销售货物收入,是指企业销售商品、产品、原材料、包装物、低值易耗品以及其他存货取得的收入。

除法律法规另有规定外,企业销售货物收入的确认,必须遵循权责发生制原则和实质重于形式原则。不同销售方式,确认收入实现时间如下:

(1) 销售商品采用托收承付方式的,在办妥托收手续时确认收入。

(2) 销售商品采用预收款方式的,在发出商品时确认收入。

(3) 销售商品需要安装和检验的,在购买方接受商品以及安装和检验完毕时确认收入。如果安装程序比较简单,可在发出商品时确认收入。

(4) 销售商品采用支付手续费方式委托代销的,在收到代销清单时确认收入。

2. 特殊销售方式下收入金额的确定

1) 售后回购

(1) 采用售后回购方式销售商品的,销售的商品按售价确认收入,回购的商品作为购进商品处理。

(2) 有证据表明不符合销售收入确认条件的,如以销售商品方式进行融资,收到的款项应确认为负债,回购价格大于原售价的,差额应在回购期间确认为利息费用。

2) 以旧换新

销售商品以旧换新的,销售商品应当按照销售商品收入确认条件确认收入,回收的商品作为购进商品处理。

3) 不同种类折扣收入的金额及相关处理

(1) 企业为促进商品销售而在商品价格上给予的价格扣除属于商业折扣,商品销售涉及商业折扣的,应当按照扣除商业折扣后的金额确定销售商品收入金额。

(2) 债权人为鼓励债务人在规定的期限内付款而向债务人提供的债务扣除属于现金折扣,销售商品涉及现金折扣的,应当按扣除现金折扣前的金额确定销售商品收入金额,现金折扣在实际发生时作为财务费用扣除。

(3) 企业因售出商品的质量不合格等原因而在售价上给予的减让属于销售折让。企业因售出商品质量、品种不符合要求等原因而发生的退货属于销售退回。企业已经确认销售收入的售出商品发生销售折让和销售退回,应当在发生当期冲减当期销售商品收入。

### (三) 提供劳务收入

提供劳务收入,是指企业从事建筑安装、修理修配、交通运输、仓储租赁、金融保险、邮电通信、咨询经纪、文化体育、科学研究、技术服务、教育培训、餐饮住宿、中介代理、卫生保健、社区服务、旅游、娱乐、加工以及其他劳务服务活动取得的收入。

企业在各个纳税期末,提供劳务交易的结果能够可靠估计的,应采用完工进度(百分比)法确认提供劳务收入。

企业应按照从接受劳务方已收或应收的合同或协议价款确定劳务收入总额,根据纳税期末提供劳务收入总额乘以完工进度扣除以前纳税年度累计已确认提供劳务收入后的金额,确认为当期劳务收入;同时,按照提供劳务估计总成本乘以完工进度扣除以前纳税期间累计已确认劳务成本后的金额,结转为当期劳务成本。

### (四) 转让财产收入

转让财产收入,是指企业转让固定资产、生物资产、无形资产、股权、债权等财产取得的收入。转让财产收入应当按照从财产受让方已收或应收的合同或协议价款确认收入。

### (五) 股息、红利等权益性投资收益

股息、红利等权益性投资收益,是指企业因权益性投资从被投资方取得的收入。股息、红利等权益性投资收益,除国务院财政、税务主管部门另有规定外,按照被投资方作出利润分配决定的日期确认收入的实现。

### (六) 利息收入

利息收入,是指企业将资金提供他人使用但不构成权益性投资,或者因他人占用本企业资金取得的收入,包括存款利息、贷款利息、债券利息、欠款利息等收入。利息收入,按照合同约定的债务人应付利息的日期确认收入的实现。

### (七) 租金收入

租金收入,是指企业提供固定资产、包装物或者其他有形资产的使用权取得的收入。租金收入按照合同约定的承租人应付租金的日期确认收入的实现。

如果交易合同或协议中规定的租赁期限跨年度,且租金提前一次性支付的,出租人可对上述已确认的收入,在租赁期内,分期均匀计入相关年度收入。

### (八) 特许权使用费收入

特许权使用费收入,是指企业提供专利权、非专利技术、商标权、著作权以及其他特许权的使用权而取得的收入。特许权使用费收入按照合同约定的特许权使用人应付特许权使用费的日期确认收入的实现。

### (九) 接受捐赠收入

接受捐赠收入,是指企业接受的来自其他企业、组织或者个人无偿给予的货币性资产、非货币性资产。接受捐赠收入按照实际收到捐赠资产的日期确认收入的实现。

### (十) 其他收入

其他收入,是指企业取得《企业所得税法》具体列举的收入外的其他收入,包括企业资产溢余收入、逾期未退包装物押金收入、确实无法偿付的应付款项、已作坏账损失处理后又收回的应收款项、债务重组收入、补贴收入、违约金收入、汇兑收益等。

### (十一) 特殊收入的确认

(1) 采用分期收款方式销售货物的,按照合同约定的收款日期确认收入的实现。

(2) 企业受托加工制造大型机械设备、船舶、飞机,以及从事建筑、安装、装配工程业务或者提供其他劳务等,持续时间超过12个月的,按照纳税年度内完工进度或者完成的工作量确认收入。

(3) 采取产品分成方式取得收入的,按照企业分得产品的日期确认收入的实现,其收入额按照产品的公允价值确定。

(4) 企业发生非货币性资产交换,以及将货物、财产、劳务用于捐赠、偿债、赞助、集资、广告、样品、职工福利或者利润分配等用途的,应当视同销售货物、转让财产或者提供劳务,但国务院财政、税务主管部门另有规定的除外。

(5) 企业以"买一赠一"等方式组合销售本企业商品的,不属于捐赠,应将总的销售金额按各项商品的公允价值的比例来分摊确认各项的销售收入。

### 五、不征税收入

1. 财政拨款

财政拨款,是指各级人民政府对纳入预算管理的事业单位、社会团体等组织拨付的财政资金,但国务院和国务院财政、税务主管部门另有规定的除外。

2. 依法收取并纳入财政管理的行政事业性收费、政府性基金

行政事业性收费,是指依照法律法规等有关规定,按照国务院规定程序批准,在实施社会公共管理,以及在向公民、法人或者其他组织提供特定公共服务过程中,向特定对象收取并纳入财政管理的费用。政府性基金,是指企业依照法律、行政法规等有关规定,代政府收取的具有专项用途的财政资金。

3. 国务院规定的其他不征税收入

国务院规定的其他不征税收入,是指企业取得的,由国务院财政、税务主管部门规定专项用途并经国务院批准的财政性资金。

(1) 县级以上人民政府将国有资产无偿划入企业,凡指定专门用途并按规定进行管理的,企业可作为不征税收入进行企业所得税处理。其中,该项资产属于非货币性资产的,应按政府确定的接收价值计算不征税收入。

(2) 2018年9月20日起,对全国社会保障基金理事会及基本养老保险基金投资管理机构在国务院批准的投资范围内,运用养老基金投资取得的归属于养老基金的投资收入,作为企业所得税不征税收入。

(3) 2018年9月10日起,对全国社会保障基金取得的直接股权投资收益、股权投资基金收益,作为企业所得税不征税收入。

【例6-2】 根据企业所得税法律制度的规定,企业的下列收入中,属于不征税收入的是( )。

A. 财政拨款　　　　B. 租金收入　　　　C. 产品销售收入　　　D. 国债利息收入

【解析】 答案为A。企业所得税法律制度规定财政拨款和依法收取并纳入财政管理的行政事业性收费、政府性基金为不征税收入。选项B、选项C和选项D均不属于此范围。

### 六、税前扣除项目

企业实际发生的与取得收入有关的、合理的支出,包括成本、费用、税金、损失和其他支

出,准予在计算应纳税所得额时扣除。合理的支出,是指符合生产经营活动的常规支出,应当计入当期损益或者有关资产成本的必要和正常的支出。除另有规定外,企业实际发生的成本、费用、税金、损失和其他支出,不得重复扣除。

企业发生的支出应当区分收益性支出和资本性支出。收益性支出在发生当期直接扣除;资本性支出应当分期扣除或者计入有关资产成本,不得在发生当期直接扣除。

企业的不征税收入用于支出所形成的费用或者财产,不得扣除或者计算对应的折旧、摊销扣除。

1. 成本

成本,是指企业在生产经营活动中发生的销售成本、销货成本、业务支出以及其他耗费,即企业销售商品(产品、材料、下脚料、废料、废旧物资等)、提供劳务、转让固定资产、无形资产的成本。

2. 费用

费用,是指企业在生产经营活动中发生的销售费用、管理费用和财务费用。已经计入成本的有关费用除外。

(1) 销售费用,是指应由企业负担的为销售商品而发生的费用。

(2) 管理费用,是指企业的行政管理部门为管理组织经营活动提供各项支援性服务而发生的费用。

(3) 财务费用,是指企业筹集经营性资金而发生的费用。

3. 税金

税金,是指企业发生的除企业所得税和允许抵扣的增值税以外的各项税金及其附加,即纳税人按照规定缴纳的消费税、资源税、土地增值税、关税、城市维护建设税、教育费附加及房产税、车船税、城镇土地使用税、印花税等。企业缴纳的增值税属于价外税,不计入企业收入总额,故不在扣除之列。

4. 损失

损失,是指企业在生产经营活动中发生的固定资产和存货的盘亏、毁损、报废损失,转让财产损失,呆账损失,坏账损失,自然灾害等不可抗力因素造成的损失以及其他损失。

企业发生的损失,减除责任人赔偿和保险赔款后的余额,依照国务院财政、税务主管部门的规定扣除。企业已经作为损失处理的资产,在以后纳税年度又全部收回或者部分收回时,应当计入当期收入。

5. 其他支出

其他支出,是指除成本、费用、税金、损失外,企业在生产经营活动中发生的与生产经营活动有关的、合理的支出。

## 七、税前扣除标准

### (一) 工资、薪金支出

企业发生的合理的工资、薪金支出,准予扣除。工资、薪金,是指企业每一纳税年度支付给在本企业任职或者受雇的员工的所有现金形式或者非现金形式的劳动报酬,包括基本工资、奖金、津贴、补贴、年终加薪、加班工资,以及与员工任职或者受雇有关的其他支出。

## （二）职工福利费、工会经费、职工教育经费

企业发生的职工福利费、工会经费、职工教育经费按标准扣除。未超过标准的按实际发生数额扣除，超过扣除标准的只能按标准扣除。

（1）企业发生的职工福利费支出，不超过工资、薪金总额14%的部分，准予扣除。列入企业员工工资薪金制度，固定与工资、薪金一起发放的福利性补贴，符合国家税务总局相关规定的，可作为企业发生的工资、薪金支出，按规定在税前扣除；不能同时符合上述条件的福利性补贴，应按规定计算限额税前扣除。

企业的职工福利费，包括以下内容：①尚未实行分离办社会职能的企业，其内设福利部门所发生的设备、设施和人员费用，包括职工食堂、职工浴室、理发室、医务所、托儿所、疗养院等集体福利部门的设备、设施及维修保养费用和福利部门工作人员的工资、薪金、社会保险费、住房公积金、劳务费等。②为职工卫生保健、生活、住房、交通等所发放的各项补贴和非货币性福利，包括企业向职工发放的因公外地就医费用、未实行医疗统筹企业职工医疗费用、职工供养直系亲属医疗补贴、供暖费补贴、职工防暑降温费、职工困难补贴、救济费、职工食堂经费补贴、职工交通补贴等。③按照其他规定发生的其他职工福利费，包括丧葬补助费、抚恤费、安家费、探亲假路费等。

企业发生的职工福利费，应该单独设置账册，进行准确核算。没有单独设置账册准确核算的，税务机关应责令企业在规定的期限内进行改正。逾期仍未改正的，税务机关可对企业发生的职工福利费进行合理的核定。

（2）企业拨缴的工会经费，不超过工资、薪金总额2%的部分，准予扣除。

（3）企业发生的职工教育经费支出，不超过工资、薪金总额8%的部分，准予在计算企业所得税应纳税所得额时扣除；超过部分，准予在以后纳税年度结转扣除。

## （三）社会保险费

（1）企业依照国务院有关主管部门或者省级人民政府规定的范围和标准为职工缴纳的基本养老保险费、基本医疗保险费、失业保险费、工伤保险费等基本社会保险费和住房公积金，准予扣除。

（2）自2008年1月1日起，企业根据国家有关政策规定，为在本企业任职或者受雇的全体员工支付的补充养老保险费、补充医疗保险费，分别在不超过职工工资总额5%标准内的部分，在计算应纳税所得额时准予扣除；超过的部分，不予扣除。

## （四）借款费用

（1）企业在生产经营活动中发生的合理的不需要资本化的借款费用，准予扣除。

（2）企业为购置、建造固定资产、无形资产和经过12个月以上的建造才能达到预定可销售状态的存货发生借款的，在有关资产购置、建造期间发生的合理的借款费用，应当作为资本性支出计入有关资产的成本，并依照《企业所得税法实施条例》的有关规定扣除。

## （五）利息费用

企业在生产经营活动中发生的下列利息支出，准予扣除：

（1）非金融企业向金融企业借款的利息支出、金融企业的各项存款利息支出和同业拆借利息支出、企业经批准发行债券的利息支出可据实扣除。

（2）非金融企业向非金融企业借款的利息支出，不超过按照金融企业同期同类贷款利率计算的数额的部分可据实扣除，超过部分不许扣除。

金融企业,是指各类银行、保险公司及经中国人民银行批准从事金融业务的非银行金融机构。

(3) 凡企业投资者在规定期限内未缴足其应缴资本额的,该企业对外借款所发生的利息,相当于投资者实缴资本额与在规定期限内应缴资本额的差额应计付的利息,其不属于企业合理的支出,应由企业投资者负担,不得在计算企业应纳税所得额时扣除。

(4) 企业向股东或其他与企业有关联关系的自然人借款的利息支出,应根据《企业所得税法》及《财政部国家税务总局关于企业关联方利息支出税前扣除标准有关税收政策问题的通知》(财税〔2008〕121号)规定的条件,计算企业所得税扣除额。

(5) 企业向除股东或其他与企业有关联关系的自然人以外的内部职工或其他人员借款的利息支出,其借款情况同时符合以下条件的,其利息支出在不超过按照金融企业同期同类贷款利率计算的数额的部分,准予扣除。①企业与个人之间的借贷是真实、合法、有效的,并且不具有非法集资目的或其他违反法律、法规的行为。②企业与个人之间签订了借款合同。

### (六) 汇兑损失

企业在货币交易中,以及纳税年度终了时将人民币以外的货币性资产、负债按照期末即期人民币汇率中间价折算为人民币时产生的汇兑损失,除已经计入有关资产成本以及与向所有者进行利润分配相关的部分外,准予扣除。

### (七) 公益性捐赠

1. 一般规定

公益性捐赠,是指企业通过公益性社会组织或者县级以上人民政府及其部门,用于符合法律规定的慈善活动、公益事业的捐赠。

企业当年发生以及以前年度结转的公益性捐赠支出,不超过年度利润总额12%的部分,在计算应纳税所得额时准予扣除;超过年度利润总额12%的部分,准予结转以后3年内在计算应纳税所得额时扣除。企业在对公益性捐赠支出计算扣除时,应先扣除以前年度结转的捐赠支出,再扣除当年发生的捐赠支出。

年度利润总额,是指企业依照国家统一会计制度的规定计算的年度会计利润。

公益性捐赠具体范围包括:

(1) 救助灾害、救济贫困、扶助残疾人等困难的社会群体和个人的活动。

(2) 教育、科学、文化、卫生、体育事业。

(3) 环境保护、社会公共设施建设。

(4) 促进社会发展和进步的其他社会公共和福利事业。

2. 特殊规定

自2021年1月1日起,企业或个人通过公益性群众团体用于符合法律规定的公益慈善事业捐赠支出,准予按税法规定在计算应纳税所得额时扣除。公益性群众团体,包括依照《社会团体登记管理条例》规定不需进行社团登记的人民团体以及经国务院批准免予登记的社会团体,且按规定条件和程序已经取得公益性捐赠税前扣除资格。

自2019年1月1日至2025年12月31日,企业通过公益性社会组织或者县级(含县级)以上人民政府及其组成部门和直属机构,用于目标脱贫地区的扶贫捐赠支出,准予在计算企业所得税应纳税所得额时据实扣除。在政策执行期限内,目标脱贫地区实现脱贫的,可继续适用上述政策。企业同时发生扶贫捐赠支出和其他公益性捐赠支出,在计算公益性捐赠支出年度扣除限额时,符合条件的扶贫捐赠支出不计算在内。

企业在非货币性资产捐赠过程中发生的运费、保险费、人工费用等相关支出,凡纳入国家机关、公益性社会组织开具的公益捐赠票据记载的数额中的,作为公益性捐赠支出按照规定在税前扣除;上述费用未纳入公益捐赠票据记载的数额中的,作为企业相关费用按照规定在税前扣除。

【例6-3】某企业2023年度实现利润总额100万元,在营业外支出账户列支了通过公益性社会团体向贫困地区的捐款10万元、直接向某小学捐款5万元。在计算该企业2023年度应纳税所得额时,允许扣除的捐款数额为(　　)万元。

A. 5　　　　　　B. 10　　　　　　C. 12　　　　　　D. 15

【解析】答案为B。企业发生的公益性捐赠支出,在年度利润总额12%以内的部分,准予在计算应纳税所得额时扣除;超过年度利润总额12%的部分,准予结转以后3年内在计算应纳税所得额时扣除。100×12%=12(万元),直接捐款5万元不允许扣除,10万元＜12万元,允许扣除10万元。

**(八) 业务招待费**

1. 一般规定

企业发生的与生产经营活动有关的业务招待费支出,按照发生额的60%扣除,但最高不得超过当年销售(营业)收入的5‰。

2. 特殊规定

(1) 企业在筹建期间,发生的与筹办活动有关的业务招待费支出,可按实际发生额的60%计入企业筹办费,并按有关规定在税前扣除。

(2) 对从事股权投资业务的企业(包括集团公司总部、创业投资企业等),其从被投资企业所分配的股息、红利以及股权转让收入,可以按规定的比例计算业务招待费扣除限额。

**(九) 广告费和业务宣传费**

1. 一般规定

企业发生的符合条件的广告费和业务宣传费支出,除国务院财政、税务主管部门另有规定外,不超过当年销售(营业)收入15%的部分,准予扣除;超过部分,准予在以后纳税年度结转扣除。

2. 特殊规定

(1) 企业在筹建期间,发生的广告费和业务宣传费,可按实际发生额计入企业筹办费,并按有关规定在税前扣除。

(2) 自2021年1月1日至2025年12月31日,对化妆品制造或销售、医药制造和饮料制造(不含酒类制造)企业发生的广告费和业务宣传费支出,不超过当年销售(营业)收入30%的部分,准予扣除;超过部分,准予在以后纳税年度结转扣除。

(3) 对签订广告费和业务宣传费分摊协议的关联企业,其中一方发生的不超过当年销售(营业)收入税前扣除限额比例内的广告费和业务宣传费支出可以在本企业扣除,也可以将其中的部分或全部按照分摊协议归集至另一方扣除。另一方在计算本企业广告费和业务宣传费支出企业所得税税前扣除限额时,可将按照上述办法归集至本企业的广告费和业务宣传费不计算在内。

(4) 烟草企业的烟草广告费和业务宣传费支出,一律不得在计算应纳税所得额时扣除。

【例 6-4】 某机械设备制造企业 2023 年度实现销售收入 3 000 万元,发生符合条件的广告费和业务宣传费支出 350 万元,上年度未在税前扣除完的符合条件的广告费和业务宣传费支出 60 万元。在计算该企业 2023 年度应纳税所得额时,允许扣除的广告费和业务宣传费支出为( )万元。

A. 410　　　　　　B. 350　　　　　　C. 450　　　　　　D. 360

【解析】 答案为 A。企业发生的符合条件的广告费和业务宣传费支出,除国务院财政、税务主管部门另有规定外,不超过当年销售(营业)收入 15% 的部分,准予扣除;超过部分,准予在以后纳税年度结转扣除。3 000×15%=450(万元),350+60=410(万元),410 万元<450 万元,允许扣除 410 万元。

### (十) 环境保护专项资金

企业依照法律、行政法规有关规定提取的用于环境保护、生态恢复等方面的专项资金,准予扣除。上述专项资金提取后改变用途的,不得扣除。

### (十一) 保险费

(1) 企业参加财产保险,按照规定缴纳的保险费,准予扣除。

(2) 除企业依照国家有关规定为特殊工种职工支付的人身安全保险费和国务院财政、税务主管部门规定可以扣除的其他商业保险费外,企业为投资者或职工支付的商业保险费,不得扣除。

(3) 企业参加雇主责任险、公众责任险等责任保险,按照规定缴纳的保险费,准予在企业所得税税前扣除。该项规定适用于 2018 年度及以后年度企业所得税汇算清缴。

(4) 企业职工因公出差乘坐交通工具发生的人身意外保险费支出,准予企业在计算应纳税所得额时扣除。

### (十二) 租赁费

企业根据生产经营活动的需要租入固定资产支付的租赁费,按照以下方法扣除:

(1) 以经营租赁方式租入固定资产发生的租赁费支出,按照租赁期限均匀扣除。经营性租赁是指所有权不转移的租赁。

(2) 以融资租赁方式租入固定资产发生的租赁费支出,按照规定构成融资租入固定资产价值的部分应当提取折旧费用分期扣除。

### (十三) 劳动保护支出

企业发生的合理的劳动保护支出,准予扣除。

### (十四) 有关资产的费用

企业转让各类固定资产发生的费用,允许扣除。企业按规定计算的固定资产折旧费、无形资产和递延资产的摊销费,准予扣除。

### (十五) 总机构分摊的费用

非居民企业在中国境内设立的机构、场所,就其中国境外总机构发生的与该机构、场所生产经营有关的费用,能够提供总机构出具的费用汇集范围、定额、分配依据和方法等证明文件,并合理分摊的,准予扣除。

### (十六) 手续费及佣金支出

(1) 2019年1月1日起,保险企业发生与其经营活动有关的手续费及佣金支出,不超过当年全部保费收入扣除退保金等后余额的18%(含本数)的部分,在计算应纳税所得额时准予扣除;超过部分,允许结转以后年度扣除。

(2) 其他企业按与具有合法经营资格的中介服务机构或个人(不含交易双方及其雇员、代理人和代表人等)所签订服务协议或合同确认的收入金额的5%计算限额。

(3) 从事代理服务、主营业务收入为手续费、佣金的企业(如证券、期货、保险代理等企业),其为取得该类收入而实际发生的营业成本(包括手续费及佣金支出),准予在企业所得税前据实扣除。

(4) 其他应注意的有:①企业应与具有合法经营资格的中介服务企业或个人签订代办协议或合同,并按规定支付手续费及佣金。除委托个人代理外,企业以现金等非转账方式支付的手续费及佣金不得在税前扣除。②企业为发行权益性证券支付给有关证券承销机构的手续费及佣金不得在税前扣除。③企业不得将手续费及佣金支出计入回扣、业务提成、返利、进场费等费用。④企业已计入固定资产、无形资产等相关资产的手续费及佣金支出,应当通过折旧、摊销等方式分期扣除,不得在发生当期直接扣除。⑤企业支付的手续费及佣金不得直接冲减服务协议或合同金额,并如实入账。

### (十七) 党组织工作经费

(1) 国有企业(包括国有独资、全资和国有资本绝对控股、相对控股企业)纳入管理费用的党组织工作经费,实际支出不超过职工年度工资薪金总额1%的部分,可以据实在企业所得税前扣除。

(2) 非公有制企业党组织工作经费纳入企业管理费列支,不超过职工年度工资薪金总额1%的部分,可以据实在企业所得税前扣除。

### (十八) 其他项目

依照有关法律、行政法规和国家有关税法规定准予扣除的其他项目,如会员费、合理的会议费、差旅费、违约金、诉讼费用等。

## 八、不得税前扣除项目

在计算应纳税所得额时,下列支出不得扣除:

(1) 向投资者支付的股息、红利等权益性投资收益款项。

(2) 企业所得税税款。

(3) 税收滞纳金,是指纳税人违反税收法规,被税务机关处以的滞纳金。

(4) 罚金、罚款和被没收财物的损失,是指纳税人违反国家有关法律、法规规定,被有关部门处以的罚款,以及被司法机关处以的罚金和被没收的财物。

(5) 超过规定标准的捐赠支出。

(6) 赞助支出,是指企业发生的与生产经营活动无关的各种非广告性质支出。

(7) 未经核定的准备金支出,是指不符合国务院财政、税务主管部门规定的各项资产减值准备、风险准备等准备金支出。

(8) 企业之间支付的管理费、企业内营业机构之间支付的租金和特许权使用费,以及非银行企业内营业机构之间支付的利息。

(9) 与取得收入无关的其他支出。

【例 6-5】 根据企业所得税法律制度的规定,下列各项中,在计算企业所得税应纳税所得额时不得扣除的有( )。

A. 向投资者支付的红利
B. 企业内部营业机构之间支付的租金
C. 企业内部营业机构之间支付的特许权使用费
D. 未经核定的准备金支出

【解析】 答案为 ABCD。企业所得税法律制度规定向投资者支付的股息、红利等权益性投资收益款项,企业内营业机构之间支付的租金和特许权使用费,不符合国务院财政、税务主管部门规定的各项资产减值准备、风险准备等准备金支出等,在计算企业所得税应纳税所得额时不得扣除。

## 九、亏损弥补

亏损,是指企业将每一纳税年度的收入总额减除不征税收入、免税收入和各项扣除后小于零的数额。

1. 一般规定

企业某一纳税年度发生的亏损可以用下一年度的所得弥补,下一年度的所得不足以弥补的,可以逐年延续弥补,但最长不得超过 5 年。企业在汇总计算缴纳企业所得税时,其境外营业机构的亏损不得抵减境内营业机构的盈利。

2. 特殊规定

自 2018 年 1 月 1 日起,当年具备高新技术企业或科技型中小企业资格的企业,其具备资格年度之前 5 个年度发生的尚未弥补完的亏损,准予结转以后年度弥补,最长结转年限由 5 年延长至 10 年。

## 十、非居民企业应纳税所得额的计算

在中国境内未设立机构、场所的,或者虽设立机构、场所但取得的所得与其所设机构、场所没有实际联系的非居民企业,其取得的来源于中国境内的所得,按照下列方法计算其应纳税所得额:

(1) 股息、红利等权益性投资收益和利息、租金、特许权使用费所得,以收入全额为应纳税所得额。

(2) 转让财产所得,以收入全额减除财产净值后的余额为应纳税所得额;财产净值,是指有关资产、财产的计税基础减除已经按照规定扣除的折旧、折耗、摊销、准备金等后的余额。

(3) 其他所得,参照前两项规定的方法计算应纳税所得额。

## 十一、资产的税务处理

### (一) 固定资产

固定资产,是指企业为生产产品、提供劳务、出租或者经营管理而持有的、使用时间超过 12 个月的非货币性资产,包括房屋、建筑物、机器、机械、运输工具以及其他与生产经营活动有关的设备、器具、工具等。在计算应纳税所得额时,企业按照规定计算的固定资产折旧,准予扣除。

1. 不得计算折旧扣除的固定资产

(1) 房屋、建筑物以外未投入使用的固定资产。

(2) 以经营租赁方式租入的固定资产。

(3) 以融资租赁方式租出的固定资产。

(4) 已足额提取折旧仍继续使用的固定资产。

(5) 与经营活动无关的固定资产。

(6) 单独估价作为固定资产入账的土地。

(7) 其他不得计算折旧扣除的固定资产。

2. 固定资产确定计税基础的方法

(1) 外购的固定资产,以购买价款和支付的相关税费以及直接归属于使该资产达到预定用途发生的其他支出为计税基础。

(2) 自行建造的固定资产,以竣工结算前发生的支出为计税基础。

(3) 融资租入的固定资产,以租赁合同约定的付款总额和承租人在签订租赁合同过程中发生的相关费用为计税基础,租赁合同未约定付款总额的,以该资产的公允价值和承租人在签订租赁合同过程中发生的相关费用为计税基础。

(4) 盘盈的固定资产,以同类固定资产的重置完全价值为计税基础。

(5) 通过捐赠、投资、非货币性资产交换、债务重组等方式取得的固定资产,以该资产的公允价值和支付的相关税费为计税基础。

(6) 改建的固定资产,除法定的支出外,以改建过程中发生的改建支出增加计税基础。

3. 固定资产折旧的计算方法

固定资产按照直线法计算的折旧,准予扣除。企业应当自固定资产投入使用月份的次月起计算折旧;停止使用的固定资产,应当自停止使用月份的次月起停止计算折旧。企业应当根据固定资产的性质和使用情况,合理确定固定资产的预计净残值。固定资产的预计净残值一经确定,不得变更。

4. 固定资产计算折旧的最低年限

(1) 房屋、建筑物,为20年。

(2) 飞机、火车、轮船、机器、机械和其他生产设备,为10年。

(3) 与生产经营活动有关的器具、工具、家具等,为5年。

(4) 飞机、火车、轮船以外的运输工具,为4年。

(5) 电子设备,为3年。

【例6-6】 根据企业所得税法律制度的规定,企业的下列资产或支出项目中,按规定应计提折旧的是( )。

A. 已足额提取折旧仍继续使用的固定资产

B. 单独估价作为固定资产入账的土地

C. 以融资租赁方式租入的固定资产

D. 未投入使用的机器设备

【解析】 答案为C。企业所得税法律制度规定,已足额提取折旧仍继续使用的固定资产不计提折旧、单独估价作为固定资产的土地不计提折旧、未投入使用的机器设备不计提折旧。

### (二) 生产性生物资产

生产性生物资产,是指企业为生产农产品、提供劳务或者出租等而持有的生物资产,包括经济林、薪炭林、产畜和役畜等。

1. 生产性生物资产计税基础

(1) 外购的生产性生物资产,以购买价款和支付的相关税费为计税基础。

(2) 通过捐赠、投资、非货币性资产交换、债务重组等方式取得的生产性生物资产,以该资产的公允价值和支付的相关税费为计税基础。

2. 生产性生物资产折旧的计算方法

生产性生物资产按照直线法计算的折旧,准予扣除。企业应当自生产性生物资产投入使用月份的次月起计算折旧;停止使用的生产性生物资产,应当自停止使用月份的次月起停止计算折旧。企业应当根据生产性生物资产的性质和使用情况,合理确定生产性生物资产的预计净残值。生产性生物资产的预计净残值一经确定,不得变更。

3. 生产性生物资产计算折旧的最低年限

(1) 林木类生产性生物资产,为 10 年。

(2) 畜类生产性生物资产,为 3 年。

### (三) 无形资产

无形资产,是指企业为生产产品、提供劳务、出租或者经营管理而持有的、没有实物形态的非货币性长期资产,包括专利权、商标权、著作权、土地使用权、非专利技术、商誉等。在计算应纳税所得额时,企业按照规定计算的无形资产摊销费用,准予扣除。

1. 无形资产不得计算摊销费用扣除的情况

(1) 自行开发的支出已在计算应纳税所得额时扣除的无形资产。

(2) 自创商誉。

(3) 与经营活动无关的无形资产。

(4) 其他不得计算摊销费用扣除的无形资产。

2. 无形资产计税基础

(1) 外购的无形资产,以购买价款和支付的相关税费以及直接归属于使该资产达到预定用途发生的其他支出为计税基础。

(2) 自行开发的无形资产,以开发过程中该资产符合资本化条件后至达到预定用途前发生的支出为计税基础。

(3) 通过捐赠、投资、非货币性资产交换、债务重组等方式取得的无形资产,以该资产的公允价值和支付的相关税费为计税基础。

3. 无形资产摊销费用的计算方法

无形资产按照直线法计算的摊销费用,准予扣除。无形资产的摊销年限不得低于 10 年。作为投资或者受让的无形资产,有关法律规定或者合同约定了使用年限的,可以按照规定或者约定的使用年限分期摊销。外购商誉的支出,在企业整体转让或者清算时,准予扣除。

### (四) 长期待摊费用

长期待摊费用,是指企业发生的应在 1 个年度以上或几个年度进行摊销的费用。在计算应纳税所得额时,企业发生的下列支出作为长期待摊费用,按照规定摊销的,准予扣除。

(1) 已足额提取折旧的固定资产的改建支出,按照固定资产预计尚可使用年限分期摊销。

(2) 租入固定资产的改建支出,按照合同约定的剩余租赁期限分期摊销。

(3) 固定资产的大修理支出,按照固定资产尚可使用年限分期摊销。

固定资产的大修理支出,是指同时符合下列条件的支出:①修理支出达到取得固定资产时的计税基础50%以上。②修理后固定资产的使用年限延长2年以上。

(4) 其他应当作为长期待摊费用的支出,自支出发生月份的次月起,分期摊销,摊销年限不得低于3年。

### (五) 投资资产

投资资产,是指企业对外进行权益性投资和债权性投资形成的资产。企业对外投资期间,投资资产的成本在计算应纳税所得额时不得扣除。企业在转让或者处置投资资产时,投资资产的成本,准予扣除。投资资产按照以下方式确定成本:

(1) 通过支付现金方式取得的投资资产,以购买价款为成本。

(2) 通过支付现金以外的方式取得的投资资产,以该资产的公允价值和支付的相关税费为成本。

### (六) 存货

存货,是指企业持有以备出售的产品或者商品、处在生产过程中的在产品、在生产或者提供劳务过程中耗用的材料和物料等。存货按照以下方法确定成本:

(1) 通过支付现金方式取得的存货,以购买价款和支付的相关税费为成本。

(2) 通过支付现金以外的方式取得的存货,以该存货的公允价值和支付的相关税费为成本。

(3) 生产性生物资产收获的农产品,以产出或者采收过程中发生的材料费、人工费和分摊的间接费用等必要支出为成本。

企业使用或者销售存货,按照规定计算的存货成本,准予在计算应纳税所得额时扣除。

企业使用或者销售的存货的成本计算方法,可以在先进先出法、加权平均法、个别计价法中选用一种。计价方法一经选用,不得随意变更。

### (七) 资产损失

资产损失,是指企业在生产经营活动中实际发生的、与取得应税收入有关的资产损失,包括现金损失,存款损失,坏账损失,贷款损失,股权投资损失,固定资产和存货的盘亏、毁损、报废、被盗损失,自然灾害等不可抗力因素造成的损失以及其他损失。企业发生上述资产损失,应在按税法规定实际确认或者实际发生的当年申报扣除。

(1) 企业以前年度发生的资产损失未能在当年税前扣除的,可以按照规定,向税务机关说明并进行专项申报扣除。其中,属于实际资产损失,准予追补至该项损失发生年度扣除,其追补确认期限一般不得超过5年。

(2) 企业因以前年度实际资产损失未在税前扣除而多缴的企业所得税税款,可在追补确认年度企业所得税应纳税款中予以抵扣,不足抵扣的,向以后年度递延抵扣。

### 十二、企业所得税税收优惠

我国企业所得税的税收优惠包括免税收入、所得减免、减低税率、民族自治地方的减免税、加计扣除、抵扣应纳税所得额、加速折旧、减计收入、抵免应纳税额和其他专项优惠政策。

#### (一) 免税收入

企业的免税收入包括：①国债利息收入。②符合条件的居民企业之间的股息、红利等权益性投资收益，即居民企业直接投资于其他居民企业取得的投资收益。③在中国境内设立机构、场所的非居民企业从居民企业取得与该机构、场所有实际联系的股息、红利等权益性投资收益。股息、红利等权益性投资收益，不包括连续持有居民企业公开发行并上市流通的股票不足 12 个月取得的投资收益。④符合条件的非营利组织的收入，不包括非营利组织从事营利性活动取得的收入，但国务院财政、税务主管部门另有规定的除外。对非营利组织从事非营利性活动取得的收入给予免税，但从事营利性活动取得的收入则要征税。⑤基础研究资金收入。⑥中国保险保障基金有限责任公司取得的收入。

#### (二) 所得减免

1. 免征企业所得税
(1) 蔬菜、谷物、薯类、油料、豆类、棉花、麻类、糖料、水果、坚果的种植。
(2) 农作物新品种的选育。
(3) 中药材的种植。
(4) 林木的培育和种植。
(5) 牲畜、家禽的饲养。
(6) 林产品的采集。
(7) 灌溉、农产品初加工、兽医、农技推广、农机作业和维修等农、林、牧、渔服务业项目。
(8) 远洋捕捞。

2. 减半征收
(1) 花卉、茶以及其他饮料作物和香料作物的种植。
(2) 海水养殖、内陆养殖。

3. 三免三减半政策
(1) 国家重点扶持的公共基础设施项目，是指《公共基础设施项目企业所得税优惠目录》规定的港口码头、机场、铁路、公路、城市公共交通、电力、水利等项目。

企业从事上述国家重点扶持的公共基础设施项目的投资经营的所得，自项目取得第 1 笔生产经营收入所属纳税年度起，第 1 年至第 3 年免征企业所得税，第 4 年至第 6 年减半征收企业所得税。企业承包经营、承包建设和内部自建自用上述项目，不得享受上述企业所得税优惠。

(2) 符合条件的环境保护、节能节水项目所得，包括公共污水处理、公共垃圾处理、沼气综合开发利用、节能减排技术改造、海水淡化等。企业从事上述规定的符合条件的环境保护、节能节水项目的所得，自项目取得第 1 笔生产经营收入所属纳税年度起，第 1 年至第 3 年免征企业所得税，第 4 年至第 6 年减半征收企业所得税。

4. 符合条件的技术转让所得

符合条件的技术转让所得免征、减征企业所得税，是指一个纳税年度内，居民企业技

转让所得不超过500万元的部分,免征企业所得税;超过500万元的部分,减半征收企业所得税。其计算公式为:

$$技术转让所得 = 技术转让收入 - 技术转让成本 - 相关税费$$

5. 非居民企业减免税所得

在中国境内未设立机构、场所的,或者虽设立机构、场所但取得的所得与其所设机构、场所没有实际联系的非居民企业,其取得的来源于中国境内的所得,减按10%的税率征收企业所得税。

下列所得可以免征企业所得税:

(1) 外国政府向中国政府提供贷款取得的利息所得。

(2) 国际金融组织向中国政府和居民企业提供优惠贷款取得的利息所得。

(3) 经国务院批准的其他所得。

6. 境外机构投资者免税所得

从2014年11月17日起,对合格境外机构投资者(QFII)、人民币合格境外机构投资者(RQFII)取得来源于中国境内的股票等权益性投资资产转让所得,暂免征收企业所得税。

**(三) 减低税率与定期减免税**

1. 小型微利企业

(1) 对小型微利企业减按25%计算应纳税所得额,按20%的税率缴纳企业所得税。该政策延续执行至2027年12月31日。

(2) 小型微利企业,是指从事国家非限制和禁止行业,且同时符合年度应纳税所得额不超过300万元、从业人数不超过300人、资产总额不超过5 000万元三个条件的企业。

从业人数,包括与企业建立劳动关系的职工人数和企业接受的劳务派遣用工人数。从业人数和资产总额指标,应按企业全年的季度平均值确定。具体计算公式如下:

$$季度平均值 = (季初值 + 季末值) \div 2$$
$$全年季度平均值 = 全年各季度平均值之和 \div 4$$

2. 国家需要重点扶持的高新技术企业

国家需要重点扶持的高新技术企业,减按15%的税率征收企业所得税。

3. 技术先进型服务企业

自2018年1月1日起,对经认定的技术先进型服务企业(服务贸易类),减按15%的税率征收企业所得税。

4. 集成电路生产企业或项目

自2020年1月1日起,国家鼓励的集成电路线宽小于28纳米(含),且经营期在15年以上的集成电路生产企业或项目,第1年至第10年免征企业所得税;国家鼓励的集成电路线宽小于65纳米(含),且经营期在15年以上的集成电路生产企业或项目,第1年至第5年免征企业所得税,第6年至第10年按照25%的法定税率减半征收企业所得税;国家鼓励的集成电路线宽小于130纳米(含),且经营期在10年以上的集成电路生产企业或项目,第1年至第2年免征企业所得税,第3年至第5年按照25%的法定税率减半征收企业所得税。

对于按照集成电路生产企业享受税收优惠政策的,优惠期自获利年度起计算;对于按照集成电路生产项目享受税收优惠政策的,优惠期自项目取得第1笔生产经营收入所属纳税年度起计算,集成电路生产项目需单独进行会计核算、计算所得,并合理分摊期间费用。

国家鼓励的线宽小于130纳米(含)的集成电路生产企业,属于国家鼓励的集成电路生产企业清单年度之前5个纳税年度发生的尚未弥补完的亏损,准予向以后年度结转,总结转年限最长不得超过10年。

5. 集成电路相关企业和软件企业

国家鼓励的集成电路设计、装备、材料、封装、测试企业和软件企业,自获利年度起第1年至第2年免征企业所得税,第3年至第5年按照25%的法定税率减半征收企业所得税。

国家鼓励的重点集成电路设计企业和软件企业,自获利年度起,第1年至第5年免征企业所得税,接续年度减按10%的税率征收企业所得税。

6. 经营性文化事业单位转制为企业

经营性文化事业单位转制为企业,自转制注册之日起5年内免征企业所得税。经营性文化事业单位是指从事新闻出版、广播影视和文化艺术的事业单位。转制包括整体转制和剥离转制。该税收政策执行至2027年12月31日。企业在2027年12月31日享受该税收政策不满5年的,可继续享受至5年期满为止。

7. 生产和装配伤残人员专门用品企业

自2021年1月1日至2027年12月31日,对符合条件的生产和装配伤残人员专门用品,且在民政部发布的《中国伤残人员专门用品目录》范围之内的居民企业,免征企业所得税。

8. 从事污染防治的第三方企业

自2024年1月1日起至2027年12月31日止,对符合条件的从事污染防治的第三方企业减按15%的税率征收企业所得税。第三方防治企业,是指受排污企业或政府委托,负责环境污染治理设施运营维护的企业。

(四) 民族自治地方的减免税

民族自治地方的自治机关对本民族自治地方的企业应缴纳的企业所得税中属于地方分享的部分,可以决定减征或者免征。自治州、自治县决定减征或者免征的,须报省、自治区、直辖市人民政府批准。

对民族自治地方内国家限制和禁止行业的企业,不得减征或者免征企业所得税。

(五) 加计扣除

企业的下列支出,可以在计算应纳税所得额时加计扣除:

1. 研究开发费用

(1) 研究开发费用的加计扣除,是指企业为开发新技术、新产品、新工艺发生的研究开发费用,未形成无形资产计入当期损益的,在按照规定据实扣除的基础上,按照研究开发费用的50%加计扣除;形成无形资产的,按照无形资产成本的150%摊销。

(2) 企业开展研发活动中实际发生的研发费用,未形成无形资产计入当期损益的,在按规定据实扣除的基础上,自2023年1月1日起,再按照实际发生额的100%在税前加计扣除;形成无形资产的,自2023年1月1日起,按照无形资产成本的200%在税前摊销。

符合条件的集成电路企业和工业母机企业开展研发活动中实际发生的研发费用,未形成无形资产计入当期损益的,在按规定据实扣除的基础上,在2023年1月1日至2027年12月31日期间,再按照实际发生额的120%在税前扣除;形成无形资产的,在上述期间按照无形资产成本的220%在税前摊销。

（3）下列行业不适用税前加计扣除政策：烟草制造业，住宿和餐饮业，批发和零售业，房地产业，租赁和商务服务业，娱乐业，财政部和国家税务总局规定的其他行业。

2. 安置国家鼓励安置就业人员所支付的工资

企业安置残疾人员所支付的工资的加计扣除，是指企业安置残疾人员的，在按照支付给残疾职工工资据实扣除的基础上，按照支付给残疾职工工资的100%加计扣除。国家鼓励安置的其他就业人员所支付的工资的加计扣除办法，由国务院另行规定。

3. 出资给非营利单位用于基础研究的支出

2022年1月1日起，对企业出资给非营利性科学技术研究开发机构、高等学校和政府性自然科学基金用于基础研究的支出，在计算应纳税所得额时可按实际发生额在税前扣除，并可按100%在税前加计扣除。

### （六）应纳税所得额抵扣

（1）创业投资企业采取股权投资方式投资于未上市的中小高新技术企业2年以上的，可以按照其投资额的70%在股权持有满2年的当年抵扣该创业投资企业的应纳税所得额；当年不足抵扣的，可以在以后纳税年度结转抵扣。

（2）公司制创业投资企业采取股权投资方式直接投资于种子期、初创期科技型企业满2年（24个月）的，可以按照投资额的70%在股权持有满2年的当年抵扣该公司制创业投资企业的应纳税所得额；当年不足抵扣的，可以在以后纳税年度结转抵扣。

（3）有限合伙制创业投资企业采取股权投资方式直接投资于初创科技型企业满2年的，该合伙创投企业的法人合伙人可以按照对初创科技型企业投资额的70%抵扣法人合伙人从合伙创投企业分得的所得；当年不足抵扣的，可以在以后纳税年度结转抵扣。

（4）有限合伙制创业投资企业采取股权投资方式投资于未上市的中小高新技术企业满2年（24个月）的，其法人合伙人可按照对未上市中小高新技术企业投资额的70%抵扣该法人合伙人从该有限合伙制创业投资企业分得的应纳税所得额，当年不足抵扣的，可以在以后纳税年度结转抵扣。

### （七）加速折旧

1. 所有企业高耗性固定资产

企业的固定资产由于技术进步等原因，确需加速折旧的，可以缩短折旧年限或者采取加速折旧的方法。可以采取缩短折旧年限或者采取加速折旧的方法的固定资产，包括：

（1）由于技术进步，产品更新换代较快的固定资产。

（2）常年处于强震动、高腐蚀状态的固定资产。

采取缩短折旧年限方法的，最低折旧年限不得低于税法规定折旧年限的60%；采取加速折旧方法的，可以采取双倍余额递减法或者年数总和法。

2. 重点行业企业

对符合相关条件的生物药品制造业，专用设备制造业，铁路、船舶、航空航天和其他运输设备制造业，计算机、通信和其他电子设备制造业，仪器仪表制造业，信息传输、软件和信息技术服务业等行业企业，2014年1月1日后购进的固定资产（包括自行建造），对符合相关条件的轻工、纺织、机械、汽车等四个领域重点行业的企业，2015年1月1日后新购进的固定资产，允许按不低于企业所得税法规定折旧年限的60%缩短折旧年限，或选择采取双倍余额递减法或年数总和法进行加速折旧。上述重点行业企业是指以上述行业业务为主营业务,其固定资产投入使用当年的主营业务收入占企业收入总额50%(不含)以上的企业。

自2019年1月1日起,适用固定资产加速折旧优惠相关规定的行业范围,扩大至全部制造业领域。

3. 所有企业一次性税前扣除

企业在2018年1月1日至2027年12月31日期间新购进(包括自行建造)的设备、器具,单位价值不超过500万元的,允许一次性计入当期成本费用在计算应纳税所得额时扣除,不再分年度计算折旧。设备、器具,是指除房屋、建筑物以外的固定资产。

(八)减计收入

(1)企业以《资源综合利用企业所得税优惠目录》规定的资源作为主要原材料,生产国家非限制和禁止并符合国家和行业相关标准的产品取得的收入,减按90%计入收入总额。原材料占生产产品材料的比例不得低于优惠目录规定的标准。

(2)自2019年6月1日起至2025年12月31日,社区提供养老、托育、家政等服务的机构,提供社区养老、托育、家政服务取得的收入,在计算应纳税所得额时,减按90%计入收入总额。社区包括城市社区和农村社区。

(九)应纳税额抵免

企业购置并实际使用的环境保护、节能节水、安全生产等专用设备的,该专用设备的投资额的10%可以从企业当年的应纳税额中抵免;当年不足抵免的,可以在以后5个纳税年度结转抵免。

享受上述规定的企业所得税优惠的企业,应当实际购置并自身实际投入使用上述规定的专用设备;企业购置上述专用设备在5年内转让、出租的,应当停止享受企业所得税优惠,并补缴已经抵免的企业所得税税款。

(十)西部地区减免税

自2021年1月1日至2030年12月31日,对设在西部地区的鼓励类产业企业减按15%的税率征收企业所得税。鼓励类产业企业是指以《西部地区鼓励类产业目录》中规定的产业项目为主营业务,且其主营业务收入占企业收入总额60%以上的企业。

西部地区包括内蒙古、广西、重庆、四川、贵州、云南、西藏、陕西、甘肃、青海、宁夏、新疆、新疆生产建设兵团。湖南湘西土家族苗族自治州、湖北恩施土家族苗族自治州、吉林延边朝鲜族自治州和江西赣州市,可以比照执行。

(十一)海南自由贸易港企业所得税优惠

自2020年1月1日至2024年12月31日,对海南自由贸易港实行以下企业所得税优惠政策:

对注册在海南自由贸易港并实质性运营的鼓励类产业企业,减按15%的税率征收企业所得税。鼓励类产业企业,是指以海南自由贸易港鼓励类产业目录中规定的产业项目为主营业务,且其主营业务收入占企业收入总额60%以上的企业。实质性运营,是指企业的实际管理机构设在海南自由贸易港,并对企业生产经营、人员、账务、财产等实施实质性全面管理和控制。对不符合实质性运营的企业,不得享受优惠。对总机构设在海南自由贸易港的符合条件的企业,仅就其设在海南自由贸易港的总机构和分支机构的所得,适用15%税率;对总机构设在海南自由贸易港以外的企业,仅就其设在海南自由贸易港内的符合条件的分支机构的所得,适用15%税率。

对在海南自由贸易港设立的旅游业、现代服务业、高新技术产业企业新增境外直接投资取得的所得,免征企业所得税。新增境外直接投资所得应当符合以下条件:

(1) 从境外新设分支机构取得的营业利润;或从持股比例超过20%(含)的境外子公司分回的,与新增境外直接投资相对应的股息所得。

(2) 被投资国(地区)的企业所得税法定税率不低于5%。

对在海南自由贸易港设立的企业,新购置(含自建、自行开发)固定资产或无形资产,单位价值不超过500万元(含)的,允许一次性计入当期成本费用在计算应纳税所得额时扣除,不再分年度计算折旧和摊销;新购置(含自建、自行开发)固定资产或无形资产,单位价值超过500万元的,可以缩短折旧、摊销年限或采取加速折旧、摊销的方法。固定资产,是指除房屋、建筑物以外的固定资产。

### (十二) 债券利息减免税

(1) 对企业取得的2012年及以后年度发行的地方政府债券利息收入,免征企业所得税。

(2) 自2021年11月7日起至2025年12月31日止,对境外机构投资境内债券市场取得的债券利息收入暂免征收企业所得税。暂免征收企业所得税的范围不包括境外机构在境内设立的机构、场所取得的与该机构、场所有实际联系的债券利息。

(3) 对企业投资者持有2019—2027年发行的铁路债券取得的利息收入,减半征收企业所得税。铁路债券,是指以中国铁路总公司为发行和偿还主体的债券,包括中国铁路建设债券、中期票据、短期融资券等债务融资工具。

【例6-7】 某企业2023年度实现销售收入1 000万元、利润总额200万元,全年发生的与生产经营活动有关的业务招待费支出10万元,持有国债取得的利息收入3万元,除上述两项外无其他纳税调整项目。已知企业所得税税率为25%。该企业2023年度企业所得税应纳税额为(　　)万元。

A. 50　　　　B. 50.5　　　　C. 52　　　　D. 51.75

【解析】 答案为B。企业发生的业务招待费支出,按照发生额的60%扣除,但最高不得超过当年销售(营业)收入的5‰。10×60%=6(万元),1 000×5‰=5(万元),6万元>5万元,所以准予在计算应纳税所得额时扣除5万元,应调增10-5=5(万元);企业持有国债取得的利息收入属于免税收入,应调减3万元。故该企业2023年度企业所得税应纳税额的计算过程为(200+5-3)×25%=50.5(万元)。

## 十三、企业境外所得计税的抵免

企业取得的下列所得已在境外缴纳的所得税税额,可以从其当期应纳税额中抵免,抵免限额为该项所得依法计算的应纳税额;超过抵免限额的部分,可以在以后5个年度内,用每年抵免限额抵免当年应抵税额后的余额进行抵补:

(1) 居民企业来源于中国境外的应税所得。

(2) 非居民企业在中国境内设立机构、场所,取得发生在中国境外但与该机构、场所有实际联系的应税所得。

自 2017 年 7 月 1 日起,企业可以选择按国(地区)别分别计算,即"分国(地区)不分项",或者不按国(地区)别汇总计算,即"不分国(地区)不分项",其来源于境外的应纳税所得额,按照规定的税率,分别计算其可抵免境外所得税税额和抵免限额。上述方式一经选择,5 年内不得改变。

居民企业从其直接或间接控制的外国企业分得的来源于中国境外的股息、红利等权益性投资收益,外国企业在境外实际缴纳的所得税税额中属于该项所得负担的部分,可以作为该居民企业的可抵免境外所得税税额,在规定的抵免限额内抵免。

(1) 直接控制,是指居民企业直接持有外国企业 20% 以上股份。

(2) 间接控制,是指居民企业间接持股方式持有外国企业 20% 以上股份。

### 十四、企业所得税特别纳税调整

**(一) 转让定价税制**

企业与其关联方之间的业务往来,不符合独立交易原则而减少企业或者其关联方应纳税收入或者所得额的,税务机关有权按照合理方法调整。合理方法包括:

(1) 可比非受控价格法,是指按照没有关联关系的交易各方进行相同或者类似业务往来的价格进行定价的方法。

(2) 再销售价格法,是指按照从关联方购进商品再销售给没有关联关系的交易方的价格,减除相同或者类似业务的销售毛利进行定价的方法。

(3) 成本加成法,是指按照成本加合理的费用和利润进行定价的方法。

(4) 交易净利润法,是指按照没有关联关系的交易各方进行相同或者类似业务往来取得的净利润水平确定利润的方法。

(5) 利润分割法,是指将企业与其关联方的合并利润或者亏损在各方之间采用合理标准进行分配的方法。

(6) 其他符合独立交易原则的方法。

企业与其关联方共同开发、受让无形资产,或者共同提供、接受劳务发生的成本,在计算应纳税所得额时应当按照独立交易原则进行分摊。

企业可以依照规定,按照独立交易原则与其关联方分摊共同发生的成本,达成成本分摊协议。

企业可以向税务机关提出与其关联方之间业务往来的定价原则和计算方法,税务机关与企业协商、确认后,达成预约定价安排。预约定价安排,是指企业就其未来年度关联交易的定价原则和计算方法,向税务机关提出申请,与税务机关按照独立交易原则协商、确认后达成的协议。

企业不提供与其关联方之间业务往来资料,或者提供虚假、不完整资料,未能真实反映其关联业务往来情况的,税务机关有权依法核定其应纳税所得额。

**(二) 受控外国企业税制**

由居民企业,或者由居民企业和中国居民控制的设立在实际税负低于 12.5% 的国家(地区)的企业,并非由于合理的经营需要而对利润不作分配或者减少分配的,上述利润中应归属于该居民企业的部分,应当计入该居民企业的当期收入。

控制是指:①居民企业或者中国居民直接或者间接单一持有外国企业 10% 以上有表决

权股份,且由其共同持有该外国企业50%以上股份。②居民企业,或者居民企业和中国居民持股比例没有达到第①项规定的标准,但在股份、资金、经营、购销等方面对该外国企业构成实质控制。

### (三) 资本弱化税制

企业从其关联方接受的债权性投资与权益性投资的比例超过规定标准而发生的利息支出,不得在计算应纳税所得额时扣除。

规定的标准是指,企业实际支付给关联方的利息支出,其接受关联方债权性投资与其权益性投资比例为:①金融企业,为5∶1。②其他企业,为2∶1。

企业如果能够按照《企业所得税法》及其实施条例的有关规定提供相关资料,并证明相关交易活动符合独立交易原则的;或者该企业的实际税负不高于境内关联方的,其实际支付给境内关联方的利息支出,在计算应纳税所得额时准予扣除。

### (四) 一般反避税制度

企业实施其他不具有合理商业目的的安排而减少其应纳税收入或者所得额的,税务机关有权按照合理方法调整。

不具有合理商业目的,是指以减少、免除或者推迟缴纳税款为主要目的。

### (五) 对避税行为的处理

1. 加收利息

税务机关依照规定作出纳税调整,需要补征税款的,应当补征税款,并按照国务院规定加收利息。

(1) 税务机关根据税收法律、行政法规的规定,对企业作出特别纳税调整的,应当对补征的税款,自税款所属纳税年度的次年6月1日起至补缴税款之日止的期间,按日加收利息。

(2) 按照规定加收的利息,不得在计算应纳税所得额时扣除。

(3) 按照规定加收的利息,应当按照税款所属纳税年度中国人民银行公布的与补税期间同期的人民币贷款基准利率加5个百分点计算。企业依照规定提供有关资料的,可以只按规定的人民币贷款基准利率计算利息。

2. 特别纳税调整期限

企业与其关联方之间的业务往来,不符合独立交易原则,或者企业实施其他不具有合理商业目的安排的,税务机关有权在该业务发生的纳税年度起10年内,进行纳税调整。

## 十五、企业重组业务企业所得税处理

### (一) 企业重组类型

企业重组是指企业在日常经营活动以外发生的法律结构或经济结构重大改变的交易,包括企业法律形式改变、债务重组、股权收购、资产收购、合并、分立等。

(1) 企业法律形式改变,是指企业注册名称、住所以及企业组织形式等的简单改变。

(2) 债务重组,是指在债务人发生财务困难的情况下,债权人按照其与债务人达成的书面协议或者法院裁定书,就其债务人的债务作出让步的事项。

(3) 股权收购,是指一家企业(收购企业)购买另一家企业(被收购企业)的股权,以实现对被收购企业控制的交易。收购企业支付对价的形式包括股权支付、非股权支付或两者的组合。

(4) 资产收购,是指一家企业(受让企业)购买另一家企业(转让企业)实质经营性资产的交易。受让企业支付对价的形式包括股权支付、非股权支付或两者的组合。

（5）合并，是指一家或多家企业（被合并企业）将其全部资产和负债转让给另一家现存或新设企业（合并企业），被合并企业股东换取合并企业的股权或非股权支付，实现两个或两个以上企业的依法合并。

（6）分立，是指一家企业（被分立企业）将部分或全部资产分离转让给现存或新设的企业（分立企业），被分立企业股东换取分立企业的股权或非股权支付，实现企业的依法分立。

**（二）股权支付和非股权支付**

（1）股权支付，是指企业重组中购买、换取资产的一方支付的对价中，以本企业或其控股企业的股权、股份作为支付的形式。

（2）非股权支付，是指以本企业的现金、银行存款、应收款项、本企业或其控股企业股权和股份以外的有价证券、存货、固定资产、其他资产以及承担债务等作为支付的形式。

**（三）企业重组一般性税务处理规定**

企业重组除符合适用特殊性税务处理规定的外，按以下规定进行税务处理。

1. 企业变更

企业由法人转变为个人独资企业、合伙企业等非法人组织，或将登记注册地转移至中华人民共和国境外（包括港澳台地区），应视同企业进行清算、分配，股东重新投资成立新企业。企业的全部资产以及股东投资的计税基础均应以公允价值为基础确定。

企业发生其他法律形式简单改变的，可直接变更税务登记，除另有规定外，有关企业所得税纳税事项（包括亏损结转、税收优惠等权益和义务）由变更后企业承继，但因住所发生变化而不符合税收优惠条件的除外。

2. 企业债务重组

（1）以非货币资产清偿债务，应当分解为转让相关非货币性资产、按非货币性资产公允价值清偿债务两项业务，确认相关资产的所得或损失。

（2）发生债权转股权的，应当分解为债务清偿和股权投资两项业务，确认有关债务清偿所得或损失。

（3）债务人应当按照支付的债务清偿额低于债务计税基础的差额，确认债务重组所得；债权人应当按照收到的债务清偿额低于债权计税基础的差额，确认债务重组损失。

（4）债务人的相关所得税纳税事项原则上保持不变。

3. 企业股权收购、资产收购重组交易

（1）被收购方应确认股权、资产转让所得或损失。

（2）收购方取得股权或资产的计税基础应以公允价值为基础确定。

（3）被收购企业的相关所得税事项原则上保持不变。

4. 企业合并

（1）合并企业应按公允价值确定接受被合并企业各项资产和负债的计税基础。

（2）被合并企业及其股东都应按清算进行所得税处理。

（3）被合并企业的亏损不得在合并企业结转弥补。

5. 企业分立

（1）被分立企业对分立出去资产应按公允价值确认资产转让所得或损失。

（2）分立企业应按公允价值确认接受资产的计税基础。

(3) 被分立企业继续存在时,其股东取得的对价应视同被分立企业分配进行处理。

(4) 被分立企业不再继续存在时,被分立企业及其股东都应按清算进行所得税处理。

(5) 企业分立相关企业的亏损不得相互结转弥补。

**(四) 企业重组特殊性税务处理规定**

1. 适用特殊性税务处理需要符合的条件

(1) 具有合理的商业目的,且不以减少、免除或者推迟缴纳税款为主要目的。

(2) 被收购、合并或分立部分的资产或股权比例符合规定的比例。

(3) 企业重组后的连续12个月内不改变重组资产原来的实质性经营活动。

(4) 重组交易对价中涉及股权支付金额符合规定比例。

(5) 企业重组中取得股权支付的原主要股东,在重组后连续12个月内,不得转让所取得的股权。

2. 特殊性税务处理

企业重组符合规定条件的,交易各方对其交易中的股权支付部分,可以按规定进行特殊性税务处理。

(1) 企业债务重组确认的应纳税所得额占该企业当年应纳税所得额50%以上,可以在5个纳税年度的期间内,均匀计入各年度的应纳税所得额。

企业发生债权转股权业务,对债务清偿和股权投资两项业务暂不确认有关债务清偿所得或损失,股权投资的计税基础以原债权的计税基础确定。企业的其他相关所得税事项保持不变。

(2) 股权收购,收购企业购买的股权不低于被收购企业全部股权的50%,且收购企业在该股权收购发生时的股权支付金额不低于其交易支付总额的85%,可以选择按以下规定处理:①被收购企业的股东取得收购企业股权的计税基础,以被收购股权的原有计税基础确定。②收购企业取得被收购企业股权的计税基础,以被收购股权的原有计税基础确定。③收购企业、被收购企业的原有各项资产和负债的计税基础和其他相关所得税事项保持不变。

(3) 资产收购,受让企业收购的资产不低于转让企业全部资产的50%,且受让企业在该资产收购发生时的股权支付金额不低于其交易支付总额的85%,可以选择按以下规定处理:①转让企业取得受让企业股权的计税基础,以被转让资产的原有计税基础确定。②受让企业取得转让企业资产的计税基础,以被转让资产的原有计税基础确定。

(4) 企业合并,企业股东在该企业合并发生时取得的股权支付金额不低于其交易支付总额的85%,以及同一控制下且不需要支付对价的企业合并,可以选择按以下规定处理:①合并企业接受被合并企业资产和负债的计税基础,以被合并企业的原有计税基础确定。②被合并企业合并前的相关所得税事项由合并企业承继。③可由合并企业弥补的被合并企业亏损的限额=被合并企业净资产公允价值×截至合并业务发生当年年末国家发行的最长期限的国债利率。④被合并企业股东取得合并企业股权的计税基础,以其原持有的被合并企业股权的计税基础确定。

(5) 企业分立,被分立企业所有股东按原持股比例取得分立企业的股权,分立企业和被分立企业均不改变原来的实质经营活动,且被分立企业股东在该企业分立发生时取得的股权支付金额不低于其交易支付总额的85%,可以选择按以下规定处理:①分立企业接受被分立企业资产和负债的计税基础,以被分立企业的原有计税基础确定。②被分立企业已分立出去资产相应的所得税事项由分立企业承继。③被分立企业未超过法定弥补期限的亏损额可按分立资产占全部资产的比例进行分配,由分立企业继续弥补。④被分立企业的股东取得分立企业的股权(新股),如需部分或全部放弃原持有的被分立企业的股权(旧股),新股的计税基础应以放弃旧股的计税基础确定。如不需放弃旧股,则其取得新股的计税基础可从以下两种方法中选择确定:直接将新股的计税基础确定为零;或者以被分立企业分立出去的净资产占被分立企业全部净资产的比例先调减原持有的旧股的计税基础,再将调减的计税基础平均分配到新股上。

(6) 重组交易各方按规定对交易中股权支付暂不确认有关资产的转让所得或损失的,其非股权支付仍应在交易当期确认相应的资产转让所得或损失,并调整相应资产的计税基础。

$$\text{非股权支付对应的资产转让所得或损失} = \left(\text{被转让资产的公允价值} - \text{被转让资产的计税基础}\right) \times \left(\text{非股权支付金额} \div \text{被转让资产的公允价值}\right)$$

## 十六、企业所得税的征收管理

### (一) 企业所得税纳税地点

1. 居民企业的纳税地点

除税收法律、行政法规另有规定外,居民企业以企业登记注册地为纳税地点;但登记注册地在境外的,以实际管理机构所在地为纳税地点。

居民企业在中国境内设立不具有法人资格的营业机构的,应当汇总计算并缴纳企业所得税。除国务院另有规定外,企业之间不得合并缴纳企业所得税。

2. 非居民企业的纳税地点

非居民企业在中国境内设立机构、场所的,以机构、场所所在地为纳税地点。非居民企业在中国境内设立两个或者两个以上机构、场所的,符合国务院税务主管部门规定条件的,可以选择由其主要机构、场所汇总缴纳企业所得税。

在中国境内未设立机构、场所的,或者虽设立机构、场所但取得的所得与其所设机构、场所没有实际联系的非居民企业,以扣缴义务人所在地为纳税地点。

### (二) 企业所得税纳税期限

(1) 企业所得税按年计征,分月或者分季预缴,年终汇算清缴,多退少补。

(2) 纳税年度。①纳税年度自公历1月1日起至12月31日止。②企业在1个纳税年度中间开业,或者终止经营活动,使该纳税年度的实际经营期不足12个月的,应当以其实际经营期为1个纳税年度。③企业依法清算时,应当以清算期间作为1个纳税年度。

(3) 汇算清缴期限。①企业应当自年度终了之日起5个月内,向税务机关报送年度企业所得税纳税申报表,并汇算清缴,结清应缴应退税款。②企业在年度中间终止经营活动的,应当自实际经营终止之日起60日内,向税务机关办理当期企业所得税汇算清缴。

### (三) 企业所得税纳税申报

按月或按季预缴的,应当自月份或者季度终了之日起15日内,向税务机关报送预缴企业所得税纳税申报表,预缴税款。

企业在报送企业所得税纳税申报表时,应当按照规定附送财务会计报告和其他有关资料。

企业应当在办理注销登记前,就其清算所得向税务机关申报并依法缴纳企业所得税。

企业分月或者分季预缴企业所得税时,应当按照月度或者季度的实际利润额预缴;按照月度或者季度的实际利润额预缴有困难的,可以按照上一纳税年度应纳税所得额的月度或者季度平均额预缴,或者按经税务机关认可的其他方法预缴。预缴方法一经确定,该纳税年度内不得随意变更。

企业在纳税年度内无论盈利或者亏损,都应当依照规定期限,向税务机关报送预缴企业所得税纳税申报表、年度企业所得税纳税申报表、财务会计报告和税务机关规定应当报送的其他有关资料。

**(四)货币单位与外币折算**

企业所得税以人民币计算。所得以人民币以外的货币计算的,应当折合成人民币计算并缴纳税款。

企业所得以人民币以外的货币计算的,预缴企业所得税时,应当按照月度或者季度最后一日的人民币汇率中间价,折合成人民币计算应纳税所得额。

年度终了汇算清缴时,对已经按照月度或者季度预缴税款的,不再重新折合计算,只就该纳税年度内未缴纳企业所得税的部分,按照纳税年度最后一日的人民币汇率中间价,折合成人民币计算应纳税所得额。

经税务机关检查确认,企业少计或者多计前述规定的所得的,应当按照检查确认补税或者退税时的上一个月最后一日的人民币汇率中间价,将少计或者多计的所得折合成人民币计算应纳税所得额,再计算应补缴或者应退的税款。

【例6-8】 根据企业所得税法律制度的规定,下列关于企业所得税纳税期限的表述中,正确的有(    )。

A. 企业在一个纳税年度中间开业,使该纳税年度的实际经营期不足12个月的,应当以其实际经营期为1个纳税年度
B. 企业依法清算时,应当以清算期间作为1个纳税年度
C. 企业所得税按年计征,分月或者分季预缴,年终汇算清缴,多退少补
D. 企业在年度中间终止经营活动的,应当自实际经营终止之日起30日内,向税务机关办理当期企业所得税汇算清缴

【解析】 答案为ABC。选项D,企业在年度中间终止经营活动的,应当自实际经营终止之日起60日内,向税务机关办理当期企业所得税汇算清缴。

## 第二节 个人所得税法律制度

个人所得税是对个人(即自然人)取得的各项应税所得征收的一种所得税。

### 一、个人所得税纳税人和所得来源的确定

**(一)个人所得税纳税人**

个人所得税纳税人,包括个人、个体工商户、个人独资企业投资者和合伙企业的个人合

伙人等。

个人所得税纳税人依据住所和居住时间两个标准，分为居民个人和非居民个人。

1. 居民个人

在中国境内有住所，或者无住所而1个纳税年度内在中国境内居住累计满183天的个人，为居民个人。

在中国境内有住所，是指因户籍、家庭、经济利益关系而在中国境内习惯性居住；纳税年度，自公历1月1日起至12月31日止。

无住所个人1个纳税年度内在中国境内累计居住天数，按照个人在中国境内累计停留的天数计算。在中国境内停留的当天满24小时的，计入中国境内居住天数，在中国境内停留的当天不足24小时的，不计入中国境内居住天数。

2. 非居民个人

在中国境内无住所又不居住，或者无住所而1个纳税年度内在中国境内居住累计不满183天的个人，为非居民个人。

**（二）个人所得税纳税人的纳税义务**

1. 一般规定

（1）居民个人从中国境内和境外取得的所得，依照法律规定缴纳个人所得税。

（2）非居民个人从中国境内取得的所得，依照法律规定缴纳个人所得税。

（3）从中国境内和境外取得的所得，分别是指来源于中国境内的所得和来源于中国境外的所得。

2. 特殊规定

（1）在中国境内无住所的个人，在1个纳税年度内在中国境内居住累计不超过90天的，其来源于中国境内的所得，由境外雇主支付并且不由该雇主在中国境内的机构、场所负担的部分，免予缴纳个人所得税。

（2）在中国境内无住所的个人，在中国境内居住累计满183天的年度连续不满6年的，经向主管税务机关备案，其来源于中国境外且由境外单位或者个人支付的所得，免予缴纳个人所得税；在中国境内居住累计满183天的任一年度中有一次离境超过30天的，其在中国境内居住累计满183天的年度的连续年限重新起算。

（3）中国境内无住所的个人1个纳税年度在中国境内累计居住满183天的，如果此前6年在中国境内每年累计居住天数都满183天而且没有任何一年单次离境超过30天，该纳税年度来源于中国境内、境外所得应当缴纳个人所得税；如果此前6年的任一年在中国境内累计居住天数不满183天或者单次离境超过30天，该纳税年度来源于中国境外且由境外单位或者个人支付的所得，免予缴纳个人所得税。

此前6年，是指该纳税年度的前1年至前6年的连续6个年度，此前6年的起始年度自2019年（含）以后年度开始计算。

**（三）所得来源的确定**

1. 来源于中国境内的所得

除国务院财政、税务主管部门另有规定外，下列所得，不论支付地点是否在中国境内，均为来源于中国境内的所得：

（1）因任职、受雇、履约等在中国境内提供劳务取得的所得。

(2) 将财产出租给承租人在中国境内使用而取得的所得。
(3) 许可各种特许权在中国境内使用而取得的所得。
(4) 转让中国境内的不动产等财产或者在中国境内转让其他财产取得的所得。
(5) 从中国境内企业、事业单位、其他组织以及居民个人取得的利息、股息、红利所得。

2. 来源于中国境外的所得

下列所得，为来源于中国境外的所得：
(1) 因任职、受雇、履约等在中国境外提供劳务取得的所得。
(2) 中国境外企业以及其他组织支付且负担的稿酬所得。
(3) 许可各种特许权在中国境外使用而取得的所得。
(4) 在中国境外从事生产、经营活动而取得的与生产、经营活动相关的所得。
(5) 从中国境外企业、其他组织以及非居民个人取得的利息、股息、红利所得。
(6) 将财产出租给承租人在中国境外使用而取得的所得。
(7) 转让中国境外的不动产、转让对中国境外企业以及其他组织投资形成的股票股权以及其他权益性资产(以下称权益性资产)或者在中国境外转让其他财产取得的所得。但转让对中国境外企业以及其他组织投资形成的权益性资产，该权益性资产被转让前3年(连续36个公历月份)内的任一时间，被投资企业或其他组织的资产公允价值50%以上直接或间接来自位于中国境内的不动产的，取得的所得为来源于中国境内的所得。
(8) 中国境外企业、其他组织以及非居民个人支付且负担的偶然所得。
(9) 财政部、税务总局另有规定的，按照相关规定执行。

## 二、综合所得

按应纳税所得的来源划分，现行个人所得税共分为9个应税项目(工资、薪金所得，劳务报酬所得，稿酬所得，特许权使用费所得，经营所得，利息、股息、红利所得，财产租赁所得，财产转让所得，偶然所得)，其中属于综合所得的包括：工资、薪金所得，劳务报酬所得，稿酬所得，特许权使用费所得。

个人取得的所得，难以界定应纳税所得项目的，由国务院税务主管部门确定。

居民个人取得综合所得，按纳税年度合并计算个人所得税；非居民个人按月或者按次分项计算个人所得税。纳税人取得工资、薪金所得，劳务报酬所得，稿酬所得，特许权使用费所得之外的所得，依照法律规定分别计算个人所得税。

(一) 征税范围

1. 工资、薪金所得

工资、薪金所得，是指个人因任职或者受雇而取得的工资、薪金、奖金、年终加薪、劳动分红、津贴、补贴以及与任职或者受雇有关的其他所得。

下列项目不属于工资、薪金性质的补贴、津贴，不予征收个人所得税。这些项目包括：①独生子女补贴。②执行公务员工资制度未纳入基本工资总额的补贴、津贴差额和家属成员的副食补贴。③托儿补助费。④差旅费津贴、误餐补助。单位以误餐补助名义发给职工的补助、津贴不包括在内，应当并入当月工资、薪金所得计征个人所得税。

【例6-9】根据个人所得税法律制度的规定，以下不予征收个人所得税的有(　　)。
A. 独生子女补贴　　B. 年终加薪　　C. 劳动分红　　D. 差旅费津贴

【解析】 答案为AD。选项A和选项D不属于个人所得税征税范围,不予征收个人所得税,选项B和选项C属于工资、薪金项目,要计算缴纳个人所得税。

2. 劳务报酬所得

劳务报酬所得,是指个人从事劳务取得的所得,包括从事设计、装潢、安装、制图、化验、测试、医疗、法律、会计、咨询、讲学、翻译、审稿、书画、雕刻、影视、录音、录像、演出、表演、广告、展览、技术服务、介绍服务、经纪服务、代办服务以及其他劳务取得的所得。

区分"劳务报酬所得"和"工资、薪金所得",主要看是否存在雇佣与被雇佣的关系。"工资、薪金所得"是个人从事非独立劳动,从所在单位(雇主)领取的报酬,存在雇佣与被雇佣的关系,即在机关、团体、学校、部队、企事业单位及其他组织中任职、受雇而得到的报酬。"劳务报酬所得"则是指个人独立从事某种技艺,独立提供某种劳务而取得的报酬,一般不存在雇佣关系。

(1) 个人兼职取得的收入应按照"劳务报酬所得"项目缴纳个人所得税。

(2) 律师以个人名义再聘请其他人员为其工作而支付的报酬,应由该律师按"劳务报酬所得"项目负责代扣代缴个人所得税。为了便于操作,税款可由其任职的律师事务所代为缴入国库。

【例6-10】 根据个人所得税法律制度的规定,以下属于劳务报酬所得的有( )。
A. 个人从非任职受雇企业取得演出收入　　B. 个人出版小说取得收入
C. 个人独立从事影视剧配音取得收入　　D. 个人从非任职单位取得法律咨询收入

【解析】 答案为ACD。劳务报酬所得,是指个人独立从事非雇佣的各种劳务所取得的所得,选项B不属于劳务报酬项目,而是属于稿酬所得。

3. 稿酬所得

稿酬所得,是指个人因其作品以图书、报刊形式出版、发表而取得的所得。作品包括文学作品、书画作品、摄影作品,以及其他作品。作者去世后,财产继承人取得的遗作稿酬,也应按"稿酬所得"征收个人所得税。

4. 特许权使用费所得

特许权使用费所得,是指个人提供专利权、商标权、著作权、非专利技术以及其他特许权的使用权取得的所得;提供著作权的使用权取得的所得,不包括稿酬所得。

(1) 作者将自己的文字作品手稿原件或复印件拍卖取得的所得,按照"特许权使用费所得"项目缴纳个人所得税。

(2) 个人取得专利赔偿所得,应按"特许权使用费所得"项目缴纳个人所得税。

(3) 对于剧本作者从电影、电视剧的制作单位取得的剧本使用费,不再区分剧本的使用方是否为其任职单位,统一按"特许权使用费所得"项目计征个人所得税。

(二)综合所得个人所得税税率

综合所得适用3%~45%的超额累进税率,如表6-1所示。

表6-1　　　　　　　　个人所得税税率表(综合所得适用)

| 级数 | 全年应纳税所得额 | 税率 | 速算扣除数(元) |
| --- | --- | --- | --- |
| 1 | 不超过36 000元的 | 3% | 0 |
| 2 | 超过36 000元至144 000元的部分 | 10% | 2 520 |
| 3 | 超过144 000元至300 000元的部分 | 20% | 16 920 |

(续表)

| 级数 | 全年应纳税所得额 | 税率 | 速算扣除数(元) |
|---|---|---|---|
| 4 | 超过 300 000 元至 420 000 元的部分 | 25% | 31 920 |
| 5 | 超过 420 000 元至 660 000 元的部分 | 30% | 52 920 |
| 6 | 超过 660 000 元至 960 000 元的部分 | 35% | 85 920 |
| 7 | 超过 960 000 元的部分 | 45% | 181 920 |

① 本表所称全年应纳税所得额是指依照法律规定，居民个人取得综合所得以每一纳税年度收入额减除费用 6 万元以及专项扣除、专项附加扣除和依法确定的其他扣除后的余额。

② 非居民个人取得工资、薪金所得，劳务报酬所得，稿酬所得和特许权使用费所得，依照本表按月换算后计算应纳税额。

### (三) 应纳税所得额的确定

个人所得税的计税依据是纳税人取得的应纳税所得额。应纳税所得额为个人取得的各项收入减去税法规定的费用扣除金额和减免税收入后的余额。由于个人所得税的应税项目不同，扣除费用标准也各不相同，需要按不同应税项目分项计算。

居民个人的综合所得，以每一纳税年度的收入额减除费用 6 万元以及专项扣除、专项附加扣除和依法确定的其他扣除后的余额，为应纳税所得额。

劳务报酬所得、稿酬所得、特许权使用费所得以收入减除 20% 的费用后的余额为收入额。稿酬所得的收入额减按 70% 计算。

1. 专项扣除

专项扣除包括居民个人按照国家规定的范围和标准缴纳的基本养老保险、基本医疗保险、失业保险等社会保险费和住房公积金等。

2. 专项附加扣除

专项附加扣除包括子女教育、继续教育、大病医疗、住房贷款利息或者住房租金、赡养老人、3 岁以下婴幼儿照护等支出。

1) 子女教育

(1) 纳税人的子女接受全日制学历教育的相关支出，年满 3 岁至小学入学前处于学前教育阶段的子女，按照每个子女每月 2 000 元的标准定额扣除。

(2) 学历教育包括义务教育(小学、初中教育)、高中阶段教育(普通高中、中等职业、技工教育)、高等教育(大学专科、大学本科、硕士研究生、博士研究生教育)。

(3) 父母可以选择由其中一方按扣除标准的 100% 扣除，也可以选择由双方分别按扣除标准的 50% 扣除，具体扣除方式在 1 个纳税年度内不能变更。

(4) 纳税人子女在中国境外接受教育的，纳税人应当留存境外学校录取通知书、留学签证等相关教育的证明资料备查。

2) 继续教育

(1) 纳税人在中国境内接受学历(学位)继续教育的支出，在学历(学位)教育期间按照每月 400 元定额扣除。同一学历(学位)继续教育的扣除期限不能超过 48 个月。纳税人接受技能人员职业资格继续教育、专业技术人员职业资格继续教育的支出，在取得相关证书的当年，按照 3 600 元定额扣除。

(2) 个人接受本科及以下学历(学位)继续教育，符合规定扣除条件的，可以选择由其父母扣除,也可以选择由本人扣除。

(3) 纳税人接受技能人员职业资格继续教育、专业技术人员职业资格继续教育的,应当留存相关证书等资料备查。

3) 大病医疗

(1) 在 1 个纳税年度内,纳税人发生的与基本医保相关的医药费用支出,扣除医保报销后个人负担(医保目录范围内的自付部分)累计超过 15 000 元的部分,由纳税人在办理年度汇算清缴时,在 80 000 元限额内据实扣除。纳税人及其配偶、未成年子女发生的医药费用支出,按上述规定分别计算扣除额。

(2) 纳税人发生的医药费用支出可以选择由本人或者其配偶扣除;未成年子女发生的医药费用支出可以选择由其父母一方扣除。

(3) 纳税人应当留存医药服务收费及医保报销相关票据原件(或者复印件)等资料备查。医疗保障部门应当向患者提供在医疗保障信息系统记录的本人年度医药费用信息查询服务。

4) 住房贷款利息

(1) 纳税人本人或者配偶单独或者共同使用商业银行或者住房公积金个人住房贷款为本人或者其配偶购买中国境内住房,发生的首套住房贷款利息支出,在实际发生贷款利息的年度,按照每月 1 000 元的标准定额扣除,扣除期限最长不超过 240 个月。纳税人只能享受一次首套住房贷款的利息扣除。

(2) 经夫妻双方约定,可以选择由其中一方扣除,具体扣除方式在 1 个纳税年度内不能变更。

(3) 夫妻双方婚前分别购买住房发生的首套住房贷款,其贷款利息支出,婚后可以选择其中一套购买的住房,由购买方按扣除标准的 100% 扣除,也可以由夫妻双方对各自购买的住房分别按扣除标准的 50% 扣除,具体扣除方式在 1 个纳税年度内不能变更。

5) 住房租金

(1) 纳税人在主要工作城市没有自有住房而发生的住房租金支出,可以按照以下标准定额扣除:①直辖市、省会(首府)城市、计划单列市以及国务院确定的其他城市,扣除标准为每月 1 500 元。②除上述所列城市以外,市辖区户籍人口超过 100 万的城市,扣除标准为每月 1 100 元。③市辖区户籍人口不超过 100 万的城市,扣除标准为每月 800 元。

(2) 纳税人的配偶在纳税人的主要工作城市有自有住房的,视同纳税人在主要工作城市有自有住房。

主要工作城市,是指纳税人任职受雇的直辖市、计划单列市、副省级城市、地级市(地区、州、盟)全部行政区域范围;纳税人无任职受雇单位的,为受理其综合所得汇算清缴的税务机关所在城市。

夫妻双方主要工作城市相同的,只能由一方扣除住房租金支出。

(3) 住房租金支出由签订租赁住房合同的承租人扣除。

纳税人及其配偶在 1 个纳税年度内不能同时分别享受住房贷款利息和住房租金专项附加扣除。

6) 赡养老人

纳税人赡养 1 位及以上被赡养人的赡养支出,统一按照以下标准定额扣除:

(1) 纳税人为独生子女的,按照每月 3 000 元的标准定额扣除。

(2) 纳税人为非独生子女的,由其与兄弟姐妹分摊每月3 000元的扣除额度,每人分摊的额度不能超过每月1 500元。

(3) 可以由赡养人均摊或者约定分摊,也可以由被赡养人指定分摊。约定或者指定分摊的须签订书面分摊协议,指定分摊优先于约定分摊。具体分摊方式和额度在1个纳税年度内不能变更。

(4) 被赡养人,是指年满60岁的父母,以及子女均已去世的年满60岁的祖父母、外祖父母。

上述所称父母,是指生父母、继父母、养父母;所称子女,是指婚生子女、非婚生子女、继子女、养子女。父母之外的其他人担任未成年人的监护人的,比照上述规定执行。

7) 3岁以下婴幼儿照护

纳税人照护3岁以下婴幼儿子女的相关支出,按照每个婴幼儿每月2 000元的标准定额扣除。

父母可以选择由其中一方按扣除标准的100%扣除,也可以选择由双方分别按扣除标准的50%扣除,具体扣除方式在1个纳税年度内不能变更。

个人所得税专项附加扣除内容如图6-1所示。

3. 其他扣除

其他扣除包括个人缴付符合国家规定的企业年金、职业年金,个人购买符合国家规定的商业健康保险、税收递延型商业养老保险的支出,以及国务院规定可以扣除的其他项目。

对个人购买符合规定的商业健康保险产品的支出,允许在当年(月)计算应纳税所得额时予以税前扣除,扣除限额为2 400元/年(200元/月)。单位统一为员工购买符合规定的商业健康保险产品的支出,应分别计入员工个人工资、薪金,视同个人购买,按上述限额予以扣除。2 400元/年(200元/月)的限额扣除为个人所得税法规定减除费用标准之外的扣除。适用商业健康保险税收优惠政策的纳税人,是指取得工资薪金所得、连续性劳务报酬所得的个人,以及取得个体工商户生产经营所得、对企事业单位的承包承租经营所得的个体工商户业主、个人独资企业投资者、合伙企业合伙人和承包承租经营者。

专项扣除、专项附加扣除和依法确定的其他扣除,以居民个人1个纳税年度的应纳税所得额为限额;1个纳税年度扣除不完的,不结转以后年度扣除。

非居民个人的工资、薪金所得,以每月收入额减除费用5 000元后的余额为应纳税所得额;劳务报酬所得、稿酬所得、特许权使用费所得,以每次收入额为应纳税所得额。

(四) 应纳税额的计算

1. 综合所得应纳税额的计算公式

$$应纳税额 = 应纳税所得额 \times 适用税率 - 速算扣除数$$
$$= (每一纳税年度的收入额 - 费用6万元 - 专项扣除 - 专项附加扣除 - 依法确定的其他扣除) \times 适用税率 - 速算扣除数$$

2. 预扣预缴税款的计算

1) 扣缴义务人向居民个人支付工资、薪金所得

扣缴义务人向居民个人支付工资、薪金所得时,应当按照累计预扣法计算预扣税款,并按月办理全员全额扣缴申报。

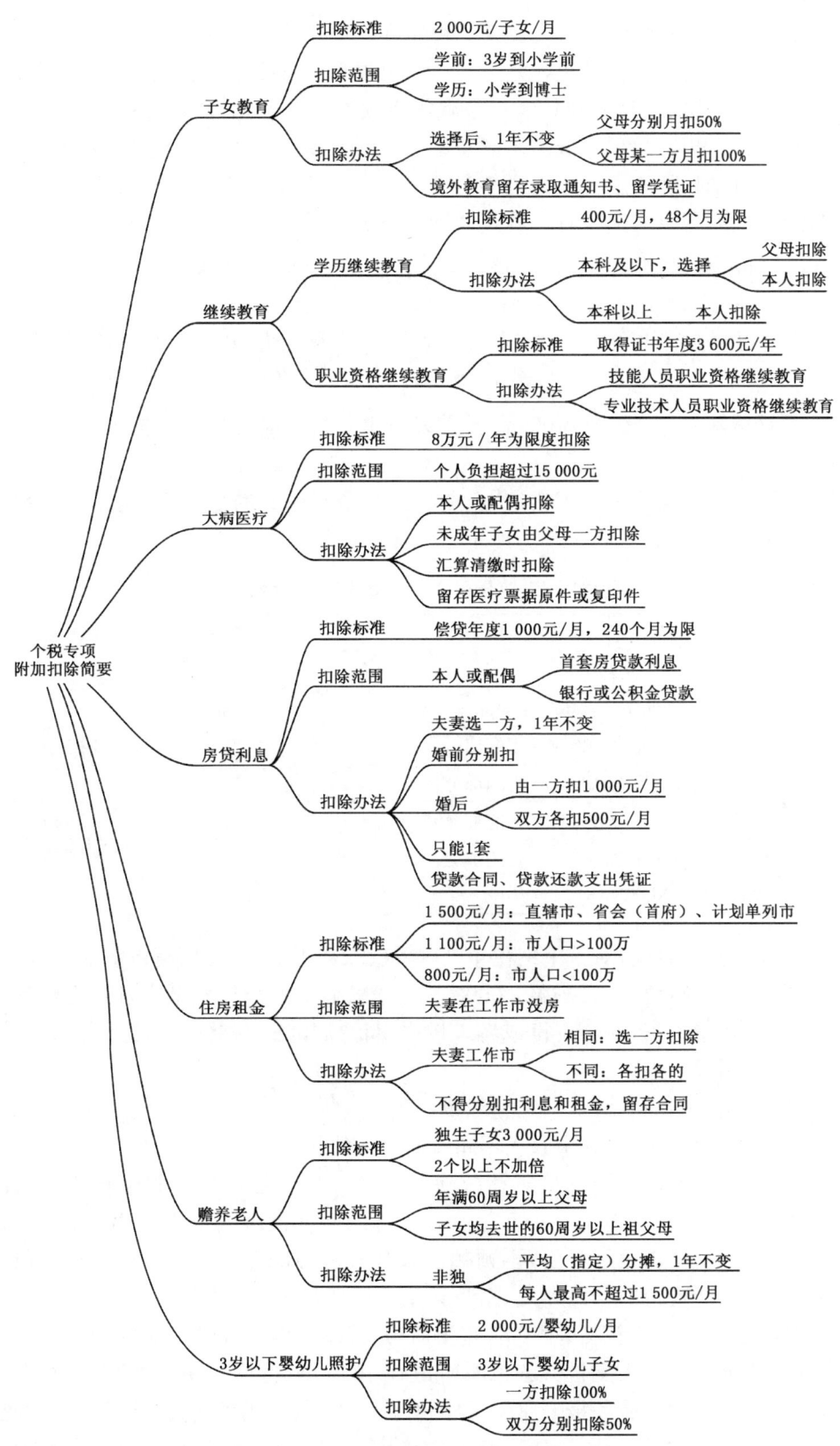

图 6-1　个人所得税专项附加扣除内容

累计预扣法,是指扣缴义务人在1个纳税年度内预扣预缴税款时,以纳税人在本单位截至当前月份工资、薪金所得累计收入减除累计免税收入、累计减除费用、累计专项扣除、累计专项附加扣除和累计依法确定的其他扣除后的余额为累计预扣预缴应纳税所得额,计算累计应预扣预缴税额,再减除累计减免税额和累计已预扣预缴税额,其余额为本期应预扣预缴税额。余额为负值时,暂不退税。纳税年度终了后余额仍为负值时,由纳税人通过办理综合所得年度汇算清缴,税款多退少补。其具体计算公式如下:

本期应预扣预缴税额 =(累计预扣预缴应纳税所得额 × 预扣率 - 速算扣除数)- 累计减免税额 - 累计已预扣预缴税额

累计预扣预缴应纳税所得额 = 累计收入 - 累计免税收入 - 累计减除费用 - 累计专项扣除 - 累计专项附加扣除 - 累计依法确定的其他扣除

其中,累计减除费用,按照5 000元/月乘以纳税人当年截至本月在本单位的任职受雇月份数计算。

上述公式中,计算居民个人工资、薪金所得预扣预缴税额的预扣率、速算扣除数,按《个人所得税预扣率表一》执行,如表6-2所示。

表6-2　　个人所得税预扣率表一(居民个人工资、薪金所得预扣预缴适用)

| 级数 | 累计预扣预缴应纳税所得额 | 预扣率 | 速算扣除数(元) |
|---|---|---|---|
| 1 | 不超过36 000元的部分 | 3% | 0 |
| 2 | 超过36 000元至144 000元的部分 | 10% | 2 520 |
| 3 | 超过144 000元至300 000元的部分 | 20% | 16 920 |
| 4 | 超过300 000元至420 000元的部分 | 25% | 31 920 |
| 5 | 超过420 000元至660 000元的部分 | 30% | 52 920 |
| 6 | 超过660 000元至960 000元的部分 | 35% | 85 920 |
| 7 | 过960 000元的部分 | 45% | 181 920 |

自2020年7月1日起,对1个纳税年度内首次取得工资、薪金所得的居民个人,扣缴义务人在预扣缴个人所得税时,可按5 000元/月乘以纳税人当年截至本月月份数计算累计减除费用。首次取得工资、薪金所得或者未按照累计预扣法预扣预缴过连续性劳务报酬所得个人所得税的居民个人。

自2021年1月1日起,对上一完整纳税年度内每月均在同一单位预扣预缴工资、薪金所得个人所得税且全年工资、薪金收入不超过6万元的居民个人,扣缴义务人在预扣预缴本年度工资、薪金所得个人所得税时,累计减除费用自1月份起直接按照全年6万元计算扣除。即,在纳税人累计收入不超过6万元的月份,暂不预扣预缴个人所得税;在其累计收入超过6万元的当月及年内后续月份,再预扣预缴个人所得税。对按照累计预扣法预扣预缴劳务报酬所得个人所得税的居民个人,扣缴义务人比照上述规定执行。

2)扣缴义务人向居民个人支付劳务报酬所得、稿酬所得、特许权使用费所得

扣缴义务人向居民个人支付劳务报酬所得、稿酬所得、特许权使用费所得,按次或者按月预扣预缴个人所得税。劳务报酬所得、稿酬所得、特许权使用费所得,属于一次性收入的,以取得该项收入为1次;属于同一项目连续性收入的,以1个月内取得的收入为1次。

具体预扣预缴方法如下:

(1) 劳务报酬所得、稿酬所得、特许权使用费所得以收入减除费用后的余额为收入额。其中,稿酬所得的收入额减按70%计算。

(2) 减除费用。劳务报酬所得、稿酬所得、特许权使用费所得每次收入不超过4 000元的,减除费用按800元计算;每次收入4 000元以上的,减除费用按20%计算。

(3) 应纳税所得额。劳务报酬所得、稿酬所得、特许权使用费所得,以每次收入额为预扣预缴应纳税所得额。

(4) 预扣率。劳务报酬所得适用20%~40%的超额累进预扣率按《个人所得税预扣率表二》执行,如表6-3所示。稿酬所得、特许权使用费所得适用20%的比例预扣率。

劳务报酬所得应扣预缴税额 = 预扣预缴应纳税所得额 × 预扣率 − 速算扣除数

稿酬所得、特许权使用费所得应预扣预缴税额 = 预扣预缴应纳税所得额 × 20%

自2020年7月1日起。正在接受全日制学历教育的学生因实习取得劳务报酬所得的,扣缴义务人预扣个人所得税时,可按照累计预扣法计算并预扣预缴税款。

表6-3　　　　　个人所得税预扣率表二(居民个人劳务报酬所得预扣预缴适用)

| 级数 | 预扣预缴应纳税所得额 | 预扣率 | 速算扣除数(元) |
| --- | --- | --- | --- |
| 1 | 不超过20 000元的部分 | 20% | 0 |
| 2 | 超过20 000元至50 000元的部分 | 30% | 2 000 |
| 3 | 超过50 000元的部分 | 40% | 7 000 |

(5) 汇算清缴。居民个人工资、薪金所得,劳务报酬所得,稿酬所得,特许权使用费所得年度预扣预缴税额与年度应纳税额不一致的,由居民个人于次年3月1日至6月30日向主管税务机关办理综合所得年度汇算清缴,税款多退少补。

3. 非居民个人扣缴个人所得税的计算

扣缴义务人向非居民个人支付工资、薪金所得,劳务报酬所得,稿酬所得和特许权使用费所得时,按以下方法按月或者按次代扣代缴个人所得税:

非居民个人的工资、薪金所得,以每月收入额减除费用5 000元后的余额为应纳税所得额;劳务报酬所得、稿酬所得、特许权使用费所得,以每次收入额为应纳税所得额,适用按月换算后的非居民个人月度税率表,如表6-4所示,计算应纳税额。

其中,劳务报酬所得、稿酬所得、特许权使用费所得以收入减除20%的费用后的余额为收入额。稿酬所得的收入额减按70%计算。

非居民个人工资、薪金所得,劳务报酬所得,稿酬所得,特许权使用费所得应纳税所得额 = 应纳税所得额 × 税率 − 速算扣除数

表6-4　　　　　　　　　个人所得税税率表三
(非居民个人工资、薪金所得,劳务报酬所得,稿酬所得,特许权使用费所得适用)

| 级数 | 应纳税所得额 | 预扣率 | 速算扣除数(元) |
| --- | --- | --- | --- |
| 1 | 不超过3 000元的部分 | 3% | 0 |
| 2 | 超过3 000元至12 000元的部分 | 10% | 210 |

(续表)

| 级数 | 应纳税所得额 | 预扣率 | 速算扣除数（元） |
|---|---|---|---|
| 3 | 超过 12 000 元至 25 000 元的部分 | 20% | 1 410 |
| 4 | 超过 25 000 元至 35 000 元的部分 | 25% | 2 660 |
| 5 | 超过 35 000 元至 55 000 元的部分 | 30% | 4 410 |
| 6 | 超过 55 000 元至 80 000 元的部分 | 35% | 7 160 |
| 7 | 超过 80 000 元的部分 | 45% | 15 160 |

### 三、经营所得

**（一）征税范围**

（1）个体工商户从事生产、经营活动取得的所得，个人独资企业投资人、合伙企业的个人合伙人来源于境内注册的个人独资企业、合伙企业生产、经营取得的所得。

（2）个人依法从事办学、医疗、咨询以及其他有偿服务活动取得的所得。

（3）个人对企业、事业单位承包经营、承租经营以及转包、转租取得的所得。

（4）个人从事其他生产、经营活动取得的所得。

**（二）个人所得税税率**

经营所得适用 5%～35% 的超额累进税率，如表 6-5 所示。

表 6-5　　　　　　　　个人所得税税率表二（经营所得适用）

| 级数 | 全年应纳税所得额 | 税率 | 速算扣除数（元） |
|---|---|---|---|
| 1 | 不超过 30 000 元的 | 5% | 0 |
| 2 | 超过 30 000 元至 90 000 元的部分 | 10% | 1 500 |
| 3 | 超过 90 000 元至 300 000 元的部分 | 20% | 10 500 |
| 4 | 超过 300 000 元至 500 000 元的部分 | 30% | 40 500 |
| 5 | 超过 500 000 元的部分 | 35% | 65 500 |

本表所称全年应纳税所得额是指依照法律规定，以每一纳税年度的收入总额减除成本、费用以及损失后的余额。

**（三）应纳税所得额的确定**

1. 经营所得应纳税所得额的计算

$$应纳税所得额 = 每一纳税年度收入总额 - 成本 - 费用 - 损失$$

取得经营所得的个人没有综合所得的，计算其每一纳税年度的应纳税所得额时，应当减除费用 6 万元、专项扣除、专项附加扣除以及依法确定的其他扣除。专项附加扣除在办理汇算清缴时减除。

2. 个体工商户经营所得应纳税所得额计算的具体规定

1) 基本计算规定

个体工商户的生产、经营所得，以每一纳税年度的收入总额，减除成本、费用、税金、损失、其他支出以及允许弥补的以前年度亏损后的余额，为应纳税所得额。

(1) 成本是指个体工商户在生产经营活动中发生的销售成本、销货成本、业务支出以及其他耗费。

(2) 费用是指个体工商户在生产经营活动中发生的销售费用、管理费用和财务费用,已经计入成本的有关费用除外。

(3) 税金是指个体工商户在生产经营活动中发生的除个人所得税和允许抵扣的增值税以外的各项税金及其附加。

(4) 损失是指个体工商户在生产经营活动中发生的固定资产和存货的盘亏、毁损、报废损失,转让财产损失,坏账损失,自然灾害等不可抗力因素造成的损失以及其他损失。个体工商户发生的损失,减除责任人赔偿和保险赔款后的余额,参照财政部、国家税务总局有关企业资产损失税前扣除的规定扣除。个体工商户已经作为损失处理的资产,在以后纳税年度又全部收回或者部分收回时,应当计入收回当期的收入。

(5) 其他支出是指除成本、费用、税金、损失外,个体工商户在生产经营活动中发生的与生产经营活动有关的、合理的支出。

(6) 允许弥补的以前年度亏损,是指个体工商户依照规定计算的应纳税所得额小于零的数额。

2) 个体工商户支出不得扣除的项目

个体工商户的下列支出不得扣除:①个人所得税税款。②税收滞纳金。③罚金、罚款和被没收财物的损失。④不符合扣除规定的捐赠支出。⑤赞助支出。⑥用于个人和家庭的支出。⑦与取得生产经营收入无关的其他支出。⑧个体工商户代其从业人员或者他人负担的税款。⑨国家税务总局规定不准扣除的支出。

3) 业主及从业人员相关支出的扣除

(1) 个体工商户实际支付给从业人员的、合理的工资薪金支出,准予扣除。个体工商户业主的工资、薪金支出不得税前扣除。

(2) 个体工商户按照国务院有关主管部门或者省级人民政府规定的范围和标准为其业主和从业人员缴纳的基本养老保险费、基本医疗保险费、失业保险费、工伤保险费和住房公积金,准予扣除。

(3) 个体工商户为从业人员缴纳的补充养老保险费、补充医疗保险费,分别在不超过从业人员工资总额5%标准内的部分据实扣除;超过部分,不得扣除。

(4) 个体工商户业主本人缴纳的补充养老保险费、补充医疗保险费,以当地(地级市)上年度社会平均工资的3倍为计算基数,分别在不超过该计算基数5%标准内的部分据实扣除;超过部分,不得扣除。

(5) 除个体工商户依照国家有关规定为特殊工种从业人员支付的人身安全保险费和财政部、国家税务总局规定可以扣除的其他商业保险费外,个体工商户业主本人或者为从业人员支付的商业保险费,不得扣除。

(6) 个体工商户向当地工会组织拨缴的工会经费、实际发生的职工福利费支出、职工教育经费支出分别在工资薪金总额的2%、14%、2.5%的标准内据实扣除。工资薪金总额是指允许在当期税前扣除的工资薪金支出数额。职工教育经费的实际发生数额超出规定比例当期不能扣除的数额,准予在以后纳税年度结转扣除。个体工商户业主本人向当地工会组织缴纳的工会经费、实际发生的职工福利费支出、职工教育经费支出,以当地(地级市)上年度社会平均工资的3倍为计算基数,在规定比例内据实扣除。

(7) 个体工商户发生的合理的劳动保护支出,准予扣除。

4) 借款费用与利息支出的扣除

个体工商户在生产经营活动中发生的合理的不需要资本化的借款费用,准予扣除。

个体工商户在生产经营活动中发生的下列利息支出,准予扣除:①向金融企业借款的利息支出。②向非金融企业和个人借款的利息支出,不超过按照金融企业同期同类贷款利率计算的数额的部分。

5) 业务招待费与广宣费支出的扣除

(1) 个体工商户发生的与生产经营活动有关的业务招待费,按照实际发生额的60%扣除,但最高不得超过当年销售(营业)收入的5‰。业主自申请营业执照之日起至开始生产经营之日止所发生的业务招待费,按照实际发生额的60%计入个体工商户的开办费。

(2) 个体工商户每一纳税年度发生的与其生产经营活动直接相关的广告费和业务宣传费不超过当年销售(营业)收入15%的部分,可以据实扣除;超过部分,准予在以后纳税年度结转扣除。

6) 开办费及研发费支出的扣除

(1) 个体工商户自申请营业执照之日起至开始生产经营之日止所发生符合规定的费用,除为取得固定资产、无形资产的支出,以及应计入资产价值的汇兑损益、利息支出外,作为开办费,个体工商户可以选择在开始生产经营的当年一次性扣除,也可以自生产经营月份起在不短于3年期限内摊销扣除,但一经选定,不得改变。开始生产经营之日为个体工商户取得第1笔销售(营业)收入的日期。

(2) 个体工商户研究开发新产品、新技术、新工艺所发生的开发费用,以及研究开发新产品、新技术而购置单台价值在10万元以下的测试仪器和试验性装置的购置费准予直接扣除;单台价值在10万元以上(含10万元)的测试仪器和试验性装置,按固定资产管理,不得在当期直接扣除。

7) 公益性捐赠的扣除

(1) 个体工商户通过公益性社会团体或者县级以上人民政府及其部门,用于《中华人民共和国公益事业捐赠法》规定的公益事业的捐赠,捐赠额不超过其应纳税所得额30%的部分可以据实扣除。

(2) 财政部、国家税务总局规定可以全额在税前扣除的捐赠支出项目,按有关规定执行。

(3) 个体工商户直接对受益人的捐赠不得扣除。

8) 其他支出的扣除

(1) 个体工商户按照规定缴纳的摊位费、行政性收费、协会会费等,按实际发生数额扣除。

(2) 个体工商户参加财产保险,按照规定缴纳的保险费,准予扣除。

(3) 个体工商户生产经营活动中,应当分别核算生产经营费用和个人、家庭费用。对于生产经营与个人、家庭生活混用难以分清的费用,其40%视为与生产经营有关的费用,准予扣除。

9) 亏损结转

个体工商户纳税年度发生的亏损,准予向以后年度结转,用以后年度的生产经营所得弥补,但结转年限最长不得超过 5 年。

3. 个人独资企业和合伙企业经营所得应纳税所得额计算的具体规定

1) 个人独资企业和合伙企业应纳税所得额的确定

(1) 个人独资企业的投资者以全部生产经营所得为应纳税所得额。

投资者兴办 2 个或 2 个以上企业,并且企业性质全部是个人独资的,年度终了后汇算清缴时,应汇总其投资兴办的所有企业的经营所得作为应纳税所得额,以此确定适用税率,计算出全年经营所得的应纳税额,再根据每个企业的经营所得占所有企业经营所得的比例,分别计算出每个企业的应纳税额和应补缴税额。

(2) 合伙企业的投资者按照下列原则确定应纳税所得额:①合伙企业的合伙人以合伙企业的生产经营所得和其他所得,按照合伙协议约定的分配比例确定应纳税所得额。②合伙协议未约定或者约定不明确的,以全部生产经营所得和其他所得,按照合伙人协商决定的分配比例确定应纳税所得额。③协商不成的,以全部生产经营所得和其他所得,按照合伙人实缴出资比例确定应纳税所得额。④无法确定出资比例的,以全部生产经营所得和其他所得,按照合伙人数量平均计算每个合伙人的应纳税所得额。

生产经营所得,包括个人独资企业和合伙企业分配给投资者个人的所得和企业当年留存的所得(利润)。

个人独资企业和合伙企业与其关联企业之间的业务往来,应当按照独立企业之间的业务往来收取或者支付价款、费用。不按照独立企业之间的业务往来收取或者支付价款、费用,而减少其应纳税所得额的,主管税务机关有权进行合理调整。

2) 查账征收的个人独资企业和合伙企业各项支出的扣除

(1) 查账征收的个人独资企业和合伙企业(以下简称企业)的扣除项目比照个体工商户经营所得应纳税所得额计算的具体规定确定。

(2) 投资者兴办 2 个或 2 个以上企业的,其投资者个人费用扣除标准由投资者选择在其中 1 个企业的生产经营所得中扣除。

(3) 企业计提的各种准备金不得扣除。

3) 个人独资企业和合伙企业的核定征收

国家对下列情形的个人独资企业和合伙企业实行核定征收个人所得税:

(1) 依照国家有关规定应当设置但未设置账簿的。

(2) 虽设置账簿,但账目混乱或者成本资料、收入凭证、费用凭证残缺不全,难以查账的。

(3) 纳税人发生纳税义务,未按照规定的期限办理纳税申报,经税务机关责令限期申报,逾期仍不申报的。

核定征收方式包括定额征收、核定应税所得率征收以及其他合理的征收方式。

自 2022 年 1 月 1 日起,持有股权、股票、合伙企业财产份额等权益性投资的个人独资企业、合伙企业,一律适用查账征收方式计征个人所得税。

(四) 应纳税额的计算

应纳税额 = 应纳税所得额 × 适用税率 − 速算扣除数 = (全年收入总额 − 成本、费用、税金、损失、其他支出及以前年度亏损) × 适用税率 − 速算扣除数

自 2023 年 1 月 1 日至 2027 年 12 月 31 日,对个体工商户年应纳税所得额不超过 200 万

元的部分,减半征收个人所得税。个体工商户在享受现行其他个人所得税优惠政策的基础上,可叠加享受前述优惠政策。个体工商户不区分征收方式,均可享受。个体工商户在预缴税款时即可享受,其年应纳税所得额暂按截至本期申报所属期末的情况进行判断,并在年度汇算清缴时按年计算、多退少补。若个体工商户从两处以上取得经营所得需在办理年度汇总纳税申报时,合并个体工商户经营所得年应纳税所得额,重新计算减免税额,多退少补。

个体工商户按照以下方法计算减免税额:

$$减免税额 = \left(\text{经营所得应纳税所得额不超过200万元部分的应纳税额} - \text{其他政策减免税额} \times \frac{\text{经营所得应纳税所得额不超过200万元部分}}{\text{经营所得应纳税所得额}}\right) \times 50\%$$

### 四、利息、股息、红利所得

#### (一) 征税范围

利息、股息、红利所得,是指个人拥有债权、股权而取得的利息、股息、红利所得。其中,利息一般是指存款、贷款和债券的利息。股息、红利是指个人拥有股权取得的公司、企业分红。按照一定的比率派发的每股息金,称为股息。根据公司、企业应分配的超过股息部分的利润,按股派发的红股,称为红利。

#### (二) 个人所得税税率

利息、股息、红利所得,适用比例税率,税率为20%。

#### (三) 应纳税所得额的确定

利息、股息、红利所得,以每次收入额为应纳税所得额,以支付利息、股息、红利时取得的收入为1次。

(1) 个人从公开发行和转让市场取得的上市公司股票而取得的股息红利,如表6-6所示。

表6-6　　　　　　　　　应纳税所得额

| 持股时间($T$) | 计税依据 |
| --- | --- |
| $T \leqslant 1$ 个月 | 所得全额计入应纳税所得额 |
| 1 个月 $< T \leqslant 1$ 年 | 暂减按50%计入应纳税所得额 |
| $T > 1$ 年 | 暂免征收 |

(2) 对个人持有的上市公司限售股,解禁后取得的股息、红利,按照上市公司股息、红利差别化个人所得税政策规定计算纳税,持股时间自解禁日起计算;解禁前取得的股息、红利继续暂减按50%计入应纳税所得额。

#### (四) 应纳税额的计算

应纳税额 = 应纳税所得额 × 适用税率 = 每次收入额 × 适用税率(每次收入额不作扣减)

### 五、财产租赁所得

#### (一) 征税范围

(1) 财产租赁所得,是指个人出租不动产、机器设备、车船以及其他财产取得的所得。

(2) 个人取得的房屋转租收入,属于"财产租赁所得"项目。

取得转租收入的个人向房屋出租方支付的租金,凭房屋租赁合同和合法支付凭据允许在计算个人所得税时,从该项转租收入中扣除。

(3) 房地产开发企业与商店购买者个人签订协议,以优惠价格出售其商店给购买者个人,购买者个人在一定期限内必须将购买的商店无偿提供给房地产开发企业对外出租使用。该行为实质上是购买者个人以所购商店交由房地产开发企业出租而取得的房屋租赁收入支付了部分购房价款。对购买者个人少支出的购房价款,应视同个人财产租赁所得,按照"财产租赁所得"项目征收个人所得税。每次财产租赁所得的收入额,按照少支出的购房价款和协议规定的租赁月份数平均计算确定。

**(二) 个人所得税税率**

财产租赁所得适用比例税率,税率为 20%。自 2001 年 1 月 1 日起,对个人出租住房取得的所得暂减按 10% 的税率征收个人所得税。

**(三) 应纳税所得额的确定**

财产租赁所得,以 1 个月内取得的收入为 1 次财产租赁所得,每次收入不超过 4 000 元的,减除费用 800 元;4 000 元以上的,减除 20% 的费用,其余额为应纳税所得额。

**(四) 应纳税额的计算**

(1) 每次(月)收入不足 4 000 元:

应纳税额 = [每次(月)收入额 − 财产租赁过程中缴纳的税费 −
由纳税人负担的租赁财产实际开支的修缮费用(800 元为限) − 800 元] × 20%

(2) 每次(月)收入超过 4 000 元的:

应纳税额 = [每次(月)收入额 − 财产租赁过程中缴纳的税费 −
由纳税人负担的租赁财产实际开支的修缮费用(800 元为限)] × (1 − 20%) × 20%

个人出租房屋的个人所得税应税收入不含增值税,计算房屋出租所得可扣除的税费不包括本次出租缴纳的增值税。个人转租房屋的,其向房屋出租方支付的租金及增值税额,在计算转租所得时予以扣除。

## 六、财产转让所得

**(一) 征税范围**

财产转让所得,是指个人转让有价证券、股权、合伙企业中的财产份额、不动产、机器设备、车船以及其他财产取得的所得。

(1) 个人将投资于在中国境内成立的企业或组织(不包括个人独资企业和合伙企业)的股权或股份,转让给其他个人或法人的行为,按照"财产转让所得"项目,依法计算缴纳个人所得税,具体包括以下情形:①出售股权。②公司回购股权。③发行人首次公开发行新股时,被投资企业股东将其持有的股份以公开发行方式一并向投资者发售。④股权被司法或行政机关强制过户。⑤以股权对外投资或进行其他非货币性交易。⑥以股权抵偿债务。⑦其他股权转移行为。

(2) 个人因各种原因终止投资、联营、经营合作等行为,从被投资企业或合作项目、被投资企业的其他投资者以及合作项目的经营合作人取得股权转让收入、违约金、补偿金、赔偿金及以其他名目收回的款项等,均属于个人所得税应税收入,应按照"财产转让所得"项目适用的规定计算缴纳个人所得税。

(3) 个人以非货币性资产投资,属于个人转让非货币性资产和投资同时发生。对个人转让非货币性资产的所得,应按照"财产转让所得"项目,依法计算缴纳个人所得税。

(4) 纳税人收回转让的股权征收个人所得税的方法。①股权转让合同履行完毕、股权已作变更登记,且所得已经实现的,转让人取得的股权转让收入应当依法缴纳个人所得税。转让行为结束后,当事人双方签订并执行解除原股权转让合同、退回股权的协议,是另一次股权转让行为,对前次转让行为征收的个人所得税款不予退回。②股权转让合同未履行完毕,因执行仲裁委员会作出的解除股权转让合同及补充协议的裁决、停止执行原股权转让合同,并原价收回已转让股权的,由于其股权转让行为尚未完成、收入未完全实现,随着股权转让关系的解除,股权收益不复存在,纳税人不应缴纳个人所得税。

(5) 对个人转让新三板挂牌公司原始股取得的所得,按照"财产转让所得",适用20%的比例税率征收个人所得税。原始股,是指个人在新三板挂牌公司挂牌前取得的股票,以及在该公司挂牌前和挂牌后由上述股票孳生的送、转股。

(6) 个人通过招标、竞拍或其他方式购置债权以后,通过相关司法或行政程序主张债权而取得的所得,应按照"财产转让所得"项目缴纳个人所得税。

(7) 个人通过网络收购玩家的虚拟货币,加价后向他人出售取得的收入,应按照"财产转让所得"项目计算缴纳个人所得税。

**(二) 个人所得税税率**

财产转让所得适用比例税率,税率为20%。

**(三) 应纳税所得额的确定**

财产转让所得,以转让财产的收入额减除财产原值和合理费用后的余额,为应纳税所得额。

财产原值,按照下列方法计算:

(1) 有价证券,为买入价以及买入时按照规定交纳的有关费用。

(2) 建筑物,为建造费或者购进价格以及其他有关费用。

(3) 土地使用权,为取得土地使用权所支付的金额、开发土地的费用以及其他有关费用。

(4) 机器设备、车船,为购进价格、运输费、安装费以及其他有关费用。

(5) 其他财产,参照上述规定的方法确定财产原值。

**(四) 应纳税额的计算**

一般情况下财产转让所得应纳税额的计算公式为:

$$应纳税额 = 应纳税所得额 \times 适用税率 = (收入总额 - 财产原值 - 合理费用) \times 20\%$$

个人转让房屋的个人所得税应税收入不含增值税,其取得房屋时所支付价款中包含的增值税计入财产原值,计算转让所得时可扣除的税费不包括本次转让缴纳的增值税。

受赠人转让受赠房屋的,以其转让受赠房屋的收入减除原捐赠人取得该房屋的实际购置成本以及赠与和转让过程中受赠人支付的相关税费后的余额,为受赠人的应纳税所得额,依法计征个人所得税。受赠人转让受赠房屋价格明显偏低且无正当理由的,税务机关可以依据该房屋的市场评估价格或其他合理方式确定的价格核定其转让收入。

### 七、偶然所得

**（一）征税范围**

偶然所得，是指个人得奖、中奖、中彩以及其他偶然性质的所得。其特殊规定如下：

（1）企业对累积消费达到一定额度的顾客，给予额外抽奖机会，个人的获奖所得，按照"偶然所得"项目，全额缴纳个人所得税。

（2）个人取得单张有奖发票奖金所得超过 800 元的，应全额按照"偶然所得"项目征收个人所得税。税务机关或其指定的有奖发票兑奖机构，是有奖发票奖金所得个人所得税的扣缴义务人。

（3）个人为单位或他人提供担保获得收入，按照"偶然所得"项目计算缴纳个人所得税。

（4）房屋产权所有人将房屋产权无偿赠与他人的，受赠人因无偿受赠房屋取得的受赠收入，按照"偶然所得"项目计算缴纳个人所得税。

（5）企业在业务宣传、广告等活动中，随机向本单位以外的个人赠送礼品（包括网络红包，下同），以及企业在年会、座谈会、庆典以及其他活动中向本单位以外的个人赠送礼品，个人取得的礼品收入，按照"偶然所得"项目计算缴纳个人所得税，但企业赠送的具有价格折扣或折让性质的消费券、代金券、抵用券、优惠券等礼品除外。

**（二）个人所得税税率**

偶然所得适用比例税率，税率为 20%。

**（三）应纳税所得额的确定**

偶然所得，以每次收入额为应纳税所得额，以每次取得该项收入为 1 次。

**（四）应纳税额的计算**

$$应纳税额 = 应纳税所得额 \times 适用税率 = 每次收入额 \times 20\%$$

### 八、公益性捐赠的扣除

1. 一般规定

个人将其所得对教育、扶贫、济困等公益慈善事业进行捐赠，捐赠额未超过纳税人申报的应纳税所得额 30% 的部分，可以从其应纳税所得额中扣除；国务院规定对公益慈善事业捐赠实行全额税前扣除的，从其规定。应纳税所得额，是指计算扣除捐赠额之前的应纳税所得额。

2. 特殊规定

（1）个人通过非营利性的社会团体和国家机关向红十字事业的捐赠，在计算缴纳个人所得税时，准予在税前的所得额中全额扣除。

（2）个人通过非营利的社会团体和国家机关向农村义务教育的捐赠，在计算缴纳个人所得税时，准予在税前的所得额中全额扣除。

（3）个人通过非营利性社会团体和国家机关对公益性青少年活动场所（其中包括新建）的捐赠，在计算缴纳个人所得税时，准予在税前的所得额中全额扣除。

公益性青少年活动场所，是指专门为青少年学生提供科技、文化、德育、爱国主义教育、体育活动的青少年宫、青少年活动中心等校外活动的公益性场所。

(4) 个人通过境内非营利的社会团体、国家机关向教育事业的捐赠,税前全部扣除。

(5) 根据财政部、国家税务总局有关规定,个人通过宋庆龄基金会等6家单位、中国医药卫生事业发展基金会、中国教育发展基金会、中国老龄事业发展基金会等8家单位、中华健康快车基金会等5家单位用于公益救济性的捐赠,符合相关条件的,准予在缴纳个人所得税前全额扣除。

(6) 根据财政部、国家税务总局有关规定,个人通过非营利性的社会团体和政府部门向福利性、非营利性老年服务机构捐赠,符合相关条件的,准予在缴纳个人所得税前全额扣除。

## 九、应纳税额计算的其他规定

1. 个人领取企业年金、职业年金的征税规定

个人达到国家规定的退休年龄,领取的企业年金、职业年金,符合相关规定的,不并入综合所得,全额单独计算应纳税款。其中按月领取的,适用月度税率表计算纳税;按季领取的,平均分摊计入各月,按每月领取额适用月度税率表计算纳税;按年领取的,适用综合所得税率表计算纳税。

个人因出境定居而一次性领取的年金个人账户资金,或个人死亡后,其指定的受益人或法定继承人一次性领取的年金个人账户余额,适用综合所得税率表计算纳税。

对个人除上述特殊原因外一次性领取年金个人账户资金或余额的,适用月度税率表计算纳税。

2. 解除劳动关系一次性补偿收入的征税规定

个人与用人单位解除劳动关系取得一次性补偿收入(包括用人单位发放的经济补偿金、生活补助费和其他补助费),在当地上年职工平均工资3倍数额以内的部分,免征个人所得税;超过3倍数额的部分,不并入当年综合所得,单独适用综合所得税率表,计算纳税。

3. 提前退休一次性补贴收入的征税规定

个人办理提前退休手续而取得的一次性补贴收入,应按照办理提前退休手续至法定离退休年龄之间实际年度数平均分摊,确定适用税率和速算扣除数,单独适用综合所得税率表,计算纳税。其计算公式为:

$$应纳税额 = \left\{ \left[ \left( \frac{一次性补贴收入}{办理提前退休手续至法定退休年龄的实际年度数} \right) - 费用扣除标准 \right] \times 适用税率 - 速算扣除数 \right\} \times 办理提前退休手续至法定退休年龄的实际年度数$$

4. 内部退养一次性补贴收入的征税规定

1) 界定

实行内部退养的个人在其办理内部退养手续后至法定离退休年龄之间从原任职单位取得的工资、薪金,不属于离退休工资,应按"工资、薪金所得"项目计征个人所得税。

2) 计算方法

(1) 个人在办理内部退养手续后从原任职单位取得的一次性收入,应按办理内部退养手续后至法定离退休年龄之间的所属月份进行平均,并与领取当月的工资、薪金所得合并后减除当月费用扣除标准,以余额为基数确定适用税率,再将当月工资、薪金加上取得的一次

性收入,减去费用扣除标准,按适用税率计征个人所得税。

(2) 个人在办理内部退养手续后至法定离退休年龄之间重新就业取得的工资、薪金所得,应与其从原任职单位取得的同一月份的工资、薪金所得合并,并依法自行向主管税务机关申报缴纳个人所得税。

5. 单位低价向职工售房的征税规定

单位按低于购置或建造成本价格出售住房给职工,职工因此而少支出的差价部分,符合相关规定的,不并入当年综合所得,以差价收入除以12个月得到的数额,按照月度税率表确定适用税率和速算扣除数,单独计算纳税。其计算公式为:

$$\text{应纳税额} = \text{职工实际支付的购房价款低于该房屋的购置或建造成本价格的差额} \times \text{适用税率} - \text{速算扣除数}$$

6. 个人取得公务交通、通讯补贴收入的征税规定

个人因公务用车和通讯制度改革而取得的公务用车、通讯补贴收入,扣除一定标准的公务费用后,按照"工资、薪金所得"项目计征个人所得税。

7. 退休人员再任职取得收入的征税规定

退休人员再任职取得的收入,在减除按个人所得税法规定的费用扣除标准后,按"工资、薪金所得"应税项目缴纳个人所得税。

8. 离退休人员从原任职单位取得各类补贴、奖金、实物的征税规定

离退休人员除按规定领取离退休工资或养老金外,另从原任职单位取得的各类补贴、奖金、实物,不属于免税的退休工资、离休工资、离休生活补助费,应在减除费用扣除标准后,按"工资、薪金所得"应税项目缴纳个人所得税。

9. 基本养老保险费、基本医疗保险费、失业保险费、住房公积金的征税规定

(1) 界定。企事业单位和个人超过规定的比例和标准缴付的基本养老保险费、基本医疗保险费和失业保险费,应将超过部分并入个人当期的工资、薪金收入,计征个人所得税。

(2) 计算方法。单位和个人分别在不超过职工本人上一年度月平均工资12%的幅度内,其实际缴存的住房公积金,允许在个人应纳税所得额中扣除。单位和职工个人缴存住房公积金的月平均工资不得超过职工工作地所在设区城市上一年度职工月平均工资的3倍,具体标准按照各地有关规定执行。单位和个人超过规定比例和标准缴付的住房公积金,应将超过部分并入个人当期的工资、薪金收入,计征个人所得税。

10. 企业为员工支付保险金的征税规定

对企业为员工支付各项免税之外的保险金,应在企业向保险公司缴付时并入员工当期的工资收入,按"工资、薪金所得"项目计征个人所得税,税款由企业负责代扣代缴。

11. 兼职律师从律师事务所取得工资、薪金性质所得的征税规定

兼职律师从律师事务所取得工资、薪金性质的所得,律师事务所在代扣代缴其个人所得税时,不再减除个人所得税法规定的费用扣除标准,以收入全额(取得分成收入的为扣除办理案件支出费用后的余额)直接确定适用税率,计算扣缴个人所得税。兼职律师应自行向主管税务机关申报两处或两处以上取得的工资、薪金所得,合并计算缴纳个人所得税。

兼职律师,是指取得律师资格和律师执业证书,不脱离本职工作从事律师职业的人员。

12. 从职务科技成果转化收入中给予科技人员的现金奖励的征税规定

依法批准设立的非营利性研究开发机构和高等学校根据《中华人民共和国促进科技成果转化法》规定,从职务科技成果转化收入中给予科技人员的现金奖励,可减按50%计入科技人员当月工资、薪金所得,依法缴纳个人所得税。

非营利性科研机构和高校包括国家设立的科研机构和高校、民办非营利性科研机构和高校。

13. 保险营销员、证券经纪人取得的佣金收入的征税规定

保险营销员、证券经纪人取得的佣金收入,属于"劳务报酬所得",以不含增值税的收入减除20%的费用后的余额为收入额,收入额减去展业成本以及附加税费后,并入当年综合所得,计算缴纳个人所得税。保险营销员、证券经纪人展业成本按照收入额的25%计算。

扣缴义务人向保险营销员、证券经纪人支付佣金收入时,应按照规定的累计预扣法计算预扣税款。

14. 个人投资者收购企业股权后,将企业原有盈余积累转增股本个人所得税规定

一名或多名个人投资者以股权收购方式取得被收购企业100%股权,股权收购前,被收购企业原账面金额中的"资本公积、盈余公积、未分配利润"等盈余积累未转增股本,而在股权交易时将其一并计入股权转让价格并履行了所得税纳税义务。股权收购后,企业将原账面金额中的盈余积累向个人投资者(以下称"新股东")转增股本,有关个人所得税问题区分以下情形处理:

(1) 新股东以不低于净资产价格收购股权的,企业原盈余积累已全部计入股权交易价格,新股东取得盈余积累转增股本的部分,不征收个人所得税。

(2) 新股东以低于净资产价格收购股权的,企业原盈余积累中,对于股权收购价格减去原股本的差额部分已经计入股权交易价格,新股东取得盈余积累转增股本的部分,不征收个人所得税;对于股权收购价格低于原所有者权益的差额部分未计入股权交易价格,新股东取得盈余积累转增股本的部分,应按照"利息、股息、红利所得"项目征收个人所得税。

新股东以低于净资产价格收购企业股权后转增股本,应按照下列顺序进行,即先转增应税的盈余积累部分,再转增免税的盈余积累部分。

15. 个人持有上市公司股票、全国中小企业股份转让系统挂牌公司股票、股息红利的征税规定

1) 个人持有上市公司股票、股息红利相关规定

个人从公开发行和转让市场取得的上市公司股票,持股期限在1个月以内(含1个月)的,其股息红利所得全额计入应纳税所得额;持股期限在1个月以上至1年(含1年)的,暂减按50%计入应纳税所得额;上述所得统一适用20%的税率计征个人所得税。

对个人持有的上市公司限售股,解禁后取得的股息红利,按照上市公司股息红利差别化个人所得税政策规定计算纳税,持股时间自解禁日起计算;解禁前取得的股息红利继续暂减按50%计入应纳税所得额,适用20%的税率计征个人所得税。

个人从公开发行和转让市场取得的上市公司股票包括:

(1) 通过证券交易所集中交易系统或大宗交易系统取得的股票。

(2) 通过协议转让取得的股票。

(3) 因司法扣划取得的股票。
(4) 因依法继承或家庭财产分割取得的股票。
(5) 通过收购取得的股票。
(6) 权证行权取得的股票。
(7) 使用可转换公司债券转换的股票。
(8) 取得发行的股票、配股、股份股利及公积金转增股本。
(9) 持有从代办股份转让系统转到主板市场(或中小板、创业板市场)的股票。
(10) 上市公司合并,个人持有的被合并公司股票转换的合并后公司股票。
(11) 上市公司分立,个人持有的被分立公司股票转换的分立后公司股票。
(12) 其他从公开发行和转让市场取得的股票。

2) 个人持有全国中小企业股份转让系统挂牌公司股息红利相关规定

自2019年7月1日起至2024年6月30日,个人持有全国中小企业股份转让系统挂牌公司的股票,持股期限在1个月以内(含1个月)的,其股息红利所得全额计入应纳税所得额;持股期限在1个月以上至1年(含1年)的,其股息红利所得暂减按50%计入应纳税所得额;上述所得统一适用20%的税率计征个人所得税。

对证券投资基金从挂牌公司取得的股息红利所得,按照前述规定计征个人所得税。

16. 房屋买受人无条件退房取得的补偿款

房屋买受人在未办理房屋产权证的情况下,按照与房地产公司约定条件(如对房屋的占有、使用、收益和处分权进行限制)在一定时期后无条件退房而取得的补偿款,应按照"利息、股息、红利所得"项目缴纳个人所得税,税款由支付补偿款的房地产公司代扣代缴。

17. 个人转让限售股取得的所得

自2010年1月1日起,对个人转让限售股取得的所得,按照"财产转让所得"项目征收个人所得税。

个人转让限售股,以每次限售股转让收入,减除股票原值和合理税费后的余额,为应纳税所得额,即:

$$应纳税所得额 = 限售股转让收入 - (限售股原值 + 合理税费)$$
$$应纳税额 = 应纳税所得额 \times 20\%$$

限售股转让收入,是指转让限售股股票实际取得的收入。限售股原值,是指限售股买入时的买入价及按照规定缴纳的有关费用。合理税费,是指转让限售股过程中发生的印花税、佣金、过户费等与交易相关的税费。

18. 两个以上的个人共同取得同一项目收入

两个以上的个人共同取得同一项目收入的,应当对每个人取得的收入分别按照个人所得税法的规定计算纳税。

19. 居民个人境外所得抵免的相关规定

(1) 居民个人从中国境内和境外取得的综合所得、经营所得,应当分别合并计算应纳税额;从中国境内和境外取得的其他所得,应当分别单独计算应纳税额。

(2) 居民个人从中国境外取得的所得,可以从其应纳税额中抵免已在境外缴纳的个人所得税税额,但抵免额不得超过该纳税人境外所得依照个人所得税法规定计算的应纳税额。

①已在境外缴纳的个人所得税税额,是指居民个人来源于中国境外的所得,依照该所得来源国家(地区)的法律应当缴纳并且实际已经缴纳的所得税税额。②纳税人境外所得依照个人所得税法规定计算的应纳税额,是居民个人抵免已在境外缴纳的综合所得、经营所得以及其他所得的所得税税额的限额(以下简称抵免限额)。除国务院财政、税务主管部门另有规定外,来源于中国境外一个国家(地区)的综合所得抵免限额、经营所得抵免限额以及其他抵免限额之和,为来源于该国家(地区)所得的抵免限额。

居民个人在中国境外一个国家(地区)实际已经缴纳的个人所得税税额,低于依照规定计算出的来源于该国家(地区)所得的抵免限额的,应当在中国缴纳差额部分的税款;超过来源于该国家(地区)所得的抵免限额的,其超过部分不得在本纳税年度的应纳税额中抵免,但是可以在以后纳税年度来源于该国家(地区)所得的抵免限额的余额中补扣。补扣期限最长不得超过5年。

(3) 居民个人来源于一国(地区)的综合所得、经营所得以及其他分类所得项目的应纳税额为其抵免限额,按照下列公式计算:

$$来源于一国(地区)综合所得的抵免限额 = 中国境内和境外综合所得依照规定计算的综合所得应纳税额 \times 来源于该国(地区)的综合所得收入额 \div 中国境内和境外综合所得收入额合计$$

$$来源于一国(地区)经营所得的抵免限额 = 中国境内和境外经营所得依照规定计算的经营所得应纳税额 \times 来源于该国(地区)的经营所得应纳税所得额 \div 中国境内和境外经营所得应纳税所得额合计$$

$$来源于一国(地区)其他分类所得的抵免限额 = 该国(地区)的其他分类所得依照规定计算的应纳税额$$

$$来源于一国(地区)所得的抵免限额 = 来源于该国(地区)综合所得抵免限额 + 来源于该国(地区)经营所得抵免限额 + 来源于该国(地区)其他分类所得抵免限额$$

(4) 可抵免的境外所得税税额,是指居民个人取得境外所得,依照该所得来源国(地区)税收法律应当缴纳且实际已经缴纳的所得税性质的税额。可抵免的境外所得税额不包括以下情形:①按照境外所得税法律属于错缴或错征的境外所得税税额。②按照我国政府签订的避免双重征税协定以及内地与香港特区、澳门特区签订的避免双重征税安排规定不应征收的境外所得税税额。③因少缴或迟缴境外所得税而追加的利息、滞纳金或罚款。④境外所得税纳税人或者其利害关系人从境外征税主体得到实际返还或补偿的境外所得税税款。⑤按照我国个人所得税法及其实施条例规定,已经免税的境外所得负担的境外所得税税款。

(5) 居民个人从与我国签订税收协定的国家(地区)取得的所得,按照该国(地区)税收法律享受免税或减税待遇,且该免税或减税的数额按照税收协定饶让条款规定应视同已缴税额在中国的应纳税额中抵免的,该免税或减税数额可作为居民个人实际缴纳的境外所得税税额按规定申报税收抵免。

(6) 居民个人申请抵免已在境外缴纳的个人所得税税额,应当提供境外税务机关出具的税款所属年度的有关纳税凭证。

20. 出租车驾驶员个人所得征税规定

(1) 出租汽车经营单位对出租车驾驶员采取单车承包或承租方式运营,出租车驾驶员从事客货营运取得的收入,按"工资、薪金所得"项目征税。

(2) 出租车属于个人所有,但挂靠出租汽车经营单位或企事业单位,驾驶员向挂靠单位缴纳管理费的,或出租汽车经营单位将出租车所有权转移给驾驶员的,从事客货运营取得的收入,比照"经营所得"项目征税。

(3) 从事个体出租车运营的出租车驾驶员取得的收入,按"经营所得"项目缴纳个人所得税。

21. 企业改组改制过程中个人取得的量化资产征税规定

根据国家有关规定,集体所有制企业在改制为股份合作制企业时,可以将有关资产量化给职工个人。为了支持企业改组改制的顺利进行,对于企业在改制过程中个人取得量化资产的征税问题,税法作出了如下规定:

(1) 对职工个人以股份形式取得的仅作为分红依据,不拥有所有权的企业量化资产,不征收个人所得税。

(2) 对职工个人以股份形式取得的拥有所有权的企业量化资产,暂缓征收个人所得税;待个人将股份转让时,就其转让收入额,减除个人取得该股份时实际支付的费用支出和合理转让费用后的余额,按"财产转让所得"项目计征个人所得税。

(3) 对职工个人以股份形式取得的企业量化资产参与企业分配而获得的股息、红利,应按"利息、股息、红利所得"项目征收个人所得税。

22. 房屋或其他财产的特殊情形

符合以下情形的房屋或其他财产,不论所有权人是否将财产无偿或有偿交付企业使用,其实质均为企业对个人进行了实物性质的分配,应依法计征个人所得税。

(1) 企业出资购买房屋及其他财产,将所有权登记为投资者个人、投资者家庭成员或企业其他人员的。

(2) 企业投资者个人、投资者家庭成员或企业其他人员向企业借款用于购买房屋及其他财产,将所有权登记为投资者、投资者家庭成员或企业其他人员,且借款年度终了后未归还借款的。

(3) 对个人独资企业、合伙企业的个人投资者或其家庭成员取得的上述所得,视为企业对个人投资者的利润分配,按照"经营所得"项目计征个人所得税;对除个人独资企业、合伙企业以外其他企业的个人投资者或其家庭成员取得的上述所得,视为企业对个人投资者的红利分配,按照"利息、股息、红利所得"项目计征个人所得税;对企业其他人员取得的上述所得,按照"综合所得"项目计征个人所得税。

23. 个人合伙人来源于创投企业的所得的征税规定

2027年12月31日前,创投企业可以选择按单一投资基金核算或者按创投企业年度所得整体核算两种方式之一,对其个人合伙人来源于创投企业的所得计算个人所得税应纳税额。

创投企业选择按单一投资基金核算的,其个人合伙人从该基金应分得的股权转让所得和股息红利所得,按照20%税率计算缴纳个人所得税。

创投企业选择按年度所得整体核算的,其个人合伙人应从创投企业取得的所得,按照"经营所得"项目、5%~35%的超额累进税率计算缴纳个人所得税。

24. 居民个人取得股权激励的征税规定

2027年12月31日前,居民个人取得股票期权、股票增值权、限制性股票、股权奖励等股权激励,符合规定的相关条件的,不并入当年综合所得,全额单独适用综合所得税率表,计算

纳税,计算公式为:

$$应纳税额 = 股权激励收入 \times 适用税率 - 速算扣除数$$

居民个人1个纳税年度内取得2次以上(含2次)股权激励的,应合并计算纳税。

### 十、个人所得税税收优惠

**(一)免税项目**

(1) 省级人民政府、国务院部委和中国人民解放军以上单位,以及外国组织、国际组织颁发的科学、教育、技术、文化、卫生、体育、环境保护等方面的奖金。

(2) 国债和国家发行的金融债券的利息。

(3) 按照国家统一规定发给的补贴、津贴。

(4) 福利费、抚恤金、救济金。

(5) 保险赔款。

(6) 军人的转业费、复员费、退役金。

(7) 按照国家统一规定发给干部、职工的安家费、退职费、基本养老金或退休费、离休费、离休生活补助费。

(8) 依照我国有关法律规定应予免税的各国驻华使馆、领事馆的外交代表、领事官员和其他人员的所得。

(9) 中国政府参加的国际公约、签订的协议中规定免税的所得。

(10) 经国务院财政部门批准免税的其他所得。

**(二)减税项目**

(1) 残疾、孤老人员和烈属的所得。

(2) 因严重自然灾害造成重大损失的。

上述减税项目的减征幅度和期限,由省、自治区、直辖市人民政府规定,并报同级人大常委会备案。

**(三)暂免征税项目**

(1) 外籍个人以非现金形式或实报实销形式取得的住房补贴、伙食补贴、搬迁费、洗衣费。

(2) 外籍个人按合理标准取得的境内、境外出差补贴。

(3) 外籍个人取得的探亲费、语言训练费、子女教育费等,经当地税务机关审核批准为合理的部分。

(4) 外籍个人从外商投资企业取得的股息、红利所得。

(5) 凡符合下列条件之一的外籍专家取得的工资、薪金所得,可免征个人所得税:①根据世界银行专项贷款协议,由世界银行直接派往我国工作的外国专家。②联合国组织直接派往我国工作的专家。③为联合国援助项目来华工作的专家。④援助国派往我国专为该国援助项目工作的专家。⑤根据两国政府签订的文化交流项目来华工作两年以内的文教专家,其工资、薪金所得由该国负担。⑥根据我国大专院校国际交流项目来华工作两年以内的文教专家,其工资、薪金所得由该国负担。⑦通过民间科研协定来华工作的专家,其工资、薪金所得由该国政府机构负担的。

2027年12月31日前,外籍个人符合居民个人条件的,可以选择享受个人所得税专项附加扣除,也可以选择按照相关规定,享受住房补贴、语言训练费、子女教育费等津补贴免税优惠政策,但不得同时享受。外籍个人一经选择,在一个纳税年度内不得变更。

(6) 个人在上海、深圳证券交易所转让从上市公司公开发行和转让市场取得的股票,转让所得暂不征收个人所得税。

自2018年11月1日起,对个人转让全国中小企业股份转让系统(新三板)挂牌公司非原始股取得的所得,暂免征收个人所得税。非原始股是指个人在新三板挂牌公司挂牌后取得的股票,以及由上述股票孳生的送、转股。

(7) 个人举报、协查各种违法、犯罪行为而获得的奖金。

(8) 个人办理代扣代缴手续,按规定取得的扣缴手续费。

(9) 个人转让自用达5年以上,并是唯一的家庭生活用房取得的所得,暂免征收个人所得税。

(10) 对个人购买福利彩票、体育彩票,一次中奖收入在10 000元以下的(含10 000元)暂免征收个人所得税,超过10 000元的,全额征收个人所得税。

(11) 个人取得单张有奖发票奖金所得不超过800元(含800元)的,暂免征收个人所得税。

(12) 达到离休、退休年龄,但确因工作需要,适当延长离休、退休年龄的高级专家(享受国家发放的政府特殊津贴的专家、学者),其在延长离休、退休期间的工资、薪金所得,视同离休、退休工资免征个人所得税。

(13) 企业依照国家有关法律规定宣告破产,企业职工从破产企业取得的一次性安置费收入,免予征收个人所得税。

(14) 个人领取原提存的住房公积金、基本医疗保险金、基本养老保险金,以及失业保险金,免予征收个人所得税。

(15) 对工伤职工及其近亲属按照《工伤保险条例》规定取得的工伤保险待遇,免征个人所得税。

(16) 企事业单位按照国家或省(自治区、直辖市)人民政府规定的缴费比例或办法实际缴付的基本养老保险费、基本医疗保险费和失业保险费,免征个人所得税;个人按照国家或省(自治区、直辖市)人民政府规定的缴费比例或办法实际缴付的基本养老保险费、基本医疗保险费和失业保险费,允许在个人应纳税所得额中扣除。

企事业单位根据国家有关政策规定的办法和标准,为在本单位任职或者受雇的全体职工缴付的企业年金或职业年金单位缴费部分,在计入个人账户时,个人暂不缴纳个人所得税。

个人根据国家有关政策规定缴付的年金个人缴费部分,在不超过本人缴费工资计税基数的4%标准内的部分,暂从个人当期的应纳税所得额中扣除。

年金基金投资运营收益分配计入个人账户时,个人暂不缴纳个人所得税。

(17) 自2008年10月9日(含)起,对储蓄存款利息所得暂免征收个人所得税。

(18) 自2015年9月8日起,个人从公开发行和转让市场取得的上市公司股票,持股期限超过1年的,股息红利所得暂免征收个人所得税。

自2019年7月1日至2024年6月30日,个人持有全国中小企业股份转让系统挂牌公司的股票,持股期限超过1年的,对股息红利所得暂免征收个人所得税。

(19) 房屋产权无偿赠与的特殊情形,对当事双方不征收个人所得税:①房屋产权所有人将房屋产权无偿赠与配偶、父母、子女、祖父母、外祖父母、孙子女、外孙子女、兄弟姐妹。②房屋产权所有人将房屋产权无偿赠与对其承担直接抚养或者赡养义务的抚养人或者赡养人。③房屋产权所有人死亡,依法取得房屋产权的法定继承人、遗嘱继承人或者受遗赠人。

(20) 个体工商户、个人独资企业和合伙企业或个人从事种植业、养殖业、饲养业、捕捞业取得的所得,暂不征收个人所得税。

(21) 企业在销售商品(产品)和提供服务过程中向个人赠送礼品,属于下列情形之一的,不征收个人所得税:①企业通过价格折扣、折让方式向个人销售商品(产品)和提供服务。②企业在向个人销售商品(产品)和提供服务的同时给予赠品,如通信企业对个人购买手机赠话费、入网费,或者购话费赠手机等。③企业对累积消费达到一定额度的个人按消费积分反馈礼品。

(22) 对被拆迁人按照国家有关城镇房屋拆迁管理办法规定的标准取得的拆迁补偿款,免征个人所得税。

(23) 自2022年1月1日起,对法律援助人员按照《中华人民共和国法律援助法》规定获得的法律援助补贴,免征个人所得税。

(24) 自2022年10月1日至2025年12月31日,对出售自有住房并在现住房出售后1年内在市场重新购买住房的纳税人,对其出售现住房已缴纳的个人所得税予以退税优惠。

(25) 自2022年1月1日起,在个人养老金先行城市对个人养老金实施递延纳税优惠政策:在缴费环节,个人向个人养老金资金账户的缴费,按照12 000元/年的限额标准,在综合所得或经营所得中据实扣除;在投资环节,计入个人养老金资金账户的投资收益暂不征收个人所得税;在领取环节,个人领取的个人养老金,不并入综合所得单独按照3%的税率计算缴纳个人所得税,其缴纳的税款计入"工资、薪金所得"项目。

(26) 对个人投资者持有2024—2027年发行的铁路债券取得的利息收入,减按50%应纳税所得额计算征收个人所得税。

(27) 2027年12月31日前,对内地个人投资者通过沪港通、深港通投资香港联交所上市股票取得的转让差价所得和通过基金互认买卖香港基金份额取得的转让差价所得继续暂免征收个人所得税。

(28) 2027年12月31日前,对境外个人投资者投资经国务院批准对外开放的中国境内原油等货物期货品种取得的所得,暂免征收个人所得税。

(29) 2027年12月31日前,1个纳税年度内在船航行时间累计满183天的远洋船员,其取得的工资薪金收入减按50%计入应纳税所得额,依法缴纳个人所得税。

税收法律、行政法规、部门规章和规范性文件中未明确规定纳税人享受减免税必须经税务机关审批,且纳税人取得的所得完全符合减免税条件的,无须经主管税务机关审核,纳税人可自行享受减免税。

税收法律、行政法规、部门规章和规范性文件中明确规定纳税人享受减免税必须经税务机关审批的,或者纳税人无法准确判断其取得的所得是否应享受个人所得税减免的,必须经主管税务机关按照有关规定审核或批准后,方可减免个人所得税。

## 十一、个人所得税的征收管理

### (一)纳税申报

1. 个人所得税的扣缴申报

个人所得税以所得人为纳税人,以支付所得的单位或者个人为扣缴义务人;税务机关应根据扣缴义务人所扣缴的税款,付给2%的手续费。

2. 符合以下情况的纳税人应当依法办理纳税申报

(1) 取得综合所得需要办理汇算清缴。需要办理汇算清缴的情形包括:①在两处或者两处以上取得综合所得,且综合所得年收入额减去专项扣除的余额超过6万元。②取得劳务报酬所得、稿酬所得、特许权使用费所得中一项或者多项所得,且综合所得年收入额减去专项扣除的余额超过6万元。③纳税年度内预缴税额低于应纳税额的。④纳税人申请退税。纳税人申请退税,应当提供其在中国境内开设的银行账户,并在汇算清缴地就地办理税款退库。

2024年1月1日至2027年12月31日,居民个人取得的综合所得,年度综合所得收入不超过12万元且需要汇算清缴补税的,或者年度汇算清缴补税金额不超过400元的,居民个人可免于办理个人所得税综合所得汇算清缴。居民个人取得综合所得时存在扣缴义务人未依法预扣预缴税款的情形除外。

(2) 取得应税所得没有扣缴义务人。

(3) 取得应税所得,扣缴义务人未扣缴税款。

(4) 取得境外所得。

(5) 因移居境外注销中国户籍。

(6) 非居民个人在中国境内从两处以上取得工资、薪金所得。

(7) 国务院规定的其他情形。

纳税人可以委托扣缴义务人或者其他单位和个人办理汇算清缴。

3. 专项附加扣除信息的提供及减除

居民个人取得工资、薪金所得时,可以向扣缴义务人提供专项附加扣除有关信息,由扣缴义务人扣缴税款时办理专项附加扣除。纳税人同时从两处以上取得工资、薪金所得,并由扣缴义务人办理专项附加扣除的,对同一专项附加扣除项目,在1个纳税年度内只能选择从一处取得的所得中减除。

居民个人取得劳务报酬所得、稿酬所得、特许权使用费所得,应当在汇算清缴时向税务机关提供有关信息,减除专项附加扣除。

4. 修正申报与退税

纳税人发现扣缴义务人提供或者扣缴申报的个人信息、所得、扣缴税款等与实际情况不符的,有权要求扣缴义务人修改。扣缴义务人拒绝修改的,纳税人可以报告税务机关,税务机关应当及时处理。

纳税人申请退税时提供的汇算清缴信息有错误的,税务机关应当告知其更正;纳税人更正的,税务机关应当及时办理退税。扣缴义务人未将扣缴的税款解缴入库的,不影响纳税人按照规定申请退税,税务机关应当凭纳税人提供的有关资料办理退税。

## （二）纳税期限

（1）居民个人取得综合所得，按年计算个人所得税；有扣缴义务人的，由扣缴义务人按月或者按次预扣预缴税款；需要办理汇算清缴的，应当在取得所得的次年3月1日至6月30日内办理汇算清缴。

（2）非居民个人取得工资、薪金所得，劳务报酬所得，稿酬所得和特许权使用费所得，有扣缴义务人的，由扣缴义务人按月或者按次代扣代缴税款，不办理汇算清缴。

（3）纳税人取得经营所得，按年计算个人所得税，由纳税人在月度或者季度终了后15日内向税务机关报送纳税申报表，并预缴税款；在取得所得的次年3月31日前办理汇算清缴。

（4）纳税人取得利息、股息、红利所得，财产租赁所得，财产转让所得和偶然所得，按月或者按次计算个人所得税，有扣缴义务人的，由扣缴义务人按月或者按次代扣代缴税款。

（5）纳税人取得应税所得没有扣缴义务人的，应当在取得所得的次月15日内向税务机关报送纳税申报表，并缴纳税款。

（6）纳税人取得应税所得，扣缴义务人未扣缴税款的，纳税人应当在取得所得的次年6月30日前，缴纳税款；税务机关通知限期缴纳的，纳税人应当按照期限缴纳税款。

（7）居民个人从中国境外取得所得的，应当在取得所得的次年3月1日至6月30日内申报纳税。

（8）非居民个人在中国境内从两处以上取得工资、薪金所得的，应当在取得所得的次月15日内申报纳税。

（9）纳税人因移居境外注销中国户籍的，应当在注销中国户籍前办理税款清算。

（10）扣缴义务人每月或者每次预扣、代扣的税款，应当在次月15日内缴入国库，并向税务机关报送扣缴个人所得税申报表。

## 课 堂 测 试

班级：_____ 姓名：_____ 学号：_____ 分数：_____

**一、单项选择题（每小题 6 分，共 30 分）**

1. 根据个人所得税法律制度的规定，下列个人所得中，免征个人所得税的是（　　）。
   A. 劳动分红
   B. 出版科普读物的稿酬所得
   C. 年终奖金
   D. 转让自用 6 年唯一家庭生活用房所得

2. 根据个人所得税法律制度的规定，个人转让房屋所得应适用的税目是（　　）。
   A. 财产转让所得
   B. 特许权使用费所得
   C. 偶然所得
   D. 劳务报酬所得

3. 根据个人所得税法律制度的规定，下列从事非雇佣劳动取得的收入中，应按"稿酬所得"税目缴纳个人所得税的是（　　）。
   A. 审稿收入
   B. 翻译收入
   C. 题字收入
   D. 出版作品收入

4. 某个人独资企业本年度销售收入为 272 000 元，发生广告费和业务宣传费 50 000 元。根据个人所得税法律制度的规定，该企业当年可以在税前扣除的广告费和业务宣传费最高为（　　）元。
   A. 30 000
   B. 38 080
   C. 40 800
   D. 50 000

5. 根据个人所得税法律制度的规定，下列情况应缴纳个人所得税的是（　　）。
   A. 张某转让自用达 5 年以上且唯一家庭生活用房
   B. 王某将房屋无偿赠与其子
   C. 赵某转让无偿受赠的商铺
   D. 杨某将房屋无偿赠与其外孙女

**二、判断题（每小题 6 分，共 30 分）**

1. 中国居民张某，在境外工作，只就来源于中国境外的所得征收个人所得税。（　　）
2. 对职工个人以股份形式取得的仅作为分红依据，不拥有所有权的企业量化资产，暂缓征收个人所得税。（　　）
3. 企业从事花卉种植的所得，减半征收企业所得税。（　　）
4. 对个人独资企业投资者取得的生产经营所得应征收企业所得税，不征收个人所得税。（　　）
5. 个人通过网络收购玩家的虚拟货币，加价后向他人出售取得的收入，不征收个人所得税。（　　）

## 三、不定项选择题(每小题 10 分,共 40 分)

中国公民郝某未在任何单位任职受雇,2023 年 12 月份从境内取得如下收入:

(1) 当月将新购 1 套公寓住房出租,租期半月,每月租金 3 200 元,当月租金已收到。

(2) 出售家庭唯一生活用房,此套房郝某已居住 7 年,取得转让收入 700 000 元,购房成本 320 000 元,相关交易税费 25 000 元。

(3) 取得国债利息收入 200 元。

(4) 购入股票买入价 18 000 元,卖出价 21 000 元。

(5) 购买福利彩票取得中奖收入 20 000 元,购买福利彩票支出 1 000 元。

已知:个人工资、薪金所得减除费用标准为 5 000 元/月。

要求:根据上述资料,不考虑其他情况,分析回答下列第 1~4 小题。

1. 下列有关郝某取得的租金收入中,下列表述中,正确的有(    )。
   A. 租金收入不计缴个人所得税
   B. 租金收入当月应计缴个人所得税为 480 元
   C. 租金收入当月应计缴个人所得税为 240 元
   D. 租金收入当月应计缴个人所得税为 244 元

2. 对于上述(2)(3)表述正确的有(    )。
   A. 郝某出售家庭住房暂免征收个人所得税
   B. 取得国债利息收入属于免税项目
   C. 郝某出售家庭住房征收个人所得税为 71 000 元
   D. 取得国债利息收入应计缴个人所得税 40 元

3. 下列关于郝某转让股票收入的表述中,正确的是(    )。
   A. 转让股票收入应计缴个人所得税为 3 600 元
   B. 转让股票收入应计缴个人所得税为 600 元
   C. 转让股票收入应计缴个人所得税为 4 200 元
   D. 转让股票收入应计缴个人所得税为 0 元

4. 郝某取得的福利彩票收入,应缴纳的个人所得税为(    )元。
   A. 0
   B. $20\ 000 \times 20\% = 4\ 000$
   C. $(20\ 000 - 1\ 000) \times 20\% = 3\ 800$
   D. $20\ 000 \times 20\% \times 50\% = 2\ 000$

# 第七章　其他税收法律制度

**知识导航**

其他税收法律制度
- 资源税法律制度
  - 资源税纳税人
  - 资源税征税范围
  - 资源税应纳税额的计算
  - 资源税税收优惠
  - 资源税征收管理
- 城镇土地使用税法律制度
  - 城镇土地使用税纳税人
  - 城镇土地使用税征税范围
  - 城镇土地使用税应纳税额的计算
  - 城镇土地使用税税收优惠
  - 城镇土地使用税征收管理
- 房产税法律制度
  - 房产税纳税人
  - 房产税征税范围
  - 房产税应纳税额的计算
  - 房产税税收优惠
  - 房产税征收管理
- 契税法律制度
  - 契税纳税人
  - 契税征税范围
  - 契税应纳税额的计算
  - 契税税收优惠
  - 契税征收管理
- 土地增值税法律制度
  - 土地增值税纳税人
  - 土地增值税征税范围
  - 土地增值税应纳税额的计算
  - 土地增值税税收优惠
  - 土地增值税征收管理
- 车船税法律制度
  - 车船税纳税人
  - 车船税征收范围
  - 车船税应纳税额的计算
  - 车船税税收优惠
  - 车船税征收管理

```
                                    ┌ 印花税纳税人
                                    │ 印花税征税范围
                        ┌ 印花税法律制度 ┤ 印花税应纳税额的计算
                        │              │ 印花税税收优惠
                        │              └ 印花税征收管理
其他税收法律制度 ┤
                        │              ┌ 城市维护建设税和教育费附加法律制度
                        │              │ 关税法律制度
                        │              │ 环境保护税
                        └ 其他相关税收法律制度 ┤ 车辆购置税
                                       │ 耕地占用税
                                       │ 烟叶税
                                       └ 船舶吨税
```

## 学习目标

1. 了解本章相关税种的纳税人
2. 熟悉本章相关税种的征税范围
3. 熟悉本章相关税种的计税依据
4. 掌握本章相关税种应纳税额的计算方法
5. 熟悉本章相关税种的税收优惠
6. 熟悉本章相关税种的税率(税目)和征收管理

 **寓德于教**

### 青岛：用足绿色税制引导企业转型发展

二十大报告指出，尊重自然、顺应自然、保护自然，是全面建设社会主义现代化国家的内在要求，推动经济社会发展绿色化、低碳化是实现高质量发展的关键环节，应当加快推动产业结构、能源结构、交通运输结构等调整优化。青岛市近年来绿色税制改革正逐步引导企业转型发展，让绿色税制理念深入人心，以绿色税制护航绿色发展。

青岛市的华电青岛发电有限公司、中国石化青岛炼油化工有限责任公司等众多传统能源化工企业，逐年加大环保设备投入，主动减排降碳，上线自动监测设备准确计算污染物排放量，在降低污染物排放的同时，减少了环保税应纳税额。绿色税制双向调节作用凸显，正向激励企业治污，反向倒逼企业减排，实现了"升级工艺—减污降碳—绿色发展—减少应纳税额—加大升级投入—持续减污降碳"的良性循环，不断推动企业转型升级。

此外，青岛市税务部门实施"一企一策"精准服务，依托大数据定位重点企业，建立"绿色企业"名单，提供"定制政策包"，确保税费优惠直达快享。与此同时，优化落实财产和行为税合并申报，纳税人申报时无需填报税源信息表，只需填报污染当量数、污染物类别、污染物名称、征收子目等内容由系统自动带出，直接减少纳税人申报次数75%以上，压缩申报时间超过90%，切实减轻纳税人办税负担。

资料来源.陈凌馨.青岛：用足绿色税制引导企业转型发展[N].中国经济时报,2022-04-01.

## 第一节 资源税法律制度

资源税是对在我国领域或管辖的其他海域开发应税资源的单位和个人征收的一种税。

### 一、资源税纳税人

资源税纳税人,是指在中华人民共和国领域及管辖的其他海域开发应税资源的单位和个人。

### 二、资源税征税范围和税目

我国资源税的征税范围由《资源税法》所附"资源税税目税率表"(以下简称"税目税率表")确定,包括能源矿产、金属矿产、非金属矿产、水气矿产、盐类,共计五大类,各税目的征税对象包括原矿或选矿。

**(一)能源矿产**

能源矿产包括原油,天然气、页岩气、天然气水合物,煤,煤成(层)气,铀、钍,油页岩、油砂、天然沥青、石煤,地热。

**(二)金属矿产**

金属矿产包括黑色金属和有色金属。

(1)黑色金属包括铁、锰、铬、钒、钛。

(2)有色金属包括铜、铅、锌、锡、镍、锑、镁、钴、铋、汞、铝土矿、钨、钼、金、银、铂、钯、钌、锇、铱、铑、轻稀土、中重稀土、铍、锂、锆、锶、铷、铯、铌、钽、锗、镓、铟、铊、铪、铼、镉、硒、碲。

**(三)非金属矿产**

非金属矿产包括矿物类、岩石类、宝玉石类。

(1)矿物类包括高岭土、石灰岩、磷、石墨、萤石、硫铁矿、自然硫、天然石英砂、脉石英、粉石英、水晶、工业用金刚石、冰洲石、蓝晶石、硅线石(矽线石)、长石、滑石、刚玉、菱镁矿、颜料矿物、天然碱、芒硝、钠硝石、明矾石、砷、硼、碘、溴、膨润土、硅藻土、陶瓷土、耐火粘土、铁矾土、凹凸棒石粘土、海泡石粘土、伊利石粘土、累托石粘土、叶蜡石、硅灰石、透辉石、珍珠岩、云母、沸石、重晶石、毒重石、方解石、蛭石、透闪石、工业用电气石、白垩、石棉、蓝石棉、红柱石、石榴子石、石膏、其他粘土。

(2)岩石类包括大理岩、花岗岩、白云岩、石英岩、砂岩、辉绿岩、安山岩、闪长岩、板岩、玄武岩、片麻岩、角闪岩、页岩、浮石、凝灰岩、黑曜岩、霞石正长岩、蛇纹岩、麦饭石、泥灰岩、含钾岩石、含钾砂页岩、天然油石、橄榄岩、松脂岩、粗面岩、辉长岩、辉石岩、正长岩、火山灰、火山渣、泥炭、砂石。

(3)宝玉石类包括宝石、玉石、宝石级金刚石、玛瑙、黄玉、碧玺。

**(四)水气矿产**

水气矿产包括二氧化碳气、硫化氢气、氦气、氡气、矿泉水。

**(五)盐类**

盐类包括钠盐、钾盐、镁盐、锂盐、天然卤水、海盐。

纳税人开采或者生产应税产品自用的,视同销售,应当按规定缴纳资源税,但是自用于连续生产应税产品的,不缴纳资源税。纳税人自用应税产品应当缴纳资源税的情形,包括纳税人以应税产品用于非货币性资产交换、捐赠、偿债、赞助、集资、投资、广告、样品、职工福利、利润分配或者连续生产非应税产品等。

国务院根据国民经济和社会发展需要,依照《资源税法》的原则,对取用地表水或者地下水的单位和个人试点征收水资源税。征收水资源税的,停止征收水资源费。

水资源税试点实施办法由国务院规定,报全国人大常委会备案。

【例 7-1】 根据资源税法律制度的规定,下列各项中,属于资源税征税范围的有( )。

A. 花岗岩　　　　B. 人造石油　　　　C. 海盐　　　　D. 煤成(层)气

【解析】 答案为 ACD。按照现行资源税征税范围规定,人造石油不属于资源税征税范围,不征收资源税,而花岗岩、海盐和煤成(层)气均属于资源税征收范围。

### 三、资源税应纳税额的计算

#### (一)比例税率与定额税率

资源税采用比例税率或者定额税率两种形式。税目、税率,依照"税目税率表"执行。其中对地热、石灰岩、其他粘土、砂石、矿泉水和天然卤水 6 种应税资源采用比例税率或定额税率,其他应税资源均采用比例税率。

#### (二)具体适用税率的确定

"税目税率表"中规定实行幅度税率的,其具体适用税率由省、自治区、直辖市人民政府统筹考虑该应税资源的品位、开采条件以及对生态环境的影响等情况,在"税目税率表"规定的税率幅度内提出,报同级人民代表大会常务委员会决定,并报全国人大常委会和国务院备案。"税目税率表"中规定征税对象为原矿或者选矿的,应当分别确定具体适用税率。"资源税税目税率表"如表 7-1 所示。

水资源税根据当地水资源状况、取用水类型和经济发展等情况实行差别税率。

表 7-1　　　　　　　　　　资源税税目税率幅度表

| 税目 | | 征税对象 | 税率幅度 |
| --- | --- | --- | --- |
| 能源矿产 | 原油 | 原矿 | 6% |
| | 天然气、页岩气、天然气水化物 | 原矿 | 6% |
| | 煤 | 原矿或者选矿 | 2%～10% |
| | 煤成(层)气 | 原矿 | 1%～2% |
| | 铀、钍 | 原矿 | 4% |
| | 油页岩、油砂、天然沥青、石煤 | 原矿或者选矿 | 1%～4% |
| | 地热 | 原矿 | 1%～20%或者每立方 1～30 元 |

(续表)

| 税目 | | | 征税对象 | 税率幅度 |
|---|---|---|---|---|
| 金属矿产 | 黑色金属 | 铁、锰、铬、钒、钛 | 原矿或者选矿 | 1%～9% |
| | 有色金属 | 铜、铅、锌、锡、镍、锑、镁、钴、铋、汞 | 原矿或者选矿 | 2%～10% |
| | | 铝土矿 | 原矿或者选矿 | 2%～9% |
| | | 钨 | 选矿 | 6.5% |
| | | 钼 | 选矿 | 8% |
| | | 金、银 | 原矿或者选矿 | 2%～6% |
| | | 铂、钯、钌、锇、铱、铑 | 原矿或者选矿 | 5%～10% |
| | | 轻稀土 | 选矿 | 7%～12% |
| | | 中重稀土 | 选矿 | 20% |
| | | 铍、锂、锆、锶、铷、铯、铌、钽、锗、镓、铟、铊、铪、铼、镉、硒、碲 | 原矿或者选矿 | 2%～10% |
| 非金属矿产 | 矿物类 | 高岭土 | 原矿或者选矿 | 1%～6% |
| | | 石灰岩 | 原矿或者选矿 | 1%～6%或者每吨（或者每立方米）1～10元 |
| | | 磷 | 原矿或者选矿 | 3%～8% |
| | | 石墨 | 原矿或者选矿 | 3%～12% |
| | | 萤石、硫铁矿、自然硫 | 原矿或者选矿 | 1%～8% |
| | | 天然石英砂、脉石英、粉石英、水晶、工业用金刚石、冰洲石、蓝晶石、硅线石(矽线石)、长石、滑石、刚玉、菱镁矿、颜料矿物、天然碱、芒硝、钠硝石、明矾石、砷、硼、碘、溴、膨润土、硅藻土、陶瓷土、耐火粘土、铁矾土、凹凸棒石粘土、海泡石粘土、伊利石粘土、累托石粘土 | 原矿或者选矿 | 1%～12% |
| | | 叶蜡石、硅灰石、透辉石、珍珠岩、云母、沸石、重晶石、毒重石、方解石、蛭石、透闪石、工业用电气石、白垩、石棉、蓝石棉、红柱石、石榴子石、石膏 | 原矿或者选矿 | 2%～12% |
| | | 其他粘土 | 原矿或者选矿 | 1%～5%或者每吨（或者每立方米）0.1～5元 |
| | 岩石类 | 大理岩、花岗岩、白云岩、石英岩、砂岩、辉绿岩、安山岩、闪长岩、板岩、玄武岩、片麻岩、角闪岩、页岩、浮石、凝灰岩、黑曜岩、霞石正长岩、蛇纹岩、麦饭石、泥灰岩、含钾岩石、含钾砂页岩、天然油石、橄榄岩、松脂岩、粗面岩、辉长岩、辉石岩、正长岩、火山灰、火山渣、泥炭 | 原矿或者选矿 | 1%～10% |

(续表)

| 税目 | | | 征税对象 | 税率幅度 |
|---|---|---|---|---|
| 非金属矿产 | 岩石类 | 砂石 | 原矿或者选矿 | 1%～5%或者每吨（或者每立方米）0.1～5元 |
| | 宝玉石类 | 宝石、玉石、宝石级金刚石、玛瑙、黄玉、碧玺 | 原矿或者选矿 | 4%～20% |
| 水气矿产 | 二氧化碳气体、硫化氢气体、氦气、氡气 | | 原矿 | 2%～5% |
| | 矿泉水 | | 原矿 | 1%～20%或者每立方米1～30元 |
| 盐 | 钠盐、钾盐、镁盐、锂盐 | | 选矿 | 3%～15% |
| | 天然卤水 | | 原矿 | 3%～15%或者每吨（或者每立方米）1～10元 |
| | 海盐 | | | 2%～5% |

**（三）资源税计税依据**

1. 资源税计税依据的一般规定

资源税按照"税目税率表"实行从价计征或者从量计征。以纳税人开发应税资源产品的销售或者销售数量为计税依据。

"税目税率表"中规定可以选择实行从价计征或者从量计征的，具体计征方式由省、自治区、直辖市人民政府提出，报同级人民代表大会常务委员会决定，并报全国人大常委会和国务院备案。

实行从价计征的，应纳税额按照应税资源产品（以下简称应税产品）的销售额乘以具体适用税率计算。实行从量计征的，应纳税额按照应税产品的销售数量乘以具体适用税率计算。

应税产品为矿产品的，包括原矿和选矿产品。

纳税人开采或者生产不同税目应税产品的，应当分别核算不同税目应税产品的销售额或者销售数量；未分别核算或者不能准确提供不同税目应税产品的销售额或者销售数量的，从高适用税率。

2. 销售额

资源税应税产品销售额是指纳税人销售应税产品向购买方收取的全部价款，但不包括收取的增值税税款。计入销售额中的相关运杂费用，凡取得增值税发票或者其他合法有效凭据的，准予从销售额中扣除。相关运杂费用是指应税产品从坑口或者洗选（加工）地到车站、码头或者购买方指定地点的运输费用、建设基金以及随运销产生的装卸、仓储、港杂费用。

纳税人申报的应税产品销售额明显偏低且无正当理由的，或者有自用应税产品行为而无销售额的，主管税务机关可以按下列方法和顺序确定其应税产品销售额：

(1) 按纳税人最近时期同类产品的平均销售价格确定。
(2) 按其他纳税人最近时期同类产品的平均销售价格确定。
(3) 按后续加工非应税产品销售价格,减去后续加工环节的成本利润后确定。
(4) 按应税产品组成计税价格确定。

$$组成计税价格 = 成本 \times (1 + 成本利润率) \div (1 - 资源税税率)$$

上述公式中的成本利润率由省、自治区、直辖市税务机关确定。
(5) 按其他合理方法确定。

3. 销售数量

应税产品的销售数量,包括纳税人开采或者生产应税产品的实际销售数量和自用于应当缴纳资源税情形的应税产品数量。

4. 资源税计税依据的特殊规定

(1) 纳税人外购应税产品与自采应税产品混合销售或者混合加工为应税产品销售的,在计算应税产品销售额或者销售数量时,准予扣减外购应税产品的购进金额或者购进数量;当期不足扣减的,可结转下期扣减。纳税人应当准确核算外购应税产品的购进金额或者购进数量,未准确核算的,一并计算缴纳资源税。

纳税人核算并扣减当期外购应税产品购进金额、购进数量,应当依据外购应税产品的增值税发票、海关进口增值税专用缴款书或者其他合法有效凭据。

(2) 纳税人以外购原矿与自采原矿混合为原矿销售,或者以外购选矿产品与自产选矿产品混合为选矿产品销售的,在计算应税产品销售额或者销售数量时,直接扣减外购原矿或者外购选矿产品的购进金额或者购进数量。

纳税人以外购原矿与自采原矿混合洗选加工为选矿产品销售的,在计算应税产品销售额或者销售数量时,按照下列方法进行扣减:

$$\begin{matrix}准予扣减的外购应税\\产品购进金额(数量)\end{matrix} = \begin{matrix}外购原矿购进\\金额(数量)\end{matrix} \times \left( \begin{matrix}本地区原矿\\适用税率\end{matrix} \div \begin{matrix}本地区选矿\\产品适用税率\end{matrix} \right)$$

不能按照上述方法计算扣减的,按照主管税务机关确定的其他合理方法进行扣减。

(3) 纳税人开采或者生产同一税目下适用不同税率应税产品的,应当分别核算不同税率应税产品的销售额或者销售数量;未分别核算或者不能准确提供不同税率应税产品的销售额或者销售数量的,从高适用税率。

(4) 纳税人以自采原矿(经过采矿过程采出后未进行选矿或者加工的矿石)直接销售,或者自用于应当缴纳资源税情形的,按照原矿计征资源税。

纳税人以自采原矿洗选加工为选矿产品(通过破碎、切割、洗选、筛分、磨矿、分级、提纯、脱水、干燥等过程形成的产品,包括富集的精矿和研磨成粉、粒级成型、切割成型的原矿加工品)销售,或者将选矿产品自用于应当缴纳资源税情形的,按照选矿产品计征资源税,在原矿移送环节不缴纳资源税。对于无法区分原生岩石矿种的粒级成型砂石颗粒,按照砂石税目征收资源税。

(5) 纳税人开采或者生产同一应税产品,其中既有享受减免税政策的,又有不享受减免税政策的,按照免税、减税项目的产量占比等方法分别核算确定免税、减税项目的销售额或者销售数量。

【例7-2】 某铜矿2023年3月销售铜矿石原矿收取价款合计600万元,其中从坑口到车站的运输费用20万元,随运销产生的装卸、仓储费用10万元,均取得增值税发票。已知:该矿山铜矿石原矿适用的资源税税率为6%。计算该铜矿3月份应纳资源税税额。

【解析】 因为铜矿征税对象为原矿或选矿,本题计税依据应为原矿销售额,减除运输费用和装卸、仓储费用。

（1）该铜矿当月应税产品销售额＝600－(20＋10)＝570(万元)。
（2）该铜矿3月份应纳资源税税额＝570×6%＝34.2(万元)。

5. 资源税应纳税额的计算

资源税的应纳税额,按照从价定率或者从量定额的办法,分别以应税产品的销售额乘以纳税人具体适用的比例税率或者以应税产品的销售数量乘以纳税人具体适用的定额税率计算。

（1）实行从价定率计征办法的应税产品,应纳税额按销售额和比例税率计算:

$$应纳税额＝应税产品的销售额×适用的比例税率$$

（2）实行从量定额计征办法的应税产品,应纳税额按销售数量和定额税率计算:

$$应纳税额＝应税产品的销售数量×适用的定额税率$$

（3）扣缴义务人代扣代缴资源税应纳税额的计算:

$$代扣代缴应纳税额＝收购未税产品的数量×适用的定额税率$$

### 四、资源税税收优惠

#### (一) 免征资源税的情形

有下列情形之一的,免征资源税:
（1）开采原油以及在油田范围内运输原油过程中用于加热的原油、天然气。
（2）煤炭开采企业因安全生产需要抽采的煤成(层)气。

#### (二) 减征资源税的情形

有下列情形之一的,减征资源税:

（1）从低丰度油气田开采的原油、天然气,减征20%资源税。低丰度油气田,包括陆上低丰度油田、陆上低丰度气田、海上低丰度油田、海上低丰度气田。陆上低丰度油田是指每平方千米原油可开采储量丰度低于25万立方米的油田;陆上低丰度气田是指每平方千米天然气可开采储量丰度低于2.5亿立方米的气田;海上低丰度油田是指每平方千米原油可开采储量丰度低于60万立方米的油田;海上低丰度气田是指每平方千米天然气可开采储量丰度低于6亿立方米的气田。

（2）高含硫天然气、三次采油和从深水油气田开采的原油、天然气,减征30%资源税。高含硫天然气,是指硫化氢含量在每立方米30克以上的天然气。三次采油,是指二次采油后继续以聚合物驱、复合驱、泡沫驱、气水交替驱、二氧化碳驱、微生物驱等方式进行采油。深水油气田,是指水深超过300米的油气田。

（3）稠油、高凝油减征40%资源税。稠油,是指地层原油黏度大于或等于每秒50毫帕或原油密度大于或等于每立方厘米0.92克的原油。高凝油,是指凝固点高于40℃的原油。

(4) 从衰竭期矿山开采的矿产品,减征 30% 资源税。衰竭期矿山,是指设计开采年限超过 15 年,且剩余可开采储量下降到原设计可开采储量的 20% 以下或者剩余开采年限不超过 5 年的矿山。衰竭期矿山以开采企业下属的单个矿山为单位确定。

(5) 为促进页岩气开发利用,有效增加天然气供给,经国务院同意,自 2018 年 4 月 1 日至 2021 年 3 月 31 日,对页岩气资源税(按 6% 的规定税率)减征 30%。

(6) 自 2022 年 1 月 1 日至 2024 年 12 月 31 日,对增值税小规模纳税人、小型微利企业和个体工商户可以在 50% 的税额幅度内减征资源税。

(7) 自 2014 年 12 月 1 日至 2027 年 12 月 31 日,对充填开采置换出来的煤炭,资源税减征 50%。

根据国民经济和社会发展需要,国务院对有利于促进资源节约集约利用、保护环境等情形可以规定免征或者减征资源税,报全国人大常委会备案。

### (三) 地方减免资源税的情形

有下列情形之一的,省、自治区、直辖市可以决定免征或者减征资源税:

(1) 纳税人开采或者生产应税产品过程中,因意外事故或者自然灾害等原因遭受重大损失。

(2) 纳税人开采共伴生矿、低品位矿、尾矿。

上述规定的免征或者减征资源税的具体办法,由省、自治区、直辖市人民政府提出,报同级人民代表大会常务委员会决定,并报全国人大常委会和国务院备案。

纳税人开采或者生产同一应税产品同时符合两项或者两项以上减征资源税优惠政策的,除另有规定外,只能选择其中一项执行。

纳税人的免税、减税项目,应当单独核算销售额或者销售数量;未单独核算或者不能准确提供销售额或者销售数量的,不予免税或者减税。

## 五、资源税征收管理

### (一) 纳税义务发生时间

纳税人销售应税资源品目采取其他结算方式的,其纳税义务发生时间,为收讫销售款或者取得索取销售款凭据的当天。自用应税产品的,纳税义务发生时间为移送应税产品的当日。

资源税由税务机关征收管理。海上开采的原油和天然气资源税由海洋石油税务管理机构征收管理。

### (二) 纳税地点

纳税人应当在矿产品的开采地或者海盐的生产地缴纳资源税。

### (三) 纳税期限

资源税按月或者按季申报缴纳;不能按固定期限计算缴纳的,可以按次申报缴纳。纳税人申报资源税时,应当填报"资源税纳税申报表"。纳税人享受资源税优惠政策,实行"自行判别、申报享受、有关资料留存备查"的办理方式,另有规定的除外。纳税人对资源税优惠事项留存材料的真实性和合法性承担法律责任。

纳税人按月或者按季申报缴纳的,应当自月度或者季度终了之日起 15 日内,向税务机关办理纳税申报并缴纳税款;按次申报缴纳的,应当自纳税义务发生之日起 15 日内,向税务机关办理纳税申报并缴纳税款。

## 第二节 城镇土地使用税法律制度

城镇土地使用税是国家在城市、县城、建制镇和工矿区范围内,对使用土地的单位和个人,以其实际占用的土地面积为计税依据,按照规定的税额计算征收的一种税。

### 一、城镇土地使用税纳税人

城镇土地使用税的纳税人,是指在税法规定的征税范围内使用土地的单位和个人。

单位包括国有企业、集体企业、私营企业、股份制企业、外商投资企业、外国企业以及其他企业和事业单位、社会团体、国家机关、军队以及其他单位。个人包括个体工商户以及其他个人。

城镇土地使用税的纳税人,根据用地者的不同情况分别确定为:

(1) 城镇土地使用税由拥有土地使用权的单位或个人缴纳。
(2) 拥有土地使用权的纳税人不在土地所在地的,由代管人或实际使用人缴纳。
(3) 土地使用权未确定或权属纠纷未解决的,由实际使用人纳税。
(4) 土地使用权共有的,共有各方均为纳税人,由共有各方分别纳税。以共有各方实际使用土地的面积占总面积的比例,分别计算缴纳城镇土地使用税。

### 二、城镇土地使用税征税范围

城镇土地使用税的征税范围是税法规定的纳税区域内的土地。凡在城市、县城、建制镇、工矿区范围内的土地,不论是属于国家所有的土地,还是集体所有的土地,都属于城镇土地使用税的征税范围。

上述城镇土地使用税的征税范围中,城市的土地包括市区和郊区的土地;县城的土地是指县人民政府所在地的城镇的土地;建制镇的土地是指镇人民政府所在地的土地。建立在城市、县城、建制镇和工矿区以外的工矿企业不需缴纳城镇土地使用税。另外,自2009年1月1日起,公园、名胜古迹内的索道公司经营用地,应按规定缴纳城镇土地使用税。

### 三、城镇土地使用税应纳税额的计算

#### (一) 税率

城镇土地使用税采用定额税率,按大、中、小城市和县城、建制镇、工矿区分别规定每平方米城镇土地使用税年应纳税额,具体如表7-2所示。

表7-2　　　　　　　　城镇土地使用税税率表

| 级别 | 非农业人口(人) | 每平方米年税额(元) |
| --- | --- | --- |
| 大城市 | 50万以上 | 1.5~30 |
| 中等城市 | 20万~50万 | 1.2~24 |
| 小城市 | 20万以下 | 0.9~18 |
| 县城、建制镇、工矿区 | — | 0.6~12 |

城镇土地使用税规定幅度税额,而且每个幅度税额的差距为20倍。这主要考虑我国各地存在着悬殊的土地级差收益,同一地区内不同地段的市政建设情况和经济发展程度也有较大的差别。

各省、自治区、直辖市人民政府,在上述规定的税额幅度内,根据市政建设情况、经济繁荣程度等条件,确定所辖地区的适用税额幅度。经济落后地区,城镇土地使用税的适用税额标准可适当降低,但降低幅度不得超过上述规定最低税额的30%。经济发达地区,城镇土地使用税的适用税额可以适当提高,但须报经财政部批准。

### (二) 计税依据

城镇土地使用税的计税依据是纳税人实际占用的土地面积。土地面积以平方米为计量标准,具体按以下办法确定:

(1) 凡由省级人民政府确定的单位组织测定土地面积的,以测定的土地面积为准。

(2) 尚未组织测定,但纳税人持有政府部门核发的土地使用证书的,以证书确定的土地面积为准。

(3) 尚未核发土地使用证书的,应由纳税人据实申报土地面积,并据以纳税,待核发土地使用证书后再作调整。

### (三) 应纳税额的计算

城镇土地使用税以纳税人实际占用的土地面积为计税依据,按照规定的适用税额计算征收。其应纳税额计算公式为:

$$年应纳税额 = 实际占用应税土地面积(平方米) \times 适用税额$$

**【例7-3】** 设在某城市的一家企业使用土地面积为2 000平方米,经税务机关核定,该土地为应税土地,每平方米年税额为4元。请计算其全年应纳的城镇土地使用税税额。

**【解析】** 年应纳税额 = 实际占用应税土地面积(平方米) × 适用税额
$$= 20\ 000 \times 4 = 80\ 000(元)$$

## 四、城镇土地使用税税收优惠

### (一) 免征城镇土地使用税的土地

(1) 国家机关、人民团体、军队自用的土地。

(2) 由国家财政部门拨付事业经费的单位自用的土地。

(3) 宗教寺庙、公园、名胜古迹自用的土地。

(4) 市政街道、广场、绿化地带等公共用地。

(5) 直接用于农、林、牧、渔业的生产用地。

(6) 经批准开山填海整治的土地和改造的废弃土地,从使用的月份起免缴土地使用税5~10年。

(7) 由财政部另行规定免税的能源、交通、水利设施用地和其他用地。

### (二) 税收优惠的特殊规定

**1. 城镇土地使用税与耕地占用税的征税范围衔接**

为避免对一块土地同时征收耕地占用税和城镇土地使用税,凡是缴纳了耕地占用税的,从批准征用之日起满1年后征收城镇土地使用税;征用非耕地因不需要缴纳耕地占用税,应从批准征用之次月起征收城镇土地使用税。

2. 免税单位与纳税单位之间无偿使用的土地

对免税单位无偿使用纳税单位的土地(如公安、海关等单位使用铁路、民航等单位的土地),免征城镇土地使用税;对纳税单位无偿使用免税单位的土地,纳税单位应照章缴纳城镇土地使用税。

3. 房地产开发公司开发建造商品房的用地

房地产开发公司开发建造商品房的用地,除经批准开发建设经济适用房的用地外,对各类房地产开发用地一律不得减免城镇土地使用税。

4. 防火、防爆、防毒等安全防范用地

对于各类危险品仓库、厂房所需的防火、防爆、防毒等安全防范用地,可由各省、自治区、直辖市税务局确定,暂免征收城镇土地使用税;对仓库库区、厂房本身用地,应依法征收城镇土地使用税。

5. 企业的铁路专用线、公路等用地

对企业的铁路专用线、公路等用地除另有规定者外,在企业厂区(包括生产、办公及生活区)以内的,应照章征收城镇土地使用税;在厂区以外、与社会公用地段未加隔离的,暂免征收城镇土地使用税。

6. 石油天然气(含页岩气、煤层气)生产企业用地

(1) 下列石油天然气生产建设用地暂免征收城镇土地使用税:①地质勘探、钻井、井下作业、油气田地面工程等施工临时用地。②企业厂区以外的铁路专用线、公路及输油(气、水)管道用地。③油气长输管线用地。

(2) 在城市、县城、建制镇以外工矿区内的消防、防洪排涝、防风、防沙设施用地,暂免征收城镇土地使用税。

(3) 除上述列举免税的土地外,其他油气生产及办公、生活区用地,依照规定征收城镇土地使用税。享受上述税收优惠的用地,用于非税收优惠用途的,不得享受税收优惠。

7. 林业系统用地

(1) 对林区的育林地、运材道、防火道、防火设施用地,免征城镇土地使用税。

(2) 林业系统的森林公园、自然保护区可比照公园免征城镇土地使用税。

(3) 除上述列举免税的土地外,对林业系统的其他生产用地及办公、生活区用地,均应征收城镇土地使用税。

8. 盐场、盐矿用地

(1) 对盐场、盐矿的生产厂房、办公、生活区用地,应照章征收城镇土地使用税。

(2) 盐场的盐滩、盐矿的矿井用地,暂免征收城镇土地使用税。

(3) 对盐场、盐矿的其他用地,由各省、自治区、直辖市税务局根据实际情况,确定征收城镇土地使用税或给予定期减征、免征的照顾。

9. 矿山企业用地

矿山的采矿场、排土场、尾矿库、炸药库的安全区,以及运矿运岩公路、尾矿输送管道及回水系统用地,免征城镇土地使用税。

10. 电力行业用地

(1) 火电厂厂区围墙内的用地均应征收城镇土地使用税。对厂区围墙外的灰场、输灰

管、输油(气)管道、铁路专用线用地,免征城镇土地使用税;厂区围墙外的其他用地,应照章征税。

(2) 水电站的发电厂房用地(包括坝内、坝外式厂房)、生产、办公、生活用地,应征收城镇土地使用税;对其他用地给予免税照顾。

(3) 对供电部门的输电线路用地、变电站用地,免征城镇土地使用税。

11. 水利设施用地

(1) 水利设施及其管护用地(如水库库区、大坝、堤防、灌渠、泵站等用地),免征城镇土地使用税;其他用地,如生产、办公、生活用地,应照章征税。

(2) 对兼有发电的水利设施用地城镇土地使用税的征免,具体办法比照电力行业征免城镇土地使用税的有关规定办理。

12. 交通部门港口用地

对港口的码头(即泊位,包括岸边码头、伸入水中的浮码头、堤岸、堤坝、栈桥等)用地,免征城镇土地使用税。

13. 民航机场用地

(1) 机场飞行区(包括跑道、滑行道、停机坪、安全带、夜航灯光区)用地、场内外通信导航设施用地和飞行区四周排水防洪设施用地,免征城镇土地使用税。

(2) 在机场道路中,场外道路用地免征城镇土地使用税;场内道路用地依照规定征收城镇土地使用税。

(3) 机场工作区(包括办公、生产和维修用地及候机楼、停车场)用地、生活区用地、绿化用地,均须依照规定征收城镇土地使用税。

14. 老年服务机构自用的土地

老年服务机构,是指专门为老年人提供生活照料、文化、护理、健身等多方面服务的福利性、非营利性的机构,主要包括老年社会福利院、敬老院(养老院)、老年服务中心、老年公寓(含老年护理院、康复中心、托老所)等。老年服务机构自用土地免征城镇土地使用税。

15. 体育馆、体育活动用地

(1) 国家机关、军队、人民团体、财政补助事业单位、居民委员会、村民委员会拥有的体育场馆,用于体育活动的土地,免征城镇土地使用税。

(2) 经费自理事业单位、体育社会团体、体育基金会、体育类民办非企业单位拥有并运营管理的体育场馆,符合相关条件的,其用于体育活动的土地,免征城镇土地使用税。

(3) 企业拥有并运营管理的大型体育场馆,其用于体育活动的土地,减半征收城镇土地使用税。

(4) 享受上述税收优惠体育场馆的运动场地用于体育活动的天数不得低于全年自然天数的70%。

16. 采暖用地

自2019年1月1日至2027年供暖期结束,对向居民供热收取采暖费的供热企业,为居民供热所使用的土地免征城镇土地使用税;对供热企业其他土地,应当按照规定征收城镇土地使用税。

供热企业,是指热力产品生产企业和热力产品经营企业。热力产品生产企业包括专业供热企业、兼营供热企业和自供热单位。

对专业供热企业,按其向居民供热取得的采暖费收入占全部采暖费收入的比例,计算免征的城镇土地使用税。

对兼营供热企业,视其供热所使用的土地与其他生产经营活动所使用的土地是否可以区分,按照不同方法计算免征的城镇土地使用税。可以区分的,对其供热所使用土地,按向居民供热取得的采暖费收入占全部采暖费收入的比例,计算免征的城镇土地使用税。难以区分的,对其全部土地,按向居民供热取得的采暖费收入占其营业收入的比例,计算免征的城镇土地使用税。

对自供热单位,按向居民供热建筑面积占总供热建筑面积的比例,计算免征供热所使用土地的城镇土地使用税。

17. 物流企业用地

自2020年1月1日至2027年12月31日,对物流企业自有(包括自用和出租)或承租的大宗商品仓储设施用地,减按所属土地等级适用税额标准的50%计征城镇土地使用税。

物流企业,是指至少从事仓储或运输一种经营业务,为工农业生产、流通、进出口和居民生活提供仓储、配送等第三方物流服务,实行独立核算、独立承担民事责任,并在工商部门注册登记为物流、仓储或运输的专业物流企业。

物流企业的办公、生活区用地及其他非直接用于大宗商品仓储的土地,不属于减税范围,应按规定征收城镇土地使用税。

18. 小微企业用地

自2022年1月1日至2024年12月31日,由省、自治区、直辖市人民政府根据本地区实际情况,以及宏观调控需要确定,对增值税小规模纳税人、小型微利企业和个体工商户可以在50%的税额幅度内减征城镇土地使用税。

## 五、城镇土地使用税征收管理

### (一) 纳税义务发生时间

(1) 纳税人购置新建商品房,自房屋交付使用之次月起,缴纳城镇土地使用税。

(2) 纳税人购置存量房,自办理房屋权属转移、变更登记手续,房地产权属登记机关签发房屋权属证书之次月起,缴纳城镇土地使用税。

(3) 纳税人出租、出借房产,自交付出租、出借房产之次月起,缴纳城镇土地使用税。

(4) 以出让或转让方式有偿取得土地使用权的,应由受让方从合同约定交付土地时间之次月起缴纳城镇土地使用税;合同未约定交付土地时间的,由受让方从合同签订之次月起缴纳城镇土地使用税。

(5) 纳税人新征用的耕地,自批准征用之日起满1年时开始缴纳城镇土地使用税。

(6) 纳税人新征用的非耕地,自批准征用次月起缴纳城镇土地使用税。

### (二) 纳税地点

城镇土地使用税在土地所在地缴纳。

纳税人使用的土地不属于同一省、自治区、直辖市管辖的,由纳税人分别向土地所在地税务机关缴纳城镇土地使用税;在同一省、自治区、直辖市管辖范围内,纳税人跨地区使用的土地,其纳税地点由各省、自治区、直辖市税务局确定。

### （三）纳税期限

城镇土地使用税按年计算、分期缴纳，具体纳税期限由省、自治区、直辖市人民政府确定。

## 第三节 房产税法律制度

房产税，是以房产为征税对象，按照房产的计税价值或房产租金收入向产权所有人征收的一种税。

### 一、房产税纳税人

房产税纳税人，是指在我国城市、县城、建制镇和工矿区内拥有房屋产权的单位和个人。

（1）产权属于国家所有的，其经营管理的单位为纳税人；产权属于集体和个人所有的，集体单位和个人为纳税人。

（2）产权出典的，承典人为纳税人。

（3）产权所有人、承典人均不在房产所在地的，房产代管人或者使用人为纳税人。

（4）产权未确定以及租典纠纷未解决的，房产代管人或者使用人为纳税人。

（5）应税单位和个人无租使用房产管理部门、免税单位及纳税单位的房产，由使用人代为缴纳房产税。

### 二、房产税征税范围

房产税的征税对象是房屋。房屋，是指有屋面和围护结构（有墙或两边有柱），能够遮风避雨，可供人们在其中生产、工作、学习、娱乐、居住或储藏物资的场所，但独立于房屋之外的建筑物，如围墙、烟囱、水塔、菜窖、室外游泳池等不属于房产税的征税范围，具体征税范围如表 7-3 所示。

表 7-3 房产税征税范围

| 范围 | 具体规定 |
| --- | --- |
| 城市 | 国务院批准设立的市，其征税范围为市区、郊区和市辖县城，不包括农村 |
| 县城 | 未设立建制镇的县人民政府所在地的地区 |
| 建制镇 | 经省、自治区、直辖市人民政府批准设立的建制镇 |
| 工矿区 | 工商业比较发达，人口比较集中，符合国务院规定的建制镇的标准，但尚未设立建制镇的大中型工矿企业所在地（在工矿区开征房产税必须经省、自治区、直辖市人民政府批准） |

【例 7-4】 根据房产税法律制度的规定，下列各项中，不属于房产税征收范围的是（　　）。

A．建制镇工业企业的厂房　　　　　　B．农村的村民住宅
C．市区商场的地下车库　　　　　　　D．县城商业企业的办公大楼

【解析】 答案为选项 B。房产税的征税范围是指城市、县城、建制镇和工矿区的房屋，

但不包含农村的房屋。

### 三、房产税应纳税额的计算

房产税以房产的计税价值或房产租金收入为计税依据。按房产计税价值征税的,称为从价计征;按房产租金收入征税的,称为从租计征。

#### (一)从价计征的房产税

1. 税率

我国现行房产税采用比例税率。从价计征的,税率为 1.2%。

2. 计税依据

从价计征的房产税,以房产余值为计税依据。房产税依照房产原值一次减除 10%~30%后的余值计算缴纳,具体扣减比例由省、自治区、直辖市人民政府确定。

(1) 房产原值,是指纳税人按照会计制度规定,在账簿固定资产科目中记载的房屋原价。

自 2009 年 1 月 1 日起,对依照房产原值计税的房产,不论是否记载在会计账簿固定资产科目中,均应按照房屋原价计算缴纳房产税。房屋原价应根据国家有关会计制度规定进行核算。对纳税人未按国家会计制度核算并记载的,应按规定予以调整或重新评估。

(2) 房产余值,是指房产的原值减除规定比例后的剩余价值。

(3) 房屋附属设备和配套设施的计税规定。

房产原值应包括与房屋不可分割的各种附属设备或一般不单独计算价值的配套设施,主要有暖气、卫生、通风、照明、煤气等设备;各种管线,如蒸汽、压缩空气、石油、给水排水等管道及电力、电讯、电缆导线;电梯、升降机、过道、晒台等。

凡以房屋为载体,不可随意移动的附属设备和配套设施,如给排水、采暖、消防、中央空调、电气及智能化楼宇设备等,无论在会计核算中是否单独记账与核算,都应计入房产原值,计征房产税。

纳税人对原有房屋进行改建、扩建的,要相应增加房屋的原值。对更换房屋附属设备和配套设施的,在将其价值计入房产原值时,可扣减原来相应设备和设施的价值;对附属设备和配套设施中易损坏、需要经常更换的零配件,更新后不再计入房产原值。

(4) 对于投资联营的房产的计税规定包括:①对以房产投资联营、投资者参与投资利润分红、共担风险的,按房产余值作为计税依据计缴房产税。②对以房产投资收取固定收入、不承担经营风险的,实际上是以联营名义取得房屋租金,应以出租方取得的租金收入为计税依据计缴房产税。

(5) 居民住宅区内业主共有的经营性房产的计税规定。

对居民住宅内业主共有的经营性房产,由实际经营(包括自营和出租)的代管人或使用人缴纳房产税。其中自营的依照房产原值减除 10%~30%后的余值计征,没有房产原值或不能将业主共有房产与其他房产的原值准确划分开的,由房产所在地税务机关参照同类房产核定房产原值;出租房产的,按照租金收入计征。

(6) 融资租赁房屋的计税规定。

对融资租赁房屋的情况,由于租赁费包括购进房屋的价款、手续费、借款利息等,与一般房屋出租的"租金"内涵不同,且租赁期满后,当承租方偿还最后一笔租赁费时,房屋产权要转移到承租方。这实际上是一种变相的分期付款购买固定资产的形式,所以在计征房产税时应以房产余值计算征收,由承租人自融资租赁合同约定开始日的次月起依照房产余值缴纳房产税。合同未约定开始日的,由承租人自合同签订的次月起依照房产余值缴纳房产税。

3. 应纳税额的计算

从价计征是按房产的原值减除一定比例后的余值计征,扣除比例幅度为10%~30%,具体减除幅度由省、自治区、直辖市人民政府规定。其计算公式为:

$$从价计征的房产税应纳税额 = 应税房产原值 \times (1 - 扣除比例) \times 1.2\%$$

【例7-5】 某单位一幢房产原值为500 000元,已知房产税税率为1.2%,当地规定的房产税扣除比例为20%,该房产年度应缴纳的房产税税额为( )元。

A. 4 200　　　　B. 4 800　　　　C. 6 000　　　　D. 48 000

【解析】 答案为选项B。应纳房产税=500 000×(1-20%)×1.2%=4 800(元)。

(二)从租计征的房产税

1. 税率

我国现行房产税采用比例税率。从租计征的,税率为12%。

2. 计税依据

房产出租的,以房屋出租取得的租金收入为计税依据,计缴房产税。计征房产税的租金收入不含增值税。免征增值税的,确定计税依据时,租金收入不扣减增值税额。

(1)房产的租金收入,是指房屋产权所有人出租房产使用权所取得的报酬,包括货币收入和实物收入。

(2)对以劳务或其他形式为报酬抵付房租收入的,应根据当地同类房产的租金水平,确定一个标准租金额从租计征。

(3)纳税人对个人出租房屋的租金收入申报不实或申报数与同一地段同类房屋的租金收入相比明显不合理的,税务部门可以按照《中华人民共和国税收征收管理法》有关规定,采取科学合理的方法核定其应纳税额。

3. 应纳税额的计算

从租计征是按房产的租金收入计征,计征房产税的租金收入不含增值税。其计算公式为:

$$从租计征的房产税应纳税额 = 租金收入 \times 12\%(或4\%)$$

### 四、房产税税收优惠

(一)国家机关、人民团体、军队自用的房产免征房产税

(1)上述免税单位的出租房产以及非自身业务使用的生产、营业用房,不属于免税范围。

(2)自2004年8月1日起,对军队空余房产租赁收入暂免征收房产税。

(二)由国家财政部门拨付事业经费的单位所有的、本身业务范围内使用的房产免征房产税

上述单位包括学校、医疗卫生单位、托儿所、幼儿园、敬老院以及文化、体育、艺术类单位

等实行全额或差额预算管理的事业单位,但其所属的附属工厂、商店、招待所等不属于单位公务、业务的用房,应照章纳税。

**(三) 宗教寺庙、公园、名胜古迹自用的房产免征房产税**

宗教寺庙自用的房产,是指举行宗教仪式等的房屋和宗教人员使用的生活用房屋。公园、名胜古迹自用的房产,是指供公共参观游览的房屋及其管理单位的办公用房屋。

宗教寺庙、公园、名胜古迹中附设的营业单位,如影剧院、饮食部、茶社、照相馆等所使用的房产及出租的房产,不属于免税范围,应照章征税。

**(四) 个人所有非营业用的房产免征房产税**

个人所有的非营业用房,主要是指居民住房,不分面积多少,一律免征房产税。对个人拥有的营业用房或者出租的房产,不属于免税房产,应照章征税。

**(五) 经财政部批准免税的其他房产**

(1) 毁损不堪居住的房屋和危险房屋,经有关部门鉴定,在停止使用后可免征房产税。

(2) 纳税人因房屋大修导致连续停用半年以上的,在房屋大修期间免征房产税,免征税额由纳税人在申报缴纳房产税时自行计算扣除,并在申报表附表或备注栏中作相应说明。

(3) 在基建工地为基建工地服务的各种工棚、材料棚、休息棚和办公室、食堂、茶炉房、汽车房等临时性房屋,施工期间一律免征房产税。但工程结束后,施工企业将这种临时性房屋交还或估价转让给基建单位的,应从基建单位接收的次月起,照章纳税。

(4) 对房管部门经租的居民住房,在房租调整改革之前收取租金偏低的,可暂缓征收房产税。对房管部门经租的其他非营业用房,是否给予照顾,由各省、自治区、直辖市根据当地具体情况按税收管理体制的规定办理。

(5) 对高校学生公寓免征房产税。

(6) 对非营利性医疗机构、疾病控制机构和妇幼保健机构等卫生机构自用的房产,免征房产税。

(7) 老年服务机构自用的房产免征房产税。

(8) 对公共租赁住房免征房产税。公共租赁住房经营单位应单独核算公共租赁住房租金收入,未单独核算的,不得享受免征房产税优惠政策。

对廉租住房经营管理单位按照政府规定价格、向规定保障对象出租廉租住房的租金收入,免征房产税。

(9) 国家机关、军队、人民团体、财政补助事业单位、居民委员会、村民委员会拥有的体育场馆,用于体育活动的房产,免征房产税。

经费自理事业单位、体育社会团体、体育基金会、体育类民办非企业单位拥有并运营管理的体育场馆,符合相关条件的,其用于体育活动的房产,免征房产税。

企业拥有并运营管理的大型体育场馆,其用于体育活动的房产,减半征收房产税。享受上述税收优惠体育场馆的运动场地,用于体育活动的天数不得低于全年自然天数的70%。

(10) 自2019年1月1日至2027年供暖期结束,对向居民供热收取采暖费的供热企业,为居民供热所使用的厂房免征房产税;对供热企业其他厂房,应当按照规定征收房产税。对专业供热企业,按其向居民供热取得的采暖费收入占全部采暖费收入的比例,计算免征的房产税。

(11) 自 2021 年 10 月 1 日起,对企事业单位、社会团体以及其他组织向个人、专业化规模化住房租赁企业出租住房的,减按 4% 的税率征收房产税。专业化规模化住房租赁企业的标准为：企业在开业报告或者备案城市内持有或者经营租赁住房 1 000 套(间)及以上或者建筑面积 3 万平方米及以上。各省、自治区、直辖市住房城乡建设部门会同同级财政、税务部门,可根据租赁市场发展情况,对本地区全部或者部分城市在 50% 的幅度内下调标准。

(12) 2022 年 1 月 1 日至 2024 年 12 月 31 日,由省、自治区、直辖市人民政府根据本地区实际情况,以及宏观调控需要确定,对增值税小规模纳税人、小型微利企业和个体工商户可以在 50% 的税额幅度内减征房产税。

### 五、房产税征收管理

#### (一) 纳税义务发生时间

(1) 纳税人将原有房产用于生产经营,从生产经营之月起,缴纳房产税。

(2) 纳税人自行新建房屋用于生产经营,从建成之次月起,缴纳房产税。

(3) 纳税人委托施工企业建设的房屋,从办理验收手续之次月起,缴纳房产税。

(4) 纳税人购置新建商品房,自房屋交付使用之次月起,缴纳房产税。

(5) 纳税人购置存量房,自办理房屋权属转移、变更登记手续,房地产权属登记机关签发房屋权属证书之次月起,缴纳房产税。

(6) 纳税人出租、出借房产,自交付出租、出借本企业房产之次月起,缴纳房产税。

(7) 房地产开发企业自用、出租、出借本企业建造的商品房,自房屋使用或交付之次月起,缴纳房产税。

(8) 纳税人因房产的实物或权利状态发生变化而依法终止房产税纳税义务的,其应纳税款的计算截止到房产的实物或权利状态发生变化的当月末。

#### (二) 纳税地点

房产税在房产所在地缴纳。房产不在同一地方的纳税人,应按房产的坐落地点分别向房产所在地的税务机关申报纳税。

#### (三) 纳税期限

房产税实行按年计算、分期缴纳的征收方法,具体纳税期限由省、自治区、直辖市人民政府确定。

## 第四节 契税法律制度

契税,是指国家在土地、房屋权属转移时,按照当事人双方签订的合同(契约)以及所确定价格的一定比例,向权属承受人征收的一种税。

### 一、契税纳税人

契税纳税人,是指在我国境内承受土地、房屋权属转移的单位和个人。

(1) 契税由权属的承受人缴纳。承受,是指以受让、购买、受赠、互换等方式取得土地、房屋权属的行为。

(2) 土地、房屋权属,是指土地使用权和房屋所有权。

(3) 单位,是指企业单位、事业单位、国家机关、军事单位和社会团体以及其他组织。

(4) 个人,是指个体经营者和其他个人。

## 二、契税征税范围

契税以在我国境内转移土地、房屋权属的行为作为征税对象。土地、房屋权属未发生转移的,不征收契税。契税的征税范围主要包括:

(1) 土地使用权出让,是指土地使用者向国家交付土地使用权出让费用,国家以土地所有者的身份将国有土地使用权在一定年限内让与土地使用者的行为。出让费用包括出让金等。

(2) 土地使用权转让,是指土地使用者以出售、赠与、互换或者其他方式将土地使用权转移给其他单位和个人的行为。土地使用权的转让不包括土地承包经营权和土地经营权的转移。

(3) 房屋买卖,是指房屋所有者将其房屋出售,由承受者交付货币、实物、无形资产或其他经济利益的行为。

(4) 房屋赠与,是指房屋所有者将其房屋无偿转让给受赠者的行为。

(5) 房屋互换,是指房屋所有者之间相互交换房屋的行为。

(6) 其他转移土地、房屋权属的形式。①以土地、房屋权属作价投资、入股、划转、奖励等方式转移土地、房屋权属的,应当依照税法规定征收契税。对于这些转移土地、房屋权属的形式,可以分别视同土地使用权转让、房屋买卖或者房屋赠与征收契税。②土地使用权受让人通过完成土地使用权转让方约定的投资额度或投资特定项目,以此获取低价转让或无偿赠与的土地使用权的,属于契税征收范围。③公司增资扩股中,对以土地、房屋权属作价入股或作为出资投入企业的,征收契税。④企业破产清算期间,对非债权人承受破产企业土地、房屋权属的,征收契税。

(7) 土地、房屋典当、继承、分拆(分割)、抵押以及出租等行为,不属于契税的征税范围。

## 三、契税应纳税额的计算

### (一) 税率

契税采用比例税率,实行3%~5%的幅度税率。具体税率由各省、自治区、直辖市人民政府在幅度税率规定范围内,按照本地区的实际情况提出,报同级人民代表大会常务委员会决定,并报全国人大常委会和国务院备案。

### (二) 计税依据

按照土地、房屋权属转移的形式、定价方法的不同,契税的计税依据确定如下:

1. 成交价格

土地使用权出让、出售,房屋买卖,以成交价格作为计税依据。成交价格是指土地、房屋权属转移合同确定的价格,包括承受者应交付的货币、实物、无形资产或其他经济利益对应的价款。计征契税的成交价格不含增值税。

土地使用权及所附建筑物、构筑物等(包括在建的房屋、其他建筑物、构筑物和其他附着物)转让的,计税依据为承受方应交付的总价款。

土地使用权出让的,计税依据包括土地出让金、土地补偿费、安置补助费、地上附着物和青苗补偿费、征收补偿费、城市基础设施配套费、实物配建房屋等应交付的货币以及实物、其他经济利益对应的价款。

房屋附属设施(包括停车位、机动车库、非机动车库、顶层阁楼、储藏室及其他房屋附属设施)与房屋为同一不动产单元的,计税依据为承受方应交付的总价款,并适用与房屋相同的税率;房屋附属设施与房屋为不同不动产单元的,计税依据为转移合同确定的成交价格,并按当地确定的适用税率计税。

承受已装修房屋的,应将包括装修费用在内的费用计入承受方应交付的总价款。

2. 核定价格

土地使用权赠与、房屋赠与以及其他没有价格的转移土地、房屋权属行为,为税务机关参照土地使用权出售、房屋买卖的市场价格依法核定的价格。

3. 互换价格差额

土地使用权互换、房屋互换,以所互换的土地使用权、房屋价格的差额为计税依据。土地使用权互换、房屋互换,互换价格相等的,互换双方计税依据为零;互换价格不相等的,以其差额为计税依据,由支付差额的一方缴纳契税。土地使用权与房屋所有权之间相互交换,也应按照上述办法确定计税依据。

4. 土地出让价款与成交价格

以划拨方式取得的土地使用权,经批准改为出让方式重新取得该土地使用权的,应由该土地使用权人以补缴的土地出让价款为计税依据缴纳契税。

先以划拨方式取得土地使用权,后经批准转让房地产,划拨土地性质改为出让的,承受方应分别以补缴的土地出让价款和房地产权属转移合同确定的成交价格为计税依据缴纳契税。

先以划拨方式取得土地使用权,后经批准转让房地产,划拨土地性质未发生改变的,承受方应以房地产权属转移合同确定的成交价格为计税依据缴纳契税。

5. 核定价格与差额

为了防止纳税人隐瞒、虚报成交价格以及偷、逃税款,对纳税人申报的成交价格、互换价格差额明显偏低且无正当理由的,由税务机关依照《中华人民共和国税收征收管理法》的规定核定。

税务机关依法核定计税价格,应参照市场价格,采用房地产价格评估等方法合理确定。

6. 计税依据不含增值税

契税计税依据不包括增值税,具体情形为:

(1)土地使用权出售、房屋买卖,承受方计征契税的成交价格不含增值税;实际取得增值税发票的,成交价格以发票上注明的不含税价格确定。

(2)土地使用权互换、房屋互换,契税计税依据为不含增值税价格的差额。

(3)税务机关核定的契税计税价格为不含增值税价格。

(三)应纳税额的计算

契税应纳税额依照省、自治区、直辖市人民政府确定的适用税率和税法规定的计税依据计算征收。其计算公式为:

契税应纳税额 = 计税依据 × 税率

以作价投资(入股)、偿还债务等应交付经济利益的方式转移土地、房屋权属的,参照土地使用权出让、出售或房屋买卖确定契税适用税率、计税依据等。

以划转、奖励等没有价格的方式转移土地、房屋权属的,参照土地使用权或房屋赠与确定契税适用税率、计税依据等。

【例7-6】 2023年,王某获得单位奖励房屋1套。王某得到该房屋后又将其与李某拥有的1套房屋进行交换。经房地产评估机构评估王某获奖房屋价值300 000元,李某房屋价值350 000元。两人协商后,王某实际向李某支付房屋交换价格差额款50 000元。税务机关核定奖励王某的房屋价值28万元。已知当地规定的契税税率为4%。计算王某应缴纳的契税税额。

【解析】 以获奖方式取得房屋权属的应视同房屋赠与征收契税,计税依据为税务机关参照市场价格核定的价格,即28万元。房屋交换且交换价格不相等的,应由多支付货币的一方缴纳契税,计税依据为所交换的房屋价格的差额,即50 000元。因此,王某应就其获奖承受该房屋权属行为和房屋交换行为分别缴纳契税。

(1) 王某获奖承受房屋权属应缴纳的契税税额 = 280 000 × 4% = 11 200(元)。

(2) 王某交换房屋行为应缴纳的契税税额 = 50 000 × 4% = 2 000(元)。

(3) 王某实际应缴纳的契税税额 = 11 200 + 2 000 = 13 200(元)。

## 四、契税税收优惠

### (一) 全国法定免税情形

(1) 国家机关、事业单位、社会团体、军事单位承受土地、房屋权属用于办公、教学、医疗、科研、军事设施。

(2) 非营利性的学校、医疗机构、社会福利机构承受土地、房屋权属用于办公、教学、医疗、科研、养老、救助。

(3) 承受荒山、荒地、荒滩土地使用权用于农、林、牧、渔业生产。

(4) 婚姻关系存续期间夫妻之间变更土地、房屋权属。

(5) 法定继承人通过继承承受土地、房屋权属。

(6) 依照法律规定应当予以免税的外国驻华使馆、领事馆和国际组织驻华代表机构承受土地、房屋权属。

### (二) 地方酌定减免税情形

(1) 因土地、房屋被县级以上人民政府征收、征用,重新承受土地、房屋权属。

(2) 因不可抗力灭失住房,重新承受住房权属。

上述规定的免征或者减征契税的具体办法,由省、自治区、直辖市人民政府提出报同级人大常委会决定,并报全国人大常委会和国务院备案。

经批准减征、免征契税的纳税人,改变有关土地、房屋的用途,或者有其他不再属于税法规定的减征、免征契税情形的,就不再属于减征、免征契税范围,并且应当补缴已经减征、免征的税款。

纳税人符合减征或者免征契税规定的,应当按照规定进行申报。

### 五、契税征收管理

**(一) 纳税义务发生时间**

契税的纳税义务发生时间是纳税人签订土地、房屋权属转移合同的当天,或者纳税人取得其他具有土地、房屋权属转移合同性质凭证的当天。

**(二) 纳税地点**

契税实行属地征收管理。纳税人发生契税纳税义务时,应向土地、房屋所在地的税务征收机关申报纳税。

**(三) 纳税期限**

纳税人应当自纳税义务发生之日起 10 日内,向土地、房屋所在地的税收征收机关办理纳税申报,并在税收征收机关核定的期限内缴纳税款。

## 第五节　土地增值税法律制度

土地增值税是对转让国有土地使用权、地上建筑物及其附着物并取得收入的单位和个人,就其转让房地产所取得的增值额征收的一种税。

### 一、土地增值税纳税人

土地增值税的纳税人为转让国有土地使用权、地上建筑物及其附着物(以下简称"转让房地产")并取得收入的单位和个人。

(1) 单位包括各类企业单位、事业单位、国家机关和社会团体及其他组织。

(2) 个人包括个体经营者和其他个人。

### 二、土地增值税征税范围

**(一) 征税范围的一般规定**

(1) 土地增值税只对转让国有土地使用权的行为征税,对出让国有土地的行为不征税。

国有土地使用权,是指土地使用人根据国家法律、合同等规定,对国家所有的土地享有的使用权利。土地增值税只对企业、单位和个人转让国有土地使用权的行为征税。

国有土地出让,是指国家以土地所有者的身份将土地使用权在一定年限内让与土地使用者,并由土地使用者向国家支付土地出让金的行为。由于土地使用权的出让方是国家,出让收入在性质上属于政府凭借所有权在土地一级市场上收取的租金,政府出让土地的行为及取得的收入也不在土地增值税的征税之列。

(2) 土地增值税既对转让国有土地使用权的行为征税,也对转让地上建筑物及其他附着物产权的行为征税。

地上建筑物,是指建于土地上的一切建筑物,包括地上地下的各种附属设施。如厂房、仓库、商店、医院、住宅、地下室、围墙、烟囱、电梯、中央空调、管道等。附着物,是指附着于土地上、不能移动,一经移动即遭损坏的种植物、养植物及其他物品。上述建筑物和附着物的所有者对自己的财产依法享有占有、使用、收益和处置的权利,即拥有排他性的全部产权。

纳税人转让地上建筑物和其他附着物的产权,取得的增值额,也应计算缴纳土地增值税。换言之，纳入土地增值税征税范围的增值额，是纳税人转让房地产所取得的全部增值额，而非仅仅是转让土地使用权的增值额。

(3) 土地增值税只对有偿转让的房地产征税，对以继承、赠与等方式无偿转让的房地产，不予征税。

不征土地增值税的房地产赠与行为包括以下两种情况：①房产所有人、土地使用权所有人将房屋产权、土地使用权赠与直系亲属或承担直接赡养义务人的行为。②房产所有人、土地使用权所有人通过中国境内非营利的社会团体、国家机关将房屋产权、土地使用权赠与教育、民政和其他社会福利、公益事业的行为。

### (二) 征税范围的特殊规定

**1. 自用或出租**

房地产开发企业将开发的部分房地产转为企业自用或用于出租等商业用途时，如果产权未发生转移，不征收土地增值税。

**2. 房地产交换**

房地产交换既发生了房产产权、土地使用权的转移，交换双方又取得了实物形态的收入，属于土地增值税的征税范围，对个人之间互换自有居住用房地产的，经当地税务机关核实，可以免征土地增值税。

**3. 合作建房**

对于一方出地，另一方出资金，双方合作建房，建成后按比例分房自用的，暂免征收土地增值税；建成后转让的，应征收土地增值税。

**4. 房地产出租**

房地产出租由于没有发生房产产权、土地使用权的转让，因此，不属于土地增值税的征税范围。

**5. 房地产抵押**

房地产的抵押，在抵押期间不征收土地增值税。待抵押期满后，视该房地产是否转移而确定是否征收土地增值税。对于以房地产抵债而发生房地产权属转让的，应列入土地增值税的征税范围。

**6. 房地产的代建行为**

房地产的代建行为，是指房地产开发公司代客户进行房地产的开发，开发完成后向客户收取代建收入的行为。对于房地产开发公司而言，虽然取得了收入，但没有发生房地产权属的转移，其收入属于劳务收入性质，故不属于土地增值税的征税范围。

**7. 房地产的重新评估**

国有企业在清产核资时对房地产进行重新评估而产生的评估增值，因其既没有发生房地产权属的转移，房产产权、土地使用权人也未取得收入，所以不属于土地增值税的征税范围。

**8. 土地使用者处置土地使用权**

土地使用者转让、抵押或置换土地，无论其是否取得了该土地的使用权属证书，无论其在转让、抵押或置换土地过程中是否与对方当事人办理了土地使用权属证书变更登记手续，只要土地使用者享有占有、使用、收益或处分该土地的权利，且有合同等证据表明其实质转让、抵押或置换了土地并取得了相应的经济利益，土地使用者及其对方当事人就应当依照税法规定缴纳增值税、土地增值税和契税等。

**【例 7-7】** 根据土地增值税法律制度的规定,下列行为中应征收土地增值税的有( )。

A. 个人出租不动产　　　　　　　　B. 企业出售不动产
C. 企业转让国有土地使用权　　　　D. 政府出让国有土地使用权

**【解析】** 答案为选项 BC。个人出租不动产,不涉及土地使用权的转移,不缴纳土地增值税,选项 A 错误。政府出让国有土地使用权,不在土地增值税征税范围之内,选项 D 错误。

### 三、土地增值税应纳税额的计算

#### (一)税率

土地增值税实行四级超率累进税率:

(1)增值额未超过扣除项目金额 50% 的部分,税率为 30%。

(2)增值额超过扣除项目金额 50%、未超过扣除项目金额 100% 的部分,税率为 40%。

(3)增值额超过扣除项目金额 100%、未超过扣除项目金额 200% 的部分,税率为 50%。

(4)增值额超过扣除项目金额 200% 的部分,税率为 60%。

上述所列四级超率累进税率中,每级"增值额未超过扣除项目金额"的比例,均包括本比例数。四级超率累进税率及速算扣除系数如表 7-4 所示。

表 7-4　　　　　　　　　土地增值税四级超率累进税率表

| 级数 | 增值额与扣除项目金额的比率 | 税率 | 速算扣除系数 |
| --- | --- | --- | --- |
| 1 | 不超过 50% 的部分 | 30% | 0 |
| 2 | 超过 50% 至 100% 的部分 | 40% | 5% |
| 3 | 超过 100% 至 200% 的部分 | 50% | 15% |
| 4 | 超过 200% 的部分 | 60% | 35% |

#### (二)计税依据

土地增值税的计税依据是纳税人转让房地产所取得的增值额。转让房地产的增值额,是纳税人转让房地产的收入减除税法规定的扣除项目金额后的余额。

1. 应税收入的确定

根据《土地增值税暂行条例》及其实施细则的规定,纳税人转让房地产取得的应税收入,应包括转让房地产的全部价款及有关的经济收益。从收入的形式来看,包括货币收入、实物收入和其他收入。纳税人转让房地产取得的收入为不含增值税收入。

(1)货币收入,是指纳税人转让房地产而取得的现金、银行存款和国库券、金融债券、企业债券、股票等有价证券。

(2)实物收入,是指纳税人转让房地产而取得的各种实物形态的收入,如钢材、水泥等建材,房屋、土地等不动产等。对于这些实物收入一般要按照公允价值确认应税收入。

(3)其他收入,是指纳税人转让房地产而取得的无形资产收入或具有财产价值的权利,如专利权、商标权、著作权、专有技术使用权、土地使用权、商誉权等。对于这些无形资产收入一般要进行专门的评估,按照评估价确认应税收入。

(4) 外币的折算。纳税人取得的收入为外国货币的,应当以取得收入当天或当月1日国家公布的市场汇价折合成人民币,据以计算土地增值税税额。当月以分期收款方式取得的外币收入,也应按实际收款日或收款当月1日国家公布的市场汇价折合成人民币。

【例7-8】 某工业企业利用一块闲置的土地使用权换取某房地产公司的新建商品房,作为本单位职工的居住用房,由于没有取得收入,该企业不需要缴纳土地增值税。这种说法是否正确?

【解析】 不正确。该企业以地换房,虽然没有取得货币收入,但是取得了实物收入并且发生了土地使用权转移,所以,该企业应该缴纳土地增值税。

2. 扣除项目及其金额

依照《土地增值税暂行条例》的规定,准予纳税人从房地产转让收入额减除的扣除项目金额具体包括以下内容:

1) 取得土地使用权所支付的金额

取得土地使用权所支付的金额包括以下两方面的内容:

(1) 纳税人为取得土地使用权所支付的地价款。地价款的确定有三种方式:①以协议、招标、拍卖等出让方式取得土地使用权的,地价款为纳税人所支付的土地出让金。②以行政划拨方式取得土地使用权的,地价款为按照国家有关规定补交的土地出让金。③以转让方式取得土地使用权的,地价款为向原土地使用权人实际支付的地价款。

(2) 纳税人在取得土地使用权时按国家统一规定缴纳的有关费用和税金。有关费用和税金,是指纳税人在取得土地使用权过程中为办理有关手续,必须按国家统一规定缴纳的有关登记、过户手续费和契税。

2) 房地产开发成本

房地产开发成本,是指纳税人开发房地产项目实际发生的成本,包括土地的征用及拆迁补偿费、前期工程费、建筑安装工程费、基础设施费、公共配套设施费、开发间接费用等。

(1) 土地征用及拆迁补偿费,包括土地征用费、耕地占用税、劳动力安置费及有关地上、地下附着物拆迁补偿的净支出、安置动迁用房支出等。

(2) 前期工程费,包括规划、设计、项目可行性研究和水文、地质、勘察、测绘、"三通一平"等支出。

(3) 建筑安装工程费,是指以出包方式支付给承包单位的建筑安装工程费和以自营方式发生的建筑安装工程费。

(4) 基础设施费,包括开发小区内道路、供水、供电、供气、排污、排洪、通信、照明、环卫、绿化等工程发生的支出。

(5) 公共配套设施费,包括不能有偿转让的开发小区内公共配套设施发生的支出。

(6) 开发间接费用,是指直接组织、管理开发项目发生的费用,包括工资、职工福利费、折旧费、修理费、办公费、水电费、劳动保护费、周转房摊销等。

3) 房地产开发费用

房地产开发费用,是指与房地产开发项目有关的销售费用、管理费用和财务费用。根据现行财务会计制度的规定,这三项费用作为期间费用,按照实际发生额直接计入当期损益。但在计算土地增值税时,房地产开发费用并不是按照纳税人实际发生额进行扣除,应分别按以下两种情况扣除：

(1) 财务费用中的利息支出，凡能够按转让房地产项目计算分摊并提供金融机构证明的，允许据实扣除，但最高不能超过按商业银行同类同期贷款利率计算的金额。其他房地产开发费用，按规定计算金额（即取得土地使用权所支付的金额和房地产开发成本，下同）之和的5%以内计算扣除。计算扣除的具体比例，由各省、自治区、直辖市人民政府规定。计算公式为：

$$\text{允许扣除的房地产开发费用} = \text{利息} + (\text{取得土地使用权所支付的金额} + \text{房地产开发成本}) \times \text{省级政府确定的比例}$$

(2) 财务费用中的利息支出，凡不能按转让房地产项目计算分摊利息支出或不能提供金融机构证明的，房地产开发费用按规定计算的金额之和的10%以内计算扣除。计算扣除的具体比例，由各省、自治区、直辖市人民政府规定。计算公式为：

$$\text{允许扣除的房地产开发费用} = (\text{取得土地使用权所支付的金额} + \text{房地产开发成本}) \times \text{省级政府确定的比例}$$

财政部、国家税务总局对扣除项目金额中利息支出的计算问题作出两点专门规定：①利息的上浮幅度按国家的有关规定执行，超过上浮幅度的部分不允许扣除。②对于超过贷款期限的利息部分和加罚的利息不允许扣除。

4）与转让房地产有关的税金

与转让房地产有关的税金，是指在转让房地产时缴纳的城市维护建设税、印花税。因转让房地产缴纳的教育费附加，也可视同税金予以扣除。土地增值税扣除项目涉及的增值税进项税额，允许在销项税额中计算抵扣的，不计入扣除项目，不允许在销项税额中计算抵扣的，可以计入扣除项目。

5）财政部确定的其他扣除项目

对从事房地产开发的纳税人可按规定计算的金额之和，加计20%扣除。此条优惠只适用于从事房地产开发的纳税人，除此之外的其他纳税人不适用。

6）旧房及建筑物的扣除金额

(1) 按评估价格扣除。旧房及建筑物的评估价格，是指在转让已使用的房屋及建筑物时，由政府批准设立的房地产评估机构评定的重置成本价乘以成新度折扣率后的价格。评估价格须经当地税务机关确认。重置成本价，是指对旧房及建筑物，按转让时的建材价格及人工费用计算建造同样面积、同样层次、同样结构、同样建设标准的新房及建筑物所需花费的成本费用。成新度折扣率，是指按旧房的新旧程度作一定比例的折扣。

因此，转让旧房应按房屋及建筑物的评估价格、取得土地使用权所支付的地价款和按国家统一规定缴纳的有关费用，以及在转让环节缴纳的税金作为扣除项目金额计征土地增值税。对取得土地使用权时未支付地价款或不能提供已支付的地价款凭据的，在计征土地增值税时不允许扣除。

(2) 按购房发票金额计算扣除。纳税人转让旧房及建筑物，凡不能取得评估价格，但能提供购房发票的，经当地税务部门确认，规定扣除项目的金额，可按发票所载金额并从购买年度起至转让年度止每年加计5%计算。对于纳税人购房时缴纳的契税，凡能够提供契税完税凭证的,准予作为"与转让房地产有关的税金"予以扣除,但不作为加计5%的基数。

3. 计税依据的特殊规定

(1) 对于纳税人隐瞒、虚报房地产成交价格的,应由评估机构参照同类房地产的市场交易价格进行评估,税务机关根据评估价格确定转让房地产的收入。

(2) 对于纳税人申报扣除项目金额不实的,应由评估机构按照房屋重置成本价,乘以房屋的成新度折扣率,计算的房屋成本价和取得土地使用权时的基准地价进行评估。税务机关根据评估价格确定房产的扣除项目金额,并用该房产所坐落土地取得时的基准地价或标准地价来确定土地的扣除项目金额,房产和土地的扣除项目金额之和即为该房地产的扣除项目金额。

(3) 转让房地产的成交价格低于房地产评估价格,又无正当理由的应按评估的市场交易价确定其实际成交价,并以此作为转让房地产的收入计算征收土地增值税。

(4) 非直接销售和自用房地产收入的确定。房地产开发企业将开发产品用于职工福利、奖励、对外投资、分配给股东或投资人、抵偿债务、换取其他单位和个人的非货币性资产等,发生所有权转移时应视同销售房地产,其收入按下列方法和顺序确认:①按本企业在同一地区、同一年度销售的同类房地产的平均价格确定。②由主管税务机关参照当地当年同类房地产的市场价格或评估价值确定。

### (三) 应纳税额的计算

1. 应纳税额的计算公式

土地增值税按照纳税人转让房地产所取得的增值额和规定的税率计算征收。土地增值税的计算公式如下:

$$土地增值税的应纳税额 = \sum (每级距的增值额 \times 适用税率)$$

由于分步计算比较繁琐,一般可以采用速算扣除法计算,即计算土地增值税税额,可按增值额乘以适用的税率减去扣除项目金额乘以速算扣除系数的简便方法计算。具体公式如下:

(1) 增值额未超过扣除项目金额50%。

$$土地增值税应纳税额 = 增值额 \times 30\%$$

(2) 增值额超过扣除项目金额50%,未超过100%。

$$土地增值税应纳税额 = 增值额 \times 40\% - 扣除项目金额 \times 5\%$$

(3) 增值额超过扣除项目金额100%,未超过200%。

$$土地增值税应纳税额 = 增值额 \times 50\% - 扣除项目金额 \times 15\%$$

(4) 增值额超过扣除项目金额200%。

$$土地增值税应纳税额 = 增值额 \times 60\% - 扣除项目金额 \times 35\%$$

2. 应纳税额的计算步骤

根据上述计算公式,土地增值税应纳税额的计算可分为以下四步:

(1) 计算增值额。

$$增值额 = 房地产转让收入 - 扣除项目金额$$

(2) 计算增值率。

$$增值率 = 增值额 \div 扣除项目金额 \times 100\%$$

(3) 确定适用税率。按照计算出的增值率,从土地增值税税率表中确定适用税率。

(4) 计算应纳税额。

$$土地增值税应纳税额 = 增值额 \times 适用税率 - 扣除项目金额 \times 速算扣除系数$$

【例7-9】 2023年某国有商业企业利用库房空地进行住宅商品房开发,按照国家有关规定补交土地出让金2 840万元,缴纳相关税费160万元;住宅开发成本2 800万元,其中含装修费用500万元;房地产开发费用中的利息支出为300万元(不能提供金融机构证明);当年住宅全部销售完毕,取得不含增值税销售收入共计9 000万元;缴纳城市维护建设税和教育费附加45万元;缴纳印花税4.5万元。已知:该公司所在省人民政府规定的房地产开发费用的计算扣除比例为10%。计算该企业销售住宅应缴纳的土地增值税税额。

【解析】 非房地产开发企业缴纳的印花税允许作为税金扣除;非房地产开发企业不允许按照取得土地使用权所支付金额和房地产开发成本合计数的20%加计扣除。

(1) 住宅销售收入为9 000万元。

(2) 确定转让房地产的扣除项目金额包括:

取得土地使用权所支付的金额 = 2 840 + 160 = 3 000(万元)

住宅开发成本 = 2 800(万元)

房地产开发费用 = (3 000 + 2 800) × 10% = 580(万元)

与转让房地产有关的税金 = 45 + 4.5 = 49.5(万元)

转让房地产的扣除项目金额 = 2 840 + 160 + 2 800 + (2 840 + 160 + 2 800) × 10% + 49.5 = 6 429.5(万元)

(3) 转让房地产的增值额 = 9 000 − 6 429.5 = 2 570.5(万元)

(4) 增值额与扣除项目金额的比率 = 2 570.5 ÷ 6 429.5 = 39.98%。 增值额与扣除项目金额的比率未超过50%,适用税率为30%。

(5) 应纳土地增值税税额 = 2 570.5 × 30% = 771.15(万元)

## 四、土地增值税税收优惠

(1) 纳税人建造普通标准住宅出售,增值额未超过扣除项目金额20%的,予以免税;超过20%的,应按全部增值额缴纳土地增值税。

所称的普通标准住宅,是指按所在地一般民用住宅标准建造的居住用住宅。高级公寓、别墅、度假村等不属于普通标准住宅。

对于纳税人既建普通标准住宅又进行其他房地产开发的,应分别核算增值额。不分别核算增值额或不能准确核算增值额的,其建造的普通标准住宅不能适用这一免税规定。

(2) 因国家建设需要依法征用、收回的房地产,免征土地增值税。因城市实施规划、国家建设的需要而搬迁,由纳税人自行转让原房地产的,免征土地增值税。

(3) 企事业单位、社会团体以及其他组织转让旧房作为公共租赁住房房源且增值额未超过扣除项目金额20%的,免征土地增值税。

(4) 自2008年11月1日起,个人转让住房暂免征收土地增值税。

(5) 自2021年1月1日至2027年12月31日,执行以下企业改制重组有关土地增值税政策:

企业按照《公司法》有关规定整体改制,包括非公司制企业改制为有限责任公司或股份有限公司,有限责任公司变更为股份有限公司,股份有限公司变更为有限责任公司,对改制前的企业将国有土地使用权、地上的建筑物及其附着物(以下简称房地产)转移、变更到改制后的企业,暂不征土地增值税。整体改制是指不改变原企业的投资主体,并承继原企业权利、义务的行为。

按照法律规定或者合同约定,两个或两个以上企业合并为一个企业,且原企业投资主体存续的,对原企业将房地产转移、变更到合并后的企业,暂不征土地增值税。

按照法律规定或者合同约定,企业分设为两个或两个以上与原企业投资主体相同的企业,对原企业将房地产转移、变更到分立后的企业,暂不征土地增值税。

单位、个人在改制重组时以房地产作价入股进行投资,对其将房地产转移、变更到被投资的企业,暂不征土地增值税。

上述改制重组有关土地增值税政策不适用于房地产转移任意一方为房地产开发企业的情形。

改制重组后再转让房地产并申报缴纳土地增值税时,对"取得土地使用权所支付的金额",按照改制重组前取得该宗国有土地使用权所支付的地价款和按国家统一规定缴纳的有关费用确定;经批准以国有土地使用权作价出资入股的,为作价入股时县级及以上自然资源部门批准的评估价格。按购房发票确定扣除项目金额的,按照改制重组前购房发票所载金额并从购买年度起至本次转让年度止每年加计5%计算扣除项目金额,购买年度是指购房发票所载日期的当年。

纳税人享受上述税收政策,应按税务机关规定办理。

"不改变原企业投资主体""投资主体相同"是指企业改制重组前后出资人不发生变动,出资人的出资比例可以发生变动;投资主体存续,是指原企业出资人必须存在于改制重组后的企业,出资人的出资比例可以发生变动。

### 五、土地增值税征收管理

**(一) 纳税申报**

纳税人应在转让房地产合同签订后7日内,到房地产所在地主管税务机关办理纳税申报,并向税务机关提交房屋及建筑物产权、土地使用权证书,土地转让、房产买卖合同、房地产评估报告及其他与转让房地产有关的资料,然后在税务机关规定的期限内缴纳土地增值税。

纳税人因经常发生房地产转让而难以在每次转让后申报的,经税务机关审核同意后,可以定期进行纳税申报,具体期限由主管税务机关根据情况确定。

纳税人采取预售方式销售房地产的,对在项目全部竣工结算前转让房地产取得的收入,税务机关可以预征土地增值税。具体办法由各省、自治区、直辖市税务局根据当地情况制定。

对于纳税人预售房地产所取得的收入,凡当地税务机关规定预征土地增值税的,纳税人应当到主管税务机关办理纳税申报,并按规定比例预交,待办理完纳税清算后,多退少补。

**(二)纳税清算**

1. 土地增值税的清算单位

土地增值税以国家有关部门审批的房地产开发项目为单位进行清算,对于分期开发的项目,以分期项目为单位清算。

开发项目中同时包含普通住宅和非普通住宅的,应分别计算增值额。

2. 土地增值税的清算条件

(1)符合下列情形之一的,纳税人应进行土地增值税的清算:①房地产开发项目全部竣工、完成销售的。②整体转让未竣工决算房地产开发项目的。③直接转让土地使用权的。

(2)符合下列情形之一的,主管税务机关可要求纳税人进行土地增值税清算:①已竣工验收的房地产开发项目,已转让的房地产建筑面积占整个项目可售建筑面积的比例在85%以上,或该比例虽未超过85%,但剩余的可售建筑面积已经出租或自用的。②取得销售(预售)许可证满3年仍未销售完毕的。③纳税人申请注销税务登记但未办理土地增值税清算手续的。④省级税务机关规定的其他情况。

3. 土地增值税清算应报送的资料

纳税人办理土地增值税清算应报送以下资料:

(1)房地产开发企业清算土地增值税书面申请、土地增值税纳税申报表。

(2)项目竣工决算报表、取得土地使用权所支付的地价款凭证、国有土地使用权出让合同、银行贷款利息结算通知单、项目工程合同结算单、商品房购销合同统计表等与转让房地产的收入、成本和费用有关的证明资料。

(3)主管税务机关要求报送的其他与土地增值税清算有关的证明资料等。

纳税人委托税务中介机构审核鉴证的清算项目,还应报送中介机构出具的《土地增值税清算税款鉴证报告》。

4. 清算后再转让房地产的处理

在土地增值税清算时未转让的房地产,清算后销售或有偿转让的,纳税人应按规定进行土地增值税的纳税申报,扣除项目金额按清算时的单位建筑面积成本费用乘以销售或转让面积计算。

单位建筑面积成本费用 = 清算时的扣除项目总金额 ÷ 清算的总建筑面积

**(三)核定征收**

房地产开发企业有下列情形之一的,税务机关可以实行核定征收土地增值税:

(1)依照法律、行政法规的规定应当设置但未设置账簿的。

(2)擅自销毁账簿或者拒不提供纳税资料的。

(3)虽设置账簿,但账目混乱或者成本资料、收入凭证、费用凭证残缺不全,难以确定转让收入或扣除项目金额的。

(4) 符合土地增值税清算条件,未按照规定的期限办理清算手续,经税务机关责令限期清算,逾期仍不清算的。

(5) 申报的计税依据明显偏低,又无正当理由的。

## (四)纳税地点

土地增值税纳税人发生应税行为应向房地产所在地主管税务机关缴纳税款。

房地产所在地,是指房地产的坐落地。纳税人转让的房地产坐落在两个或两个以上地区的,应按房地产所在地分别申报纳税。

# 第六节 车船税法律制度

车船税,是依照法律规定对在中华人民共和国境内的车辆、船舶,按照规定税目和税额计算征收的一种税。

## 一、车船税纳税人

车船税纳税人,是指在中华人民共和国境内属于《中华人民共和国车船税法》(以下简称《车船税法》)所附"车船税税目税额表"规定的车辆、船舶(以下简称车船)的所有人或者管理人。

从事机动车第三者责任强制保险业务的保险机构为机动车车船税的扣缴义务人。

## 二、车船税征税范围

车船税的征税范围,是指在中华人民共和国境内属于《车船税法》所规定的应税车辆和船舶,具体包括:

(1) 依法应当在车船登记管理部门登记的机动车辆和船舶。

(2) 依法不需要在车船登记管理部门登记的在单位内部场所行驶或者作业的机动车辆和船舶。

## 三、车船税应纳税额的计算

### (一)税目

车船税的税目分为 6 大类,包括乘用车、商用车、挂车、其他车辆、摩托车和船舶。

(1) 乘用车,是指在设计和技术特性上主要用于载运乘客及随身行李,核定载客人数包括驾驶员在内不超过 9 人的汽车。

(2) 商用车,是指除乘用车外,在设计和技术特性上用于载运乘客、货物的汽车,划分为客车和货车。客车是指核定载客人数 9 人以上的汽车,包括电车。货车包括半挂牵引车、三轮汽车和低速载货汽车。

半挂牵引车,是指装备有特殊装置用于牵引半挂车的商用车。

三轮汽车,是指最高设计车速不超过每小时 50 千米,具有 3 个车轮的货车。

低速载货汽车,是指以柴油机为动力,最高设计车速不超过每小时 70 千米,具有 4 个车轮的货车。

（3）挂车，是指就其设计和技术特性需由汽车或者拖拉机牵引，才能正常使用的一种无动力的道路车辆。

（4）其他车辆，是指专用作业车和轮式专用机械车。

专用作业车，是指在其设计和技术特性上用于特殊工作的车辆。

轮式专用机械车，是指有特殊结构和专门功能，装有橡胶车轮可以自行行驶，最高设计车速大于每小时 20 千米的轮式工程机械车。

（5）摩托车，是指无论采用何种驱动方式，最高设计车速大于每小时 50 千米，或者使用内燃机，其排量大于 50 毫升的两轮或者三轮车辆。

（6）船舶，是指各类机动、非机动船舶以及其他水上移动装置，包括机动船舶和游艇，但是船舶上装备的救生艇筏和长度小于 5 米的艇筏除外。

（二）税率

车船税采用定额税率又称固定税额，具体税率如表 7-5 所示。

表 7-5　　　　　　　　　　车船税税目税额表

| 税目 | | 计税单位 | 年基准税额 | | 备注 |
|---|---|---|---|---|---|
| 乘用车（按发动机气缸容量分档） | 1.0 升（含）以下 | 每辆 | 60 元至 360 元 | | 核定载客人数 9 人（含）以下 |
| | 1.0 升以上至 1.6 升（含） | | 300 元至 540 元 | | |
| | 1.6 升以上至 2.0 升（含） | | 360 元至 660 元 | | |
| | 2.0 升以上至 2.5 升（含） | | 660 元至 1 200 元 | | |
| | 2.5 升以上至 3.0 升（含） | | 1 200 元至 2 400 元 | | |
| | 3.0 升以上至 4.0 升（含） | | 2 400 元至 3 600 元 | | |
| | 4.0 升以上 | | 3 600 元至 5 400 元 | | |
| 商用车 | 客车 | 每辆 | 480 元至 1 440 元 | | 核定载客人数 9 人以上，包括电车 |
| | 货车 | 整备质量每吨 | 16 元至 120 元 | | — |
| 挂车 | | 整备质量每吨 | 按照货车税额的 50% 计算 | | — |
| 其他车辆 | 专用作业车 | 整备质量每吨 | 16 元至 120 元 | | 不包括拖拉机 |
| | 轮式专用机械车 | | 16 元至 120 元 | | |
| 摩托车 | | 每辆 | 36 元至 180 元 | | — |
| 船舶 | 机动船舶 | 净吨位每吨 | 小于或等于 200 吨 | 3 元 | — |
| | | | 200 吨至 2 000 吨（含） | 4 元 | |
| | | | 2 000 吨至 10 000 吨（含） | 5 元 | |
| | | | 10 000 吨及以上 | 6 元 | |

(续表)

| 税目 | | 计税单位 | 年基准税额 | | 备注 |
|---|---|---|---|---|---|
| 船舶 | 游艇 | 艇身长度(游艇的总长)每米 | 不超过10米 | 600元 | — |
| | | | 超过10米但不超过18米 | 900元 | |
| | | | 超过18米但不超过30米 | 1 300元 | |
| | | | 超过30米 | 2 000元 | |
| | | | 辅助动力帆艇 | 600元 | |

注：① 货车包括半挂牵引车、三轮汽车和低速载货汽车等。
② 拖船、非机动驳船分别按机动船舶税额的50%计算；拖船按发动机功率每1千瓦折合净吨位0.67吨计算。
③ 排气量、整备质量、核定载客人数、净吨位、千瓦、艇身长度，以车船登记管理部门核发的车船登记证书或者行驶证所载数据为准。

依法不需要办理登记的车船和依法应当登记而未办理登记或者不能提供车船登记证书、行驶证的车船，以车船出厂合格证明或者进口凭证标注的技术参数、数据为准；不能提供车船出厂合格证明或者进口凭证的，由主管税务机关参照国家相关标准核定，没有国家相关标准的参照同类车船核定。

**（三）计税依据**

车船税以车船的计税单位数量为计税依据。《车船税法》按车船的种类和性能，分别确定每辆、整备质量每吨、净吨位每吨和艇身长度每米为计税单位，具体如下：

（1）乘用车、商用客车和摩托车，以辆数为计税依据。
（2）商用货车、挂车、专用作业车和轮式专用机械车，以整备质量吨位数为计税依据。
（3）机动船舶，以净吨位数为计税依据。
（4）游艇以艇身长度为计税依据。

**（四）应纳税额的计算**

1. 车船税各税目应纳税额的计算公式
（1）乘用车、客车和摩托车：

$$应纳税额 = 辆数 \times 适用年基准税额$$

（2）货车、挂车、专用作业车和轮式专用机械车：

$$应纳税额 = 整备质量吨位数 \times 适用年基准税额$$

（3）机动船舶：

$$应纳税额 = 净吨位数 \times 适用年基准税额$$

（4）拖船和非机动驳船：

$$应纳税额 = 净吨位数 \times 适用年基准税额 \times 50\%$$

（5）游艇：

$$应纳税额 = 艇身长度 \times 适用年基准税额$$

2. 购置的新车船

购置的新车船，购置当年的应纳税额自纳税义务发生的当月起按月计算，其计算公式为：

$$应纳税额 = 适用年基准税额 \div 12 \times 应纳税月份数$$

3. 保险机构代收代缴车船税和滞纳金的计算

(1) 购买短期交强险的车辆。对于境外机动车临时入境、机动车临时上道路行驶、机动车距规定的报废期限不足1年而购买短期交强险的车辆，保单中"当年应缴"项目的计算公式为：

$$当年应缴 = 计税单位 \times 年单位税额 \times 应纳税月份数 \div 12$$

其中，应纳税月份数为"交强险"有效期起始日期的当月至截止日期当月的月份数。

(2) 已向税务机关缴税的车辆或税务机关已批准减免税的车辆，保单中"当年应缴"项目应为零。对于税务机关已批准减税的机动车，保单中"当年应缴"项目应根据减税前的应纳税额扣除依据减税证明中注明的减税幅度计算的减税额确定，其计算公式为：

$$减税车辆应纳税额 = 减税前应纳税额 \times (1 - 减税幅度)$$

(3) 对于2007年1月1日前购置的车辆或者曾经缴纳过车船税的车辆，保单中"往年补缴"项目的计算公式为：

$$往年补缴 = 计税单位 \times 年单位税额 \times (本次缴税年度 - 前次缴税年度 - 1)$$

其中，对于2007年1月1日前购置的车辆，纳税人从未缴纳车船税的，前次缴税年度设定为2006年。

(4) 对于2007年1月1日以后购置的车辆，纳税人从购置时起一直未缴纳车船税的，保单中"往年补缴"项目的计算公式为：

$$往年补缴 = 购置当年欠缴税款 + 购置年度以后欠缴税款$$
$$购置当年欠缴税款 = 计税单位 \times 年单位税额 \div 12 \times 应纳税月份数$$

应纳税月份数为车辆登记日期的当月起至该年度终了的月份数。若车辆尚未到车船管理部门登记，则应纳税月份数为购置日期的当月起至该年度终了的月份数。

$$购置年度以后欠缴税款 = 计税单位 \times 年单位税额 \times (本次缴税年度 - 车辆登记年度 - 1)$$

(5) 滞纳金计算。对于纳税人在应购买"交强险"截止日期以后购买"交强险"的，或以前年度没有缴纳车船税的，保险机构在代收代缴税款的同时，还应代收代缴欠缴税款的滞纳金。其中，保单中"滞纳金"项目为各年度欠税应加收滞纳金之和。

$$每一年度欠税应加收的滞纳金 = 欠税金额 \times 滞纳天数 \times 0.5‰$$

滞纳天数的计算自应购买"交强险"截止日期的次日起到纳税人购买"交强险"当日止。纳税人连续两年以上欠缴车船税的，应分别计算每一年度欠税应加收的滞纳金。

【例7-10】 张某2023年4月12日购买1辆发动机气缸容量为1.6升的乘用车，已知适用年基准税额480元。

要求：计算张某2023年应缴纳车船税税额。

【解析】 购置的新车船，购置当年的应纳税额自纳税义务发生的当月起按月计算。

张某2023年应缴纳车船税税额 $= 480 \times 9 \div 12 = 360$（元）。

## 四、车船税税收优惠

### (一)免征车船税的车辆

(1)捕捞、养殖渔船,是指在渔业船舶登记管理部门登记为捕捞船或者养殖船的船舶。

(2)军队、武装警察部队专用的车船,是指按照规定在军队、武装警察部队车船登记管理部门登记,并领取军队、武警牌照的车船。

(3)警用车船,是指公安机关、国家安全机关、监狱、劳动教养管理机关和人民法院、人民检察院领取警用牌照的车辆和执行警务的专用船舶。

(4)悬挂应急救援专用号牌的国家综合性消防救援车辆和国家综合性消防救援船舶。

(5)依照法律规定应当予以免税的外国驻华使领馆、国际组织驻华代表机构及其有关人员的车船。

(6)对使用新能源车船,免征车船税。免征车船税的使用新能源汽车,是指纯电动商用车、插电式(含增程式)混合动力汽车、燃料电池商用车。纯电动乘用车和燃料电池乘用车不属于车船税征税范围,对其不征车船税。

(7)临时入境的外国车船和香港特别行政区、澳门特别行政区、台湾地区的车船,不征收车船税。

(8)按照规定缴纳船舶吨税的机动船舶,自《车船税法》实施之日起5年内免征车船税。

(9)依法不需要在车船登记管理部门登记的机场、港口、铁路站场内部行驶或者作业的车船,自《车船税法》实施之日起5年内免征车船税。

### (二)车船税其他税收优惠

(1)对节约能源车船,减半征收车船税。

(2)对受地震、洪涝等严重自然灾害影响纳税困难以及其他特殊原因确需减免税的车船,可以在一定期限内减征或者免征车船税。

(3)省、自治区、直辖市人民政府根据当地实际情况,可以对公共交通车船,农村居民拥有并主要在农村地区使用的摩托车、三轮汽车和低速载货汽车定期减征或者免征车船税。

## 五、车船税征收管理

### (一)纳税义务发生时间

车船税纳税义务发生时间为取得车船所有权或者管理权的当月。以购买车船的发票或其他证明文件所载日期的当月为准。

### (二)纳税地点

车船税的纳税地点为车船的登记地或者车船税扣缴义务人所在地。

(1)扣缴义务人代收代缴车船税的,纳税地点为扣缴义务人所在地。

(2)纳税人自行申报缴纳车船税的,纳税地点为车船登记地的主管税务机关所在地。

(3)依法不需要办理登记的车船,其车船税的纳税地点为车船的所有人或者管理人所在地。

### (三)纳税申报

车船税按年申报,分月计算,一次性缴纳。纳税年度为公历1月1日至12月31日。具体申报纳税期限由省、自治区、直辖市人民政府规定。

(1) 从事机动车第三者责任强制保险业务的保险机构为机动车车船税的扣缴义务人，应当在收取保险费时依法代收车船税，并出具代收税款凭证。

机动车车船税扣缴义务人在代收车船税时，应当在机动车交通事故责任强制保险的保险单以及保费发票上注明已收税款的信息，作为代收税款凭证。

(2) 已完税或者依法减免税的车辆，纳税人应当向扣缴义务人提供登记地的主管税务机关出具的完税凭证或者减免税证明。纳税人没有按照规定期限缴纳车船税的，扣缴义务人在代收代缴税款时，可以一并代收代缴欠缴税款的滞纳金。

(3) 扣缴义务人已代收代缴车船税的，纳税人不再向车辆登记地的主管税务机关申报缴纳车船税。

(4) 没有扣缴义务人的，纳税人应当向主管税务机关自行申报缴纳车船税。

(5) 纳税人缴纳车船税时，应当提供反映排气量、整备质量、核定载客人数、净吨位、千瓦、艇身长度等与纳税相关信息的相应凭证以及税务机关根据实际需要要求提供的其他资料。纳税人以前年度已经提供前款所列资料信息的，可以不再提供。

(6) 已缴纳车船税的车船在同一纳税年度内办理转让过户的，不另纳税，也不退税。

**(四) 其他管理规定**

(1) 公安、交通运输、农业、渔业等车船登记管理部门、船舶检验机构和车船税扣缴义务人的行业主管部门应当在提供车船有关信息等方面，协助税务机关加强车船税的征收管理。

车辆所有人或者管理人在申请办理车辆相关登记、定期检验手续时，应当向公安机关交通管理部门提交依法纳税或者免税证明。公安机关交通管理部门核查后办理相关手续。

公安机关交通管理部门在办理车辆相关登记和定期检验手续时，经核查，对没有提供依法纳税或者免税证明的，不予办理相关手续。

(2) 扣缴义务人应当及时解缴代收代缴的税款和滞纳金，并向主管税务机关申报。扣缴义务人向税务机关解缴税款和滞纳金时，应当同时报送明细的税款和滞纳金扣缴报告。扣缴义务人解缴税款和滞纳金的具体期限，由省、自治区、直辖市税务机关依照法律、行政法规的规定确定。

(3) 购置的新车船，购置当年的应纳税额自纳税义务发生的当月起按月计算。应纳税额为年应纳税额除以12再乘以应纳税月份数。

(4) 在一个纳税年度内，已完税的车船被盗抢、报废、灭失的，纳税人可以凭有关管理机关出具的证明和完税凭证，向纳税所在地的主管税务机关申请退还自被盗抢、报废、灭失月份起至该纳税年度终了期间的税款。

已办理退税的被盗抢车船失而复得的，纳税人应当从公安机关出具相关证明的当月起计算缴纳车船税。

# 第七节 印花税法律制度

印花税是对经济活动和经济交往中书立、领受、使用的应税经济凭证征收的一种税。因纳税人主要是通过在应税凭证上粘贴印花税票来完成纳税义务，故名印花税。

## 一、印花税纳税人

在中华人民共和国境内书立应税凭证、进行证券交易的单位和个人,为印花税的纳税人,应当依法缴纳印花税。

(1) 应税凭证,是指《印花税法》所附"印花税税目税率表"列明的合同、产权转移书据和营业账簿。

(2) 如果一份合同或应税凭证由两方或两方以上当事人共同签订,签订合同或应税凭证的各方都是纳税人,应各就其所持合同或应税凭证的计税金额履行纳税义务。

(3) 书立应税凭证的纳税人,为对应税凭证有直接权利义务关系的单位和个人。采用委托贷款方式书立的借款合同纳税人,为受托人和借款人,不包括委托人。按买卖合同或者产权转移书据税目缴纳印花税的拍卖成交确认书纳税人,为拍卖标的的产权人和买受人,不包括拍卖人。

(4) 根据书立、使用应税凭证的不同,纳税人可分为立合同人、立账簿人、立据人和使用人等。

## 二、印花税征税范围

我国经济活动中发生的经济凭证种类繁多、数量巨大,现行印花税采取正列举形式,只对法律规定中列举的凭证征收,没有列举的凭证不征税。列举的凭证分为四类,即合同类,产权转移书据类,营业账簿类和证券交易类。

### (一) 合同

合同,是指平等主体的自然人、法人、其他组织之间设立、变更、终止民事权利义务关系的协议。印花税税目中的合同按照《民法典》的规定进行分类,在税目税率表中列举了如下11大类合同。

(1) 买卖合同,包括供应、预购、采购、购销结合及协作、调剂、补偿、易货等合同;还包括各出版单位与发行单位(不包括订阅单位和个人)之间订立的图书、报刊、音像征订凭证。

对于工业、商业、物资、外贸等部门经销和调拨商品、物资供应的调拨单(或其他名称的单、卡、书、表等),应当区分其性质和用途,即看其是作为部门内执行计划使用的,还是代替合同使用的,以确定是否贴花。凡属于明确双方供需关系,据以供货和结算,具有合同性质的凭证,应按规定缴纳印花税。

对纳税人以电子形式签订的各类应税凭证按规定征收印花税。

对发电厂与电网之间、电网与电网之间书立的购售电合同,按买卖合同税目缴纳印花税。

企业之间书立的确定买卖关系、明确买卖双方权利义务的订单、要货单等单据,且未另外书立买卖合同的,应当按规定缴纳印花税。

(2) 借款合同,包括银行及其他金融组织和借款人(不包括银行同业拆借)所签订的借款合同。

(3) 融资租赁合同。

(4) 租赁合同,包括租赁房屋、船舶、飞机、机动车辆、机械、器具、设备等合同;还包括企业、个人出租门店、柜台等所签订的合同,但不包括企业与主管部门签订的租赁承包合同。

（5）承揽合同，包括加工、定做、修缮、修理、印刷、广告、测绘、测试等合同。

（6）建设工程合同，包括勘察、设计、建筑、安装工程合同的总包合同、分包合同和转包合同。

（7）运输合同，包括民用航空运输、铁路运输、海上运输、内河运输、公路运输和联运合同。

（8）技术合同，包括技术开发、转让、咨询、服务等合同。

技术转让合同包括专利申请转让、非专利技术转让所书立的合同，但不包括专利权转让、专利实施许可所书立的合同。后者适用于"产权转移书据"。

技术咨询合同是合同当事人就有关项目的分析、论证、评价、预测和调查订立的技术合同，而一般的法律、会计、审计等方面的咨询不属于技术咨询，其所立合同不贴印花。

技术服务合同的征税范围包括技术服务合同、技术培训合同和技术中介合同。

（9）保管合同，包括保管合同或作为合同使用的仓单、栈单（或称入库单）。对某些使用不规范的凭证不便计税的，可就其结算单据作为计税贴花的凭证。

（10）仓储合同。

（11）财产保险合同，包括财产、责任、保证、信用等保险合同。

### （二）产权转移书据

产权转移（即财产权利关系的变更行为）表现为产权主体发生变更。产权转移书据是在产权的买卖、交换、继承、赠与、分割等产权主体变更过程中，由产权出让人与受让人之间所订立的民事法律文书。

我国印花税税目中的产权转移书据包括土地使用权出让和转让书据；房屋等建筑物、构筑物所有权（不包括土地承包经营权和土地经营权转移）、股权（不包括上市和挂牌公司股票）、商标专用权、著作权、专利权、专有技术使用权转让书据。

### （三）营业账簿

印花税税目中的营业账簿归属于财务会计账簿，是按照财务会计制度的要求设置的，反映生产经营活动的账册。按照营业账簿反映的内容不同，在税目中分为记载资金的账簿（以下简称"资金账簿"）和其他营业账簿两类，对记载资金的营业账簿征收印花税，对其他营业账簿不征收印花税。

（1）资金账簿，是反映生产经营单位"实收资本"和"资本公积"金额增减变化的账簿。

（2）其他营业账簿，是反映除资金资产以外的其他生产经营活动内容的账簿，即除资金账簿以外的，归属于财务会计体系的其他生产经营用账册。

### （四）证券交易

证券交易，是指在依法设立的证券交易所上市交易或者在国务院批准的其他证券交易场所转让公司股票和以股票为基础发行的存托凭证。证券交易印花税对证券交易的出让方征收，不对受让方征收。

## 三、印花税应纳税额的计算

### （一）税率

印花税实行比例税率。

（1）借款合同、融资租赁合同，适用税率为0.5‰。

（2）营业账簿，适用税率为2.5‰。

(3) 买卖合同、承揽合同、建设工程合同、运输合同、技术合同，商标专用权、著作权、专利权、专有技术使用权转让书据，适用税率为3‰。

(4) 土地使用权出让和转让书据；房屋等建筑物、构筑物所有权、股权（不包括上市和挂牌公司股票）转让书据，适用税率为5‰。

(5) 租赁合同、保管合同、仓储合同、财产保险合同、证券交易，适用税率为1‰。

印花税税目税率如表7-6所示。

表7-6　　　　　　　　　　印花税税目税率表

| 税目 | | 税率 | 备注 |
| --- | --- | --- | --- |
| 合同 | 买卖合同 | 支付价款的3‰ | 动产买卖合同 |
| | 借款合同 | 借款金额的0.5‰ | 银行业金融机构和借款人（不包括银行同业拆借）订立的借款合同 |
| | 融资租赁合同 | 租金的0.5‰ | |
| | 租赁合同 | 租金的1‰ | |
| | 承揽合同 | 支付报酬的3‰ | |
| | 建设工程合同 | 支付价款的3‰ | |
| | 运输合同 | 运输费用的3‰ | 货运合同和多式联运合同（不包括管道运输合同） |
| | 技术合同 | 支付价款、报酬或者使用费的3‰ | 不包括专利权、专有技术使用权转让书据 |
| | 保管合同 | 保管费的1‰ | |
| | 仓储合同 | 仓储费的1‰ | |
| | 财产保险合同 | 保险费的1‰ | 不包括再保险合同 |
| 产权转移书据 | 土地使用权出让和转让书据；房屋等建筑物、构筑物所有权、股权转让书据 | 支付价款的5‰ | 转让包括买卖（出售）、继承、赠与、互换、分割 |
| | 商标专用权、著作权、专利权、专有技术使用权转让书据 | 支付价款的3‰ | |
| | 商标专用权、著作权、专利权、专有技术转让书据 | 支付价款的3‰ | |
| 营业账簿 | | 实收资本（股本）、资本公积合计金额的2.5‰ | |
| 证券交易 | | 成交金额的1‰ | 对证券交易的出让方征收，不对证券交易的受让方征收 |

### （二）计税依据

印花税的计税依据，按照下列方法确定：

(1) 应税合同的计税依据，为合同列明的价款或者报酬，不包括增值税税款；合同中价款或者报酬与增值税税款未分开列明的，按照合计金额确定，具体包括买卖合同和建设工程合同中的支付价款、承揽合同中的支付报酬、租赁合同和融资租赁合同中的租金、运输合同中的运输费用、保管合同中的保管费、仓储合同中的仓储费、借款合同中的借款金额、财产保险合同中的保险费以及技术合同中的支付价款、报酬或者使用费等。

(2) 应税产权转移书据的计税依据,为产权转移书据列明的价款,不包括增值税税款;产权转移书据中价款与增值税税款未分开列明的,按照合计金额确定。

应税合同、产权转移书据未列明价款或者报酬的,按照下列方法确定计税依据:①按照订立合同、产权转移书据时市场价格确定;依法应当执行政府定价的,按照其规定确定。②不能按照上述规定的方法确定的,按照实际结算的价款或者报酬确定。

(3) 应税营业账簿的计税依据,为营业账簿记载的实收资本(股本)、资本公积合计金额。

(4) 证券交易的计税依据,为成交金额。以非集中交易方式转让证券时无转让价格的,按照办理过户登记手续前一个交易日收盘价计算确定计税依据;办理过户登记手续前一个交易日无收盘价的,按照证券面值计算确定计税依据。

(5) 应税合同、产权转移书据未列明金额的,印花税的计税依据按照实际结算的金额确定。计税依据按照上述规定仍不能确定的,按照书立合同、产权转移书据时的市场价格确定;依法应当执行政府定价或者政府指导价的,按照国家有关规定确定。

(6) 纳税人有以下情形的,税务机关可以核定纳税人印花税计税依据:①未按规定建立印花税应税凭证登记簿,或未如实登记和完整保存应税凭证的。②拒不提供应税凭证或不如实提供应税凭证致使计税依据明显偏低的。③采用按期汇总缴纳办法的,未按税务机关规定的期限报送汇总缴纳印花税情况报告,经税务机关责令限期报告,逾期仍不报告的或者税务机关在检查中发现纳税人有未按规定汇总缴纳印花税情况的。

### (三) 应纳税额的计算

(1) 应税合同的应纳税额计算公式为:

$$应纳税额 = 价款或者报酬 \times 适用税率$$

(2) 应税产权转移书据的应纳税额计算公式为:

$$应纳税额 = 价款 \times 适用税率$$

(3) 应税营业账簿的应纳税额计算公式为:

$$应纳税额 = 实收资本(股本)、资本公积合计金额 \times 适用税率$$

(4) 证券交易的应纳税额计算公式为:

$$应纳税额 = 成交金额或者依法确定的计税依据 \times 适用税率$$

同一应税凭证载有两个以上税目事项并分别列明金额的,按照各自适用的税目税率分别计算应纳税额;未分别列明金额的,从高适用税率。

已缴纳印花税的营业账簿,以后年度记载的实收资本(股本)、资本公积合计金额比已缴纳印花税的实收资本(股本)、资本公积合计金额增加的,按照增加部分计算应纳税额。

【例 7-11】 某电厂与某运输公司签订了两份运输保管合同:第一份合同载明的金额合计 500 000 元(运费和保管费并未分别记载);第二份合同中注明运费 300 000 元、保管费 100 000 元。分别计算该电厂第一份、第二份合同应缴纳的印花税税额。

【解析】

(1) 第一份合同应缴纳印花税税额 = 500 000 × 1‰ = 500(元)

(2) 第二份合同应缴纳印花税税额 = 300 000 × 3‰ + 100 000 × 1‰ = 190(元)

## 四、印花税税收优惠

1. 法定凭证免税

(1) 应税凭证的副本或者抄本,免征印花税。

(2) 依照法律规定应当予以免税的外国驻华使馆、领事馆和国际组织驻华代表机构为获得馆舍书立的应税凭证。

(3) 中国人民解放军、中国人民武装警察部队书立的应税凭证。

(4) 农民、家庭农场、农民专业合作社、农村集体经济组织、村民委员会购买农业生产资料或者销售农产品书立的买卖合同和农业保险合同。

(5) 无息或者贴息借款合同、国际金融组织向中国提供优惠贷款书立的借款合同。

(6) 财产所有权人将财产赠与政府、学校、社会福利机构、慈善组织书立的产权转移书据。

(7) 非营利性医疗卫生机构采购药品或者卫生材料书立的买卖合同。

(8) 个人与电子商务经营者订立的电子订单。

根据国民经济和社会发展的需要,国务院对居民住房需求保障、企业改制重组、破产支持小型微型企业发展等情形可以规定减征或者免征印花税,报全国人大常委会备案。

2. 临时性减免税优惠

(1) 对铁路、公路、航运、水路承运快件行李、包裹开具的托运单据,暂免贴花。

(2) 各类发行单位之间,以及发行单位与订阅单位或个人之间书立的征订凭证,暂免征印花税。

(3) 军事物资运输,凡附有军事运输命令或使用专用的军事物资运费结算凭证,免纳印花税。

(4) 抢险救灾物资运输,凡附有县级以上(含县级)人民政府抢险救灾物资运输证明文件的运费结算凭证,免纳印花税。

(5) 对资产公司成立时设立的资金账簿免征印花税。对资产公司收购、承接和处置不良资产,免征购销合同和产权转移书据应缴纳的印花税。

(6) 金融资产管理公司按财政部核定的资本金数额,接收国有商业银行的资产,在办理过户手续时,免征印花税。

(7) 国有商业银行按财政部核定的数额,划转给金融资产管理公司的资产,在办理过户手续时,免征印花税。

(8) 对社保理事会委托社保基金投资管理人运用社保基金买卖证券应缴纳的印花税实行先征后返。

(9) 对社保基金持有的证券,在社保基金证券账户之间的划拨过户,不属于印花税的征税范围,不征收印花税。

(10) 对被撤销金融机构接收债权、清偿债务过程中签订的产权转移书据,免征印花税。

(11) 以合并或分立方式成立的新企业,其新启用的资金账簿记载的资金,凡原已贴花的部分可不再贴花,未贴花的部分和以后新增加的资金按规定贴花。

(12) 企业改制前签订但尚未履行完的各类应税合同,改制后需要变更执行主体的,对仅改变执行主体、其余条款未作变动且改制前已贴花的,不再贴花。

(13) 企业因改制签订的产权转移书据免予贴花。

(14) 受托机构发售信贷资产支持证券以及投资者买卖信贷资产支持证券暂免征收印花税。

(15) 对发电厂与电网之间、电网与电网之间(国家电网公司系统、南方电网公司系统内部各级电网互供电量除外)签订的购售电合同按购销合同征收印花税。电网与用户之间签订的供用电合同不属于印花税列举征税的凭证,不征收印花税。

(16) 对个人出租、承租住房签订的租赁合同,免征印花税。

(17) 对个人销售或购买住房暂免征收印花税。

(18) 对金融机构与小型企业、微型企业签订的借款合同免征印花税。

(19) 对保险保障基金公司下列应税凭证,免征印花税:新设立的资金账簿;在对保险公司进行风险处置和破产救助过程中签订的产权转移书据;在对保险公司进行风险处置过程中与中国人民银行签订的再贷款合同;以保险保障基金自有财产和接收的受偿资产与保险公司签订的财产保险合同;对与保险保障基金公司签订上述产权转移书据或应税合同的其他当事人照章征收印花税。

(20) 对社保基金会、社保基金投资管理人管理的社保基金转让非上市公司股权免征社保基金会、社保基金投资管理人应缴纳的印花税。

(21) 对社保基金会及养老基金投资管理机构运用养老基金买卖证券应缴纳的印花税实行先征后返;养老基金持有的证券,在养老基金证券账户之间的划拨过户,不属于印花税的征收范围,不征收印花税。对社保基金会及养老基金投资管理机构管理的养老基金转让非上市公司股权,免征社保基金会及养老基金投资管理机构应缴纳的印花税。

(22) 对与高校学生签订的高校学生公寓租赁合同,免征印花税。

(23) 自2023年8月28日起,证券交易印花税实施减半征收。

【例7-12】 根据印花税法律制度的规定,下列各项中,应缴纳印花税的是( )。

A. 报刊发行单位和订阅单位之间书立的凭证

B. 建筑安装工程承包合同

C. 门市部零星修理业务开具的修理单

D. 农作物的保险合同

【解析】 答案为选项B。书、报刊发行单位之间,发行单位与订阅单位或个人之间书立的凭证,免征印花税,选项A免征。建筑安装工程承包合同属于印花税的征税范围,选项B正确。对商店、门市部的零星加工修理业务开具的修理费,不贴印花,选项C免征。农林作物、牧业畜类保险合同,免征印花税,选项D免征。

### 五、印花税征收管理

(一) 纳税义务发生时间

印花税纳税义务发生时间为纳税人书立应税凭证或者完成证券交易的当日。

证券交易印花税扣缴义务发生时间为证券交易完成的当日。

(二) 纳税地点

(1) 单位纳税人应当向其机构所在地的主管税务机关申报缴纳印花税。

(2) 个人纳税人应当向应税凭证书立地或者居住地的税务机关申报缴纳印花税。

(3) 不动产产权发生转移的,纳税人应当向不动产所在地的主管税务机关申报缴纳印花税。

(4) 纳税人为境外单位或者个人,在境内有代理人的,以其境内代理人为扣缴义务人;在境内没有代理人的,由纳税人自行申报缴纳印花税,具体办法由国务院税务主管部门规定。

(5) 证券登记结算机构为证券交易印花税的扣缴义务人,应当向其机构所在地的主管税务机关申报解缴税款以及银行结算的利息。

### (三) 纳税期限

印花税按季、按年或者按次计征。实行按季、按年计征的,纳税人应当于季度、年度终了之日起 15 日内申报并缴纳税款。实行按次计征的,纳税人应当于纳税义务发生之日起 15 日内申报并缴纳税款。

证券交易印花税按周解缴。证券交易印花税的扣缴义务人应当于每周终了之日起 5 日内申报解缴税款及孳息。

### (四) 缴纳方式

印花税可以采用粘贴印花税票或者由税务机关依法开具其他完税凭证的方式缴纳。

印花税票粘贴在应税凭证上的,由纳税人在每枚税票的骑缝处盖戳注销或者画销。

印花税票由国务院税务主管部门监制。

## 第八节 其他相关税收法律制度

### 一、城市维护建设税和教育费附加法律制度

#### (一) 城市维护建设税

城市维护建设税是以纳税人实际缴纳的增值税、消费税税额为计税依据所征收的一种税,主要目的是筹集城镇设施建设和维护资金。

1. 纳税人

城市维护建设税的纳税人,是指在中华人民共和国境内缴纳增值税、消费税的单位和个人,包括各类企业(含外商投资企业、外国企业)、行政单位、事业单位、军事单位、社会团体及其他单位,以及个体工商户和其他个人(含外籍个人)。

城市维护建设税扣缴义务人为负有增值税、消费税扣缴义务的单位和个人,在扣缴增值税、消费税的同时扣缴城市维护建设税。

2. 税率

(1) 税率的具体规定。城市维护建设税实行差别比例税率。按照纳税人所在地区的不同,设置了三档比例税率:纳税人所在地在市区的,税率为 7%;纳税人所在地在县城、镇的,税率为 5%;纳税人所在地不在市区、县城或者镇的,税率为 1%。

纳税人所在地,是指纳税人住所地或者与纳税人生产经营活动相关的其他地点,具体地点由省、自治区、直辖市确定。

(2) 适用税率的确定。由受托方代扣代缴、代收代缴增值税、消费税的单位和个人,其代扣代缴、代收代缴的城市维护建设税按受托方所在地适用税率执行。流动经营等无固定纳税地点的单位和个人,在经营地缴纳增值税、消费税的,其城市维护建设税的缴纳按经营

地适用税率执行。

3. 计税依据

城市维护建设税的计税依据为纳税人实际缴纳的增值税、消费税税额。在计算计税依据时,应当按照规定扣除期末留抵退税退还的增值税税额。

4. 应纳税额的计算

城市维护建设税的应纳税额按照纳税人实际缴纳的增值税、消费税税额乘以适用税率计算。其计算公式为:

$$\text{应纳税额} = \text{实际缴纳的增值税、消费税税额} \times \text{适用税率}$$

对实行增值税期末留抵退税的纳税人,允许其从城市维护建设税的计税依据中扣除退还的增值税税额。

【例7-13】 甲公司为国有企业,位于某市东城区,2023年11月应缴增值税90 000元,实际缴纳增值税80 000元;应缴消费税70 000元,实际缴纳消费税60 000元。已知适用的城市维护建设税税率为7%,计算该公司当月应纳城市维护建设税税额。

【解析】 根据城市维护建设税法律制度规定,城市维护建设税以纳税人实际缴纳的增值税、消费税税额为计税依据。

应纳城市维护建设税税额=(80 000+60 000)×7%=140 000×7%=9 800(元)

5. 税收优惠

(1) 对进口货物或者境外单位和个人向境内销售劳务、服务、无形资产缴纳的增值税、消费税税额,不征收城市维护建设税。

(2) 对出口货物、劳务和跨境销售服务、无形资产以及因优惠政策退还增值税、消费税的,不退还已缴纳的城市维护建设税。

(3) 对增值税、消费税实行先征后返、先征后退、即征即退办法的,除另有规定外,对随增值税、消费税附征的城市维护建设税,一律不予退(返)还。

6. 征收管理

(1) 纳税义务发生时间。城市维护建设税纳税义务发生时间为缴纳增值税、消费税的当日。城市维护建设税扣缴义务发生时间为扣缴增值税、消费税的当日。

(2) 纳税地点。城市维护建设税纳税地点为实际缴纳增值税、消费税的地点。扣缴义务人应当向其机构所在地或者居住地的主管税务机关申报缴纳其扣缴的税款。有特殊情况的,按下列原则和办法确定纳税地点:

代扣代缴、代收代缴增值税、消费税的单位和个人,同时也是城市维护建设税的代扣代缴、代收代缴义务人,其纳税地点为代扣代收地。

对流动经营等无固定纳税地点的单位和个人,应随同增值税、消费税在经营地纳税。

(3) 纳税期限。城市维护建设税的纳税期限与增值税、消费税的纳税期限一致。根据增值税法和消费税法规定,增值税、消费税的纳税期限分别为1日、3日、5日、10日、15日、1个月或者1个季度;纳税人的具体纳税期限,由税务机关根据纳税人应纳税额的大小分别核定;不能按照固定期限纳税的,可以按次纳税。

**(二)教育费附加与地方教育附加**

教育费附加与地方教育附加是以各单位和个人实际缴纳的增值税、消费税的税额为计征依据而征收的一种费用,其目的是加快发展教育事业,扩大教育经费资金来源。

1. 征收范围

教育费附加与地方教育附加的征收范围为税法规定征收增值税、消费税的单位和个人,包括外商投资企业、外国企业及外籍个人。

2. 计征依据

教育费附加与地方教育附加以纳税人实际缴纳的增值税、消费税税额之和为计征依据。

3. 征收比率

现行教育费附加征收比率为3%;地方教育附加征收比率为2%。

4. 计算与缴纳

(1) 计算公式:

$$应纳教育费附加/地方教育附加 = 实际缴纳增值税、消费税税额之和 \times 征收比率$$

【例7-14】 某大型国有商场2023年12月应缴纳增值税26 000元,实际缴纳增值税200 000元;实际缴纳消费税100 000元。计算该商场当月应纳教育费附加。

【解析】 应纳教育费附加 = (200 000 + 100 000) × 3% = 300 000 × 3% = 9 000(元)

(2) 费用缴纳。教育费附加、地方教育附加分别与增值税、消费税税款同时缴纳。

5. 减免规定

教育费附加与地方教育附加的减免,原则上比照增值税、消费税的减免规定。如果税法规定增值税、消费税减免,则教育费附加与地方教育附加也就相应地减免。主要的减免规定有:

(1) 对海关进口产品征收的增值税、消费税,不征收教育费附加与地方教育附加。

(2) 对由于减免增值税、消费税而发生退税的,可同时退还已征收的教育费附加与地方教育附加,但对出口产品退还增值税、消费税的,不退还已征的教育费附加与地方教育附加。

## 二、关税法律制度

关税是对进出国境或关境的货物、物品征收的一种税。我国目前对进出境货物征收的关税分为进口关税和出口关税两类。

### (一) 关税纳税人

进口货物的收货人、出口货物的发货人、进出境物品的所有人,是关税纳税人。

(1) 进出口货物的收、发货人是依法取得对外贸易经营权,并且进口或者出口货物的法人或者其他社会团体,具体包括:外贸进出口公司,工贸或农贸结合的进出口公司;其他经批准经营进出口商品的企业。

(2) 进出境物品的所有人包括该物品的所有人和推定为所有人的人,具体包括:入境旅客随身携带的行李、物品的持有人;各种运输工具上服务人员入境时携带自用物品的持有人;馈赠物品以及其他方式入境个人物品的所有人;个人邮递物品的收件人。

### (二) 关税课税对象和税目

(1) 关税的课税对象是进出口的货物、进出境物品。凡准许进出口的货物,除国家另有规定的以外,均应由海关征收进口关税或出口关税。对从境外采购进口的原产于中国境内的货物,也应按规定征收进口关税。

(2)关税的税目、税率都由《海关进出口税则》规定。它包括三个主要部分：归类总规则、进口税率表、出口税率表,其中归类总规则是进出口货物分类的具有法律效力的原则和方法。

### (三)关税税率

关税的税率分为进口税率和出口税率两种。其中,进口税率又分为普通税率、最惠国税率、协定税率、特惠税率、关税配额税率和暂定税率。进口货物适用何种关税税率是以进口货物的原产地为标准的。

进口关税一般采用比例税率,实行从价计征的办法,但对啤酒、原油等少数货物则实行从量计征。对广播用录像机、放像机、摄像机等实行从价加从量的复合税率。

(1)普通税率。对原产于未与我国共同适用最惠国条款的世界贸易组织成员,未与我国订有相互给予最惠国待遇、关税优惠条款贸易协定和特殊关税优惠条款贸易协定的国家或者地区的进口货物,以及原产地不明的货物,按照普通税率征税。

(2)最惠国税率。对原产于与我国共同适用最惠国条款的世界贸易组织成员的进口货物,原产于与我国签订含有相互给予最惠国待遇的双边贸易协定的国家或者地区的进口货物,以及原产于我国的进口货物,按照最惠国税率征税。

(3)协定税率。对原产于与我国签订含有关税优惠条款的区域性贸易协定的国家或地区的进口货物,按协定税率征税。

(4)特惠税率。对原产于与我国签订含有特殊关税优惠条款的贸易协定的国家或地区的进口货物,按特惠税率征收。

(5)关税配额税率,是指关税配额限度内的税率。关税配额是进口国限制进口货物数量的措施,把征收关税和进口配额相结合以限制进口。对于在配额内进口的货物可以适用较低的关税配额税率,对于配额之外的则适用较高税率。

(6)暂定税率,是指各国根据进口货物的认定及调整后暂时执行的税率。适用最惠国税率、协定税率、关税配额税率的进口货物在一定期限内可以实行暂定税率。

【例7-15】 根据关税法律制度的规定,原产于与我国签订含有特殊关税优惠条款的是(   )。

A. 协定税率　　　B. 最惠国税率　　　C. 特惠税率　　　D. 普通税率

【解析】 答案为选项C。对原产于与我国签订含有特殊关税优惠条款的贸易协定的国家或地区的进口货物,按特惠税率征收关税。

### (四)关税计税依据

我国对进出口货物征收关税,主要采取从价计征的办法,以商品价格为标准征收关税。因此,关税主要以进出口货物的完税价格为计税依据。

1. 进口货物的完税价格

1)一般贸易项下进口货物的完税价格

一般贸易项下进口的货物以海关审定的成交价格为基础的到岸价格作为完税价格。

(1)成交价格是一般贸易项下进口货物的买方为购买该项货物向卖方实际支付或应当支付的价格。在货物成交过程中,进口人在成交价格外另支付给卖方的佣金,应计入成交价格,而向境外采购代理人支付的买方佣金则不能列入,如已包括在成交价格中应予以扣除;卖方付给进口人的正常回扣,应从成交价格中扣除。卖方违反合同规定延期交货的罚款,卖方在货价中冲减时,罚款则不能从成交价格中扣除。

(2) 到岸价格,是指包括货价以及货物运抵我国关境内输入地点起卸前的包装费、运费、保险费和其他劳务费等费用构成的一种价格,其中还应包括为了在境内生产、制造、使用或出版、发行的目的而向境外支付的与该进口货物有关的专利、商标、著作权,以及专有技术、计算机软件和资料等费用。

为避免低报、瞒报价格偷逃关税,进口货物的到岸价格不能确定时,本着公正、合理原则,海关应当按照规定估定完税价格。

2) 特殊贸易下进口货物的完税价格

对于某些特殊、灵活的贸易方式(如寄售等)下进口的货物,在进口时没有"成交价格"可作依据,为此,《进出口关税条例》对这些进口货物制定了确定其完税价格的方法,主要有:

(1) 运往境外加工的货物的完税价格。出境时已向海关报明,并在海关规定期限内复运进境的,以境外加工费和料件费以及复运进境的运输及其相关费用和保险费审查确定完税价格。

(2) 运往境外修理的机械器具、运输工具或者其他货物的完税价格。出境时已向海关报明并在海关规定期限内复运进境的,以经海关审定的修理费和料件费作为完税价格。

(3) 租赁进口货物的完税价格。租赁方式进境的货物,以海关审查确定的货物租金作为完税价格。

(4) 对于国内单位留购的进口货样、展览品和广告陈列品,以留购价格作为完税价格。但对于留购货样、展览品和广告陈列品的买方,除按留购价格付款外,又直接或间接给卖方一定利益的,海关可以另行确定上述货物的完税价格。

(5) 逾期未出境的暂准进口货物的完税价格。对于经海关批准暂时进境的施工机械、工程车辆、供安装使用的仪器和工具、电视或电影摄制机械,以及盛装货物的容器等,如入境超过半年仍留在国内使用的,应自第7个月起,按月征收进口关税,其完税价格按由海关以该货物的成交价格为基础审查确定,每月的税额计算公式为:

$$每月关税 = 货物完税价格 \times 关税税率 \times 1 \div 48$$

(6) 转让出售进口减免税货物的完税价格。按照特定减免税办法批准予以减免税进口的货物,在转让或出售而需补税时,可按这些货物原进口时的到岸价格来确定其完税价格。其计算公式为:

$$完税价格 = 原入境到岸价格 \times [1 - 实际使用月份 \div (监理年限 \times 12)]$$

监理年限,是指海关对减免税进口的货物监督管理的年限。

2. 出口货物的完税价格

出口货物应当以海关审定的货物售予境外的离岸价格,扣除出口关税后作为完税价格。计算公式为:

$$出口货物完税价格 = 离岸价格 \div (1 + 出口税率)$$

(1) 离岸价格应以该项货物运离关境前的最后一个口岸的离岸价格为实际离岸价格。

(2) 若该项货物从内地起运,则从内地口岸至最后出境口岸所支付的国内段运输费用应予扣除。

(3) 离岸价格不包括装船以后发生的费用。出口货物在成交价格以外支付给国外的佣金应予扣除,未单独列明的则不予扣除。

（4）出口货物在成交价格以外,买方还另行支付的货物包装费,应计入成交价格。当离岸价格不能确定时,完税价格由海关估定。

3. 进出口货物完税价格的审定

对于进出口货物的收发货人或其代理人向海关申报进出口货物的成交价格明显偏低,而又不能提供合法证据和正当理由的;申报价格明显低于海关掌握的相同或类似货物的国际市场上公开成交货物的价格,而又不能提供合法证据和正当理由的;申报价格经海关调查认定买卖双方之间有特殊经济关系或对货物的使用、转让互相订有特殊条件或特殊安排,影响成交价格的,以及其他特殊成交情况,海关认为需要估价的,则按以下方法依次估定完税价格：

（1）相同货物成交价格法,即以从同一出口国家或者地区购进的相同货物的成交价格作为该被估货物完税价格的价格依据。

（2）类似货物成交价格法,即以从同一出口国家或者地区购进的类似货物的成交价格作为被估货物的完税价格的依据。

（3）国际市场价格法,即以进口货物的相同或类似货物在国际市场上公开的成交价格为该进口货物的完税价格。

（4）国内市场价格倒扣法,即以进口货物的相同或类似货物在国内市场上的批发价格,扣除合理的税、费、利润后的价格。

（5）合理方法估定的价格。如果按照上述几种方法顺序估价仍不能确定其完税价格时,则可由海关按照合理方法估定。

**(五) 关税应纳税额的计算**

1. 从价税计算方法

从价税是最普遍的关税计征方法,它以进（出）口货物的完税价格作为计税依据。进（出）口货物应纳关税税额的计算公式为：

$$应纳税额 = 应税进（出）口货物数量 \times 单位完税价格 \times 适用税率$$

2. 从量税计算方法

从量税是以进口商品的数量为计税依据的一种关税计征方法。其应纳关税税额的计算公式为：

$$应纳税额 = 应税进口货物数量 \times 关税单位税额$$

3. 复合税计算方法

复合税是对某种进口货物同时使用从价和从量计征的一种关税计征方法。其应纳关税税额的计算公式为：

$$应纳税额 = 应税进口货物数量 \times 关税单位税额 + 应税进口货物数量 \times 单位完税价格 \times 适用税率$$

4. 滑准税计算方法

滑准税,是指关税的税率随着进口商品价格的变动而反方向变动的一种税率形式,即价格越高,税率越低,税率为比例税率。因此,对实行滑准税率的进口商品应纳税额的计算方法与从价税的计算方法相同。

**(六) 关税税收优惠**

关税的减税、免税分为法定减免税、政策性减免税和临时性减免税。

1. 法定减免税

(1) 一票货物关税税额、进口环节增值税或者消费税税额在人民币50元以下的。

(2) 无商业价值的广告品及货样。

(3) 国际组织、外国政府无偿赠送的物资。

(4) 进出境运输工具装载的途中必需的燃料、物料和饮食用品以及在海关放行前损失的货物。

(5) 因故退还的中国出口货物,可以免征进口关税,但已征收的出口关税,不予退还。

(6) 因故退还的境外进口货物,可以免征出口关税,但已征收的进口关税,不予退还。

2. 政策性减免税

(1) 在境外运输途中或者在起卸时,遭受到损坏或者损失的。

(2) 起卸后海关放行前,因不可抗力遭受损坏或者损失的。

(3) 海关查验时已经破漏、损坏或者腐烂,经证明不是保管不慎造成的。

3. 临时性减免税

为境外厂商加工、装配成品和为制造外销产品而进口的原材料、辅料、零件、部件、配套件和包装物料,海关按照实际加工出口的成品数量免征进口关税;或者对进口料、件先征进口关税,再按照实际加工出口的成品数量予以退税。

### (七) 关税征收管理

关税是在货物实际进出境时,即在纳税人按进出口货物通关规定向海关申报后、海关放行前一次性缴纳。进出口货物的收发货人或其代理人应当在海关填发税款缴款书之日起15日内(星期日和法定节假日除外),向指定银行缴纳税款。逾期不缴的,除依法追缴外,由海关自到期次日起至缴清税款之日止,按日征收欠缴税额0.5‰的滞纳金。

自2016年6月1日起,旅客携运进出境的行李物品有下列情形之一的,海关暂不予放行:①旅客不能当场缴纳进境物品税款的。②进出境的物品属于许可证件管理的范围,但旅客不能当场提交的。③进出境的物品超出自用合理数量,按规定应当办理货物报关手续或其他海关手续,其尚未办理的。④对进出境物品的属性、内容存疑,需要由有关主管部门进行认定、鉴定、验核的。⑤按规定暂不予以放行的其他行李物品。

对由于海关误征、多缴纳税款的;海关核准免验的进口货物在完税后,发现有短卸情况,经海关审查认可的;已征出口关税的货物,因故未装运出口申报退关,经海关查验属实的,纳税人可以从缴纳税款之日起的1年内,书面声明理由,连同纳税收据向海关申请退税,逾期不予受理。海关应当自受理退税申请之日起30日内作出书面答复,并通知退税申请人。进出口货物完税后,如发现少征或漏征税款,海关有权在1年内予以补征;如因收发货人或其代理人违反规定而造成少征或漏征税款的,海关在3年内可以追缴。

## 三、环境保护税

环境保护税是为了保护和改善环境,减少污染物排放,推进生态文明建设而征收的一种税。

### (一) 环境保护税纳税人

环境保护税的纳税人为在中华人民共和国领域和中华人民共和国管辖的其他海域,直接向环境排放应税污染物的企业事业单位和其他生产经营者。按照规定征收环境保护税,不再征收排污费。

### (二) 环境保护税征税范围

环境保护税的征税范围是《中华人民共和国环境保护税法》(以下简称《环境保护税法》)所附"环境保护税税目税额表""应税污染物和当量值表"规定的大气污染物、水污染物、固体废物和噪声等应税污染物。

有下列情形之一的,不属于直接向环境排放污染物,不缴纳相应污染物的环境保护税:

(1) 企业事业单位和其他生产经营者向依法设立的污水集中处理、生活垃圾集中处理场所排放应税污染物的。

(2) 企业事业单位和其他生产经营者在符合国家和地方环境保护标准的设施、场所储存或者处置固体废物的。

依法设立的城乡污水集中处理、生活垃圾集中处理场所超过国家和地方规定的排放标准向环境排放应税污染物的,应当缴纳环境保护税。

企业事业单位和其他生产经营者储存或者处置固体废物不符合国家和地方环境保护标准的,应当缴纳环境保护税。

### (三) 环境保护税税率

环境保护税实行定额税率。税目、税额依照"环境保护税税目税额表"执行,如表 7-7 所示。

表 7-7　　　　　　　　　环境保护税税目税额表

| 税目 | | 计税单位 | 税额 | 备注 |
|---|---|---|---|---|
| 大气污染物 | | 每污染当量 | 1.2~12 元 | |
| 水污染物 | | 每污染当量 | 1.4~14 元 | |
| 固体废物 | 煤矸石 | 每吨 | 5 元 | |
| | 尾矿 | 每吨 | 15 元 | |
| | 危险废物 | 每吨 | 1 000 元 | |
| | 冶炼渣、粉煤灰、炉渣、其他固体废物(含半固态、液态废物) | 每吨 | 25 元 | |
| 噪声 | 工业噪声 | 超标 1~3 分贝 | 每月 350 元 | (1) 一个单位边界上有多处噪声超标,根据最高一处超标声级计算应纳税额;当沿边界长度超过 100 米有两个以上噪声超标,按照两个单位计算应纳税额<br>(2) 一个单位有不同地点作业场所的,应当分别计算应纳税额,合并计征<br>(3) 昼、夜均超标的环境噪声,昼、夜分别计算应纳税额,累计计征<br>(4) 声源一个月内超标不足 15 天的,减半计算应纳税额<br>(5) 夜间频繁突发和夜间偶然突发厂界超标噪声,按等效声级和峰值噪声两种指标中超标分贝值高的一项计算应纳税额 |
| | | 超标 4~6 分贝 | 每月 700 元 | |
| | | 超标 7~9 分贝 | 每月 1 400 元 | |
| | | 超标 10~12 分贝 | 每月 2 800 元 | |
| | | 超标 13~15 分贝 | 每月 5 600 元 | |
| | | 超标 16 分贝以上 | 每月 11 200 元 | |

### (四) 环境保护税计税依据

应税污染物的计税依据,按照下列方法确定:

(1) 应税大气污染物按照污染物排放量折合的污染当量数确定。

(2) 应税水污染物按照污染物排放量折合的污染当量数确定。
(3) 应税固体废物按照固体废物的排放量确定。
(4) 应税噪声按照超过国家规定标准的分贝数确定。

### (五) 环境保护税应纳税额的计算

环境保护税应纳税额按照下列方法计算：
(1) 应税大气污染物的应纳税额＝污染当量数×具体适用税额。
(2) 应税水污染物的应纳税额＝污染当量数×具体适用税额。
(3) 应税固体废物的应纳税额＝固体废物排放量×具体适用税额。
(4) 应税噪声的应纳税额＝超过国家规定标准的分贝数对应的具体适用税额。

应税大气污染物、水污染物、固体废物的排放量和噪声的分贝数，按照下列方法和顺序计算：
(1) 纳税人安装使用符合国家规定和监测规范的污染物自动监测设备的，按照污染物自动监测数据计算。
(2) 纳税人未安装使用污染物自动监测设备的，按照监测机构出具的符合国家有关规定和监测规范的监测数据计算。
(3) 因排放污染物种类多等原因不具备监测条件的，按照国务院环境保护主管部门规定的排污系数、物料衡算方法计算。
(4) 不能按上述第(1)项至第(3)项规定的方法计算的，按照省、自治区、直辖市人民政府环境保护主管部门规定的抽样测算的方法核定计算。

### (六) 环境保护税税收优惠

1. 暂予免征环境保护税的情形
(1) 农业生产(不包括规模化养殖)排放应税污染物的。
(2) 机动车、铁路机车、非道路移动机械、船舶和航空器等流动污染源排放应税污染物的。
(3) 依法设立的城乡污水集中处理、生活垃圾集中处理场所排放相应应税污染物，不超过国家和地方规定的排放标准的。
(4) 纳税人综合利用的固体废物，符合国家和地方环境保护标准的。
(5) 国务院批准免税的其他情形。

2. 减征环境保护税的情形
纳税人排放应税大气污染物或者水污染物的浓度值低于国家和地方规定的污染物排放标准30%的，减按75%征收环境保护税。纳税人排放应税大气污染物或者水污染物的浓度值低于国家和地方规定的污染物排放标准50%的，减按50%征收环境保护税。

### (七) 环境保护税征收管理

(1) 环境保护税由税务机关依照《税收征管法》和《环境保护税法》的有关规定征收管理。
(2) 纳税义务发生时间为纳税人排放应税污染物的当日。纳税人应当向应税污染物排放地的税务机关申报缴纳环境保护税。
(3) 环境保护税按月计算，按季申报缴纳。不能按固定期限计算缴纳的，可以按次申报缴纳。

纳税人按季申报缴纳的，应当自季度终了之日起15日内，向税务机关办理纳税申报并缴纳税款。纳税人按次申报缴纳的,应当自纳税义务发生之日起15日内,向税务机关办理纳税申报并缴纳税款。

### 四、车辆购置税

车辆购置税,是对在中国境内购置应税车辆的单位和个人征收的一种税。

**(一)车辆购置税纳税人**

在中华人民共和国境内购置汽车、有轨电车、汽车挂车、排气量超过150毫升的摩托车(以下统称应税车辆)的单位和个人,为车辆购置税的纳税人。

购置,是指以购买、进口、自产、受赠、获奖或者其他方式取得并自用应税车辆的行为。

**(二)车辆购置税征收范围**

车辆购置税的征收范围包括汽车、有轨电车、汽车挂车、排气量超过150毫升的摩托车。

**(三)车辆购置税税率**

车辆购置税采用比例税率,税率为10%。

**(四)车辆购置税计税依据**

车辆购置税的计税依据为应税车辆的计税价格。计税价格根据不同情况,按照下列规定确定:

(1)纳税人购买自用应税车辆的计税价格,为纳税人实际支付给销售者的全部价款,不包括增值税税款。

(2)纳税人进口自用应税车辆的计税价格,为关税完税价格加上关税和消费税,其计算公式为:

$$计税价格 = 关税完税价格 + 关税 + 消费税$$

(3)纳税人自产自用应税车辆的计税价格,按照纳税人生产的同类应税车辆的销售价格确定,不包括增值税税款。没有同类应税车辆销售价格的,按照组成计税价格确定,计算公式为:

$$组成计税价格 = 成本 \times (1 + 成本利润率)$$

(4)纳税人以受赠、获奖或者其他方式取得自用应税车辆的计税价格,按照购置应税车辆时相关凭证载明的价格确定,不包括增值税税款。

(5)纳税人申报的应税车辆计税价格明显偏低,又无正当理由的,由税务机关依照《税收征管法》的规定核定其应纳税额。

纳税人以外汇结算应税车辆价款的,按照申报纳税之日的人民币汇率中间价折合成人民币计算缴纳税款。

**(五)车辆购置税应纳税额的计算**

车辆购置税实行从价定率的方法计算应纳税额,其计算公式为:

$$应纳税额 = 计税依据 \times 税率$$

**(六)车辆购置税税收优惠**

下列车辆免征车辆购置税:

(1)依照法律规定应当予以免税的外国驻华使馆、领事馆和国际组织驻华机构及其有关人员自用的车辆。

(2) 中国人民解放军和中国人民武装警察部队列入装备订货计划的车辆。
(3) 悬挂应急救援专用号牌的国家综合性消防救援车辆。
(4) 设有固定装置的非运输专用作业车辆。
(5) 城市公交企业购置的公共汽电车辆。

对购置日期在2024年1月1日至2025年12月31日期间的新能源汽车免征车辆购置税,其中,每辆新能源乘用车免税额不超过3万元;对购置日期在2026年1月1日至2027年12月31日期间的新能源汽车减半征收车辆购置税,其中,每辆新能源乘用车减税额不超过1.5万元。

### (七) 车辆购置税征收管理

1. 纳税申报

车辆购置税实行一次性征收。购置已征车辆购置税的车辆,不再征收车辆购置税。

车辆购置税由税务机关负责征收。车辆购置税的纳税义务发生时间为纳税人购置应税车辆的当日。纳税人应当自纳税义务发生之日起60日内申报缴纳车辆购置税。

2. 纳税环节

纳税人应当在向公安机关交通管理部门办理车辆注册登记前,缴纳车辆购置税。

纳税人应当持主管税务机关出具的完税证明或者免税证明,向公安机关车辆管理机构办理车辆登记注册手续;没有完税证明或者免税证明的,公安机关车辆管理机构不得办理车辆登记注册手续。

公安机关交通管理部门办理车辆注册登记,应当根据税务机关提供的应税车辆完税或者免税电子信息对纳税人申请登记的车辆信息进行核对,核对无误后依法办理车辆注册登记。

免税、减税车辆因转让、改变用途等原因不再属于免税、减税范围的,纳税人应当在办理车辆转移登记或者变更登记前缴纳车辆购置税。计税价格以免税、减税车辆初次办理纳税申报时确定的计税价格为基准,每满1年扣减10%。

纳税人将已征车辆购置税的车辆退回车辆生产企业或者销售企业的,可以向主管税务机关申请退还车辆购置税。退税额以已缴税款为基准,自缴纳税款之日至申请退税之日,每满1年扣减10%。

3. 纳税地点

纳税人购置应税车辆,应当向车辆登记地的主管税务机关申报缴纳车辆购置税;购置不需要办理车辆登记的应税车辆的,应当向纳税人所在地的主管税务机关申报缴纳车辆购置税。

## 五、耕地占用税

耕地占用税是为了合理利用土地资源,加强土地管理,保护耕地,对占用耕地建设建筑物、构筑物或者从事非农业建设的单位和个人征收的一种税。

### (一) 耕地占用税纳税人

耕地占用税的纳税人为在我国境内占用耕地建设建筑物、构筑物或者从事非农业建设的单位和个人。

经申请批准占用耕地的,纳税人为农用地转用审批文件中标明的建设用地人;农用地转用审批文件中未标明建设用地人的,纳税人为用地申请人,其中用地申请人为各级人民政府的,由同级土地储备中心、自然资源主管部门或政府委托的其他部门、单位履行耕地占用税申报纳税义务。未经批准占用耕地的,纳税人为实际用地人。

#### (二)耕地占用税征税范围

1. 征税范围的一般规定

耕地占用税的征税范围包括纳税人为建设建筑物、构筑物或从事其他非农业建设而占用的国家所有和集体所有的耕地。

占用园地、林地、草地、农田水利用地、养殖水面、渔业水域滩涂以及其他农用地建设建筑物、构筑物或者从事非农业建设的,按规定缴纳耕地占用税。

2. 征税范围的特殊规定

建设直接为农业生产服务的生产设施占用上述农用地的,不缴纳耕地占用税。直接为农业生产服务的生产设施,是指直接为农业生产而建设的建筑物和构筑物。具体包括:储存农用机具和种子、苗木、木材等农业产品的仓储设施;培育、生产种子、种苗的设施;畜禽养殖设施;木材集材道、运材道;农业科研、试验、示范基地;野生动植物保护、护林、森林病虫害防治、森林防火、木材检疫的设施;专为农业生产服务的灌溉排水、供水、供电、供热、供气、通信基础设施;农业生产者从事农业生产必需的食宿和管理设施;其他直接为农业生产服务的生产设施。

#### (三)耕地占用税税率

耕地占用税实行定额税率。根据不同地区的人均耕地面积和经济发展情况实行有地区差别的幅度税额标准,税率具体标准如表7-8所示。

表7-8　　　　　　　　　　耕地占用税平均税额表

| 人均耕地占用面积<br>(以县、自治县、不设区的市、市辖区为单位) | 每平方米年税额(元) |
| --- | --- |
| 不超过1亩的地区 | 10~50 |
| 超过1亩但不超过2亩的地区 | 8~40 |
| 超过2亩但不超过3亩的地区 | 6~30 |
| 超过3亩以上的地区 | 5~25 |

注:1亩=666.67平方米

各地区耕地占用税的适用税额,由省、自治区、直辖市人民政府根据人均耕地面积和经济发展等情况,在规定的税额幅度内提出,报同级人民代表大会常务委员会决定,并报全国人民代表大会常务委员会和国务院备案。各省、自治区、直辖市耕地占用税适用税额的平均水平,不得低于"各省、自治区、直辖市耕地占用税平均税额表"规定的平均税额。具体税额如表7-9所示。

表7-9　　　　　　　　各省、自治区、直辖市耕地占用税平均税额表

| 省、自治区、直辖市 | 平均税额(元/平方米) |
| --- | --- |
| 上海 | 45 |
| 北京 | 40 |

(续表)

| 省、自治区、直辖市 | 平均税额(元/平方米) |
|---|---|
| 天津 | 35 |
| 江苏、浙江、福建、广东 | 30 |
| 辽宁、湖北、湖南 | 25 |
| 河北、安徽、江西、山东、河南、重庆、四川 | 22.5 |
| 广西、海南、贵州、云南、陕西 | 20 |
| 山西、吉林、黑龙江 | 17.5 |
| 内蒙古、西藏、甘肃、青海、宁夏、新疆 | 12.5 |

在人均耕地低于0.5亩的地区,省、自治区、直辖市可以根据当地经济发展情况,适当提高耕地占用税的适用税额,但提高的部分不得超过确定的适用税额的50%。

占用基本农田的,应当按照当地适用税额,加按150%征收。

占用园地、林地、草地、农田水利用地、养殖水面、渔业水域滩涂以及其他农用地建设建筑物、构筑物或者从事非农业建设的,适用税额可以适当低于本地区确定的适用税额,但降低的部分不得超过50%。具体适用税额由省、自治区、直辖市人民政府提出,报同级人民代表大会常务委员会决定,并报全国人民代表大会常务委员会和国务院备案。

**(四)耕地占用税计税依据**

耕地占用税以纳税人实际占用的耕地面积为计税依据,按照规定的适用税额标准计算应纳税额,一次性缴纳。实际占用的耕地面积,包括经批准占用的耕地面积和未经批准占用的耕地面积。

纳税人实际占用耕地面积的核定以农用地转用审批文件为主要依据,必要的时候应当实地勘测。

**(五)耕地占用税应纳税额的计算**

耕地占用税应纳税额的计算公式为:

$$应纳税额 = 实际占用耕地面积(平方米) \times 适用税率$$

**(六)耕地占用税税收优惠**

耕地占用税减免税收优惠如表7-10所示。

表 7-10　　　　　　　　　耕地占用税税收优惠

| | |
|---|---|
| 免征 | 军事设施占用耕地 |
| | 学校、幼儿园、社会福利机构、医疗机构占用耕地 |
| | 农村烈士遗属、因公牺牲军人遗属、残疾军人以及符合农村最低生活保障条件的农村居民,在规定用地标准以内新建自用住宅 |
| 减征 | 铁路线路、公交线路、飞机场跑道、停机坪、港口、航道、水利工程占用耕地,减按每平方米2元的税额征收耕地占用税 |
| | 农村居民在规定用地标准以内占用耕地新建自用住宅,按照当地适用税额减半征收耕地占用税;其中农村居民经批准搬迁,新建自用住宅占用耕地不超过原宅基地面积的部分,免征耕地占用税 |

### (七)耕地占用税征收管理

1. 纳税义务发生时间

耕地占用税的纳税义务发生时间为纳税人收到自然资源主管部门办理占用耕地手续的书面通知的当日。纳税人应当自纳税义务发生之日起30日内申报缴纳耕地占用税。

自然资源主管部门凭耕地占用税完税凭证或者免税凭证和其他有关文件发放建设用地批准书。

未经批准占用耕地的,耕地占用税纳税义务发生时间为自然资源主管部门认定的纳税人实际占用耕地的当日。

因挖损、采矿塌陷、压占、污染等损毁耕地的纳税义务发生时间为自然资源、农业农村等相关部门认定损毁耕地的当日。

纳税人占地类型、占地面积和占地时间等纳税申报数据材料以自然资源等相关部门提供的相关材料为准;未提供相关材料或者材料信息不完整的,经主管税务机关提出申请,由自然资源等相关部门自收到申请之日起30日内出具认定意见。

2. 纳税申报

纳税人占用耕地或其他农用地,应当在耕地或其他农用地所在地申报纳税。

纳税人因建设项目施工或者地质勘查临时占用耕地,应当按照规定缴纳耕地占用税。纳税人在批准临时占用耕地期满之日起一年内依法复垦,恢复种植条件的,全额退还已经缴纳的耕地占用税。临时占用耕地,是指经自然资源主管部门批准,在一般不超过2年内临时使用耕地并且没有修建永久性建筑物的行为。

因挖损、采矿塌陷、压占、污染等损毁耕地属于税法所称的非农业建设,应依照税法规定缴纳耕地占用税;自然资源、农业农村等相关部门认定损毁耕地之日起3年内依法复垦或修复,恢复种植条件的,按规定办理退税。

纳税人改变占地用途,不再属于免征或减征情形的,应自改变用途之日起30日内申报补缴税款,补缴税款按改变用途的实际占用耕地面积和改变用途时当地适用税额计算。

纳税人占地类型和面积以自然资源等相关部门提供的相关材料为准;未提供相关材料或者材料信息不完整的,经主管税务机关提请,由自然资源等相关部门出具认定意见。

3. 征收机关与部门配合

耕地占用税由税务机关负责征收。税务机关应当与相关部门建立耕地占用税涉税信息共享机制和工作配合机制。县级以上地方人民政府自然资源、农业农村、水利等相关部门应当定期向税务机关提供农用地转用、临时占地等信息,协助税务机关加强耕地占用税征收管理。

税务机关发现纳税人的纳税申报数据资料异常或者纳税人未按照规定期限申报纳税的,可以提请相关部门进行复核,相关部门应当自收到税务机关复核申请之日起30日内向税务机关出具复核意见。

纳税人的纳税申报数据资料异常或者纳税人未按照规定期限申报纳税的,包括下列情形:

(1)纳税人改变原占地用途,不再属于免征或者减征耕地占用税情形,未按照规定进行申报的。

(2)纳税人已申请用地但尚未获得批准先行占地开工,未按照规定进行申报的。

(3) 纳税人实际占用耕地面积大于批准占用耕地面积,未按照规定进行申报的。
(4) 纳税人未履行报批程序擅自占用耕地,未按照规定进行申报的。
(5) 其他应提请相关部门复核的情形。

县级以上地方人民政府自然资源、农业农村、水利、生态环境等相关部门向税务机关提供的农用地转用、临时占地等信息,包括农用地转用信息、城市和村庄集镇按批次建设用地转而未供信息、经批准临时占地信息、改变原占地用途信息、未批先占农用地查处信息、土地损毁信息、土壤污染信息、土地复垦信息、草场使用和渔业养殖权证发放信息等。各省、自治区、直辖市人民政府应当建立健全本地区跨部门耕地占用税部门协作和信息交换工作机制。

### 六、烟叶税

烟叶税是向收购烟叶的单位征收的一种税。

#### (一)烟叶税纳税人

烟叶税的纳税人为在中华人民共和国境内收购烟叶的单位。因为我国实行烟草专卖制度,因此烟叶税的纳税人具有特定性,一般是有权收购烟叶的烟草公司或者受其委托收购烟叶的单位。

#### (二)烟叶税征税范围

烟叶税的征税范围包括晾晒烟叶、烤烟叶。

#### (三)烟叶税税率

烟叶税实行比例税率,税率为20%。

#### (四)烟叶税计税依据

烟叶税的计税依据是纳税人收购烟叶实际支付的价款总额,包括纳税人支付给烟叶生产销售单位和个人的烟叶收购价款和价外补贴。其中,价外补贴统一按烟叶收购价款的10%计算。

价款总额的计算公式为:

$$价款总额 = 收购价款 \times (1 + 10\%)$$

#### (五)烟叶税应纳税额的计算

烟叶税应纳税额的计算公式为:

$$应纳税额 = 价款总额 \times 税率 = 收购价款 \times (1 + 10\%) \times 税率$$

#### (六)烟叶税征收管理

烟叶税的纳税义务发生时间为纳税人收购烟叶的当日,烟叶税在烟叶收购环节征收。纳税人收购烟叶即发生纳税义务。

烟叶税按月计征,纳税人应当于纳税义务发生月终了之日起15日内申报并缴纳税款。纳税人收购烟叶,应当向烟叶收购地的主管税务机关申报纳税。

### 七、船舶吨税

船舶吨税是对自中国境外港口进入境内港口的船舶征收的一种税。

**（一）船舶吨税纳税人**

对自中国境外港口进入中国境内港口的船舶（以下简称应税船舶）征收船舶吨税（以下简称"吨税"），以应税船舶负责人为纳税人。

**（二）船舶吨税税目税率**

吨税税目按船舶净吨位的大小分等级设置为4个税目。税率采用定额税率，分为30日、90日和1年三种不同的税率，具体分为两类：普通税率和优惠税率。我国国籍的应税船舶，船籍国（地区）与我国签订含有互相给予船舶税费最惠国待遇条款的条约或者协定的应税船舶，适用优惠税率；其他应税船舶，适用普通税率。我国现行吨税税目税率如表7-11所示。

表7-11　　　　　　　　　　　　吨税税目税率表

| 税目（按船舶净吨位划分） | 税率（元/净吨） | | | | | |
|---|---|---|---|---|---|---|
| | 普通税率（按执照期限划分） | | | 优惠税率（按执照期限划分） | | |
| | 1年 | 90日 | 30日 | 1年 | 90日 | 30日 |
| 不超过2 000净吨 | 12.6 | 4.2 | 2.1 | 9.0 | 3.0 | 1.5 |
| 超过2 000净吨，但不超过10 000净吨 | 24.0 | 8.0 | 4.0 | 17.4 | 5.8 | 2.9 |
| 超过10 000净吨，但不超过50 000净吨 | 27.6 | 9.2 | 4.6 | 19.8 | 6.6 | 3.3 |
| 超过50 000净吨 | 31.8 | 10.6 | 5.3 | 22.8 | 7.6 | 3.8 |

**（三）船舶吨税计税依据**

吨税以船舶净吨位为计税依据。拖船按照发动机功率每千瓦折合净吨位0.67吨，无法提供净吨位证明文件的游艇按照发动机功率每千瓦折合净吨位0.05吨，拖船和非机动驳船分别按相同净吨位船舶税率的50%计征。

**（四）船舶吨税应纳税额的计算**

吨税按照船舶净吨位和吨税执照期限征收，应税船舶负责人在每次申报纳税时，可以按照"吨税税目税率表"选择申领一种期限的吨税执照。应纳税额的计算公式为：

$$应纳税额 = 应税船舶净吨位 \times 适用税率$$

海关根据船舶负责人的申报，审核其申报吨位与其提供的船舶吨位证明和船舶国籍证书或者海事部门签发的船舶国籍证书收存证明相符后，按其申报执照的期限计征吨税，并填发缴款凭证交船舶负责人缴纳税款。

**（五）船舶吨税税收优惠**

下列船舶免征吨税：

(1) 应纳税额在人民币50元以下的船舶。

(2) 自境外以购买、受赠、继承等方式取得船舶所有权的初次进口到港的空载船舶。

(3) 吨税执照期满后24小时内不上下客货的船舶。

(4) 非机动船舶（不包括非机动驳船）。

(5) 捕捞、养殖渔船。

(6) 避难、防疫隔离、修理、终止运营或者拆解，并不上下客货的船舶。

(7) 军队、武装警察部队专用或者征用的船舶。

(8) 警用船舶。

(9) 依照法律规定应当予以免税的外国驻华使领馆、国际组织驻华代表机构及其有关人员的船舶。

(10) 国务院规定的其他船舶。

### (六) 船舶吨税征收管理

1. 纳税义务发生时间

吨税纳税义务发生时间为应税船舶进入境内港口的当日，应税船舶在吨税执照期满后尚未离开港口的，应当申领新的吨税执照，自上一执照期满的次日起续缴吨税。

应税船舶在进入港口办理入境手续时，应当向海关申报纳税领取吨税执照，或者交验吨税执照（或者申请核验吨税执照电子信息）。应税船舶在离开港口办理出境手续时，应当交验吨税执照（或者申请核验吨税执照电子信息）。

应税船舶负责人申领吨税执照时，应当向海关提供下列文件：

(1) 船舶国籍证书或者海事部门签发的船舶国籍证书收存证明。

(2) 船舶吨位证明。

2. 纳税期限

应税船舶负责人应当自海关填发吨税缴款凭证之日起 15 日内缴清税款。未按期缴清税款的，自滞纳税款之日起至缴清税款之日止，按日加收滞纳税款 5‰ 的税款滞纳金。

应税船舶到达港口前，经海关核准先行申报并办结出入境手续的，应税船舶负责人应当向海关提供与其依法履行吨税缴纳义务相适应的担保；应税船舶到达港口后，按规定向海关申报纳税。

人民币、可自由兑换货币；汇票、本票、支票、债券、存单；银行、非银行金融机构的保函和海关依法认可的其他财产、权利，可以用于担保。

3. 其他相关规定

船舶吨税由海关负责征收。海关征收吨税应当制发缴款凭证。

海关发现少征或者漏征税款的，应当自应税船舶应当缴纳税款之日起 1 年内，补征税款。但因应税船舶违反规定造成少征或者漏征税款的，海关可以自应当缴纳税款之日起 3 年内追征税款，并自应当缴纳税款之日起按日加征少征或者漏征 5‰ 的税款滞纳金。

海关发现多征税款的，应当在 24 小时内通知应税船舶办理退还手续，并加算银行同期活期存款利息。

应税船舶发现多缴税款的，可以自缴纳税款之日起 3 年内以书面形式要求海关退还多缴的税款并加算银行同期活期存款利息；海关应当自受理退税申请之日起 30 日内查实并通知应税船舶办理退还手续。

# 课 堂 测 试

班级：_____  姓名：_____  学号：_____  分数：_____

## 一、单项选择题（每小题 5 分，共 40 分）

1. 根据房产税法律制度的规定，下列各项中，不予免征房产税的是（　　）。
   A. 名胜古迹中附设的经营性茶社　　B. 公园自用的办公用房
   C. 个人所有的唯一普通居住用房　　D. 国家机关的职工食堂

2. 下列各项中，不属于土地增值税纳税人的是（　　）。
   A. 以房抵债的某工业企业　　B. 出租写字楼的某外资房地产开发公司
   C. 转让住房的某个人　　D. 转让国有土地使用权的某高等学校

3. 根据车船税法律制度的规定，下列各项中，属于商用货车计税依据的是（　　）。
   A. 辆数　　B. 整备质量吨位数
   C. 净吨位数　　D. 购置价格

4. 根据印花税法律制度的规定，下列各项中，属于印花税纳税人的是（　　）。
   A. 合同的双方当事人　　B. 合同的担保人
   C. 合同的证人　　D. 合同的鉴定人

5. 下列各项中，经海关审查无误后可以免征关税的是（　　）。
   A. 关税税额为人民币 200 元的一票货物
   B. 广告品和货样
   C. 外国公司
   D. 进出境运输工具装在的途中必需的燃料、物料和饮用食品

6. 根据车辆购置税法律制度的规定，下列车辆中，不属于车辆购置税免税项目的是（　　）。
   A. 外国驻华使馆的自用小汽车　　B. 设有固定装置的非运输车辆
   C. 城市公交企业购置的公共汽电车　　D. 个人购买的经营用小汽车

7. 根据烟叶税法律制度的规定，下列各项中，属于烟叶税纳税人的是（　　）。
   A. 生产烟叶的个人　　B. 收购烟叶的单位
   C. 销售香烟的单位　　D. 消费香烟的个人

8. 根据船舶吨税法律制度的规定，下列船舶中，不予免征船舶吨税的是（　　）。
   A. 捕捞渔船　　B. 非机动驳船
   C. 养殖渔船　　D. 军队专用船舶

## 二、多项选择题（每小题 8 分，共 40 分）

1. 纳税人转让旧房，在计算土地增值额时，允许扣除的项目有（　　）。
   A. 转让环节缴纳给国家的各项税费

B. 经税务机关确认的房屋及建筑物的评估价格
C. 当期发生的管理费用、财务费用和销售费用
D. 取得土地使用权所支付的价款和按国家规定缴纳的有关税费

2. 下列关于房产税纳税人的表述中,符合法律制度规定的有(    )。
   A. 房屋出租的,承租人为纳税人
   B. 房屋产权所有人不在房产所在地的,房产代管人或使用人为纳税人
   C. 房屋产权属于国家的,其经营管理单位为纳税人
   D. 房屋产权未确定,房产代管人或使用人为纳税人

3. 下列关于契税计税依据的表述中,符合法律制度规定的有(    )。
   A. 受让国有土地使用权的,以成交价格为计税依据
   B. 受赠房屋的,由征收机关参照房屋买卖的市场价格核定计税依据
   C. 购入土地使用权的,以评估价格为计税依据
   D. 交换土地使用权的,以交换土地使用权的价格差额为计税依据

4. 根据资源税法律制度的规定,下列单位和个人的生产经营行为应缴纳资源税的有(    )。
   A. 冶炼企业进口铁矿石              B. 个体经营者开采煤矿
   C. 军事单位开采石油                D. 中外合作开采天然气

5. 根据环境保护税法制度的规定,下列各项中,属于环境保护税征税范围的有(    )。
   A. 噪声          B. 固体废物          C. 大气污染物          D. 水污染物

### 三、判断题(每小题4分,共20分)

1. 张某将个人拥有产权的房屋出典给李某,则李某为该房屋房产税的纳税人。    (    )
2. 宗教寺庙、公园、名胜古迹自用的土地免征城镇土地使用税。              (    )
3. 纳税人将开采的原煤自用于连续生产洗选煤的,在原煤移送使用环节缴纳资源税。
                                                                      (    )
4. 出版合同及建筑施工单位分包给其他施工单位的分包合同均应缴纳印花税。 (    )
5. 对外境外采购进口的原产于中国境内的货物,不征收进口关税。            (    )

# 第八章　税收征收管理法律制度

**知识导航**

税收征收管理法律制度
- 税收征收管理法概述
  - 税收征收管理法的概念
  - 税收征收管理法的适用范围
  - 税收征收管理法的适用对象
  - 税收征纳主体的权利和义务
- 税务管理
  - 税务管理的概念
  - 税务登记管理
  - 账簿和凭证管理
  - 发票管理
  - 纳税申报管理
- 税款征收
  - 税款征收的主体
  - 税款征收的方式
  - 应纳税额的核定和调整
  - 应纳税额的缴纳
  - 税款征收措施
  - 税款征收的其他规定
  - 税务检查
- 税务行政复议
  - 税务行政复议的概念
  - 税务行政复议范围
  - 税务行政复议管辖
  - 税务行政复议申请与受理
  - 税务行政复议审理和决定
- 税收法律责任
  - 税务管理相对人税收违法行为的法律责任
  - 税务行政主体税收违法行为的法律责任

**学习目标**

1. 熟悉税务登记管理、账簿和凭证管理、发票管理、纳税申报管理
2. 熟悉税款征收和税务检查
3. 熟悉征纳双方的权利和义务、税务行政复议范围、税务行政复议管辖
4. 熟悉税务行政复议申请与受理、税务行政复议审理和决定
5. 了解税收征收管理法的概念、适用范围

6. 了解税务管理相对人税收违法行为、税务行政主体税收违法行为的法律责任

## 第一节 税收征收管理法概述

### 一、税收征收管理法的概念

税收征收管理法,是指调整税收征收与管理过程中所发生的社会关系的法律规范的总称,包括国家权力机关制定的税收征管法律、国家权力机关授权行政机关制定的税收征管行政法规和有关税收征管的规章制度等。税收征收管理法属于税收程序法,它是以规定税收实体法中所确定的权利义务的履行程序为主要内容的法律规范,是税法的有机组成部分。税收征收管理法不仅是纳税人全面履行纳税义务必须遵守的法律准则,也是税务机关履行征税职责的法律依据。

我国现行的税收征收管理法律制度的核心是1992年9月4日第七届全国人大常委会第二十七次会议通过,现已历经一次修订、三次修正的《税收征管法》。它是中华人民共和国成立后的第一部税收程序法,也是我国税收征管的基本法。此外,还有国务院发布的《中华人民共和国税收征收管理法实施细则》,财政部发布的《中华人民共和国发票管理办法》,国家税务总局发布的《税务登记管理办法》《中华人民共和国发票管理办法实施细则》和《税务行政复议规则》等。这些法律规范构成了我国税收征收管理法律制度的主要内容。

### 二、税收征收管理法的适用范围

凡依法由税务机关征收的各种税收的征收管理,均适用《税收征管法》。就现行有效税种而言,增值税、消费税、企业所得税、个人所得税、资源税、城镇土地使用税、土地增值税、车船税、车辆购置税、房产税、印花税、城市维护建设税、环境保护税等税种的征收管理适用《税收征管法》。

由海关负责征收的关税和船舶吨税以及海关代征的进口环节的增值税、消费税,依照法律、行政法规的有关规定执行。

我国同外国缔结的有关税收的条约、协定同《税收征管法》有不同规定的,依照条约、协定的规定办理。

### 三、税收征收管理法的适用对象

#### (一)税收征收管理主体

国务院税务主管部门主管全国税收征收管理工作。各地税务局应当按照国务院规定的税收征收管理范围分别进行征收管理。

税务机关是指各级税务局、税务分局、税务所和省以下税务局的稽查局。稽查局专司偷税(逃税)、逃避追缴欠税、骗税、抗税案件的查处。国家税务总局应当明确划分,税务局和稽查局的职责,避免职责交叉。

税务机关依法执行职务,任何单位和个人不得阻挠。

### (二) 税收征收管理相对人

税收征收管理相对人包括纳税人和扣缴义务人。纳税人和扣缴义务人必须依照法律、行政法规的规定缴纳税款，代扣代缴、代收代缴税款。

### (三) 相关单位和部门

地方各级人民政府应当依法加强对本行政区域内税收征收管理工作的领导或者协调，支持税务机关依法执行职务，依照法定税率计算税额，依法征收税款。

各有关部门和单位应当支持、协助税务机关依法执行职务。

## 四、税收征纳主体的权利和义务

税收征纳主体双方在税收征收管理中既享有各自的权利，也须承担各自的义务，它们共同构成了税收法律关系的内容。

### (一) 征税主体的权利和义务

征税主体的权利与义务直接体现为征税机关和税务人员的职权和职责。

1. 征税主体的职权

征税主体作为国家税收征收管理的职能部门，享有税务行政管理权。征税机关和税务人员的职权主要包括：

（1）税收立法权。税收立法权包括参与起草税收法律法规草案，提出税收政策建议，在职权范围内制定、发布关于税收征管的部门规章等。

（2）税务管理权。税务管理权包括对纳税人进行税务登记管理、账簿和凭证管理、发票管理、纳税申报管理等。

（3）税款征收权。税款征收权是征税主体享有的最基本、最主要的职权。税款征收权包括依法计征权、核定税款权、税收保全和强制执行权、追征税款权等。

（4）税务检查权。税务检查权包括查账权、场地检查权、询问权、责成提供资料权、存款账户核查权等。

（5）税务行政处罚权。税务行政处罚权是对税收违法行为依照法定标准予以行政制裁的职权，如罚款等。

（6）其他职权。如在法律、行政法规规定的权限内，对纳税人的减、免、退、延期缴纳的申请予以审批的权利；阻止欠税纳税人离境的权利；委托代征权；估税权；代位权与撤销权；定期对纳税人欠缴税款情况予以公告的权利；上诉权等。

2. 征税主体的职责

征税机关和税务人员在行使职权时，也要履行相应的职责，主要包括：

（1）宣传税收法律、行政法规，普及纳税知识，无偿为纳税人提供纳税咨询服务。

（2）依法为纳税人、扣缴义务人的情况保守秘密，为检举违反税法行为者保密。纳税人、扣缴义务人的税收违法行为不属于保密范围。

（3）加强队伍建设，提高税务人员的政治业务素质。

（4）秉公执法，忠于职守，清正廉洁，礼貌待人，文明服务，尊重和保护纳税人、扣缴义务人的权利，依法接受监督。

（5）税务人员不得索贿受贿、徇私舞弊、玩忽职守、不征或者少征应征税款；不得滥用职权多征税款或者故意刁难纳税人和扣缴义务人。

(6) 税务人员在核定应纳税额、调整税收定额、进行税务检查、实施税务行政处罚、办理税务行政复议时,与纳税人、扣缴义务人或者其法定代表人、直接责任人有利害关系,包括夫妻关系、直系血亲关系、三代以内旁系血亲关系、近姻亲关系、可能影响公正执法的其他利害关系的,应当回避。

(7) 建立、健全内部制约和监督管理制度。上级税务机关应当对下级税务机关的执法活动依法进行监督。各级税务机关应当对其工作人员执行法律、行政法规和廉洁自律准则的情况进行监督检查。

### (二)纳税主体的权利和义务

在税收法律关系中,纳税主体处于税收征管相对人的地位,须承担纳税义务,但也仍然享有相应的法定权利。

1. 纳税主体的权利

(1) 知情权。

(2) 要求保密权。

(3) 依法享受税收优惠权。

(4) 申请退还多缴税款权。

(5) 申请延期申报权。

(6) 纳税申报方式选择权。

(7) 申请延期缴纳税款权。

(8) 索取有关税收凭证权。

(9) 委托税务代理权。

(10) 陈述权、申辩权。

(11) 对未出示税务检查证和税务检查通知书的拒绝检查权。

(12) 依法要求听证的权利。

(13) 税收法律救济权。

(14) 税收监督权。

2. 纳税主体的义务

(1) 按期办理税务登记,及时核定应纳税种、税目的义务。

(2) 依法设置账簿、保管账簿和有关资料以及依法开具、使用、取得和保管发票的义务。

(3) 财务会计制度和会计核算软件备案的义务。

(4) 按照规定安装、使用税控装置的义务。

(5) 按期、如实办理纳税申报的义务。

(6) 按期缴纳或解缴税款的义务。

(7) 接受税务检查的义务。

(8) 代扣、代收税款的义务。

(9) 及时提供信息的义务,如纳税人有歇业、经营情况变化、遭受各种灾害等特殊情况的,应及时向征税机关说明等。

(10) 报告其他涉税信息的义务,如企业合并、分立的报告义务等。

【例8-1】 下列各项中,属于税务机关职权的有(    )。

A. 税务管理权                    B. 税款征收权

C. 税务检查权　　　　　　　　　D. 税收法律、法规和规章的知情权

【解析】　答案为 ABC。根据税收征收管理法律制度的规定，税务管理权、税款征收权和税务检查权是税务机关的职权，而税收法律、法规和规章的知情权是纳税主体的权利。

## 第二节　税务管理

### 一、税务管理的概念

税务管理，是指税收征收管理机关为了贯彻执行国家税收法律制度，加强税收工作，协调征税关系而对纳税人和扣缴义务人实施的基础性的管理制度和管理行为。税务管理是税收征收管理的重要内容，是税款征收的前提和基础。税务管理主要包括税务登记管理、账簿和凭证管理、发票管理、纳税申报管理等。

### 二、税务登记管理

税务登记是税务机关对纳税人的基本情况及生产经营项目进行登记管理的一项基本制度，是整个税收征收管理的起点。税务登记的作用在于掌握纳税人的基本情况和税源分布情况。从税务登记开始，纳税人的身份及征纳双方的法律关系即得到确认。

#### （一）税务登记申请人

（1）从事生产经营的纳税人：企业；企业在外地设立的分支机构和从事生产、经营的场所；个体工商户和从事生产、经营的事业单位，都应当办理税务登记。

（2）非从事生产经营但依照规定负有纳税义务的单位和个人：前述规定以外的纳税人，除国家机关、个人和无固定生产经营场所的流动性农村小商贩外，也应当办理税务登记。

（3）扣缴义务人：根据税收法律、行政法规的规定，负有扣缴税款义务的扣缴义务人（国家机关除外），应当办理扣缴税款登记。

#### （二）税务登记主管机关

县以上（含本级，下同）税务局（分局）是税务登记的主管机关，负责税务登记的设立登记、变更登记、注销登记和税务登记证验证、换证以及非正常户处理、报验登记等有关事项。

县以上税务局（分局）按照国务院规定的税收征收管理范围，实施属地管理，办理税务登记。有条件的城市，可以按照"各区分散受理、全市集中处理"的原则办理税务登记。

#### （三）税务登记的内容

根据我国法律和行政法规的规定，我国现行税务登记包括设立（开业）税务登记、变更税务登记、注销税务登记、外出经营报验登记以及停业、复业登记等。

1. 设立（开业）税务登记

设立（开业）税务登记，是指纳税人依法办理市场主体登记注册后，为确认其纳税人的身份、纳入国家税务管理体系而到税务机关进行的登记。

（1）办理税务登记的地点。从事生产、经营的纳税人，向生产、经营所在地税务机关办理税务登记。非从事生产经营但依照规定负有纳税义务的其他纳税人，向纳税义务发生地税务机关办理税务登记。

(2)申报办理税务登记的时限。①从事生产、经营的纳税人领取营业执照的,应当自领取营业执照之日起30日内申报办理税务登记。②从事生产、经营的纳税人未办理营业执照但经有关部门批准设立的,应当自有关部门批准设立之日起30日内申报办理税务登记。③从事生产、经营的纳税人未办理营业执照也未经有关部门批准设立的,应当自纳税义务发生之日起30日内申报办理税务登记。④有独立的生产经营权、在财务上独立核算并定期向发包人或者出租人上交承包费或租金的承包承租人,应当自承包承租合同签订之日起30日内,向其承包承租业务发生地税务机关申报办理税务登记。⑤境外企业在中国境内承包建筑、安装、装配、勘探工程和提供劳务的,应当自项目合同或协议签订之日起30日内,向项目所在地税务机关申报办理税务登记。⑥非从事生产经营但依照规定负有纳税义务的其他纳税人,除国家机关、个人和无固定生产、经营场所的流动性农村小商贩外,均应当自纳税义务发生之日起30日内,向纳税义务发生地税务机关申报办理税务登记。

(3)办理税务登记的程序:①申请税务登记。②填写税务登记表。③税务登记证件的核发和管理。

2. 变更税务登记

变更税务登记,是指纳税人办理设立税务登记后,因登记内容发生变化,需要对原有登记内容进行更改,而向主管税务机关申报办理税务登记。

纳税人已在市场监管部门办理变更登记的,自2023年4月1日起,无须向税务机关报告登记变更信息;各省税务机关根据市场监督管理部门共享的变更登记信息,自动同步变更登记信息。

纳税人按照规定不需要在市场监管部门办理变更登记,或者其变更登记的内容与市场主体登记内容无关的,应当自税务登记内容实际发生变化之日起30日内,或者自有关机关批准或者宣布变更之日起30日内,到原税务登记机关申报办理变更税务登记。

纳税人提交的有关变更登记的证件、资料齐全的,应如实填写税务登记变更表,符合规定的,税务机关应当日办理;不符合规定的,税务机关应通知其补正。

税务机关应当于受理当日办理变更税务登记。纳税人税务登记表和税务登记证中的内容都发生变更的,税务机关按变更后的内容重新发放税务登记证件;纳税人税务登记表的内容发生变更而税务登记证中的内容未发生变更的,税务机关不重新发放税务登记证件。

3. 停业、复业登记

停业、复业登记,是指实行定期定额征收方式的纳税人,因自身经营的需要暂停经营或者恢复经营而向主管税务机关申请办理的税务登记手续。

(1)停业登记。实行定期定额征收方式的个体工商户需要停业的,应当在停业前向税务机关申报办理停业登记。纳税人的停业期限不得超过1年。

纳税人在申报办理停业登记时,应如实填写停业复业报告书,说明停业理由、停业期限、停业前的纳税情况和发票的领、用、存情况,并结清应纳税款、滞纳金、罚款。税务机关应收存其税务登记证件及副本、发票领购簿、未使用完的发票和其他税务证件。纳税人在停业期间发生纳税义务的,应当按照税收法律、行政法规的规定申报缴纳税款。

(2)复业登记。纳税人应当于恢复生产经营之前,向税务机关申报办理复业登记,如实填写停业复业报告书,领回并启用税务登记证件、发票领购簿及其停业前领购的发票。

纳税人停业期满不能及时恢复生产经营的,应当在停业期满前到税务机关办理延长停业登记,并如实填写停业复业报告书。

4. 外出经营报验登记

外出经营报验登记是指从事生产经营的纳税人到外县(市)进行临时性的生产经营活动时,按规定申报办理的税务登记手续。

纳税人跨省税务机关管辖区域(以下简称跨省)经营的,应当在外出生产经营以前,持税务登记证到主管税务机关开具《外出经营活动税收管理证明》(以下简称《外管证》)。纳税人在省税务机关管辖区域内跨县(市)经营的,是否开具《外管证》由省税务机关自行确定。

税务机关按照"一地一证"的原则发放《外管证》,《外管证》的有效期限一般为30日,最长不得超过180日,但建筑安装行业纳税人项目合同期限超过180日的,按照合同期限确定有效期限。

纳税人应当在《外管证》注明地进行生产经营前,向当地税务机关报验登记并提交税务登记证副本和《外管证》(实行实名办税的纳税人,可不提供)。从事建筑安装的纳税人另需提供外出经营合同或外出经营活动情况说明。纳税人在《外管证》注明地销售货物的、除提交以上证件、资料外,还应如实填写外出经营货物报验单,申报查验货物。

纳税人应当自《外管证》签发之日起30日内,持《外管证》向经营地税务机关报验登记,并接受经营地税务机关的管理。

纳税人外出经营活动结束,应当向经营地税务机关填报《外出经营活动情况申报表》,并结清税款、缴销发票。

纳税人应当在《外管证》有效期届满后10日内,持《外管证》回原税务登记地税务机关办理《外管证》缴销手续。

5. 注销税务登记

注销税务登记,是指纳税人由于出现法定情形终止纳税义务时,向原税务机关申请办理的取消税务登记的手续。办理注销税务登记后,该当事人不再接受原税务机关的管理。

1) 办理注销税务登记的原因

纳税人发生以下情形的,向主管税务机关申报办理注销税务登记:①纳税人发生解散、破产、撤销以及其他情形,依法终止纳税义务的。②纳税人被市场监管部门吊销营业执照或者被其他机关予以撤销登记的。③纳税人因住所、经营地点变动,涉及变更税务登记机关的。④境外企业在中国境内承包建筑、安装、装配、勘探工程和提供劳务的,项目完工、离开中国的。

2) 申报办理注销税务登记的时限

(1) 纳税人发生解散、破产、撤销以及其他情形,依法终止纳税义务的,应当在向市场监管部门或者其他机关办理注销登记前,持有关证件和资料向原税务登记机关申报办理注销税务登记;按规定不需要在市场监管部门或者其他机关办理注册登记的,应当自有关机关批准或者宣告终止之日起15日内,持有关证件和资料向原税务登记机关申报办理注销税务登记。

(2) 纳税人被市场监管部门吊销营业执照或者被其他机关予以撤销登记的,应当自营业执照被吊销或者被撤销登记之日起15日内,向原税务登记机关申报办理注销税务登记。

(3) 纳税人因住所、经营地点变动,涉及改变税务登记机关的,应当在向市场监管部门或者其他机关申请办理变更、注销登记前,或者在住所、经营地点变动前,持有关证件和资料,向原税务登记机关申报办理注销税务登记,并自注销税务登记之日起30日内向迁达地税务机关申报办理税务登记。

(4) 境外企业在中国境内承包建筑、安装、装配、勘探工程和提供劳务的,应当在项目完工、离开中国前15日内,持有关证件和资料,向原税务登记机关申报办理注销税务登记。

3) 清税证明的出具

(1) 已实行"多证合一、一照一码"登记模式的企业办理注销登记,须先向主管税务机关申报清税,填写清税申报表。清税完毕后,受理税务机关根据清税结果向纳税人统一出具清税证明。

(2) 清税证明免办。符合市场监管部门简易注销条件申请简易注销的纳税人,未办理过涉税事宜或办理过涉税事宜但未领用发票、无欠税(滞纳金)及罚款的,可免予到税务机关办理清税证明。

(3) 清税证明即办。纳税人采用普通流程申请注销的,税务机关进行税务注销预检。纳税人未办理过涉税事宜且主动到税务机关办理清税的,税务机关可根据纳税人提供的营业执照即时出具清税文书。符合容缺即时办理条件的纳税人,在办理税务注销时,资料齐全的,税务部门即时出具清税文书,若资料不齐,可在作出承诺后,税务部门即时出具清税文书。纳税人应按承诺的时限补齐资料并办结相关事项。

经人民法院裁定宣告破产的纳税人,持人民法院终结破产程序裁定书向税务机关申请税务注销的,税务机关即时出具清税文书。

经人民法院裁定强制清算的市场主体,持人民法院终结强制清算程序的裁定申请税务注销的,税务机关即时出具清税文书。

(4) 优化税务注销登记程序的其他规定。

纳税人办理注销税务登记前,应当向税务机关提交相关证明文件和资料,结清应纳税款、多退(免)税款、滞纳金和罚款,缴销发票和税控设备,经税务机关核准后,办理注销税务登记手续。

纳税人办理税务注销前,无须向税务机关提出终止委托扣款协议书申请。税务机关办结税务注销后,委托扣款协议自动终止。

对已在市场监管部门办理注销,但在金税三期核心征管系统2019年5月1日前已被列为非正常户注销状态的纳税人,主管税务机关可直接进行税务注销。

6. 临时税务登记

从事生产、经营的个人应办而未办营业执照,但发生纳税义务的,可以按规定申请办理临时税务登记。

7. 非正常户的认定与解除

已办理税务登记的纳税人未按照规定的期限进行纳税申报,税务机关依法责令其限期改正。纳税人逾期不改正的,税务机关可以收缴其发票或者停止向其发售发票。

纳税人负有纳税申报义务,但连续3个月所有税种均未进行纳税申报的,税收征管系统自动将其认定为非正常户,并停止其发票领购簿和发票的使用。

对欠税的非正常户,税务机关依照《税收征管法》的规定追征税款及滞纳金。

已认定为非正常户的纳税人,就其逾期未申报行为接受处罚、缴纳罚款,并补办纳税申报的,税收征管系统自动解除非正常状态,无须纳税人专门申请解除。

8. 扣缴税款登记

根据税收法律、行政法规的规定,负有扣缴税款义务的扣缴义务人(国家机关除外),应当办理扣缴税款登记。

已办理税务登记的扣缴义务人应当自扣缴义务发生之日起30日内,向税务登记地税务机关申报办理扣缴税款登记。税务机关在其税务登记证件上登记扣缴税款事项,税务机关不再发放扣缴税款登记证件。

根据税收法律、行政法规的规定可不办理税务登记的扣缴义务人,应当自扣缴义务发生之日起30日内,向机构所在地税务机关申报办理扣缴税款登记,并由税务机关发放扣缴税款登记证件。

### 三、账簿和凭证管理

账簿和凭证是纳税人进行生产经营活动和核算财务收支的重要资料,也是税务机关对纳税人进行征税、管理、核查的重要依据。纳税人所使用的凭证、登记的账簿、编制的报表及其所反映的内容是否真实可靠,直接关系到计征税款依据的真实性,从而影响应纳税款及时足额入库。账簿、凭证管理是税收管理的基础性工作。

#### (一)账簿的设置

纳税人、扣缴义务人应按照有关法律、行政法规和国务院财政、税务主管部门的规定设置账簿,根据合法、有效凭证记账,进行核算。

(1)从事生产、经营的纳税人应当自领取营业执照或者发生纳税义务之日起15日内,按照国家有关规定设置账簿。

(2)生产、经营规模小又确无建账能力的纳税人,可以聘请经批准从事会计代理记账业务的专业机构或者财会人员代为建账和办理账务。聘请上述机构或者人员有实际困难的,经县以上税务机关批准,可以按照税务机关的规定,建立收支凭证粘贴簿、进货销货登记簿或者使用税控装置。

(3)扣缴义务人应当自税收法律、行政法规规定的扣缴义务发生之日起10日内,按照所代扣、代收的税种,分别设置代扣代缴、代收代缴税款账簿。

#### (二)对纳税人财务会计制度及其处理办法的管理

纳税人的财务会计制度及其处理办法,是其进行会计核算的依据,直接关系到计税依据是否真实合理。

1. 备案制度

从事生产、经营的纳税人应当自领取税务登记证件之日起15日内,将其财务、会计制度或者财务、会计处理办法报送主管税务机关备案。

纳税人使用计算机记账的,应当在使用前将会计电算化系统的会计核算软件、使用说明书及有关资料报送主管税务机关备案。

2. 税法规定优先

从事生产、经营的纳税人、扣缴义务人的财务、会计制度或者财务、会计处理办法与国务院或者国务院财政、税务主管部门有关税收的规定抵触的,依照国务院或者国务院财政、税务主管部门有关税收的规定计算应纳税款、代扣代缴和代收代缴税款。

3. 使用计算机记账

纳税人建立的会计电算化系统应当符合国家有关规定,并能正确、完整核算其收入或者所得。

**(三) 账簿、凭证等涉税资料的保存**

(1) 账簿、记账凭证、报表、完税凭证、发票、出口凭证以及其他有关涉税资料应当保存10年;但法律、行政法规另有规定的除外。

(2) 账簿、记账凭证、完税凭证及其他有关资料不得伪造、变造或者擅自损毁。

### 四、发票管理

发票,是指在购销商品、提供或者接受服务以及从事其他经营活动中,开具、收取的收付款凭证。它是确定经济收支行为发生的法定凭证,是会计核算的原始依据。

**(一) 发票管理机关**

税务机关是发票的主管机关,负责发票印制、领用、开具、取得、保管、缴销的管理和监督。国务院税务主管部门统一负责全国发票管理工作。省、自治区、直辖市税务机关依据各自的职责,做好本行政区域内的发票管理工作。财政、审计、市场监督管理、公安等有关部门在各自职责范围内,配合税务机关做好发票管理工作。

**(二) 发票的种类和联次**

1. 发票的种类

发票包括纸质发票和电子发票。电子发票与纸质发票具有同等法律效力。国家积极推广使用电子发票。

2. 发票的联次

发票的基本联次包括存根联、发票联、记账联。存根联由收款方或开票方留存备查;发票联由付款方或受票方作为付款原始凭证;记账联由收款方或开票方作为记账原始凭证。省以上税务机关可根据发票管理情况以及纳税人经营业务需要,增减除发票联以外的其他联次,并确定其用途。

用票单位可以书面向税务机关要求使用印有本单位名称的发票,税务机关依法确认印有该单位名称发票的种类和数量。

发票的种类、联次、内容、编码规则、数据标准、使用范围等具体管理办法由国务院税务主管部门规定。

**(三) 发票的领用**

1. 领用发票的程序

需要领用发票的单位和个人,应当持设立登记证件或者税务登记证件,以及经办人身份证明,向主管税务机关办理发票领用手续。主管税务机关根据领用单位和个人的经营范围、规模和风险等级,确认领购发票的种类、数量以及领购方式,在5个工作日内发给发票领购簿。

单位和个人领用发票时,应当按照税务机关的规定报告发票使用情况,税务机关应当按照规定进行查验。

2. 代开发票

需要临时使用发票的单位和个人,可以凭购销商品、提供或者接受服务以及从事其他经营活动的书面证明、经办人身份证明,直接向经营地税务机关申请代开发票。依照税收法律、行政法规规定应当缴纳税款的,税务机关应当先征收税款,再开具发票。税务机关根据发票管理的需要,可以按照国务院税务主管部门的规定委托其他单位代开发票。禁止非法代开发票。

3. 外地经营领用发票

临时到本省、自治区、直辖市以外从事经营活动的单位或者个人,应当凭所在地税务机关的证明,向经营地税务机关领用经营地的发票。临时在本省、自治区、直辖市以内跨市、县从事经营活动领用发票的办法,由省、自治区、直辖市税务机关规定。

**(四)发票的开具、使用和保管**

1. 发票的开具

(1) 开票主体。销售商品、提供服务以及从事其他经营活动的单位和个人,对外发生经营业务收取款项,收款方应当向付款方开具发票;特殊情况下,由付款方向收款方开具发票。特殊情况是指:收购单位和扣缴义务人支付个人款项时;国家税务总局认为其他需要由付款方向收款方开具发票的。

所有单位和从事生产、经营活动的个人在购买商品、接受服务以及从事其他经营活动支付款项,应当向收款方取得发票。

(2) 开票程序。开具发票应当按照规定的时限、顺序、栏目,全部联次一次性如实开具,开具纸质发票应当加盖发票专用章。安装税控装置的单位和个人,应当按照规定使用税控装置开具发票,并按期向主管税务机关报送开具发票的数据。使用非税控电子器具开具发票的,应当将非税控电子器具使用的软件程序说明资料报主管税务机关备案,并按照规定保存、报送开具发票的数据。

(3) 开票地域。除国务院税务主管部门规定的特殊情形外,纸质发票限于领用单位和个人在本省、自治区、直辖市内开具。

(4) 禁止性规定。取得发票的主体在取得发票时,不得要求开票主体变更品名和金额。不符合规定的发票,不得作为财务报销凭证,任何单位和个人有权拒收。任何单位和个人不得有下列虚开发票行为:①为他人、为自己开具与实际经营业务情况不符的发票。②让他人为自己开具与实际经营业务情况不符的发票。③介绍他人开具与实际经营业务情况不符的发票。

2. 发票的使用和保管

任何单位和个人应当按照发票管理规定使用发票,不得有下列行为:

(1) 转借、转让、介绍他人转让发票、发票监制章和发票防伪专用品。

(2) 知道或者应当知道是私自印制、伪造、变造、非法取得或者废止的发票而受让、开具、存放、携带、邮寄、运输。

(3) 拆本使用发票。

(4) 扩大发票使用范围。

(5) 以其他凭证代替发票使用。

(6) 窃取、截留、篡改、出售、泄露发票数据。

开具发票的单位和个人应当建立发票使用登记制度,配合税务机关进行身份验证,并定期向主管税务机关报告发票使用情况。开具发票的单位和个人应当在办理变更或者注销税务登记的同时,办理发票的变更、缴销手续。开具发票的单位和个人应当按照国家有关规定存放和保管发票,不得擅自损毁。已经开具的发票存根联和发票登记簿,应当保存5年。

### (五) 发票的检查

税务机关在发票管理中有权进行下列检查:

(1) 检查印制、领用、开具、取得、保管和缴销发票的情况。

(2) 调出发票查验。

(3) 查阅、复制与发票有关的凭证、资料。

(4) 向当事各方询问与发票有关的问题和情况。

(5) 在查处发票案件时,对与案件有关的情况和资料,可以记录、录音、录像、照相和复制。

印制、使用发票的单位和个人,必须接受税务机关依法检查,如实反映情况,提供有关资料,不得拒绝、隐瞒。税务人员进行检查时,应当出示税务检查证。

税务机关需要将已开具的发票调出查验时,应当向被查验的单位和个人开具发票换票证。发票换票证与所调出查验的发票有同等的效力。被调出查验发票的单位和个人不得拒绝接受。税务机关需要将空白发票调出查验时,应当开具收据;经查无问题的,应当及时返还。

## 五、纳税申报管理

纳税申报,是指纳税人按照税法规定,定期就计算缴纳税款的有关事项向税务机关提交书面报告的法定手续。纳税申报是确定纳税人是否履行纳税义务,界定法律责任的主要依据。

### (一) 纳税申报的内容

纳税人、扣缴义务人的纳税申报或者代扣代缴、代收代缴税款报告表的主要内容包括税种、税目;应纳税项目或者应代扣代缴、代收代缴税款项目;计税依据;扣除项目及标准;适用税率或者单位税额;应退税项目及税额、应减免税项目及税额;应纳税额或者应代扣代缴、代收代缴税额;税款所属期限、延期缴纳税款、欠税、滞纳金等。

### (二) 纳税申报的方式

纳税申报方式,是指纳税人和扣缴义务人在纳税申报期限内,依照规定到指定税务机关进行申报纳税的形式。纳税申报的方式主要有以下几种:

1. 自行申报

自行申报又称直接申报,是指纳税人、扣缴义务人在规定的申报期限内,自行直接到主管税务机关指定的办税服务场所办理纳税申报手续。这是一种传统的申报方式。

2. 邮寄申报

邮寄申报,是指经税务机关批准,纳税人、扣缴义务人使用统一的纳税申报专用信封,通过邮政部门办理交寄手续,并以邮政部门收据作为申报凭据的纳税申报方式。邮寄申报以寄出的邮戳日期为实际申报日期。

3. 数据电文申报

数据电文申报,是指经税务机关批准,纳税人、扣缴义务人以税务机关确定的电话语音、电子数据交换和网络传输等电子方式进行纳税申报。纳税人、扣缴义务人采取数据电文方式办理纳税申报的,其申报日期以税务机关计算机网络系统收到该数据电文的时间为准,与数据电文相对应的纸质申报资料的报送期限由税务机关确定。

4. 其他方式

实行定期定额缴纳税款的纳税人,可以实行简易申报、简并征期等方式申报纳税。

**(三)纳税申报的要求**

1. 纳税申报的基本要求

纳税人办理纳税申报时,应当如实填写纳税申报表,并根据不同的情况相应报送下列有关证件、资料：

(1)财务会计报表及其说明材料。

(2)与纳税有关的合同、协议书及凭证。

(3)税控装置的电子报税资料。

(4)外出经营活动税收管理证明和异地完税凭证。

(5)境内或者境外公证机构出具的有关证明文件。

(6)税务机关规定应当报送的其他有关证件、资料。

扣缴义务人办理代扣代缴、代收代缴税款报告时,应当如实填写代扣代缴、代收代缴税款报告表,并报送代扣代缴、代收代缴税款的合法凭证以及税务机关规定的其他有关证件、资料。

2. 无税及减免税期间的纳税申报

纳税人在纳税期内没有应纳税款的,也应当按照规定办理纳税申报。

纳税人享受减税、免税待遇的,在减税、免税期间应当按照规定办理纳税申报。

3. 破产期间的纳税申报

在人民法院裁定受理破产申请之日至企业注销之日期间,企业应当接受税务机关的税务管理,履行税法规定的相关义务。破产程序中如发生应税情形,应按规定申报纳税。从人民法院指定管理人之日起,管理人可以按照《中华人民共和国企业破产法》第二十五条规定,以企业名义办理纳税申报等涉税事宜。

4. 简并税费申报

自2021年5月1日起,海南、陕西、大连和厦门开展增值税、消费税分别与城市维护建设税、教育费附加、地方教育附加申报表整合试点。

自2021年6月1日起,纳税人申报缴纳城镇土地使用税、房产税、车船税、印花税、耕地占用税、资源税、土地增值税、契税、环境保护税、烟叶税中一个或多个税种时,使用《财产和行为税纳税申报表》。纳税人新增税源或税源变化时,需先填报《财产和行为税税源明细表》。

自2021年8月1日起,增值税、消费税分别与城市维护建设税、教育费附加、地方教育附加申报表整合,启用《增值税及附加税费申报表(一般纳税人适用)》《增值税及附加税费申报表(小规模纳税人适用)》《增值税及附加税费预缴表》及其附列资料和《消费税及附加税费申报表》。

**(四)纳税申报的延期办理**

(1)纳税人、扣缴义务人按照规定的期限办理纳税申报或者报送代扣代缴、代收代缴税款报告表确有困难,需要延期的,应当在规定的期限内向税务机关提出书面延期申请,经税务机关核准,在核准的期限内办理。

（2）纳税人、扣缴义务人因不可抗力，不能按期办理纳税申报或者报送代扣代缴、代收代缴税款报告表的，可以延期办理；但是，应当在不可抗力情形消除后立即向税务机关报告。税务机关应当查明事实，予以核准。

（3）经核准延期办理纳税申报、报送事项的，应当在纳税期内按照上期实际缴纳的税额或者税务机关核定的税额预缴税款，并在核准的延期内办理税款结算。

## 第三节 税款征收

### 一、税款征收主体

税务机关是税款征收的法定主体。除税务机关、税务人员以及经税务机关依照法律、行政法规委托的单位和人员外，任何单位和个人不得进行税款征收活动。税务机关依照法律、行政法规的规定征收税款，不得违反法律、行政法规的规定开征、停征、多征、少征、提前征收、延缓征收或者摊派税款。

税务机关应当加强对税款征收的管理，建立、健全责任制度。税务机关应当将各种税收的税款、滞纳金、罚款，按照国家规定的预算科目和预算级次及时缴入国库，税务机关不得占压、挪用、截留，不得缴入国库以外或者国家规定的税款账户以外的任何账户。

### 二、税款征收的方式

税款征收方式如表8-1所示。

表8-1　　　　　　　　　　税款征收方式

| 征收方式 | 定义 | 适用范围 |
| --- | --- | --- |
| 查账征收 | 针对财务会计制度健全的纳税人，税务机关依据其报送的纳税申报表、财务会计报表和其他有关纳税资料，依照适用税率，计算其应缴纳税款的税款征收方式 | 财务会计制度健全、能够如实核算和提供生产经营情况，并能正确计算应纳税款和如实履行纳税义务的纳税人 |
| 查定征收 | 针对账务不全，但能控制其材料、产量或进销货物的纳税单位或个人，税务机关依据正常条件下的生产能力对其生产的应税产品查定产量、销售额并据以确定其应缴纳税款的税款征收方式 | 生产经营规模较小、产品零星、税源分散、会计账册不健全，但能控制原材料或进销货的小型厂矿和作坊 |
| 查验征收 | 税务机关对纳税人的应税商品、产品，通过查验数量，按市场一般销售单价计算其销售收入，并据以计算其应缴纳税款的税款征收方式 | 纳税人财务制度不健全、生产经营不固定、零星分散、流动性大的税源 |
| 定期定额征收 | 税务机关对小型个体工商户在一定经营地点、一定经营时期、一定经营范围内的应纳税经营额（包括经营数量）或所得额进行核定，并以此为计税依据，确定其应缴纳税额的一种税款征收方式 | 经主管税务机关认定和县以上税务机关（含县级）批准的生产、经营规模小，达不到规定设置账簿标准，难以查账征收，不能准确计算计税依据的个体工商户（包括个人独资企业） |

(续表)

| 征收方式 | 定义 | 适用范围 |
| --- | --- | --- |
| 扣缴征收 | 扣缴义务人依照法律、行政法规的规定履行代扣、代收税款的义务。税务机关按照规定付给扣缴义务人代扣、代收手续费。对法律、行政法规没有规定负有代扣、代收税款义务的单位和个人，税务机关不得要求其履行代扣、代收税款义务 | 依照法律、行政法规的规定 |
| 委托征收 | 税务机关根据有利于税收控管和方便纳税的原则，按照国家有关规定，通过委托形式将税款委托给代征单位或个人以税务机关的名义代为征收，并将税款缴入国库的一种税款征收方式 | 零星分散和异地缴纳的税收 |

【例8-2】 税务机关针对纳税人的不同情况可以采取不同的税款征收方式。对于账册不健全，但能控制原材料、产量或进销货物的单位，适用的税款征收方式是（　　）。

A. 查账征收　　　　　　　　B. 查定征收
C. 查验征收　　　　　　　　D. 定期定额征收

【解析】 答案为B。根据税收征收管理法律制度的规定，对账务不全，但能控制其材料、产量或进销货物的纳税单位或个人，税务机关可依据正常条件下的生产能力对其生产的应税产品查定产量、销售额并据以征收税款。

### 三、应纳税额的核定和调整

**(一) 应纳税额的核定**

1. 核定应纳税额的情形

纳税人有下列情形之一的，税务机关有权核定其应纳税额：

(1) 依照法律、行政法规的规定可以不设置账簿的。
(2) 依照法律、行政法规的规定应当设置但未设置账簿的。
(3) 擅自销毁账簿或者拒不提供纳税资料的。
(4) 虽设置账簿，但账目混乱或者成本资料、收入凭证、费用凭证残缺不全，难以查账的。
(5) 发生纳税义务，未按照规定的期限办理纳税申报，经税务机关责令限期申报，逾期仍不申报的。
(6) 纳税人申报的计税依据明显偏低，又无正当理由的。

2. 核定应纳税额的方法

为了减少核定应纳税额的随意性，使核定的税额更接近纳税人实际情况和法定负担水平，税务机关有权采用下列任何一种方法核定应纳税额：

(1) 参照当地同类行业或者类似行业中经营规模和收入水平相近的纳税人的税负水平核定。
(2) 按照营业收入或者成本加合理的费用和利润的方法核定。
(3) 按照耗用的原材料、燃料、动力等推算或者测算核定。
(4) 按照其他合理方法核定。

当其中一种方法不足以正确核定应纳税额时,可以同时采用两种以上的方法核定。纳税人对税务机关采取上述方法核定的应纳税额有异议的,应当提供相关证据,经税务机关认定后,调整应纳税额。

**(二) 应纳税额的调整**

1. 应纳税额调整的含义

企业或者外国企业在中国境内设立的从事生产、经营的机构、场所与其关联企业之间的业务往来,应当按照独立企业之间的业务往来收取或者支付价款、费用。关联企业,是指有下列关系之一的公司、企业和其他经济组织:在资金、经营、购销等方面,存在直接或者间接的拥有或者控制关系;直接或者间接地同为第三者所拥有或者控制;在利益上具有相关联的其他关系。独立企业之间的业务往来,是指没有关联关系的企业之间按照公平成交价格和营业常规所进行的业务往来。

纳税人可以向主管税务机关提出与其关联企业之间业务往来的定价原则和计算方法,主管税务机关审核、批准后,与纳税人预先约定有关定价事项,监督纳税人执行。

不按照独立企业之间的业务往来收取或者支付价款、费用,而减少其应纳税的收入或者所得额的,税务机关有权进行合理调整。

2. 应纳税额调整的情形

纳税人与其关联企业之间的业务往来有下列情形之一的,税务机关可以调整其应纳税额:

(1) 购销业务未按照独立企业之间的业务往来作价的。

(2) 融通资金所支付或者收取的利息超过或者低于没有关联关系的企业之间所能同意的数额,或者利率超过或者低于同类业务的正常利率。

(3) 提供劳务,未按照独立企业之间业务往来收取或者支付劳务费用。

(4) 转让财产、提供财产使用权等业务往来,未按照独立企业之间业务往来作价或者收取、支付费用。

(5) 未按照独立企业之间业务往来作价的其他情形。

3. 应纳税额调整的方法

纳税人发生上述情形的,税务机关可以按照下列方法调整计税收入额或者所得额:

(1) 按照独立企业之间进行的相同或者类似业务活动的价格。

(2) 按照再销售给无关联关系的第三者的价格所应取得的收入和利润水平。

(3) 按照成本加合理的费用和利润。

(4) 按照其他合理的方法。

4. 应纳税额调整的期限

纳税人与其关联企业未按照独立企业之间的业务往来支付价款、费用的,税务机关自该业务往来发生的纳税年度起3年内进行调整;有特殊情况的,可以自该业务往来发生的纳税年度起10年内进行调整。

**四、应纳税款的缴纳**

**(一) 应纳税款的当期缴纳**

应纳税款的当期缴纳是指纳税人、扣缴义务人按照法律、行政法规规定或者税务机关依照法律、行政法规的规定确定的期限,缴纳或者解缴税款。

税务机关收到税款后,应当向纳税人开具完税凭证。扣缴义务人代扣、代收税款时,纳税人要求扣缴义务人开具代扣、代收税款凭证的,扣缴义务人应当开具。纳税人通过银行缴纳税款的,税务机关可以委托银行开具完税凭证。完税凭证,是指各种完税证、缴款书、印花税票、扣(收)税凭证以及其他完税证明。完税凭证不得转借、倒卖、变造或者伪造。

### (二) 应纳税款的延期缴纳

纳税人因有特殊困难,不能按期缴纳税款的,经省、自治区、直辖市税务局批准,可以延期缴纳税款,但是最长不得超过3个月。特殊困难是指因不可抗力,导致纳税人发生较大损失,正常生产经营活动受到较大影响的;当期货币资金在扣除应付职工工资、社会保险费后,不足以缴纳税款的。

纳税人需要延期缴纳税款的,应当在缴纳税款期限届满前提出申请,并报送下列材料:申请延期缴纳税款报告,当期货币资金余额情况及所有银行存款账户的对账单,资产负债表,应付职工工资和社会保险费等税务机关要求提供的支出预算。

税务机关应当自收到申请延期缴纳税款报告之日起20日内作出批准或者不予批准的决定;不予批准的,从缴纳税款期限届满之日起加收滞纳金。

## 五、税款征收措施

为了保证税款征收工作的顺利进行,《税收征管法》赋予了税务机关在税款征收过程中针对不同情况可以采取相应征收措施的职权。

### (一) 责令缴纳

(1) 对纳税人、扣缴义务人、纳税担保人应缴纳的欠税,税务机关可责令其限期缴纳。逾期仍未缴纳的,税务机关可以采取税收强制执行措施。欠税,是指纳税人、扣缴义务人、纳税担保人超过税收法律、行政法规规定的期限或者超过税务机关依照税收法律、行政法规规定确定的纳税期限未缴纳的税款。

从事生产、经营的纳税人、扣缴义务人未按照规定的期限缴纳或者解缴税款的,纳税担保人未按照规定的期限缴纳所担保的税款的,由税务机关发出限期缴纳税款通知书,责令缴纳或者解缴税款的最长期限不得超过15日。对存在欠税行为的纳税人、扣缴义务人、纳税担保人,税务机关可责令其先行缴纳欠税,再依法缴纳滞纳金。逾期仍未缴纳的,税务机关可以采取税收强制执行措施。

滞纳金按日加收,日收取标准为滞纳税款的5‰。加收滞纳金的起止时间,为法律、行政法规规定或者税务机关依照法律、行政法规的规定确定的税款缴纳期限届满次日起至纳税人、扣缴义务人实际缴纳或者解缴税款之日止。

(2) 对未按照规定办理税务登记的从事生产、经营的纳税人,以及临时从事经营的纳税人,税务机关核定其应纳税额,责令其缴纳应纳税款。

纳税人不缴纳的,税务机关可以扣押其价值相当于应纳税款的商品、货物。扣押后缴纳应纳税款的,税务机关必须立即解除扣押,并归还所扣押的商品、货物;扣押后仍不缴纳应纳税款的,经县以上税务局(分局)局长批准,依法拍卖或者变卖所扣押的商品、货物,以拍卖或者变卖所得抵缴税款。

(3)税务机关有根据认为从事生产、经营的纳税人有逃避纳税义务行为,可在规定的纳税期之前责令其限期缴纳应纳税款。逾期仍未缴纳的,税务机关有权采取其他税款征收措施。

(4)纳税担保人未按照规定的期限缴纳所担保的税款,税务机关可责令其限期缴纳应纳税款。逾期仍未缴纳的,税务机关有权采取其他税款征收措施。

【例8-3】 甲公司按照规定,最晚应于2023年1月15日缴纳应纳税款300 000元,该公司却迟迟未缴。主管税务机关责令其于当年2月28日前缴纳,并加收滞纳金。但直到3月15日,该公司才缴纳税款。甲公司应缴纳的滞纳金金额为(　　)元。

A. 8 850　　　　　B. 8 700　　　　　C. 9 000　　　　　D. 6 600

【解析】 答案为选项A。该企业应缴纳税款期限是1月15日,即从1月16日滞纳税款,从1月16日至3月15日,共计16+28+15=59(天)。根据税收征收管理法律制度的规定,纳税人未按照规定期限缴纳税款的,扣缴义务人未按照规定期限解缴税款的,税务机关可从滞纳税款之日起,按日加收滞纳税款5‰的滞纳金。

### (二)责令提供纳税担保

纳税担保,是指经税务机关同意或确认,纳税人或其他自然人、法人、经济组织以保证、抵押、质押的方式,为纳税人应当缴纳的税款及滞纳金提供担保的行为。其包括经税务机关认可的有纳税担保能力的保证人为纳税人提供的纳税保证,以及纳税人或者第三人以其未设置或者未全部设置担保物权的财产提供的担保。

1. 适用纳税担保的情形

(1)税务机关有根据认为从事生产、经营的纳税人有逃避纳税义务行为,在规定的纳税期之前经责令其限期缴纳应纳税款,在限期内发现纳税人有明显的转移、隐匿其应纳税的商品、货物,以及其他财产或者应纳税收入的迹象,责成纳税人提供纳税担保的。

(2)欠缴税款、滞纳金的纳税人或者其法定代表人需要出境的。

(3)纳税人同税务机关在纳税上发生争议而未缴清税款,需要申请行政复议的。

(4)税收法律、行政法规规定可以提供纳税担保的其他情形。

2. 纳税担保的范围

纳税担保的范围包括税款、滞纳金和实现税款、滞纳金的费用。费用包括抵押、质押登记费用,质押保管费用,以及保管、拍卖、变卖担保财产等相关费用支出。

用于纳税担保的财产、权利的价值不得低于应当缴纳的税款、滞纳金,并考虑相关的费用。纳税担保的财产价值不足以抵缴税款、滞纳金的,税务机关应当向提供担保的纳税人或纳税担保人继续追缴。

3. 纳税担保的方式

纳税担保的方式主要有纳税保证、纳税抵押和纳税质押。

1)纳税保证

纳税保证是指纳税保证人向税务机关保证,当纳税人未按照税收法律、行政法规规定或者税务机关确定的期限缴清税款、滞纳金时,由纳税保证人按照约定履行缴纳税款及滞纳金的行为。纳税保证须经税务机关认可,税务机关不认可的,保证不成立。

纳税保证人，是指在中国境内具有纳税担保能力的自然人、法人或者其他经济组织。纳税保证人同意为纳税人提供纳税担保的，应当填写纳税担保书。纳税保证从税务机关在纳税担保书签字盖章之日起生效。纳税保证为连带责任保证，纳税人和纳税保证人对所担保的税款及滞纳金承担连带责任。

保证期间为纳税人应缴纳税款期限届满之日起60日，即税务机关自纳税人应缴纳税款的期限届满之日起60日内有权要求纳税保证人承担保证责任，缴纳税款、滞纳金。纳税保证期间内税务机关未通知纳税保证人缴纳税款及滞纳金以承担担保责任的，纳税保证人免除担保责任。

履行保证责任的期限为15日，即纳税保证人应当自收到税务机关的纳税通知书之日起15日内履行保证责任，缴纳税款及滞纳金。纳税保证人未按照规定的履行保证责任的期限缴纳税款及滞纳金的，由税务机关发出责令限期缴纳通知书，责令纳税保证人限期缴纳；逾期仍未缴纳的，经县以上税务局（分局）局长批准，对纳税保证人采取强制执行措施。

2）纳税抵押

纳税抵押是指纳税人或纳税担保人不转移对可抵押财产的占有，将该财产作为税款及滞纳金的担保。纳税人逾期未缴清税款及滞纳金的，税务机关有权依法处置该财产以抵缴税款及滞纳金。

纳税人提供抵押担保的，应当填写纳税担保书和纳税担保财产清单。纳税担保财产清单应当写明财产价值以及相关事项。纳税担保书和纳税担保财产清单须经纳税人签字盖章并经税务机关确认。纳税抵押财产应当办理抵押物登记。纳税抵押自抵押物登记之日起生效。

纳税人在规定的期限内未缴清税款、滞纳金的，税务机关应当依法拍卖、变卖抵押物，变价抵缴税款、滞纳金。

3）纳税质押

纳税质押是指经税务机关同意，纳税人或纳税担保人将其动产或权利凭证移交税务机关占有，将该动产或权利凭证作为税款及滞纳金的担保。纳税人逾期未缴清税款及滞纳金的，税务机关有权依法处置该动产或权利凭证以抵缴税款及滞纳金。纳税质押分为动产质押和权利质押。

纳税人提供质押担保的，应当填写纳税担保书和纳税担保财产清单并签字盖章。纳税担保财产清单应当写明财产价值及相关事项。纳税质押自纳税担保书和纳税担保财产清单经税务机关确认和质物移交之日起生效。

纳税人在规定的期限内缴清税款及滞纳金的，税务机关应当自纳税人缴清税款及滞纳金之日起3个工作日内返还质物，解除质押关系。纳税人在规定的期限内未缴清税款、滞纳金的，税务机关应当依法拍卖、变卖质物，抵缴税款、滞纳金。

（三）采取税收保全措施

1. 适用税收保全的情形及措施

税务机关认为有逃避纳税义务行为的纳税人具有税法规定的情形，责令其提供纳税担

保而纳税人不能提供纳税担保的,经县以上税务局(分局)局长批准,税务机关可以采取下列税收保全措施:

(1) 书面通知纳税人开户银行或者其他金融机构冻结纳税人的金额相当于应纳税款的存款。

(2) 扣押、查封纳税人的价值相当于应纳税款的商品、货物或者其他财产。其他财产包括纳税人的房地产、现金、有价证券等不动产和动产。

2. 不适用税收保全的财产

个人及其所扶养家属维持生活必需的住房和用品,不在税收保全措施的范围之内。需要注意的是,个人及其所扶养家属维持生活必需的住房和用品不包括机动车辆、金银饰品、古玩字画、豪华住宅或者一处以外的住房。个人扶养家属,是指与纳税人共同居住生活的配偶、直系亲属以及无生活来源并由纳税人扶养的其他亲属。

税务机关对单价5 000元以下的其他生活用品,不采取税收保全措施。

3. 税收保全措施的期限

税务机关采取税收保全措施的期限一般不得超过6个月;重大案件需要延长的,应当报国家税务总局批准。

4. 税收保全措施的解除

(1) 纳税人在规定期限内缴纳了应纳税款的,税务机关必须立即解除税收保全措施。

(2) 纳税人在规定的限期期满仍未缴纳税款的,经县以上税务局(分局)局长批准,终止保全措施、转入强制执行措施。

【例8-4】 根据税收征收管理法律制度的规定,下列各项中,属于税收保全措施的是(  )。

A. 责成纳税人提供担保

B. 书面通知纳税人开户银行从其存款中扣缴税款

C. 拍卖纳税人价值相当于应纳税款的货物,以拍卖所得抵缴税款

D. 查封纳税人价值相当于应纳税款的货物

【解析】 答案为D。纳税担保、税收保全及税收强制执行措施是有区别的,应注意鉴别。

(四) 采取强制执行措施

从事生产、经营的纳税人、扣缴义务人未按照规定的期限缴纳或者解缴税款,纳税担保人未按照规定的期限缴纳所担保的税款,由税务机关责令限期缴纳,逾期仍未缴纳的,经县以上税务局(分局)局长批准,税务机关可以采取强制执行措施。

1. 采取强制执行措施的对象

(1) 未按照规定的期限缴纳或者解缴税款,经税务机关责令限期缴纳,逾期仍未缴纳税款的从事生产、经营的纳税人、扣缴义务人。

(2) 未按照规定的期限缴纳所担保的税款,经税务机关责令限期缴纳,逾期仍未缴纳税款的纳税担保人。

2. 强制执行的措施

经县以上税务局(分局)局长批准,税务机关可以采取下列强制执行措施:

(1) 强制扣款,即书面通知其开户银行或者其他金融机构从其存款中扣缴税款。

(2) 拍卖变卖,即扣押、查封、依法拍卖或者变卖其价值相当于应纳税款的商品、货物或者其他财产,以拍卖或者变卖所得抵缴税款。

个人及其所扶养家属维持生活必需的住房和用品,不在强制执行措施的范围之内。税务机关对单价5 000元以下的其他生活用品,不采取强制执行措施。

3. 滞纳金的执行

税务机关采取强制执行措施时,对纳税人、扣缴义务人、纳税担保人未缴纳的滞纳金同时强制执行。对纳税人已缴纳税款,但拒不缴纳滞纳金的,税务机关可以单独对纳税人应缴未缴的滞纳金采取强制措施。

4. 抵税财物的拍卖与变卖

抵税财物,是指被税务机关依法实施税收强制执行而扣押、查封或者按照规定应强制执行的已设置纳税担保物权的商品、货物、其他财产或者财产权利。拍卖,是指税务机关将抵税财物依法委托拍卖机构,以公开竞价的形式,将特定财物转让给最高应价者的买卖方式。变卖,是指税务机关将抵税财物委托商业企业代为销售、责令纳税人限期处理或由税务机关变价处理的买卖方式。国家税务总局发布的《抵税财物拍卖、变卖试行办法》对抵税财物的拍卖与变卖行为进行规范,以保障国家税收收入并保护纳税人的合法权益。

税务机关将扣押、查封的商品、货物或者其他财产变价抵缴税款时,应当交由依法成立的拍卖机构拍卖;无法委托拍卖或者不适于拍卖的,可以交由当地商业企业代为销售,也可以责令纳税人限期处理;无法委托商业企业销售,纳税人也无法处理的,可以由税务机关变价处理,具体办法由国家税务总局规定。国家禁止自由买卖的商品,应当交由有关单位按照国家规定的价格收购。

拍卖或者变卖所得抵缴税款、滞纳金、罚款以及拍卖、变卖等费用后,剩余部分应当在3日内退还被执行人。

### (五) 欠税清缴

1. 离境清缴

欠缴税款的纳税人或者他的法定代表人需要出境的,应当在出境前向税务机关结清应纳税款、滞纳金或者提供担保。

2. 税收代位权和撤销权

欠缴税款的纳税人因怠于行使到期债权,或者放弃到期债权,或者无偿转让财产或者以明显不合理的低价转让财产而受让人知道该情形,对国家税收造成损害的,税务机关可以依法行使代位权、撤销权。税务机关依法行使代位权、撤销权的,不免除欠缴税款的纳税人尚未履行的纳税义务和应承担的法律责任。

3. 欠税报告

纳税人有欠税情形而以其财产设定抵押、质押的,应当向抵押权人、质权人说明其欠税情况。抵押权人、质权人可以请求税务机关提供有关的欠税情况。

纳税人有解散、撤销、破产情形的,在清算前应当向其主管税务机关报告;未结清税款的,由其主管税务机关参加清算。

纳税人有合并、分立情形的,应当向税务机关报告,并依法缴清税款。纳税人合并时未缴清税款的,应当由合并后的纳税人继续履行未履行的纳税义务;纳税人分立时未缴清税款的,分立后的纳税人对未履行的纳税义务应当承担连带责任。

欠缴税款5万元以上的纳税人在处分其不动产或者大额资产之前,应当向税务机关报告。

4. 欠税公告

县级以上各级税务机关应当将纳税人的欠税情况,在办税场所或者广播、电视、报纸、期刊、网络等新闻媒体上定期公告。对纳税人欠缴税款的情况实行定期公告的办法,由国家税务总局制定。

### (六) 税收优先权

税务机关征收税款,税收优先于无担保债权,法律另有规定的除外。纳税人欠缴的税款发生在纳税人以其财产设定抵押、质押或者纳税人的财产被留置之前的,税收应当先于抵押权、质权、留置权执行。

纳税人欠缴税款,同时又被行政机关决定处以罚款、没收违法所得的,税收优先于罚款、没收违法所得。

### (七) 阻止出境

欠缴税款的纳税人或者其法定代表人在出境前未按规定结清应纳税款、滞纳金或者提供纳税担保的,税务机关可以通知出境管理机关阻止其出境。

## 六、税款征收的其他规定

### (一) 税收减免

纳税人依照法律、行政法规的规定办理减税、免税。地方各级人民政府、各级人民政府主管部门、单位和个人违反法律、行政法规规定,擅自作出的减税、免税决定无效,税务机关不得执行,并向上级税务机关报告。

享受减税、免税优惠的纳税人,减税、免税期满,应当自期满次日起恢复纳税;减税、免税条件发生变化的,应当在纳税申报时向税务机关报告;不再符合减税、免税条件的,应当依法履行纳税义务;未依法纳税的,税务机关应当予以追缴。

### (二) 税款的退还

纳税人超过应纳税额缴纳的税款,税务机关发现后,应当自发现之日起10日内办理退还手续。

纳税人自结算缴纳税款之日起3年内发现多缴税款的,可以向税务机关要求退还多缴的税款并加算银行同期存款利息,税务机关应当自接到纳税人退还申请之日起30日内查实并办理退还手续。加算银行同期存款利息的多缴税款退税,不包括依法预缴税款形成的结算退税、出口退税和各种减免退税。退税利息按照税务机关办理退税手续当天中国人民银行规定的活期存款利率计算。

涉及从国库中退库的,依照法律、行政法规有关国库管理的规定退还。当纳税人既有应退税款又有欠缴税款的,税务机关可以将应退税款和利息先抵扣欠缴税款;抵扣后有余额的,退还纳税人。

### (三)税款的补缴和追征

因税务机关的责任,致使纳税人、扣缴义务人未缴或者少缴税款的,税务机关在 3 年内可以要求纳税人、扣缴义务人补缴税款,但是不得加收滞纳金。税务机关的责任,是指税务机关适用税收法律、行政法规不当或者执法行为违法。

因纳税人、扣缴义务人计算错误等失误,未缴或者少缴税款的,税务机关在 3 年内可以追征税款、滞纳金;有特殊情况的,追征期可以延长到 5 年。纳税人、扣缴义务人计算错误等失误,是指非主观故意的计算公式运用错误以及明显的笔误。特殊情况,是指纳税人或者扣缴义务人因计算错误等失误,未缴或者少缴、未扣或者少扣、未收或者少收税款,累计数额在 10 万元以上的。

补缴和追征税款、滞纳金的期限,自纳税人、扣缴义务人应缴未缴或者少缴税款之日起计算。

对偷税(逃税)、抗税、骗税的,税务机关追征其未缴或者少缴的税款、滞纳金或者所骗取的税款,不受前述规定期限的限制。

### (四)无欠税证明的开具

为积极回应市场主体需求,切实服务和便利纳税人,国家税务总局决定自 2020 年 3 月 1 日起向纳税人提供无欠税证明开具服务。

1. 无欠税证明的含义

无欠税证明是指税务机关依纳税人申请,根据税收征管信息系统所记载的信息,为纳税人开具的表明其不存在欠税情形的证明。

2. 不存在欠税情形

不存在欠税情形,是指纳税人在税收征管信息系统中,不存在应申报未申报记录且无下列应缴未缴的税款:

(1)办理纳税申报后,纳税人未在税款缴纳期限内缴纳的税款。

(2)经批准延期缴纳的税款期限已满,纳税人未在税款缴纳期限内缴纳的税款。

(3)税务机关检查已查定纳税人的应补税额,纳税人未缴纳的税款。

(4)税务机关根据《税收征管法》第二十七条、第三十五条核定纳税人的应纳税额,纳税人未在税款缴纳期限内缴纳的税款。

(5)纳税人的其他未在税款缴纳期限内缴纳的税款。

3. 无欠税证明的申请

纳税人因境外投标、企业上市等需要,确需开具无欠税证明的,可以向主管税务机关申请办理。

已实行实名办税的纳税人到主管税务机关申请开具无欠税证明的,办税人员持有效身份证件直接申请开具,无须提供登记证照副本或税务登记证副本。

未办理实名办税的纳税人到主管税务机关申请开具无欠税证明的,区分以下情况提供相关有效证件:

(1)单位纳税人和个体工商户,提供市场监管部门或其他登记机关发放的登记证照副本或税务登记证副本,以及经办人有效身份证件。

(2) 自然人纳税人,提供本人有效身份证件;委托他人代为申请开具的,还需一并提供委托书、委托人及受托人有效身份证件。

对申请开具无欠税证明的纳税人,证件齐全的,主管税务机关应当受理其申请。经查询税收征管信息系统,符合开具条件的,主管税务机关应当即时开具无欠税证明;不符合开具条件的,不予开具并向纳税人告知未办结涉税事宜。纳税人办结相关涉税事宜后,符合开具条件的,主管税务机关应当即时开具无欠税证明。

### 七、税务检查

税务检查又称纳税检查,是指税务机关根据税收法律、行政法规的规定,对纳税人、扣缴义务人履行纳税义务、扣缴义务及其他有关税务事项进行审查、核实、监督活动的总称。它是税收征收管理工作的一项重要内容,是确保国家财政收入和税收法律法规贯彻落实的重要手段。

**(一) 税务机关在税务检查中的职权和职责**

(1) 税务机关有权进行下列税务检查:①检查纳税人的账簿、记账凭证、报表和有关资料,检查扣缴义务人代扣代缴、代收代缴税款账簿、记账凭证和有关资料。②到纳税人的生产、经营场所和货物存放地检查纳税人应纳税的商品、货物或者其他财产,检查扣缴义务人与代扣代缴、代收代缴税款有关的经营情况。③责成纳税人、扣缴义务人提供与纳税或者代扣代缴、代收代缴税款有关的文件、证明材料和有关资料。④询问纳税人、扣缴义务人与纳税或者代扣代缴、代收代缴税款有关的问题和情况。⑤到车站、码头、机场、邮政企业及其分支机构检查纳税人托运、邮寄应纳税商品、货物或者其他财产的有关单据、凭证和有关资料。⑥经县以上税务局(分局)局长批准,指定专人负责,凭全国统一格式的检查存款账户许可证,查询从事生产、经营的纳税人、扣缴义务人在银行或者其他金融机构的存款账户,并有责任为被检查人保守秘密。税务机关在调查税收违法案件时,经设区的市、自治州以上税务局(分局)局长批准,可以查询案件涉嫌人员的储蓄存款。

(2) 税务检查的措施与手段。税务机关对从事生产、经营的纳税人以前纳税期的纳税情况依法进行税务检查时,发现纳税人有逃避纳税义务行为,并有明显的转移、隐匿其应纳税的商品、货物以及其他财产或者应纳税的收入的迹象的,可以按照《征管法》规定的批准权限采取税收保全措施或者强制执行措施。

(3) 税务机关调查税务违法案件时,对与案件有关的情况和资料,可以记录、录音、录像、照相和复制。

(4) 税务机关依法进行税务检查时,有权向有关单位和个人调查纳税人、扣缴义务人和其他当事人与纳税或者代扣代缴、代收代缴税款有关的情况。

(5) 税务机关派出的人员进行税务检查时,应当出示税务检查证和税务检查通知书,并有责任为被检查人保守秘密;未出示税务检查证和税务检查通知书的,被检查人有权拒绝检查。

**(二) 被检查人在税务检查中的义务**

(1) 纳税人、扣缴义务人必须接受税务机关依法进行的税务检查,如实反映情况,提供有关资料,不得拒绝、隐瞒。

(2) 税务机关依法进行税务检查,向有关单位和个人调查纳税人、扣缴义务人和其他当事人与纳税或者代扣代缴、代收代缴税款有关的情况时,有关单位和个人有义务向税务机关如实提供有关资料及证明材料。

## 第四节 税务行政复议

### 一、税务行政复议的概念

税务行政复议,是指纳税人和其他税务当事人对税务机关的税务行政行为不服,依法向上级税务机关提出申诉,请求上一级税务机关对原具体行政行为的合理性、合法性作出审议;复议机关依法对原行政行为的合理性、合法性作出裁决的行政司法活动。

实行税务行政复议制度的目的是维护和监督税务机关依法行使税收执法权,防止和纠正违法或者不当的税务具体行政行为,保护纳税人和其他当事人的合法权益。

### 二、税务行政复议范围

申请人对税务机关下列具体行政行为不服的,可以提出行政复议申请:

(1) 税务机关作出的征税行为,包括确认纳税主体、征税对象、征税范围、减税、免税、退税、抵扣税款、适用税率、计税依据、纳税环节、纳税期限、纳税地点和税款征收方式等具体行政行为,征收税款、加收滞纳金、扣缴义务人、受税务机关委托的单位和个人作出的代扣代缴、代收代缴、代征行为等。

(2) 行政许可、行政审批行为。

(3) 发票管理行为,包括发售、收缴、代开发票等。

(4) 税收保全措施、强制执行措施。

(5) 行政处罚行为包括:①罚款。②没收财物和违法所得。③停止出口退税权。

(6) 税务机关不依法履行下列职责的行为:①开具、出具完税凭证。②行政赔偿。③行政奖励。④其他不依法履行职责的行为。

(7) 资格认定行为。

(8) 不依法确认纳税担保行为。

(9) 政府公开信息工作中的行政行为。

(10) 纳税信用等级评定行为。

(11) 税务机关通知出入境管理机关阻止出境行为。

(12) 税务机关作出的其他具体行政行为。

申请人认为税务机关的具体行政行为所依据的下列规范性文件不合法,对具体行政行为申请行政复议时,可以一并向复议机关提出对该规范性文件(不含规章)的附带审查申请:①国家税务总局和国务院其他部门的规范性文件。②其他各级税务机关的规范性文件。③地方各级人民政府的规范性文件。④地方人民政府工作部门的规范性文件。

申请人对具体行政行为提出行政复议申请时不知道该具体行政行为所依据的规范性文件的,可以在行政复议机关作出行政复议决定以前提出对该规范性文件的附带审查申请。

**【例 8-5】** 纳税人对税务机关的下列行为不服时,可以申请行政复议的有( )。
A. 税务机关为其确认征税范围
B. 税务机关对其作出征收税款的决定
C. 税务机关关于具体贯彻落实税收法规的规定
D. 税务机关责令其提供纳税担保

**【解析】** 答案为 ABD。根据税务行政复议规则的规定,复议机关只受理对具体行政行为不服提出的行政复议申请,即对抽象行政行为(规章、规定等)不服,不属于行政复议的受理范围。纳税人如果认为税务机关的具体行政行为所依据的规定不合法,可以向有关机关进行反映,或者在对具体行政行为申请行政复议时,一并向复议机关提出对该规定的审查申请,但不包括规章。

### 三、税务行政复议管辖

#### (一) 税务行政复议管辖的一般规定

(1) 对各级税务局的具体行政行为不服的,向其上一级税务局申请行政复议。

(2) 对计划单列市税务局的具体行政行为不服的,向国家税务总局申请行政复议。

(3) 对税务所(分局)、各级税务局的稽查局的具体行政行为不服的,向其所属税务局申请行政复议。

(4) 对国家税务总局的具体行政行为不服的,向国家税务总局申请行政复议。对行政复议决定不服,申请人可以向人民法院提起行政诉讼,也可以向国务院申请裁决。国务院的裁决为最终裁决。

#### (二) 税务行政复议管辖的特殊规定

(1) 对两个以上税务机关以共同的名义作出的行政行为不服的,向共同上一级税务机关申请行政复议;对税务机关与其他行政机关以共同的名义作出的行政行为不服的,向其共同上一级行政机关申请行政复议。

(2) 对被撤销的税务机关在撤销以前所作出的行政行为不服的,向继续行使其职权的税务机关的上一级税务机关申请行政复议。

(3) 对税务机关作出逾期不缴纳罚款加处罚款的决定不服的,向作出行政处罚决定的税务机关申请行政复议。但是对已处罚款和加处罚款都不服的,一并向作出行政处罚决定的税务机关的上一级税务机关申请行政复议。

### 四、税务行政复议申请与受理

#### (一) 税务行政复议申请

(1) 申请时限。申请人可以在知道或者应当知道税务机关作出行政行为之日起 60 日内提出行政复议申请。因不可抗力或者其他正当理由耽误法定申请期限的,申请期限自障碍消除之日起继续计算。

(2) 复议前置。申请人对复议范围中征税行为不服的,应当先向复议机关申请行政复议,对行政复议决定不服的,可以再向人民法院提起行政诉讼。

申请人按前述规定申请行政复议的,必须依照税务机关根据法律、行政法规确定的税额、期限,先行缴纳或者解缴税款及滞纳金,或者提供相应的担保,方可在实际缴清税款和滞纳金后或者所提供的担保得到作出具体行政行为的税务机关确认之日起60日内提出行政复议申请。

(3)复议诉讼选择。申请人对复议范围中税务机关作出的征税行为以外的其他具体行政行为不服的,可以申请行政复议,也可以直接向人民法院提起行政诉讼。

(4)先交罚款和加处罚款。申请人对税务机关作出逾期不缴纳罚款加处罚款的决定不服,应当先缴纳罚款和加处罚款,再申请行政复议。

(5)申请形式。申请人申请行政复议,可以书面申请,书面申请有困难的,也可以口头申请。书面申请的,可以采取当面递交、邮寄、传真或者复议机关指定的互联网渠道等方式提出行政复议申请。口头申请的,复议机关应当当场制作行政复议申请笔录,交申请人核对或者向申请人宣读,并由申请人确认。

### (二)税务行政复议受理

(1)复议机关收到行政复议申请后,应当在5个工作日内进行审查,决定是否受理。对符合规定的行政复议申请,复议机关应当予以受理。对不符合规定的行政复议申请,决定不予受理,并书面告知申请人。对不属于本机关管辖的,应当告知申请人有管辖权的复议机关。行政复议申请的审查期限届满,复议机关未作出不予受理决定的,审查期限届满之日起视为受理。

(2)对应当先向复议机关申请行政复议,对行政复议决定不服再向人民法院提起行政诉讼的具体行政行为,复议机关决定不予受理,驳回申请或者受理以后超过行政复议期限不作答复的,申请人可以自收到决定书之日起或者行政复议期满之日起15日内,依法向人民法院提起行政诉讼。

(3)申请人向复议机关申请行政复议,复议机关已经受理的,在法定行政复议期限内申请人不得向人民法院提起行政诉讼;申请人向人民法院提起行政诉讼,人民法院已经依法受理的,不得申请行政复议。

(4)行政复议期间具体行政行为不停止执行。但有下列情形之一的,应当停止执行:① 被申请人认为需要停止执行的。②复议机关认为需要停止执行的。③申请人、第三人申请停止执行,复议机关认为其要求合理,决定停止执行的。④法律、法规、规章规定停止执行的。

## 五、税务行政复议审理和决定

### (一)税务行政复议审理

(1)复议工作人员。行政复议机构审理税务行政复议案件,应当由2名以上行政复议工作人员参加。行政复议工作人员应当具备与履行行政复议职责相适应的品行、专业知识和业务能力。税务机关中初次从事行政复议的人员,应当通过国家统一法律职业资格考试取得法律职业资格。

(2)行政复议应当当面或者通过互联网、电话等方式听取当事人的意见,并将听取的意见记录在案;因当事人原因不能听取意见的,可以书面审理。

(3) 听证。对重大、疑难、复杂的案件应当组织听证,申请人提出要求或者行政复议机构认为必要时,可以采取听证的方式审理。听证由1名行政复议人员任主持人,2名以上行政复议人员任听证员,1名记录员制作听证笔录。

(4) 行政复议机关应当全面审查被申请人的具体行政行为所依据的事实证据、法律程序、法律依据和设定的权利义务内容的合法性、适当性。

(5) 审查具体行政行为的依据。行政复议机关审查被申请人的具体行政行为时,认为其依据不合法。本机关有权处理的,应当在30日内依法处理;无权处理的,应当在7个工作日内转送有权处理的国家机关依法处理。

### (二) 税务行政复议决定

复议机关审理税务行政复议案件,由复议机构对行政行为进行审查,提出意见,经复议机关的负责人同意或者集体讨论通过后,以复议机关的名义做出行政复议决定。经过听证的税务行政复议案件,复议机关应当根据听证笔录、审查认定的事实和证据,作出行政复议决定。

复议机关应当自受理申请之日起60日内作出行政复议决定。情况复杂、不能在规定期限内作出行政复议决定的,经复议机关负责人批准,可以适当延期,并告知申请人和被申请人;但延期不得超过30日。

复议机关作出行政复议决定,应当制作行政复议决定书,并加盖印章。行政复议决定书一经送达、即发生法律效力。

【例8-6】 纳税人对税务机关的下列具体行政行为不服时,可以申请行政复议,也可以直接向人民法院提起行政诉讼的有(    )。

A. 确认纳税环节　　　　　　　　B. 税收保全措施
C. 不出具完税凭证　　　　　　　D. 停止出口退税权

【解析】 答案为BCD。根据税务行政复议规则的规定,税务机关作出征税行为以外的其他具体行政行为,申请人可以申请行政复议,也可以直接向人民法院提起行政诉讼。

## 第五节 税收法律责任

### 一、税务管理相对人税收违法行为的法律责任

#### (一) 违反税务管理规定的法律责任

(1) 纳税人有下列行为之一的,由税务机关责令限期改正,可以处2 000元以下的罚款;情节严重的,处2 000元以上10 000元以下的罚款:①未按照规定设置、保管账簿或者保管记账凭证和有关资料的。②未按照规定将财务、会计制度或者财务、会计处理办法和会计核算软件报送税务机关备查的。③未按照规定将其全部银行账号向税务机关报告的。④未按照规定安装、使用税控装置,或者损毁或者擅自改动税控装置的。

(2) 扣缴义务人未按照规定设置、保管代扣代缴、代收代缴税款账簿或者保管代扣代

缴、代收代缴税款记账凭证及有关资料的,由税务机关责令限期改正,可以处2 000元以下的罚款;情节严重的,处2 000元以上5 000元以下的罚款。

(3) 纳税人未按照规定的期限办理纳税申报和报送纳税资料的,或者扣缴义务人未按照规定的期限向税务机关报送代扣代缴、代收代缴税款报告表和有关资料的,由税务机关责令限期改正,可以处2 000元以下的罚款;情节严重的,处2 000元以上10 000元以下的罚款。

(4) 纳税人、扣缴义务人编造虚假计税依据的,由税务机关责令限期改正,并处50 000元以下的罚款。

(5) 非法印制、转借、倒卖、变造或者伪造完税凭证的,由税务机关责令改正,处2 000元以上10 000元以下的罚款;情节严重的,处10 000元以上50 000元以下的罚款;构成犯罪的,依法追究刑事责任。

(6) 银行和其他金融机构未依照《税收征管法》的规定在从事生产、经营的纳税人的账户中登录税务登记证件号码,或者未按规定在税务登记证件中登录从事生产、经营的纳税人的账户账号的,由税务机关责令其限期改正,处2 000元以上20 000元以下的罚款;情节严重的,处20 000元以上50 000元以下的罚款。

(7) 扣缴义务人应扣未扣、应收而不收税款的,由税务机关向纳税人追缴税款,对扣缴义务人处应扣未扣、应收未收税款50%以上3倍以下的罚款。

(8) 税务代理人违反税收法律、行政法规,造成纳税人未缴或者少缴税款的,除由纳税人缴纳或者补缴应纳税款、滞纳金外,对税务代理人处纳税人未缴或者少缴税款50%以上3倍以下的罚款。

**(二) 首违不罚制度**

为了进一步推进税务领域"放管服"改革,更好地服务市场主体,根据《行政处罚法》《税收征管法》等法律法规,国家税务总局推广"首违不罚"清单制度,制定并发布全国统一的《税务行政处罚"首违不罚"事项清单》(表8-2)。2021年4月1日起,对于首次发生清单中所列事项且危害后果轻微,在税务机关发现前主动改正或者在税务机关责令限期改正的期限内改正的,不予行政处罚。税务机关应当对当事人加强税法宣传和辅导。

表8-2 税务行政处罚"首违不罚"事项清单

| 序号 | 事项 |
| --- | --- |
| 1 | 纳税人未按照《税收征管法》等有关规定将其全部银行账号向税务机关报送 |
| 2 | 纳税人未按照《税收征管法》等有关规定设置、保管账簿或者保管记账凭证和有关资料 |
| 3 | 纳税人未按照《税收征管法》等有关规定的期限办理纳税申报和报送纳税资料 |
| 4 | 纳税人使用税控装置开具发票,未按照《税收征管法》《发票管理办法》等有关规定的期限向主管税务机关报送开具发票的数据且没有违法所得 |
| 5 | 纳税人未按照《税收征管法》《发票管理办法》等有关规定取得发票,以其他凭证代替发票使用且没有违法所得 |

(续表)

| 序号 | 事项 |
| --- | --- |
| 6 | 纳税人未按照《税收征管法》《发票管理办法》等有关规定缴销发票且没有违法所得 |
| 7 | 扣缴义务人未按照《税收征管法》等有关规定设置、保管代扣代缴、代收代缴税款账簿或者保管代扣代缴、代收代缴税款记账凭证及有关资料 |
| 8 | 扣缴义务人未按照《税收征管法》等有关规定的期限报送代扣代缴、代收代缴税款有关资料 |
| 9 | 扣缴义务人未按照《税收票证管理办法》的规定开具税收票证 |
| 10 | 境内机构或个人向非居民发包工程作业或劳务项目,未按照《非居民承包工程作业和提供劳务税收管理暂行办法》的规定向主管税务机关报告有关事项 |

### (三) 偷税(逃税)行为的法律责任

偷税(逃税)行为,是指纳税人采取欺骗、隐瞒手段进行虚假纳税申报或者不申报,逃避缴纳税款的行为。

纳税人采取伪造、变造、隐匿、擅自销毁账簿、记账凭证,或者在账簿上多列支出或者不列、少列收入,或者经税务机关通知申报而拒不申报或者进行虚假的纳税申报的手段,不缴或者少缴应纳税款的,由税务机关追缴其不缴或者少缴的税款、滞纳金,并处不缴或者少缴的税款50%以上5倍以下的罚款。

纳税人采取欺骗、隐瞒手段进行虚假纳税申报或者不申报,逃避缴纳税款数额较大并且占应纳税额10%以上的,处3年以下有期徒刑或者拘役,并处罚金;数额巨大并且占应纳税额30%以上的,处3年以上7年以下有期徒刑,并处罚金。对多次实施前述行为,未经处理的,按照累计数额计算。

有逃税行为,经税务机关依法下达追缴通知后,补缴应纳税款,缴纳滞纳金,已受行政处罚的,不予追究刑事责任;但是,5年内因逃避缴纳税款受过刑事处罚或者被税务机关给予两次以上行政处罚的除外。

扣缴义务人采取上述手段,不缴或者少缴已扣、已收税款,由税务机关追缴其不缴或者少缴的税款、滞纳金,并处不缴或者少缴的税款50%以上5倍以下的罚款;构成犯罪的,依法追究刑事责任。

### (四) 欠税行为的法律责任

欠税行为,是指纳税人欠缴应纳税款,采取转移或者隐匿财产的手段,妨碍税务机关追缴欠缴的税款的行为。

纳税人欠税的,由税务机关追缴欠缴的税款、滞纳金,并处欠缴税款50%以上5倍以下的罚款;构成犯罪的,依法追究刑事责任。

### (五) 抗税行为的法律责任

抗税行为,是指纳税人、扣缴义务人以暴力、威胁方法拒不缴纳税款的行为。

对抗税行为,除由税务机关追缴其拒缴的税款、滞纳金外,依法追究刑事责任。情节轻微、未构成犯罪的,由税务机关追缴其拒缴的税款、滞纳金,并处拒缴税款1倍以上5倍以下的罚款。

### (六) 骗税行为的法律责任

骗税行为,是指纳税人以假报出口或者其他欺骗手段,骗取国家出口退税款的行为。

纳税人有骗税行为,由税务机关追缴其骗取的退税款,并处骗取税款1倍以上5倍以下的罚款;构成犯罪的,依法追究刑事责任。

对骗取国家出口退税款的,税务机关可以在规定期间内停止为其办理出口退税。

为纳税人、扣缴义务人非法提供银行账户、发票、证明或者其他方便,骗取国家出口退税款的,税务机关除没收其违法所得外,可以处未缴、少缴或者骗取的税款1倍以下的罚款。

### (七) 纳税人、扣缴义务人不配合税务检查的法律责任

税务检查期间,纳税人、扣缴义务人发生不配合税务机关进行税务检查的下列行为,由税务机关责令改正,可以处10 000元以下的罚款;情节严重的,处10 000元以上50 000元以下的罚款。

(1) 逃避、拒绝或者以其他方式阻挠税务机关检查的。

(2) 提供虚假资料,不如实反映情况,或者拒绝提供有关资料的。

(3) 拒绝或者阻止税务机关记录、录音、录像、照相和复制与案件有关的情况和资料的。

(4) 转移、隐匿、销毁有关资料的。

(5) 有不依法接受税务检查的其他情形的。

【例8-7】 纳税人发生逃税行为时,税务机关可以行使的权力有(    )。

A. 追缴税款　　　B. 加收滞纳金　　　C. 处以罚款　　　D. 处以罚金

【解析】 答案为ABC。根据税收征收管理法律制度的规定,对于逃税行为,税务机关可以追缴税款和滞纳金,并处以罚款,但不能处以罚金,因为罚金是刑事责任形式。

## 二、税务行政主体税收违法行为的法律责任

### (一) 渎职行为的法律责任

(1) 税务人员徇私舞弊,对依法应当移交司法机关追究刑事责任的不移交,情节严重的,依法追究刑事责任。

(2) 税务人员利用职务上的便利,收受或者索取纳税人、扣缴义务人财物或者牟取其他不正当利益,构成犯罪的,依法追究刑事责任;未构成犯罪的,依法给予行政处分。

(3) 税务人员徇私舞弊或者玩忽职守,不征或者少征应征税款,致使国家税收遭受重大损失,构成犯罪的,依法追究刑事责任;未构成犯罪的,依法给予行政处分。

(4) 税务人员滥用职权,故意刁难纳税人、扣缴义务人的,调离税收工作岗位,并依法给予行政处分。

(5) 税务人员对控告、检举税收违法行为的纳税人、扣缴义务人以及其他检举人进行打击报复的,依法给予行政处分;构成犯罪的,依法追究刑事责任。

### (二) 其他违法行为的法律责任

(1) 税务机关违反规定擅自改变税收征收管理范围和税款入库预算级次的,责令限期改正,对直接负责的主管人员和其他直接责任人员依法给予降级或者撤职的行政处分。

(2) 税务人员在征收税款或者查处税收违法案件时,未按照《税收征管法》的规定进行回避的,对直接负责的主管人员和其他直接责任人员,依法给予行政处分。未按照《税收征

管法》的规定为纳税人、扣缴义务人、检举人保密的,对直接负责的主管人员和其他直接责任人员,由所在单位或者有关单位依法给予行政处分。

(3) 税务人员与纳税人、扣缴义务人勾结,唆使或者协助纳税人、扣缴义务人实施税收违法行为,构成犯罪的,依法追究刑事责任;未构成犯罪的,依法给予行政处分。

(4) 税务人员私分扣押、查封的商品、货物或者其他财产,情节严重、构成犯罪的,依法追究刑事责任;未构成犯罪的,依法给予行政处分。

(5) 违反法律、行政法规的规定提前征收、延缓征收或者摊派税款的,由其上级机关或者行政监察机关责令改正,对直接负责的主管人员和其他直接责任人员依法给予行政处分。

(6) 违反法律、行政法规的规定,擅自作出税收的开征、停征或者减税、免税、退税、补税以及其他同税收法律、行政法规相抵触的决定的,除按《税收征管法》的规定撤销其擅自作出的决定外,补征应征未征税款,退还不应征收而征收的税款,并由上级机关追究直接负责的主管人员和其他直接责任人员的行政责任;构成犯罪的,依法追究刑事责任。

## 课 堂 测 试

班级：_____　姓名：_____　学号：_____　分数：_____

### 一、单项选择题(每小题 5 分,共 30 分)

1. 根据税收征收管理法律制度的规定,从事生产、经营的纳税人应当自领取营业执照或者发生纳税义务之日起(　　)日内,按照国家有关规定设置账簿。
   A. 7　　　　　　　B. 10　　　　　　　C. 15　　　　　　　D. 30

2. 根据税收征收管理法律制度的规定,下列关于纳税申报方式的表述中不正确的是(　　)。
   A. 邮寄申报以税务机关收到的日期为实际申报日期
   B. 数据电文方式的申报日期以税务机关计算机网络系统收到该数据电文的时间为准
   C. 实行定期定额缴纳税款的纳税人,可以实行简易申报、简并征期等方式申报纳税
   D. 自行申报是指纳税人、扣缴义务人按照规定的期限自行直接到主管税务机关办理的纳税申报手续

3. 按照规定,甲公司最晚应于 2023 年 8 月 15 日缴纳应纳税款,甲公司迟迟未缴,主管税务机关责令其于当年 8 月 30 日前缴纳,并加收滞纳金,甲公司最终于 10 月 3 日缴纳税款,关于主管税务机关对甲公司加收滞纳金的起止时间的下列表述中,正确的是(　　)。
   A. 2023 年 8 月 15 日至 2023 年 10 月 4 日　　B. 2023 年 8 月 30 日至 2023 年 10 月 4 日
   C. 2023 年 8 月 16 日至 2023 年 10 月 3 日　　D. 2023 年 9 月 1 日至 2023 年 10 月 3 日

4. 根据税收征收管理法律制度的规定,下列个人财产中,不适用于税收保全措施的是(　　)。
   A. 豪华住宅　　　　　　　　　　　　　B. 金银饰品
   C. 古玩字画　　　　　　　　　　　　　D. 维持生活必需的住房

5. 根据税收征收管理法律制度的规定,纳税人申请税务行政复议的法定期限是(　　)。
   A. 在税务机关作出具体行政行为之日起 60 日内
   B. 在知道税务机关作出具体行政行为之日起 60 日内
   C. 在知道税务机关作出具体行政行为之日起 3 个月内
   D. 在税务机关作出具体行政行为之日起 3 个月内

6. 根据税收征收管理法律制度的规定,纳税人有骗税行为,由税务机关追缴其骗取的退税款,并处骗取税款(　　)的罚款。
   A. 5 倍以上 10 倍以下　　　　　　　　　B. 1 倍以上 5 倍以下
   C. 10 倍　　　　　　　　　　　　　　　D. 10 倍以上 15 倍以下

## 二、多项选择题(每小题 10 分,共 40 分)

1. 根据税收征收管理法律制度的规定,下列各项中,属于税务机关发票管理权限的有( )。
   A. 检查印制、领购、开具、取得、保管和缴销发票的情况
   B. 调出发票查验
   C. 查阅、复制与发票有关的凭证、资料
   D. 向当事各方询问与发票有关的问题和情况

2. 根据税收征收管理法律制度的规定,纳税人存在下列情形,税务机关有权核定其应纳税额的有( )。
   A. 欠缴税款、滞纳金的纳税人或者其法定代表人需要出境的
   B. 依照法律、行政法规的规定应当设置但未设置账簿的
   C. 擅自销毁账簿或者拒不提供纳税资料的
   D. 纳税人申报的计税依据明显偏低,又无正当理由的

3. 根据税收征收管理法律制度的规定,税务机关在实施税务检查时,可以行使的职权有( )。
   A. 检查纳税人会计资料
   B. 检查纳税人货物存放地的应纳税商品
   C. 检查纳税人托运、邮寄应纳税商品的单据、凭证
   D. 经法定程序批准,查询纳税人在银行的储蓄存款账户

4. 根据税收征收管理法律制度的规定,下列各项中,属于税务机关派出人员在税务检查中应履行的职责的有( )。
   A. 出示税务检查通知书
   B. 出示税务机关组织机构代码证
   C. 无须为被检查人保守秘密
   D. 出示税务检查证

## 三、判断题(每小题 5 分,共 30 分)

1. 单位可以将发票转借其他单位。( )
2. 纳税人享受减税、免税待遇的,在减税、免税期间可以不办理纳税申报。( )
3. 纳税人未按照规定期限缴纳税款的,扣缴义务人未按照规定期限解缴税款的,税务机关可责令限期缴纳,并从滞纳税款之日起,按日加收滞纳税款 5‰ 的滞纳金。( )
4. 税务机关有权对个人及其所扶养家属维持生活必需的住房和用品采取强制执行措施。( )
5. 纳税人有骗税行为,由税务机关追缴其骗取的退税款,并按照规定处以罚款;构成犯罪的依法追究刑事责任。( )
6. 税务人员徇私舞弊,对依法应当移交司法机关追究刑事责任的不移交,情节严重的,依法追究刑事责任。( )

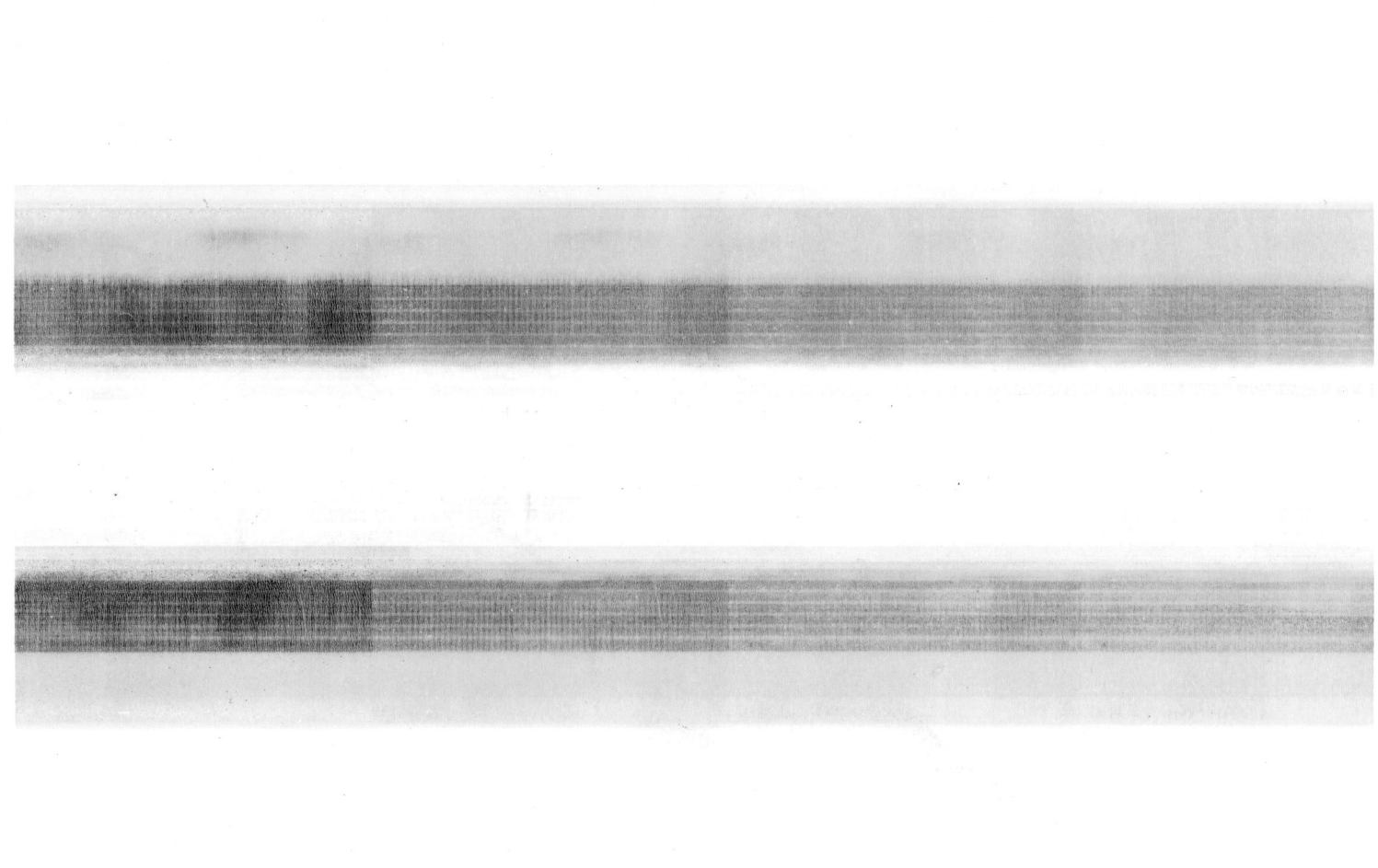

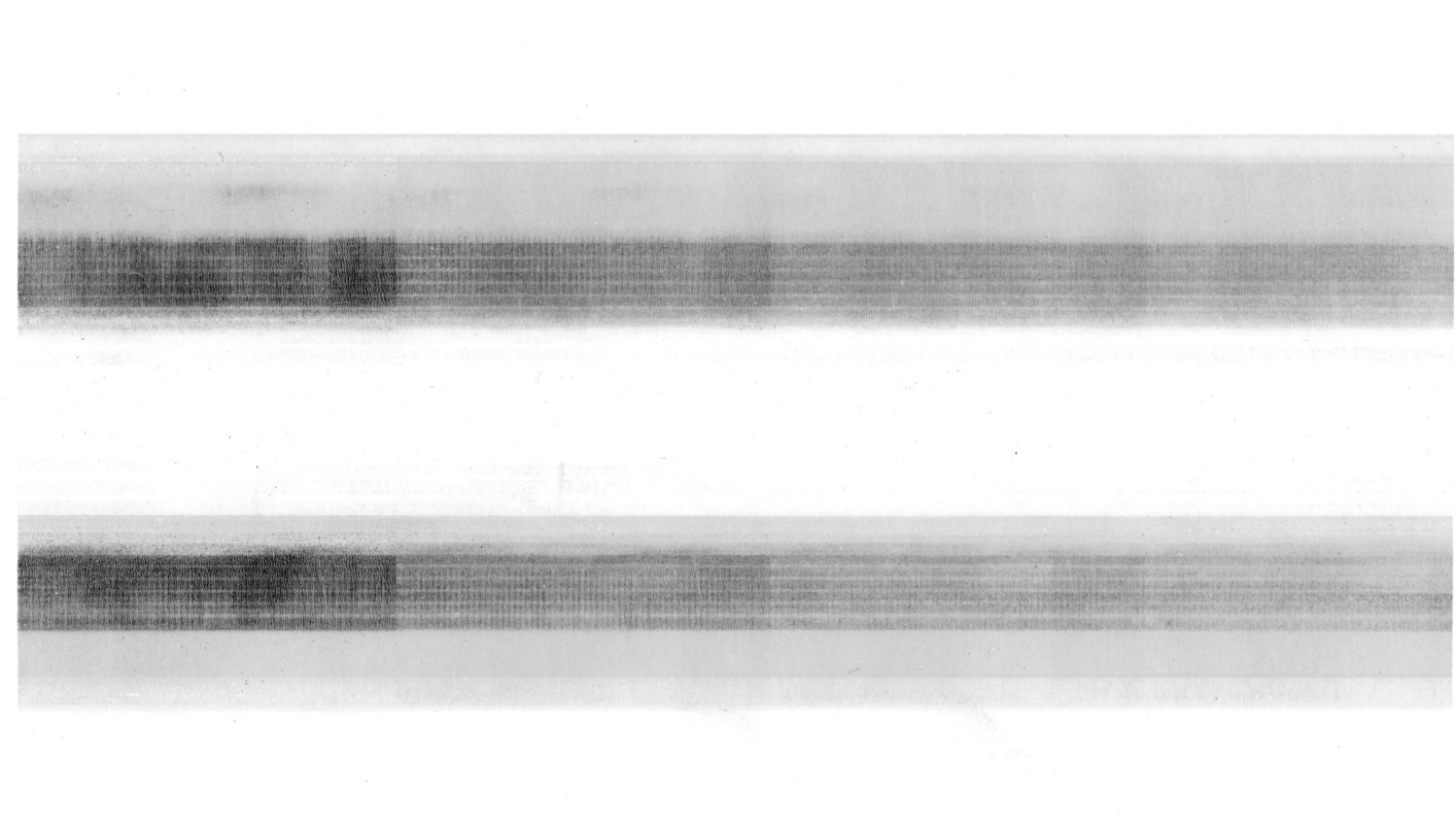

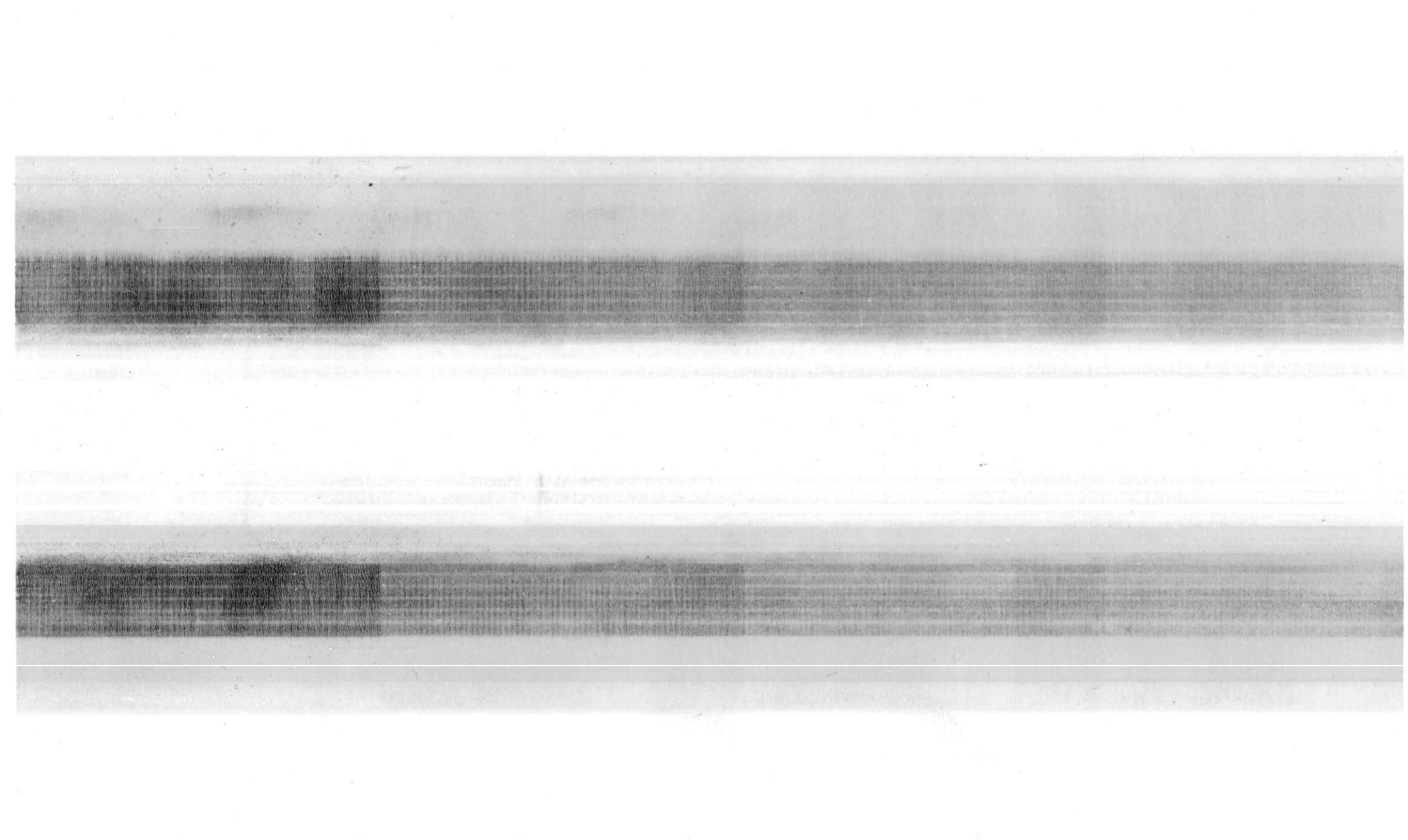